PAUL VALÉRY

Poésie et connaissance

BIBLIOTHÈQUE FRANÇAISE ET ROMANE
publiée par le
Centre de Philologie et de Littératures romanes
de l'Université des Sciences Humaines de Strasbourg

Directeur: Georges STRAKA

Série C: ÉTUDES LITTÉRAIRES

―――――――――――― 80 ――――――――――――

Déjà parus:

1. — *Saint-John Perse et quelques devanciers (Études sur le poème en prose)*, par Monique PARENT, 1960, 260 p., 4 pl. (Epuisé).

2. — *L'«Ode à Charles Fourier»*, d'André BRETON, éditée avec introduction et notes par Jean GAULMIER, 1961, 100 p., 6 pl.

3. — *Lamennais, ses amis, et le mouvement des idées à l'époque romantique (1824-1834)*, par Jean DERRE, 1962, 768 p.

4. — *Langue et techniques poétiques à l'époque romane (XIᵉ-XIIIᵉ siècles)*, par Paul ZUMTHOR, 1963, 226 p.

5. — *L'humanisme de Malraux*, par Joseph HOFFMANN, 1963, 408 p. (Epuisé).

6. — *Recherches claudéliennes*, par M.-F. GUYARD, 1963, 116 p.

7. — *Lumières et Romantisme, énergie et nostalgie de Rousseau à Mickiewicz*, par Jean FABRE, nouvelle édition revue et augmentée, 1979.

8. — *Amour courtois et «Fin'Amors» dans la littérature du XIIᵉ siècle*, par Moshé LAZAR, 1964, 300 p. (Epuisé).

9. — *Nouvelles recherches sur la littérature arthurienne*, par Jean MARX, 1965, 324 p. (Epuisé).

10. — *La religion de Péguy*, par Pie DUPLOYE, 1965, 742 p. (Epuisé).

11. — *Victor Hugo à l'œuvre: le poète en exil et en voyage*, par Jean-Bertrand BARRERE, 1965 (nouveau tirage 1970), 328 p., 13 pl.

12. — *Agricol Perdiguier et George Sand (correspondance inédite)*, publiée par Jean BRIQUET, 1966, 152 p., 6 pl. (Epuisé).

13. — *Autour de Rimbaud*, par C.-A. HACKETT, 1967, 104 p., 3 pl. (Epuisé).

14. — *Le thème de l'arbre chez P. Valéry*, par P. LAURETTE, 1967, 200 p.

15. — *L'idée de la gloire dans la tradition occidentale (Antiquité, Moyen Age occidental, Castille)*, par M.-R. LIDA DE MALKIEL, traduit de l'espagnol (Mexico, 1952), par S. ROUBAUD, 1968, 320 p.

16. — *Paul Morand et le cosmopolitisme littéraire*, par Stéphane SARKANY, 1968, 291 p., 3 pl.

17. — *Vercors écrivain et dessinateur*, par R. KONSTANTINOVITCH, 1969, 216 p., 16 pl.

18. — *Homère en France au XVIIᵉ siècle*, par N. HEPP, 1968, 864 p., 8 pl.

19. — *Philosophie de l'art littéraire et socialisme selon Péguy*, par J. VIARD, 1969, 415 p.

20. — *Rutebeuf, poète satirique*, par Arié SERPER, 1969, 183 p. (Epuisé).

21. — *Romain Rolland et Stefan Zweig*, par Dragan NEDELJKOVITCH, 1970, 400 p. (Epuisé).

22. — *J.-K. Huysmans devant la critique en France*, par M. ISSACHAROFF, 1970, 207 p.

23. — *Victor Hugo publie «Les Misérables» (Correspondance avec Albert Lacroix, 1861-1862)*, par B. LEUILLIOT, 1970, 426 p.

24. — *Cohérence et résonance dans le style de «Charmes» de Paul Valéry*, par Monique PARENT, 1970, 224 p. (Epuisé).

(Voir la suite à la fin du volume)

HARTMUT KÖHLER

PAUL VALÉRY

Poésie et Connaissance

L'œuvre lyrique à la lumière des «Cahiers»

traduit de l'allemand

par

COLETTE KOWALSKI

1985

ÉDITIONS KLINCKSIECK

PARIS

REMERCIEMENT

Ce livre n'a pu paraître en langue française que grâce à la bienveillante intervention de Madame Agathe Rouart-Valéry, à l'efficace compétence des Editions Klincksieck, et, avant toute chose, à l'infatigable persévérance de la traductrice, dont il serait vain, pour moi, de vouloir dire l'apport.

A elles, à mes amis valérystes, à Paul Cendron pour son inappréciable travail de correction, je dis ma profonde gratitude.

Fribourg-en-Brisgau   H.K.

Titre de l'édition originale allemande, 1976 :

Paul Valéry. Dichtung und Erkenntnis. Das lyrische Werk im Lichte der Tagebücher von Hartmut Köhler

Lizenzausgabe der im BOUVIER Verlag
Herbert Grundmann, Bonn,
erschienen Originalausgabe 1976.

Les citations de Paul Valéry sont tirées des *Cahiers,* Ed. Gallimard.

ISBN 2-252-02417-8
© Editions Klincksieck, 1985

INTRODUCTION

Cet ouvrage se propose un double but: d'une part éclairer à l'aide des Cahiers l'évolution intellectuelle et psychique de Valéry pendant ce que l'on se plaît à appeler les années de silence; d'autre part examiner les rapports existant entre les notes accumulées pendant cette période et ce qui — d'un point de vue purement extérieur — y a mis fin: l'œuvre publiée de la maturité, donc essentiellement la seconde période lyrique de Valéry.

Etant donné le nombre considérable d'excellentes études parues depuis la publication, entre 1957 et 1961, des Cahiers, l'on s'étonne que ce thème n'ait jamais encore été traité avec l'attention qu'il mérite. Pourtant des valérystes autorisés ont, très tôt après la parution des Cahiers, souhaité un tel examen — d'un point de vue comme de l'autre — et attiré l'attention sur l'intérêt des résultats qu'on pouvait en attendre. En 1965, à Cerisy, Emilie Noulet avait dit son intention de s'attacher à l'étude d'une tranche limitée des Cahiers dans toute leur abondance et leur spontanéité, afin d'en établir les relations avec la création poétique de la même période. Dès 1960 Maurice Bémol écrivait qu'on pouvait beaucoup attendre de la tentative de retracer la préhistoire de la *Jeune Parque* par la voie indirecte des Cahiers, et Jacques Duchesne-Guillemin, en 1964, était d'avis que les considérables obscurités que recélait encore le poème, même après la publication par Octave Nadal d'une partie des ébauches, pourraient être réduites par une étude des Cahiers.

J'ai accueilli avec gratitude ces suggestions qui légitimaient mon propre dessein, au moins dans sa forme. A moi aussi, lorsque j'entamai l'étude des Cahiers, une lecture orientée vers la poésie lyrique s'était très vite imposée de manière irrécusable. Il m'était apparu qu'un lecteur qui abordait les Cahiers avec en mémoire les vers de *Charmes* et surtout de la

Jeune Parque, qui n'avait pas encore d'avis trop arrêté sur le sens de cette poésie et qui peut-être n'était pas non plus satisfait de bien des avis apparemment arrêtés dans l'interprétation valéryenne, ne pouvait manquer d'entendre cette poésie à chaque page ou presque des Cahiers, sous telle allusion, telle esquisse thématique, plus riche parfois dans la liberté de la recherche que ce qui sera plus tard contraint par la forme. Très vite je m'aperçus qu'il était désormais impossible de s'en tenir à l'opinion de Nadal, selon laquelle le thème fondamental de la *Jeune Parque* se serait présenté clairement au poète à partir de 1912, *dès* 1912, comme il crut le constater non sans étonnement en comparant les versions. Il faut en réalité remonter beaucoup plus haut et cette découverte fit de ma lecture une occupation aussi riche d'intérêt que d'enseignement.

Les apories de la poésie, ses abîmes, le tragique de l'égotisme étaient là — rien ou presque en vérité qui eût pu faire pressentir le bonheur de la forme. Mais, malgré tout ce qui avait été publié dans les deux volumes de la Pléiade, une clarté insoupçonnée de la pensée, une multiplicité à peine concevable des perspectives et des nuances et la démonstration souvent bouleversante que toutes les couleurs qui apparaissent chez Valéry sont — comme il l'a dit — «placées et lavées sur de la nuit absolue», que cette pensée s'efforce sans relâche d'éclairer les abîmes insondés où elle prend naissance, en cette entreprise à la fois grandiosement lucide et désespérément sans issue ni but, que Valéry appelle l'analyse de l'esprit. Cet esprit qui, lorsqu'il parle de lui-même, apparaît toujours comme quelque chose de subi, comme s'il s'agissait du corps et de son fardeau (alors qu'assez souvent le corps apparaît comme l'élément dépourvu de pesanteur, le symbole de la jouissance d'être, et toute souffrance est chez lui plutôt de nature non physique), comme un *pathos* au sens stoïcien, qui semble ne rien savoir des forces libératrices et souveraines d'un *logos.*

Par là et d'emblée se trouve indiqué un premier parti pris non négligeable de cet ouvrage: les poèmes de Valéry ont un sens et ce sens, on peut le découvrir et le déchiffrer dans les Cahiers.

Mais voyons d'abord rapidement l'état de la recherche. Il me faut laisser de côté tout ce qui touche au rayonnement international de Valéry. L'Allemagne par exemple où Valéry de son vivant a trouvé le plus favorable écho auprès des poètes, des traducteurs et des essayistes, n'a produit dans le domaine de la critique littéraire que peu de travaux importants; le domaine anglo-saxon au contraire offre une quantité de recherches qui à bien des égards dépasse ce qui est paru en France même.

L'année jubilaire 1971 qui fut marquée en France par trois colloques importants, aux Etats-Unis par deux numéros spéciaux des *Yale French Studies* et des *Modern Languages Notes,* ainsi que par d'autres publications semblables dans le *Australian Journal of French Studies,* ne vit paraître dans la romanistique allemande qu'un seul ouvrage. Il fallut un outsider, le philosophe Karl Löwith, pour attirer l'attention sur l'ensemble des traits fondamentaux de la pensée valéryenne qu'il n'hésite pas à dire philosophique.

Alors que l'édition des œuvres complètes en 15 volumes (sans les Cahiers) est presque achevée en version anglaise et japonaise, la même entreprise échoua en Allemagne, en dépit de multiples tentatives, pour des raisons tenant à des difficultés techniques d'édition.

Cependant Adorno aurait-il raison lorsqu'il constate (visant Rilke en particulier) que la réception de Valéry en Allemagne ne fut jamais des meilleures? On peut se le demander, encore qu'il ne soit nullement établi que cette réception ait été tellement meilleure dans d'autres pays, ni même qu'elle ait pu être meilleure. Cela mériterait examen, mais pour ce faire il manque encore, à mon avis, des données essentielles quant à la manière dont on comprend Valéry[1]. Pour ne citer qu'un cas particulièrement heureux, celui de Jorge Guillén, les comparaisons dont on dispose jusqu'à maintenant ne sont guère satisfaisantes, toutes partant d'une image par trop intellectualisée de Valéry. Quant à la France elle-même, Valéry — pour beaucoup — n'y est pas encore sorti du «purgatoire» où l'on relégua après sa mort le poète représentatif de la Troisième République. L'attitude est compréhensible dans la mesure où elle est le fait d'une génération, mais plus le temps passe, plus elle devient la marque de l'étroitesse de vue. Elle culmina il y a quelque temps dans le jugement aussi condescendant que superficiel que se crut autorisé à porter, lors de la parution du premier volume des Cahiers dans la Pléiade, quelqu'un de l'importance de Maurice Blanchot.

En ce qui concerne la critique universitaire, mes remarques se limiteront au cadre de cet ouvrage. L'évolution de la critique valéryenne, pour autant qu'elle a saisi l'occasion et relevé le défi que représentait la publication des Cahiers, peut s'échelonner en trois étapes qui correspondent en gros à trois générations de lecteurs des Cahiers. Ce sont d'abord les critiques d'un certain âge qui ont rendu compte des Cahiers immédiatement après leur parution et qui les ont considérés plus ou moins comme un complément après coup à l'image qu'ils s'étaient formée de Valéry. A cette génération appartient le vieux maître de la critique valéryenne, Maurice Bémol, qui fut chargé par la *Revue d'Histoire Littéraire de la France* du compte-rendu critique des Cahiers et dont la mort interrompit la tâche au volume X (James Lawler la reprit pour les volumes XXII à XXIX, les volumes intermédiaires restant non recensés). Par la suite Edmée de La Rochefoucauld lut les Cahiers pour la *Revue de Paris* et réunit ses articles en un ouvrage. Sa lecture privilégie l'intellectualisme de Valéry et elle porte sa part de responsabilité dans l'idée un certain temps répandue que les Cahiers de Valéry et sa poésie étaient difficilement conciliables.

Par contre seule une lecture superficielle pouvait donner l'impression que la formule «Cahiers sans poésie» valait aussi pour l'ouvrage de Judith

Robinson, *L'Analyse de l'esprit dans les Cahiers de Paul Valéry*. Ce livre paru en 1963 est la première et jusqu'à présent la seule vue d'ensemble du dessein intellectuel de Valéry dans ses Cahiers, et il semble difficilement surpassable par l'alliance d'une connaissance exhaustive des Cahiers et d'un savoir d'une étendue peu courante, tant dans les sciences humaines qu'exactes. Bien que le livre soit centré sur les notes des Cahiers, il contient de précieuses indications sur l'interdépendance des thèmes de la pensée abstraite et de ceux de la poésie. Un essai très équilibré du même auteur sur la place de la création artistique et poétique dans la pensée de Valéry avait précédé cet ouvrage fondamental pour toute recherche ultérieure; elle y posait le principe de l'unité et de la cohérence de l'œuvre, publiée ou non, en toutes ses parties et y soulignait l'absurdité d'une division en périodes de création poétique et non poétique. Dans un autre essai sur Valéry, «The anxious intellectual», Judith Robinson a mis en lumière avec une pénétrante compréhension les conditions morales particulières qui ont présidé à l'élaboration de l'œuvre.

L'impression causée par l'*Analyse de l'esprit* ne fut pas sans influer sur le colloque réuni en 1965 à Cerisy par Emilie Noulet. Judith Robinson y évoqua pour la première fois les projets de classification de Valéry récemment découverts qui lui servirent de base pour l'édition typographique des Cahiers dans la Bibliothèque de la Pléiade. Parmi les autres contributions à ce colloque, j'en retiendrai trois: celle de Jacques Duchesne-Guillemin sur les dimensions intérieures de Valéry, celle de Walter Ince sur les trois concepts centraux d'*être*, de *connaissance* et de *mystique du réel*, enfin l'étude de Faust par Ned Bastet, de tous le plus proche peut-être de Valéry par sa personnalité intellectuelle.

Judith Robinson s'étant abstenue de réexaminer en détail l'œuvre poétique de Valéry, l'étude du rapport entre l'œuvre fragmentaire et l'œuvre mise en forme ne commença donc que dans la troisième phase de la lecture des Cahiers, phase non encore close, par une série de travaux de détail, coupes longitudinales qui reflètent naturellement toujours plus ou moins la problématique d'ensemble. Il faut nommer ici Pierre Laurette et son étude du thème de l'arbre, Christel Krauss dont la thèse s'attache à définir le concept de hasard, Christine M. Crow qui, sous les rubriques *Conscience* et *Nature*, a éclairé d'un jour neuf bien des questions centrales, enfin Huguette Laurenti (pourquoi la part prise par les femmes à la critique valéryenne dépasse-t-elle de beaucoup la proportion habituelle?) dont la thèse traite de Valéry et le théâtre, tandis que l'Israélien Silvio Yeschua a choisi le thème paradoxal seulement en apparence: *Valéry, le roman et l'œuvre à faire* et son compatriote Abraham Livni celui de *La Recherche du dieu chez Paul Valéry*.

L'étude des Cahiers et des matériaux inédits s'est intensifiée depuis 1971 d'une manière que rien ne laissait prévoir. Deux centres se sont constitués en France, l'un à Montpellier sous la direction de Daniel Moutote et Huguette Laurenti, l'autre à Paris animé par Jean Levaillant. Parmi la grande quantité d'excellentes contributions au *Bulletin des Etudes valéryennes* et aux *Cahiers Paul Valéry*, mais aussi dans *Littérature*, citons les travaux de Nicole Celeyrette-Piétri et de Jeannine Jallat qui témoignent d'une particulière compétence dans les aspects mathématiques et scientifiques de la pensée valéryenne. C'est l'universalité de cette pensée qui a fait éclater le cadre prudemment tracé de plus d'un congrès organisé aussi à l'étranger, comme celui d'Edimbourg animé par Carl Barbier, ou celui de Kiel dû à l'initiative de Karl Alfred Blüher et de Jürgen Schmidt-Radefeldt.

Le livre de ce dernier sur la conception du langage chez Valéry a soulevé un problème fondamental. Il va de soi que la première tâche qui s'imposait était de répertorier les réflexions de Valéry sur la théorie du langage, et l'exposé plein de compétence qu'en donne Schmidt-Radefeldt a conduit à des résultats qui vont beaucoup plus loin que les études linguistiques plus anciennes de P. Guiraud, A. Henry, H. Gmelin par exemple. Dans un compte-rendu très approfondi, le linguiste Alain Rey, rédacteur du *Robert,* a souligné les mérites de cet ouvrage.

Pourtant les termes du problème recélaient un danger. Les choses risquaient de se gauchir dès l'instant où l'on se demandait non pas: que représente le langage dans la pensée de Valéry?, mais: que représente Valéry en tant que linguiste? Ne serait-ce que par son titre, *Paul Valéry linguiste dans les Cahiers,* l'ouvrage suscite de fausses attentes et la tentation n'est pas loin d'appliquer aux réflexions de Valéry sur le langage des critères auxquels il n'a jamais songé à se soumettre. Les sceptiques ont alors beau jeu de lui reprocher son dilettantisme. Il est quelque peu gênant de voir opposer Valéry analyste du langage à Valéry créateur de langage, au lieu de juger l'analyste au service du poète ou au moins — ce qui serait tout aussi juste — le poète au service de l'analyste. A mon avis, on ne peut utilement poser la question qu'en examinant les réflexions de Valéry dans le domaine de la linguistique — comme dans ceux de la philosophie, de la psychologie, de l'esthétique — du point de vue de leur contribution à ce qui fut son dessein, c'est-à-dire l'analyse de l'esprit.

On pourrait m'objecter que la tendance de mon propre ouvrage, dont aussi bien le titre pourrait être «Valéry poète dans les Cahiers», s'écarte tout autant, bien que dans une autre direction, de ce dessein central, qu'une fois encore la totalité jamais achevée de Valéry se voit trahie pour le détail d'un «exercice» particulier.

Je répondrai à cette objection par la thèse suivante: tout objet de réflexion analytique chez Valéry était potentiellement objet de poésie et si l'analyste ne trouve pas toujours son pendant poétique, cela n'est dû qu'à des obstacles accidentels, non à une opposition de principe. L'unité de toute son œuvre, la «plénitude» qu'il eut toujours en vue en dépit de tout le fragmentaire et le provisoire, ne peut être appréhendée que si l'on adopte cette hypothèse de départ. En langage valéryen: un extrême serait de rejeter la formule: «Valéry poète dans les Cahiers» comme un paradoxe absurde; un autre (vers lequel je penche) serait de considérer cette même formule comme une tautologie.

Quelles que soient la richesse, la diversité, l'originalité et la clairvoyance de ses analyses, on ne devrait pas interroger Valéry sur sa contribution au progrès des sciences, du moins pas au premier chef, car telle ne fut jamais son intention première. Il est plutôt de ceux qui, inlassablement et sans souci de la brûlure, ont exposé, si j'ose dire, leur vie intérieure à la flamme du cartésianisme. Les recherches analytiques de Valéry, proches par plus d'un aspect de l'entreprise de Husserl, ont pour but une phéno-ménologie non-historique à la Descartes, dont les résultats, contrairement au dessein du philosophe, ne se prétendent valables que pour lui-même. La moderne incompatibilité des «two cultures», de la culture scientifique et de la culture humaniste, cette difficulté croissante à intégrer connais-sance et savoir-faire technique dans des formes d'autoreprésentation hu-maine, Valéry l'a vécue de manière toute particulière, il en a souffert avec une particulière acuité, tout en en faisant avec un plaisir particulier le sujet de ses expériences. Il ne pouvait pas ne pas échouer à concilier l'inconciliable. Mais si l'on parle d'échec, il ne faut pas oublier qu'il en fut de même pour bien d'autres créateurs moins exercés à la réflexion et moins doués pour la forme, ni qu'il ne saurait y avoir en ce domaine de réussite, lorsque comme chez Valéry justement l'opposition des deux cul-tures n'est pas un sujet de discussion académique, un objet de spéculation ou de constructions utopiques, mais qu'elle est au contraire vécue à sa source et ramenée à l'antagonisme d'où elle est sortie, entre l'instinct vital dans son expansion inconsciente et la rationalité qui veut assurer ses pri-ses. Par là l'entreprise de Valéry prend une valeur universelle et le repro-che de solipsisme formulé à satiété s'avère sans fondement.

Face aux poèmes dont nous voulons tenter une nouvelle interprétation, nous nous trouvons placés dans une situation herméneutique toute parti-culière, avec ses chances, ses dangers et ses tentations spécifiques. Rien que par les proportions, il ne doit guère exister d'autre cas où un aussi gigantesque corpus analytique précède, accompagne ou sous-tend un aussi petit nombre de minuscules cristallisations poétiques qui cependant le contiennent tout entier, sinon en termes de quantité, du moins selon un mystérieux principe de représentation. Les Cahiers ne sont pas seulement des exercices de pensée, pas plus que les poèmes ne sont de purs exercices de forme. Il ne fait aucun doute que le caractère artistique spécifique de la poésie, objet de la recherche poétologique, a d'autant plus de chances d'apparaître clairement que l'on aura distingué plus nettement la part du contenu thématique. Le cas de Valéry nous offre, pour la connaissance de ces rapports, un exemple peut-être unique par sa richesse et sa diversité. Cet ouvrage se propose donc, comme je l'ai déjà indiqué, d'observer le pendule poétique qui, selon Valéry, oscille constamment entre forme et contenu, son et sens, et davantage du côté du sens que ne l'ont fait telles interprétations antérieures. Ou, pour employer une autre image, reprise par Jean Paulhan: si la force de la poésie est un feu qu'on ne peut saisir et utiliser que par l'intermédiaire d'une machine, c'est plutôt sur l'origine du feu que portera l'attention[2]. De cette manière on peut aussi considérer l'ouvrage comme une contribution à l'enquête critique réclamée par E.D. Hirsch dans ses *Principes de l'interprétation:* comment s'est établie la doctrine de l'autonomie de la langue dans l'œuvre d'art et celle, corollaire, de l'incompétence de l'auteur en sa propre matière, doctrines dont Valéry, mi-volontairement mi-involontairement, figure parmi les ancêtres.

La critique littéraire se condamne, à mon avis, à végéter dans un académisme satisfait, si elle perd de vue un principe constamment rappelé par un critique comme Kurt Wais et que l'on peut ainsi formuler: la valeur de l'homme est la mesure de l'œuvre, principe qui ne saurait en aucun cas se confondre avec le biographisme.

Cela voudrait dire, appliqué à Valéry: ne rien ôter de leur force conflictuelle aux contradictions de sa pensée et surtout de son attitude face à la création poétique; remonter aux sources de sa rationalité d'une part, de son culte de la forme d'autre part, non pour le «démasquer», mais pour entrer plus profondément dans ses problèmes spécifiques et disposer par là d'une base plus sûre pour apprécier la grandeur et la beauté de sa pensée et de son art.

Cela n'allait pas toujours sans citer Valéry contre Valéry. J'en donnerai tout de suite un exemple, un texte des Cahiers, un aveu, peut-être l'un des témoignages les plus importants et les plus caractéristiques de la fin des «années de silence». La note est de 1910 et pourrait avoir pour titre: Hérésies de Monsieur Teste...

> Sans poésie, sans vague, sans unilatéral, sans rêves, le cercle des pensées est trop étroit, les actes seraient machinaux, les choses identiques.
>
> Qu'importe que les prières n'aient aucun sens: (...) par elles ignorance, impuissance, épouvante, désarroi, trouvent leur langage et prennent une valeur; se déchargent ou se font aussi les ombres et les signes de leurs contraires. Que dire en présence de sa propre destruction? Et que dire sur son propre commencement? 4, 593.

Il faut à mon avis abandonner une opinion chère à la recherche valéryenne, selon laquelle les poèmes de Valéry n'auraient pas de sujet plus noble que de parler d'eux-mêmes. La thèse de l'*Ars poetica* immanente — telle du moins qu'elle a été formulée jusqu'à présent — appartient à l'époque de la *race naïve.* C'est à un niveau beaucoup plus élevé qu'il faut situer le problème de la poésie dans la poésie et je n'affirmerai pas en avoir donné moi-même une exposition adéquate.

Les poèmes auxquels nous avons à faire doivent toujours être pris comme des formes à la fois ouvertes et fermées, tout à la fois étapes et but

de la pensée qui s'y cristallise et poursuit sa route au-delà. A cette duplicité correspond la division de cet ouvrage, davantage il est vrai pour des
raisons pratiques que par une nécessité absolue: dans la Première Partie
les poèmes de *Charmes* apparaissent enchâssés dans un contexte d'idées
suggéré par les Cahiers; dans la Seconde Partie, le texte de la *Jeune
Parque* est constamment posé comme le but de l'explication auquel se
subordonne le choix des textes tirés des Cahiers, cela aussi pour mieux
aborder le problème de la forme, sensiblement plus complexe dans cette
œuvre et qui n'a pas encore trouvé de solution satisfaisante.

Je redoute secrètement ceux que Valéry appelle les lecteurs «plus
forts», à qui n'échappera pas l'arbitraire de tel ou tel choix de texte, qui
repéreront les pensées raccourcies, interrompues, infléchies, qui sentiront
où l'on a étouffé ou compromis la spontanéité des Cahiers. Tous ceux que
j'ai cités plus haut en font partie ou parmi les lecteurs de Valéry quelque
Monsieur Teste qui se serait jusque-là tenu coi. A eux de décider où
l'auteur, sans le vouloir ni le savoir, a failli à son idéal sans doute naïf, où
il est tombé dans le travers des exégètes, ces prêtres plus prompts à se
célébrer eux-mêmes qu'à proclamer la Parole...

Abréviations:

4, 593	Edition fac-similé des Cahiers
Pl I 1216	Edition typographique des Cahiers dans la Bibliothèque de la Pléiade
II 358	Edition de la Pléiade des œuvres de Valéry
VV	Valéry vivant
CF	Correspondance Fourment
CG	Correspondance Gide
LQ	Lettres à quelques-uns

Première Partie

CHAPITRE I

LES RESSOURCES DE LA CONNAISSANCE: LE MONDE DU DEDANS

Faust: *Et puis, je trouve que c'est une manière de falsification que de séparer la pensée, même la plus abstraite, de la vie, même la plus...*
Lust: *Vivante?*
Faust: *Disons la plus vécue...*

TROIS THÈMES DE L'EXISTENCE

La citerne intérieure

> *...et leur secrète oreille*
> *Partout place une voix qui n'a point de pareille.*

Dans un Cahier de 1912 on lit, comme jetée distraitement en passant, cette petite méditation à propos d'un vase rempli d'eau:

> D'un vase, dont l'eau fuit par le bas, la surface tranquille / liquide demeure identique jusqu'à la fin.
>
> Rien ne lui apprend qu'elle est sur une masse finie et en voie de diminution.
>
> Elle aperçoit les parois qui se haussent toujours plus, mais qu'il y ait mille mètres d'eau ou un pouce sous elle, rien ne le dit.
>
> Son avenir apparent est toujours le même, si la vitesse de baisse conserve la même variation, et pourtant le passé s'exhausse.

On aurait grand tort de passer trop vite. Quelle doit être l'intensité du signal pour que réagisse en nous le chien dressé à flairer la parabole? Il aurait ici mérité une correction pour son inattention. Car si l'on relit bien, cet objet inoffensif vibre de résonances insoupçonnées: qu'on se figure cette surface étale, immuable, qui voit sans en soupçonner la cause se hausser son enceinte, qui à chaque instant, tout de suite, tout à l'heure, risque de toucher le fond. Ce silencieux glissement vers le bas dans sa froide régularité ne peut manquer d'oppresser.

Pour qui accueille l'idée et l'associe à d'autres déclarations de Valéry, l'image du vase qui fuit devient peu à peu le noyau d'un vaste thème psychophysiologique à multiples aspects: je l'appellerai le thème de la citerne[1]. C'est la rêverie fréquemment reprise d'une cavité circulaire, puits ou tuyau, figurant l'intérieur du corps. Tantôt on la porte à l'intérieur de soi, tantôt l'on s'y penche comme à la margelle d'un puits, tantôt la conscience localisée à la surface se voit, dans l'encerclement des parois lisses, dépendre du niveau de l'eau. Les variations de ce niveau — sa descente la plupart du temps, comme dans l'exemple du vase qui fuit — sont à l'origine de l'expérience d'une graduation intérieure qui mesure la réserve de vie disponible. «Par accident, je suis peut-être gradué. J'ai l'idée d'un maximum d'origine» cachée, qui attend toujours en moi» (4, 587). Dans la *Jeune Parque* une larme jaillie d'un labyrinthe profondément enfoui, d'une «grotte de crainte au fond de moi creusée» jauge en même temps douloureusement la portion d'existence écoulée:

> Tu gravis mes degrés de mortelle et de mère,
> Et déchirant ta route, opiniâtre faix,
> Dans le temps que je vis, les lenteurs que tu fais
> M'étouffent...   294-297

Cette réserve qui décroît sans pourtant qu'on puisse l'évaluer reparaît, des dizaines d'années plus tard, dans l'image analogue du combustible, aliment du feu:

> Place de la mort.
> L'esprit ignore constitutionnellement la mort.
> Elle est pour lui un fait tel quel.
> La flamme ignore la quantité de combustible qui l'alimente —
> Et dont le renouvellement ne dépend que de circonstances qui lui sont
> étrangères.   24, 438

Le rigoureux parallélisme de la pensée confère un trait personnel à l'expression traditionnelle de «flamme vitale». La «place de la mort» est au fond de la réserve incontrôlable, la vie danse à la pointe de la flamme. C'est, disons-le tout de suite, dans l'enceinte de ce thème complexe que la mort, cet impensable de l'esprit, semble avoir sa place réelle dans l'œuvre de Valéry, les nombreuses dénominations dans la poésie ne désignant presque jamais le *fait tel quel*, mais introduisant plutôt la mort indirectement de multiple façon.

Dès 1906 Valéry avait ainsi formulé le fantasme du corps creux: «Dans ton intérieur, tu n'es pas un homme, tu es une résonance, un théâtre...» (3, 726). Comment ne pas entendre la strophe du *Cimetière marin:*

O pour moi seul, à moi seul, en moi-même,
Auprès d'un cœur, aux sources du poème,
Entre le vide et l'événement pur,
J'attends l'écho de ma grandeur interne,
Amère, sombre et sonore citerne,
Sonnant dans l'âme un creux toujours futur!   (VIII)

«Grandeur interne» pourrait bien signifier simplement «mesure intérieure», «cylindrée» en quelque sorte; et la formule «creux toujours futur», ce vide qui va toujours se creusant dans le temps et dans l'espace, résume, trop succinctement bien sûr, le sens de toute la parabole de la citerne.

* * *

Si l'espace de la citerne intérieure était celui des ténèbres et de l'amertume, du silence et du froid, du *certum sed incertum quando,* c'est aussi — «citerne sonore» — l'espace de la résonance. C'est dans ses profondeurs qu'un son, une voix peuvent développer toute l'amplitude de leur écho. «Se faire résonateur», lit-on dans le cinquième tome des Cahiers, plus j'écoute, plus j'entends» (5, 18). Ce qui pourrait passer au premier abord pour un abus métaphorique exprime en fait une relation psychologique réelle entre caisse de résonance et résonance de la voix. J'en veux pour preuve un texte du quatrième tome des Cahiers, dont un extrait figure plus haut et que je cite ici in extenso:

> Thermométrie.
> A un certain âge tendre, j'ai peut-être entendu une voix, un contralto profondément émouvant...
> Ce chant me dut mettre dans un état dont nul objet ne m'ait donné l'idée. Il a imprimé en moi la tension, l'attitude suprême qu'il demandait, sans donner un objet, une idée, une cause (comme fait la musique). Et je l'ai pris sans le savoir pour mesure des états et j'ai tendu, toute ma vie, à faire, chercher, penser ce qui eût pu directement restituer en moi, nécessiter de moi l'état correspondant à ce *chant de hasard;* la chose réelle, introduite, absolue dont le creux était, depuis l'enfance, imposé / préparé par ce chant — *oublié.*
> Par accident je suis peut-être gradué. J'ai l'idée d'un maximum d'origine cachée, qui attend toujours en moi.
> Une voix qui touche aux larmes, aux entrailles; qui tient lieu de catastrophes et de découvertes; qui va presser, sans obstacles, les mamelles sacrées / ignobles de l'émotion/ bête; qui, artificiellement et comme jamais le monde réel n'en a besoin, éveille des extrêmes, insiste, remue, noue, résume trop, épuise les moyens de la sensibilité (...) elle rabaisse les choses observables. On l'oublie et il n'en reste que le sentiment d'un degré dont la vie ne peut jamais approcher.   4, 587

Ce qui s'exprime ici timidement derrière le paravent de la forme objective (ce timide est un homme de quarante ans!), c'est ce que l'on peut appeler la «dominante» humaine des Cahiers, assez rarement perceptible, mais d'une telle continuité qu'on ne peut manquer de l'entendre.

Il faut qu'elle ait été d'une rare beauté, cette voix de contralto, oubliée et inoubliable, ce chant de hasard qu'il devint de la plus extrême nécessité de réentendre. Il faut aussi que la caisse de résonance ait été d'une rare sensibilité, un «creux» impossible à sceller qui toute une vie durant aspira à se remplir encore de cette voix[2].

Suivons-en d'abord l'écho, les évocations, les substituts. En 1910, un an avant la rédaction de «Thermométrie», Valéry écrit à André Lebey qu'il est sur le point d'aller se remettre d'une assez longue maladie à Gênes où séjournait déjà sa mère:

> Revoir Gênes m'est très sensible. J'ai là bien des souvenirs de mon enfance. J'ai contracté là bien des plis de mon cerveau, de ces plis que nul repassage ultérieur ne peut réprimer, effacer (...). Il y a des morceaux de jeunesse, des épisodes, des attitudes qui lorsqu'elles reviennent à la mémoire, ont l'air de choses d'opéra, de fragments isolés par le cadre d'une scène, défendus contre l'actuel, par un fossé de musique et une haie vive de timbres impossibles.

Si cette ville de Gênes, lieu maternel où il prit, chose tout à fait inhabituelle chez lui, un «coup de mémoire», n'était que vaguement musicalisée, on trouve ailleurs plus précis. On connaît le récit qu'il fit dans *Le Prince et la Jeune Parque* (1927) de son retour à la poésie et de l'importance que prit prétendument par hasard un article de journal lu au café. Le chroniqueur du *Temps,* Adolphe Brisson, y rapportait dans le numéro du 1er décembre 1913 sa rencontre avec le prince Georges de Hohenzollern au cours de laquelle le prince exprima en termes exaltés son engouement pour l'actrice Rachel, décrivant ses gestes énergiques, sobres et pourtant gracieux, sa diction impeccable, la fascination qui émanait d'elle. Elle possédait tout:

> Le son grave et métallique d'une voix sans égale, tout ce qui charme, tout ce qui entraîne, tout ce qui exalte (...).
> Sa voix de contralto descendait jusqu'au *fa* dans tel vers de Bajazet.

Le description de cette voix est pour Valéry une révélation:

> Je lus, je relus. Je reconnus ma voie (...). Je ne sais expliquer à quel point cette lecture me toucha.   I 1494

Tout ce que le prince allemand avait retenu, avec la touchante précision d'un admirateur éperdu, de la manière de parler de l'actrice, — «m'intéressait directement, m'éclairait indirectement», une main se tendait à l'improviste pour le tirer d'embarras et il lui revient à l'esprit un petit fait arrivé à Rome lors de l'érection de l'obélisque sur la place Saint-Pierre: le monolithe n'avait pas encore atteint la verticale lorsque, par une erreur de calcul, les câbles menacèrent de se rompre. En dépit de la stricte consigne de silence, un cri jaillit: «Mouillez les câbles!», et à la dernière minute la chute fut évitée. «Et une idée mit la pierre debout...».

Révélation de quoi? Quelles solutions concrètes à ses «difficultés poétiques» Valéry pouvait-il bien trouver dans le récit du prince? Peu de chose à vrai dire. Certes, cette voix de contralto célébrée avec enthousiasme, perçue, comme le montre l'association, dans une situation tendue au sens le plus vrai du terme, on ne saurait mettre en doute l'authenticité de sa résonance.

On connaît en outre l'admiration de Valéry pour les opéras de Gluck. Le texte cité plus haut, à propos du Prince et de la Jeune Parque, commence par ces mots (trop connus!):

> Je ne sais par quelle reprise mystérieuse, par quel retour vers ma jeunesse, je revins à m'intéresser à la poésie, après plus de vingt ans que je m'en étais détaché.

Il se serait alors aussitôt senti pressé de préciser ces «dépendances harmoniques, rythmes immanents, rumeurs» vaguement perçus.

> J'entrai dans ce travail. Mon dessein était de composer une sorte de discours dont la suite des vers fût développée ou déduite de telle sorte que l'ensemble de la pièce produisît une impression analogue à celle des *récitatifs* d'autrefois.
> Ceux qui se trouvent dans Gluck, et particulièrement dans l'Alceste, m'avaient beaucoup donné à songer. J'enviais cette ligne.   I 1942-3

Or il n'est pas sans intérêt de constater que ce projet de *discours musical* ne date pas de 1912, donc vingt ans après le prétendu silence de Valéry, mais qu'il se trouvait nettement formulé dès 1906:

> Lorsque tu veux faire le discours d'un personnage, imagine-le en musique, en récitatif, et songe à tout ce que le musicien peut et doit *noter*. Je suppose que tes idées soient prêtes et libres (!) — alors ce procédé te donnera la chaleur, la fluidité, *l'ordre vivant* d'un beau discours.

Prophétie étonnante et apparemment tout à fait inexplicable. Rappelons que Valéry avait déjà entendu Gluck au plus tard en 1901 et qu'il en avait été très frappé. «*Orphée* m'a empoigné», écrit-il à sa femme.

> Cela a eu le don de toucher en moi une très ancienne roche abandonnée. Je me suis souvenu de l'Orphée que j'avais moi-même chanté jadis, quand j'attribuais à mon imagination et à ma volonté une puissance divine. Je suis rentré lyrique.

Il est encore frappant que, ni dans la première note de 1906, ni dans le retour en arrière de 1927, les dimensions de ce «discours» n'aient été limitées à 30 ou 40 vers comme le voulait la lettre à A. Mockel écrite en 1917, immédiatement après l'achèvement de l'œuvre: en 1913, signale ce témoignage maintes fois cité,

> sur une demande de réunir mes anciens vers, honteux de leur petit volume, et plus honteux de leur maigreur, j'ai songé à écrire une pièce de 30 à 40 vers; et je voyais quelque récitatif d'opéra à la Gluck.   I 1620

Une pièce de dimensions si restreintes ne pouvait mériter le nom de «discours», aussi ne prétendait-elle qu'à être «presque une seule phrase». Un point cependant était dès cette époque définitivement établi: la «phrase» devait être — «longue et pour contralto».

Il est déjà permis de s'étonner que l'*Orphée* de Gluck, populaire à Paris

depuis plus d'un siècle (et dont la parodie d'Offenbach avait offert au
public depuis une génération une version plus savoureuse), ait pu bouleverser de la sorte un auditeur de trente ans, parisien depuis dix ans.
(«Quel chaos!», écrit-il à sa femme). Mais l'écho qu'éveille en lui l'*Alceste*
est encore plus surprenant: en 1915, au temps des plus grandes difficultés
intérieures et extérieures, il désignait l'œuvre sur laquelle il peinait avec
acharnement par les termes: «ma divinité du Styx», ceux-là mêmes par
lesquels l'héroïne, dans l'air célèbre, évoque les dieux infernaux.

Ne surestimons-nous pas la valeur de tels témoignages? A coup sûr l'air
d'Alceste a trouvé à l'époque d'autres oreilles attentives[3]. En ce qui concerne Rachel, on peut objecter que Pierre Louÿs avait découpé dans le
journal l'interview du prince et l'avait conservée, abondamment soulignée
au crayon rouge (de tels détails fortifient l'amitié: Valéry en fut très
touché). Cette importance de la voix pour les poètes, on la retrouve dans
la première *Grande Ode* de Claudel qui célèbre une voix de contralto,
mieux encore chez Verlaine dans «l'inflexion des voix chères qui se sont
tues» ou dans le poème d'Yves Bonnefoy à la voix de la grande contralto
anglaise Kathleen Ferrier[4]. Pourtant les indices sont par trop nombreux:

> Chose rigolotte. L'influence des études des enfants. Faire réciter le son-
> ge d'Athalie m'a appris des choses insoupçonnées, — qui m'éclairaient une
> fois pour toutes les difficultés précisément auxquelles j'étais en proie. I 1623

Encore une fois une aide inattendue s'offrait au poète assailli de difficultés
(toute la dernière partie de la phrase est soulignée), encore un coup la
lumière jaillit «une fois pour toutes». Valéry raconte que ses enfants
apprenaient Racine. Mais point comme un pensum, ces privilégiés ayant
pour ce faire un maître peu ordinaire, leur père. On voit mal ce que la
récitation enfantine peut révéler de la technique du vers et il faut donc
supposer que ce n'est pas lors de ces séances familiales que les perspectives se sont ouvertes, mais plutôt que le zèle pédagogique — d'ordinaire
étranger, sinon odieux à Valéry — fut la conséquence de cette subite
révélation. Un calcul simple permet de situer l'étude d'*Athalie* vers 1910:
il faut en conclure que les difficultés dont fait état le texte cité plus haut,
ne tenaient pas particulièrement à la technique du vers. Certes le célèbre
début du songe d'Athalie: «C'était pendant l'horreur d'une profonde
nuit...» correspond bien à l'idéal poétique de Valéry. Mais autre chose
entre en jeu, qui n'est sûrement pas négligeable: le rôle d'Athalie demande une voix de contralto — et le songe parle de la mère[6].

N'est-ce pas encore une fois attribuer trop d'importance à des impressions isolées dans un cheminement intérieur avant tout régi par la volonté
ou, pour reprendre notre image, vouloir remplir une citerne avec quelques gouttes? Pourtant il est établi que des phrases, des pensées, des vers
isolés pouvaient agir fortement sur Valéry. Toute sa vie il en porta en lui,
qui répondaient à certaines attentes intérieures ou à certaines convictions.
Il note un jour cette phrase de Salluste[7], hors de tout contexte: *Quod*

verbum in pectus Iugurthae altius quam quisquam ratus erat descendit. Autre exemple (ils ne sont pas si nombreux!): lui qui, à de rares exceptions près, ne raffolait guère des productions poétiques de ses contemporains, est ému au fond de l'âme par un poème de Milosz tiré du recueil *Adramandoni.* On y trouve ces vers:

Moi, corps et esprit, je suis comme l'amarre
Prête à rompre. Qu'est-ce donc qui vibre ainsi en moi,
Mais qu'est-ce donc qui vibre ainsi et geint je ne sais où
En moi, comme la corde autour du cabestan
Des voiliers en partance? Mère

Trop sage, éternité, ah laissez-moi vivre mon jour!
Et ne m'appelez plus Lémuel; car là-bas
Dans une nuit de soleil, les paresseuses
Hèlent, les îles de jeunesse chantantes et voilées!
                                        Le doux
Lourd murmure de deuil des guêpes de midi
Vole bas sur le vin...

Ou encore, vers la fin de ce merveilleux texte:

Et j'irai droit à l'arbre où l'épouse éternelle
Attend dans les vapeurs de la patrie. Et dans les feux
                              du temps apparaîtront
Les archipels soudains, les galères sonnantes —
Paix, paix. Tout cela n'est plus. Tout cela n'est
                    plus ici, mon fils Lémuel.
Les voix que tu entends ne viennent plus des choses.
Celle qui a longtemps vécu en toi obscure
T'appelle du jardin sur la montagne! Du royaume
De l'autre soleil! Et ici, c'est la sage quarantième
Année, Lémuel.

Inutile de souligner tout ce qui dans ces vers[8] est proprement valéryen: le cabestan, le voilier, les archipels... Point d'expression ou presque, où il ne pût se retrouver. Malgré cela on est surpris du ton de la lettre qu'il écrivit en 1918 à l'auteur qu'il connaît à peine, pour le remercier de l'envoi de son livre:

Une pièce me saisit entre toutes. C'est un enchaînement de votre lecteur par la voix sans fin, terriblement profonde. On est pris par les images et jusqu'aux entrailles. Je n'ai jamais vu de texte *si proche* de l'être même.

Et il souhaitait avoir un très long entretien avec lui[9].

Nous aurons à revenir sur l'importance de la voix pour Valéry. Mais je voudrais encore citer ici une note plus tardive. Il y expose encore une fois, admirablement décantés et clarifiés, les rapports entre le son de la voix et la poésie, en une célébration de la voix qui est aussi la conclusion d'un effort de définition qui l'occupa toute sa vie:

... Car (dit le voyant) au commencement est la Voix. Et la voix dit *d'abord* être voix. Evénement. Signe. Trace d'homme et d'homme *en émoi*, de Présence, sans distinction de son et de sens, de Musique et de reconnais-sance.

Présence = résonance = identification.

Et ceci m'éclaire un peu plus la nature mystérieuse du vers.

Le vers est la conservation du pouvoir attaché aux commencements. Ce pouvoir est limité...   24, 862

Ce thème émotionnel central, inséparable selon toute apparence de la voix, ce lien à la mère, une pudeur extraordinairement forte interdit à Valéry de l'exprimer dans sa poésie avec la même sincérité qu'un Milosz (peut-être les deux autres «thèmes de l'existence» dont nous allons parler nous aideront-ils à comprendre cette pudeur). Qu'on se rappelle pourtant encore une fois la strophe du *Cimetière marin* déjà citée:

Auprès d'un cœur, aux sources du poème,
Entre le vide et l'événement pur,
J'attends l'écho de ma grandeur interne

et sans doute ne taxera-t-on plus d'arbitraire une interprétation qui propose d'entendre dans «événement pur» l'écho idéalisé de la voix dans un creux intérieur[10].

Récemment encore une étude de la genèse de la *Jeune Parque* menée à partir de quelques-uns des matériaux cités (Racine, la voix de Rachel, etc.) aboutissait à la conclusion qu'il n'y avait pas trace de drame person-nel chez Valéry au moment où il se remet à la poésie. Pas d'autre émotion que la passion des questions formelles! Je souhaite montrer que c'est là une légende — à laquelle, il faut le dire, le héros lui-même a contribué à sa façon.

★ ★ ★

Nous nous étions proposé de montrer que l'image de la citerne n'était pas un abus métaphorique, mais qu'elle se rapportait à une aire de repré-sentations élaborée par Valéry avec une étonnante clairvoyance et qui rend compte de sa propre configuration intérieure[11]. Si les déclarations témoignant de l'importance de la voix sont nombreuses, il ne manque pas non plus de textes pour l'image du creux intérieur et de son mystérieux stock. Ou, pour parler sans métaphore: nombreux sont les textes qui attestent une certaine faiblesse, une certaine précarité du moi, une réserve jalouse et la peur de se livrer. Il n'est sûrement pas sans importance de constater que les autocaractérisations qui suivent et qu'on peut considérer déjà à maint égard comme des regards en arrière, datent des années 1907 à 1912. Et d'abord une description pour ainsi dire «sur le vif»:

Je ne m'abandonne jamais. Je ne le puis. Trace définitive, peut-être, d'un souci maternel, toujours présent jadis et ressenti par moi. Tous les sentiments modifiés en moi par ce non-abandon. Pas d'ivresse que brève et vite inquiétée. Sur toute chose je crains de m'engager.   4, 351

Et si, continue-t-il, quelque impression trop forte menace de déborder ses défenses, il cherche son salut dans la fuite, se détruisant en même temps qu'elle par l'évanouissement.

Autre description maintenant, à plus grande distance, qui d'emblée revient sur cette impossibilité à se lier: se détacher, s'arracher serait son attitude naturelle. Devoir être quelqu'un ou quelque chose, l'idée en est insupportable. Lorsqu'il se sent ainsi contraint, il se tourne aussitôt vers autre chose, pire la plupart du temps, mais le seul sentiment de cette mutation imminente est une contrariété.

> Cette nature qui se trouve toujours trop serrée, trop saisie, qui veut se réveiller toujours de l'étreinte, qui se fait des fantômes d'encerclement et existe en s'y dérobant, et pour exister les suppose — tant que chaque idée, chaque sentiment lui semble toujours autre que soi, cas particulier, chose à épuiser, à percer, à voir du dehors. — Cette nature fait ses théories.

En tout il ne voit, dit-il, que les possibilités de combinaison et la principale aptitude qu'il a développée en lui consiste à ne tenir à rien.

> Je me suis dégagé de ma «ville», de la littérature, de mon meilleur, de tout éloge, de mes admirations, du vrai et du faux (...) Au point que si quelque chose me veut engager trop intimement, je tends à m'évanouir, je me sens en aller.

Et il ajoute avec une sincérité qui émeut et désarme:

> Et c'est pourquoi je suis si craintif, si peu sûr de moi, si défiant, si enchaîné à tant de préparations (!) et de précautions. Je ne sais jamais si je ne vais (...) perdre tout à coup tous mes *moyens* et en fait cela arrive. (...) J'aime les extrêmes par l'espoir d'y trouver un fixe. La logique, pour le même motif. Tout ce qui semble sûr m'attire, moi l'incertain.   4, 280-1

Par les allusions à un sentiment d'étreinte («fantômes d'encerclement») lié à la nécessité de se dégager violemment, à des accès d'abandon mais aussi à certaines «théories» à usage personnel, celle du «possible» en particulier, ce texte annonce des thèmes que nous ne pourrons examiner que plus tard: chercher un ordre dans un journal, ce serait le confondre avec une biographie. En termes valéryens: un log-book n'est pas une relation de voyage. L'époque de l'autobiographique n'est d'ailleurs pas encore venue, elle commence tout juste à poindre

Mais une troisième citation laisse paraître, de plus loin, ce qu'il y a de détresse dans cette versatilité. C'est une note de 1912 intitulée «Séauton» qui explique comment faire de nécessité vertu, quand nécessité il y a:

> Un dégagement rapide (...) qui me ramène promptement au promptement quitté. Tous mes malheurs et bonheurs intellectuels ainsi notés. L'inattendu pour les autres de cette vibration (!). Ce que j'ai approfondi l'a été par éclairs successifs.
>
> Mes désastres scolaires. J'ai eu vite conscience de cette caractéristique (...)
>
> J'ai essayé d'en tirer ce que j'ai pu. — Que tirer de penser toujours à

autre chose? Rien ne m'a paru digne ou capable d'absorber quelqu'un à soi seul.

J'ai une impossibilité mécanique quant au vague; au devinable; au long.

Les inconvénients de ma mécanique, sa hâte — comment je l'ai tournée le plus en ma faveur.   4, 884

Comment? Cette question va nous guider nous aussi assez longtemps. A quoi pouvait bien ressembler chez Valéry le «bonheur intellectuel»? Un coup d'œil sur ses rapports avec le XVIIIᵉ siècle français pourra, en conclusion de cette partie, en donner un exemple. Mais un exemple peu commun, nous allons le voir.

On connaît, dans la préface très personnelle qu'écrivit Valéry pour une édition des *Lettres Persanes* de Montesquieu parue en 1926, sa jolie déclaration d'amour au XVIIIᵉ siècle. Si les Parques, dit-il, accordaient à un mortel de choisir l'époque à laquelle il aurait le plus de plaisir à vivre, il choisirait assurément celle de Montesquieu:

> Je ne suis pas sans faiblesse; je ferais comme lui. L'Europe était alors le meilleur des mondes possibles[12].

Et de louer (sans se soucier des ombres au tableau) l'équilibre raisonnable et surtout l'agréable savoir-vivre d'une époque où «même le fisc exigeait avec grâce...»

On pense naturellement en lisant cette idéalisation du XVIIIᵉ siècle à des précédents littéraires, à Stendhal en particulier[13]. Mais il y a chez Valéry des motifs plus puissants que ces lectures. Sa «faiblesse» s'exprime de nouveau dans une lettre à Pierre Gaxotte dans laquelle il le remerciait de l'envoi de son livre, *Le Siècle de Louis XV*. L'adhésion est devenue encore plus totale, la vision encore plus idéale:

> J'ai toujours considéré le milieu du XVIIIᵉ siècle comme l'époque de mon choix. Il me semble que tout ce que j'aime s'y trouvait au plus haut degré, et tout ce que j'abhorre au plus bas.   I 1709

L'ouvrage de l'historien lui fournit, écrit-il, des documents précis qui ratifient son jugement, il se sent flatté d'être ainsi confirmé par un spécialiste dans ce qu'il désigne d'une formule étonnante: «un sentiment d'origine incertaine et d'essence presque poétique». Une note des Cahiers, dans les derniers mois de sa vie, confirme des associations que l'on soupçonnait: la civilisation moderne, y lit-on, émousse les effets de la nouveauté, de l'extrême, des surprises et des prodiges. Suit une maxime où s'exprime toute une attitude de vie: l'étonnement n'est licite qu'en face des choses les plus ordinaires et il convient d'aiguiser ses sens jusqu'à ce qu'ils y réagissent. Vient alors le modèle de cette attitude:

> Une vieille personne qui m'était infiniment chère et que j'ai perdue il y a quelque 20 ans [la mère de Valéry était morte en 1927] avait vu, étant née en 1831, les chemins de fer s'installer, paraître le télégraphe électrique, la navigation à vapeur, et plus tard, le téléphone et le reste.
>
> Elle n'y donnait aucune importance, trouvait ces nouveautés selon l'oc-

casion, commodes ou gênantes; *aucune surprise*. Rien pour elle ne passait l'importance des relations personnelles et des agréments de la société; de celle qu'elle avait connue enfant et dont les rites lui semblaient inviolables.

29, 630[14]

Ainsi le XVIIIᵉ siècle devient-il époque mythique, pays mythique — c'est le royaume de la forme et des formes.

C'est à un petit pastiche de Montesquieu que se livre Valéry dans le texte en prose *Voyage au pays de la forme* (II 466), ce pays où tout manquement aux formes du savoir-vivre est puni comme un délit! Ce voyage a donc pour Valéry une signification beaucoup plus profonde, une résonance qui va beaucoup plus loin que le vernis superficiel des bonnes manières. Qui ne trouverait pas assez reculée encore la date de 1831, pourra s'en tenir à la note écrite l'année de la mort de sa mère, où apparaît — et ce n'est pas un hasard — la langue de celle-ci:

> Je voudrais écrire un petit recueil sur elle, pour moi seul... *Per essa toccavo al Settecento venezian...*[15]

Ce contexte, tout instructif qu'il soit, ne pouvait ni ne devait naturellement figurer ici pour lui-même. C'était un des fils qui trament le thème qui nous a occupés dans cette partie et nous occupera encore sous d'autres aspects. Comme le dit Valéry:

> Au milieu d'un vacarme je creuse un silence.
> Dans ce silence je mets des bruits, un chant...

4, 727

Narcisse et Protée

> *Il y a des théories qui ont l'air abstraites*
> *et qui vous projettent tout vif*
> *un monsieur sur l'écran.*
> *Vous êtes extra-lucide, Docteur.*
>
> *L'Idée fixe*

> Vu en rêve un visage que *je croyais le mien* — avec cette déformation caractéristique des choses auxquelles on fait attention dans le rêve (et qui existe aussi dans la veille, mais imperceptible). Je trouvais dans ce reflet un portrait vivant des traits du côté paternel et ils s'accusaient par l'examen même.
>
> Puis, mi-éveillé, je m'étonne de m'attribuer une figure qui n'est pas la mienne, de m'être reconnu dans un visage autre que le mien (d'avoir reconnu ce qui n'était pas le connu).
>
> Ainsi, par rapport à quelque moi mon visage véritable est aussi étranger, arbitraire que tout visage quelconque. Visage et moi sont deux notions dont la relation est empirique, car ces deux choses ne s'accompagnent pas nécessairement. Mon visage n'est pas de moi.

4, 115

Les notes de Valéry qui, comme celle-ci de 1906, concernent son père sont rares et curieusement réticentes[16]. D'autant plus nombreuses sont celles où, sur la lancée de ce rêve, il s'interroge sur l'identité de son propre visage. Toutes ont en commun une dynamique inquiète, un perpétuel mouvement de fuite. Si, face au miroir qui lui renvoie son image déformée, une conscience réagit par la consternation, c'est la panique qui la saisit à l'aspect d'une image fidèle et pour l'anéantir tout lui est bon, même l'autodestruction. Pour parer au danger de se voir, au miroir d'une conscience étrangère, pourvue de contours définis, donc limitée, elle essaie la métamorphose. N'importe quel masque protège plus sûrement que le véritable visage, toujours imparfait. *Narcisse,* redoutant la mise au jour d'une insuffisance mal définissable, cherche son salut dans *Protée.*

Ainsi peut-on sommairement résumer les réflexions de Valéry sur la problématique du moi. Ce sont des réflexions qui montent de l'obscur, de ce gouffre d'obscurité que le comte Kessler a pressenti chez Valéry. C'est de là aussi qu'elles semblent avoir tiré l'énorme force qui les anime, cette énergie nécessaire pour atteindre le but qui est, lui, la clarté, celle du mythe dont il arrive à Valéry de se servir, et de manière originale. Car on distingue déjà par là ce qui fait la particularité de Valéry, qui n'est évidemment ni l'utilisation du thème du miroir, ni celle des «mythèmes» Narcisse ou Protée, mais la combinaison des deux.

Narcisse, il est vrai, avait été jusque-là le seul à paraître au grand jour et il devait aussi pour la forme le rester. Pourtant une lettre de 1907 à André Lebey ne manque pas de déconcerter, qui distingue nettement deux Narcisses différents, un Narcisse empirique, pitoyablement quotidien et un autre, souligné:

> Notre Narcisse est fils de l'expérience. Il résulte d'un choix et d'un tâtonnement infini, de séculaires gaffes, d'un savant désespoir.

Pour s'évader de ce désespoir, Valéry cite divers moyens: la mathématique, l'existence dans l'instant, la solution de l'Église, et finalement:

> Et il y a le *Narcisse:* reflet de la froide vérité dans un miroir magnifique — et l'inverse — reflet de mon idée dans mon néant, mais cherchons, cherchons toujours.   LQ 80/1

Ce rêve idéal du moi qui avait produit le *Narcisse parle* de 1890 paraît désormais abandonné. «Mon néant», le moi empirique, ne se laisse pas si aisément transfigurer. D'où le renforcement de la contrainte qui pousse à l'activité, ou peut-être seulement à une sorte de rotation.

Citons ici les notes essentielles qui concernent le double mythe. Elles ont été rédigées pour la plupart vers 1906:

> Le moi est le sentiment: que toute connaissance est partielle (et ce sentiment exagéré fait l'émotion parfois de qui se regarde dans un miroir et s'étonne de *se voir particulier, se sentant universel,* ou de se voir, lui tout, dans son aspect partiel; et s'il y avait un miroir qui permette de réfléchir l'être mental — ce serait le même sentiment, et la peur d'être chose, soi qui se sent La Chose, toute chose).   3, 780

> Narcisse, si indépendant qu'il se sent de toute figure particulière, si

> général dans son cœur, se voit un visage fini, beau mais entièrement déter-
> miné. Et il trouble le miroir par le bond de sa fin. 3, 854

Et leur complémentaire:

> Il y a toujours autre chose, une autre vue, une autre conscience, d'autres
> circonstances — et ce sentiment presque toujours présent, me caractérise.
> Suis-je le Protée? 4,114

Peut-on être plus clair? Celui à qui déplaît son image dans le miroir a le choix entre trois possibilités: choisir un miroir plus flatteur, détruire le miroir (et l'image du même coup), se changer soi-même. Transfiguration, désespoir, transformation — c'est un ordre naturel.

Pourtant dès 1901 les deux héros mythiques avaient fait une apparition commune, et s'ils ne portaient pas de nom, ils n'en étaient pas moins bien reconnaissables. C'était justement dans la lettre que Valéry avait écrite à sa femme après la représentation de l'*Orphée* de Gluck, d'où il était sorti, disait-il, tout à fait «lyrique»:

> Tantôt ce fut l'hésitation entre les divers personnages qu'il y a en moi
> [Protée] — tantôt l'extrême dégoût né de l'extrême contemplation [Narcis-
> se]. Quel chaos! Quel orchestre bizarre je porte, avec trois ou quatre thè-
> mes capitaux, et un thème de silences réguliers. J'en suis à ne plus saisir le
> monde que comme une foule d'instantanés qui se valent. I 27

Dans l'élaboration personnelle du mythe chez Valéry, Narcisse est enfermé à perpétuité dans un quidam, c'est la somme comptabilisable des combinaisons; Protée par contre est développement à l'infini, il est l'éternel possible, «le non-énumérable, l'inépuisable».

Sur le même thème encore, en termes très explicites:

> Le conflit du souvenir, du *nom,* des habitudes, des penchants, de la
> forme mirée, de l'être arrêté, fixé, inscrit de l'histoire, du *particulier* avec —
> le centre universel, la capacité de changement, la jeunesse éternelle de
> l'oubli, le Protée, l'être qui ne peut être enchaîné, le mouvement tournant,
> la fonction renaissante, le moi qui peut être entièrement nouveau et même
> multiple — à plusieurs existences — à plusieurs dimensions — à plusieurs
> histoires (cf. pathologie). Je puis apprendre de nouveaux gestes. Le loup-
> garou. L'ange et la bête, etc. Voilà qu'ils se regardent par les mêmes yeux et
> qu'ils finissent par s'aimer. 4, 181

Comme la bête qui quitte sa coquille, le Moi s'étonne de son œuvre. Comment est-ce possible? Pourquoi ainsi et non autrement? Pourtant, quelles qu'aient pu être par la suite les ratures et les contradictions, «la succession s'est faite, l'addition s'est réalisée». Ce passage — qui rappelle un célèbre aphorisme de Nietzsche sur l'orgueil et la mémoire, porte le titre: Narcisse, *La confrontation du Moi et de la personnalité.* Le centre universel est donc Protée: faculté de perpétuelle métamorphose, possibilité d'oublier perpétuellement ce que l'on fut. Il est clair que le «Moi» désigne ici un idéal du moi et cet idéal se révèle justement celui de la fugacité.

Car le moi de Narcisse lui-même, cette partie qui n'est ni masque, ni «personnalité», ni «forme mirée», ni — selon une dénomination fréquente plus tard — «Monsieur», n'apparaît à la conscience que comme un point aveugle:

> Le moi peut utilement être regardé comme une tache obscure, une lacune, un punctum caecum du champ de la conscience.
>
> C'est le manque, le trou [forme creuse!] où nous plaçons ce qui renverse le sens des actions, ce qui n'est aucune chose ni nulle pensée et se trouve à la rencontre de toutes. 4, 731

Il est insaisissable et son existence incompréhensible:

> Ma substance n'est pas dans le monde clair et mon essentiel m'ignore comme je l'ignore. Il n'y a rien de commun entre nous. Tout ce qui me supporte n'est personne. 4, 851

D'où il faut conclure à un manque radical de fondement, à une radicale impossibilité de fonder la pensée:

> Ce que j'ai de plus «intime» n'est pas de moi plus que le reste. Ma pensée est toujours réponse, réponse faite d'éléments non-moi à une demande non-moi.
>
> Il n'est rien que je ne puisse regarder comme chose étrangère — c'est la définition même du *regarder.* (!)
>
> Et ce qui ne peut être regardé, cela est alors le moi. — Mais alors aussi je ne puis distinguer dans cette classe de *ce qui ne peut être regardé,* ce qui est moi et ce qui, jouissant de la même obscurité, n'est pas moi. 5, 9

Le moi est ici séparé du non-moi avec une sorte d'auto-mortification dans l'acte de définir, il est, pourrait-on dire, radiographié à travers ce que l'on suspecte être le non-moi. Mais la pensée du moi justement ressemble à un combat d'aveugles dans le noir:

> ... la nature *non humaine* de la pensée, cette étrange chose dans l'homme qui ignore tout de l'homme, n'aurait pas deviné la mort et n'y comprend rien, et qui est obligé d'apprendre mot par mot tout ce qui est (quand elle ne préfère inventer et faire ce qui n'est pas), d'épeler le réel. Quelque chose comme le rêve est son état le plus naturel.
>
> A ce point qu'un homme n'est pas réellement un homme pour lui-même.
>
> 5, 10

Au mieux peut-on saisir le moi comme lieu de passage et point d'intersection:

> Le Moi est le nom général, brut — de tous les *intermédiaires* cachés pris en bloc, affirmés et inconnus et mis hors de question en un seul mot.
>
> Le pronom substitue à une image ordinaire une *situation*, un mode de connexité. 4, 181

Cette fonction de point d'intersection, on peut il est vrai, la susciter volontairement au besoin:

> Se servir agilement, sciemment, et méthodiquement de son Moi comme origine de coordonnées universelles — tel est l'ars magna. 2, 141

D'où il ressort que cet adepte tardif de Raymond Lulle croit ne pouvoir pratiquer le «grand art» de l'affirmation de soi sans tomber dans l'outre-cuidance. Le moi ne paraît connaître d'autre alternative que faiblesse ou présomption. «Orgueil et son contraire viennent de l'impossibilité de se considérer comme autrui» (3, 562). Un chrétien dirait que le pôle opposé de l'orgueil est l'humilité, mais qu'à l'humaniste athée il ne reste que l'impuissance. Ce serait oublier l'importance vitale de l'orgueil à l'intérieur de la conscience isolée:

> L'orgueil est une foi en soi seul. Comme une foi, il est au-delà de toute expérience / nulle ne l'atteint. Et toute figure qu'on lui prête ne le définit, ne lui convient, ne l'enferme, ne le sépare.
>
> Comme une foi, il participe de l'élastique de la vie. Cet anneau insécable de fumée.
>
> 4, 669

Et l'on pourrait poursuivre ainsi la marche de la pensée: l'orgueil est le seul salut parce qu'il est en mesure de retourner positivement l'insaisissabilité du moi. Lui-même participe des qualités protéennes — aucune définition ne peut l'enfermer — et qui le suit peut espérer approcher l'idéal. Le cercle est vertigineux, mais parfaitement naturel, à le regarder de près, issu de la nécessité de se regarder soi-même, sans jamais cependant pouvoir se regarder comme un autre fermé sur soi:

> L'égoïsme s'appuie merveilleusement sur l'impossibilité de se regarder comme on regarde un autre. Cette inégalité est le principe de l'individu pensant (autre que toute chose par définition).
>
> Si parfois on se considère soi-même un objet d'entre les objets, cette position tout illusoire est instable. Il faut redevenir unique à chaque instant. Il faut retomber à être le tout.
>
> 4, 658

... pour se voir à nouveau, au miroir de la prochaine fontaine, renvoyer l'image de sa confondante particularité!

★ ★ ★

Examinons maintenant le premier des trois «Fragments du Narcisse». La question s'y pose (après, il est vrai, quelque soixante-quinze vers de griserie euphonique dont une bonne partie, disons-le, ne semble pas indispensable): est-il possible de se voir soi-même comme un autre?

> Que je déplore ton éclat fatal et pur,
> Si mollement de moi, fontaine environnée,
> Où puisèrent mes yeux dans un mortel azur,
> Les yeux mêmes et noirs de leur âme étonnée![17]

> Profondeur, profondeur, songes qui me voyez,
> Comme ils verraient une autre vie,
> Dites, ne suis-je pas celui que vous croyez (...)?
>
> 72-78

Renouant alors avec la tradition du thème vient la mise en garde: Narcisse détruirait son image en la touchant. Puis par l'heureuse trouvaille de l'écho, Valéry se démarque de la tradition:

> Les efforts mêmes de l'amour
> Ne le sauraient de l'onde extraire qu'il n'expire…
> PIRE.
> Pire?… Quelqu'un redit *Pire*… O moqueur!(…)
> *Pire?… Pire destin!…*   91-98

Un pire destin est échu à Narcisse, mais il ne se révèle que vers la fin du «Fragment»:

> O semblable!… Et pourtant plus parfait que moi-même,
> Ephémère immortel,   122-3

Ainsi parle Narcisse à son image avec les notions mêmes qui nous sont connues: «Toi, mon meilleur moi, rêve d'éternelle fugacité»,

> (…) je ne savais pas me chérir et me joindre!
> Mais te voir, cher esclave, obéir à la moindre
> Des ombres dans mon cœur se fuyant à regret (…)
> J'y trouve un tel trésor d'impuissance et d'orgueil,
> Que nulle vierge enfant (…) nulle amie, ne m'attire
> Comme tu fais sur l'onde, inépuisable Moi!   137-148

Le secret de ce «trésor d'impuissance et d'orgueil», de cet «inépuisable Moi» ne se révèle pas sans aide, même à l'étude la plus serrée et la plus sensible et certains lecteurs pourraient bien en tenir rigueur à Valéry. Pour de tels passages il faut, à mon avis, être reconnaissant du moindre indice que donnent les Cahiers, car ils permettent à qui les suit d'approcher sinon le véritable Valéry, du moins un Valéry plus vrai, plus vrai en tout cas que celui que nous présentent maints commentaires et déclarations postérieurs où il s'efforce toujours, et avec une concordance par trop frappante, de nier l'importance de ce qui l'occupe. En voici deux exemples pour conclure.

En 1926, l'année donc où il rassemble finalement les trois poèmes pour former «Fragments du Narcisse», Valéry confiait, dans une note qui accompagnait un tirage à part, qu'il avait autrefois caressé l'idée de faire paraître ces poèmes avec un texte explicatif:

> J'aurais écrit pour cet ouvrage une ou diverses pages où
> j'aurais expliqué ma métaphysique de ce mythe; je veux dire quelque idée
> abstraite que j'en ai, qui ne paraît point dans ces vers et n'y peut paraître, et
> qui m'est venue en les faisant.   I 1662

On ne peut trop se fier à ces dernières déclarations, et cela pour deux raisons. D'abord il n'est pas exact, comme j'ai essayé de le montrer par quelques exemples, que l'«idée abstraite» n'apparaisse pas dans les vers. Elle n'y est pas bien sûr développée in extenso, mais doit-elle l'être? La question est au moins aussi importante que celle de savoir si elle le peut. Ensuite il n'est pas exact que l'idée n'ait surgi qu'à la rédaction des vers. Il est sûr que Valéry a noté un certain nombre de réflexions sur le problème de Narcisse dans le temps où naissaient les poèmes. J. Lawler a cité dans son commentaire les plus importantes. Mais il est aisé de constater qu'aucune n'apporte de réelle nouveauté et que, pour l'acuité de la pensée comme pour l'intensité vécue, elles restent plutôt en deçà de ce que Valéry a écrit quinze ans plus tôt[18].

On ferait bien de considérer l'assertion de Valéry selon laquelle les idées se seraient dégagées au fil du travail poétique avec autant de prudence et de circonspection que la thèse jumelle où il affirme plus péremptoirement encore que les idées n'auraient aucune espèce l'importance.

Cette thèse, nous la rencontrons dans le deuxième exemple que je voudrais citer, postérieur de quinze ans exactement. En 1941 Valéry fait une de ses causeries dans un cercle de dames à Marseille; il y évoque le thème de Narcisse et conclut ainsi:

> J'ai choisi ou plus exactement s'est choisi lui-même, ce thème du *Narcisse* d'autrefois, propre à ce que je voulais faire, c'est-à-dire une œuvre qui soit presque la contrepartie de la *Jeune Parque,* autrement simple dans sa forme et ne donnant lieu à presque aucune difficulté de compréhension, en portant mon effort sur l'harmonie même de la langue.   VV 290

On hésite en lisant pareille déclaration. Faut-il penser à Nietzsche-Valéry et la «jeunesse éternelle de l'oubli», à Arno Schmidt et à son «Méconnais-toi toi-même» ou plutôt à la célèbre réponse que fait Mallarmé quand on lui demande s'il pourrait écrire de manière à être lu sans difficulté par sa cuisinière: «Mais c'est bien comme cela que j'écris!»

★ ★ ★

Elargissons encore le cadre: ces documents marquent, à mon avis, une étape, peut-être décisive, dans l'évolution de l'idée de *puissance* que Valéry poursuivit toute sa vie avec obstination, mais de manière plus ou moins accentuée. L'unité artistique exigeait évidemment l'élimination du nom de Protée qui n'est désigné dans le poème que par «inépuisable Moi», ce qui déjà brouillait les pistes. Mais il faut bien voir que, dans les années de fermentation du «grand silence», le Moi-idéal protéen et le Moi-punctum caecum sont encore distincts l'un de l'autre. Bien plus tard Valéry pourra écrire: «Je suis celui que je puis être» (12, 548; cf. I 396), ce qui suppose que s'est produite une réconciliation partielle, une auto-intégration. Seule cette synthèse du Moi parvenu à une sorte d'équilibre rationalisé mérite le nom de *Moi pur* que Valéry aime à employer (et qu'il nous faudra par la suite définir plus précisément), comme dans ce très éclairant parallèle entre Gide et lui-même à propos du problème de Narcisse:

> Gide est un cas particulier — et il a la passion de l'être.
> Je me sens tout le contraire (...) Mon Narcisse (...) est la merveille que le reflet d'un *Moi Pur* soit un Monsieur.   15, 274

Pour mieux comprendre ce qui a pu se passer dans ces années d'évolution intérieure, il est indispensable d'examiner le texte qui semble marquer le terme provisoire de ce long cheminement et qui annonce la conquête du

Moi pur. Il s'agit de *Note et Digression,* ce texte autobiographique central de 1919. Mais avant de nous mesurer à ce texte tant commenté, complétons le tableau psychologique des années qui nous occupent par d'autres notes des Cahiers, où se dessine un troisième thème de l'existence[19].

Heautontimoroumenos

C'était par les images du creux intérieur et de la fugacité que s'exprimaient jusque-là l'incertitude et l'instabilité. Voilà que s'y ajoute une tendance non moins inquiétante à se faire le tyran de soi-même, tendance qui se renforça, dans les dix années qui suivirent la célèbre nuit d'orage de Gênes en 1892, encore bien davantage que ne le laissèrent soupçonner lettres ou déclarations postérieures. C'est pourtant à un passage d'une lettre de 1900 que nous pensons tout de suite parce qu'il évoque le thème de Protée comme idéal despotique avec la plus grande netteté. La journée, écrit Valéry à André Lebey qui vient de lui procurer une place de secrétaire auprès de son oncle à l'agence Havas, se déroule avec la plus parfaite monotonie:

> Cigarette; velléités; monologues; repas; dodo; café au lait; cigarette...
> Ce cycle est tel. Là-dedans, il faut faire mon petit univers, mes embardées secrètes, mon Protée, mon Napoléon, mon âme et mon cochon personnels.
> Bah! j'en ai tant l'habitude! Ma femme m'appelle: l'éternel soldat. C'est juste. J'ai toujours dans l'oreille intime le son significatif du clairon de garde, le thème du bon gré — mal gré, qui vous jette en bas du lit et du ciel, l'âme soumise à l'horloge étrangère, debout malgré les jambes, fixe malgré l'idée, bête malgré l'esprit...   LQ 73

Que Monsieur Teste fût une figure menaçante du sur-moi, on le savait. Mais avec quelle dureté il en parle encore en 1897, donc après la rédaction de la «Soirée», qui n'avait fait que fixer sans délivrer: «Teste est mon croquemitaine, quand je ne suis pas sage, je pense à lui» (1, 248). Là-dessus apparaît en quatre langues, isolé sur la page comme une devise, le thème du tyran de soi-même:

> Le César de soi-même/El Cesar de tu mismo (sic)/Il Cesare di se stesso / The Cesar of himself   1, 274

Cette même idée d'une volonté puissante et sombre est aussi à l'origine d'un sonnet qui pourrait dater de cette époque[20] et mériterait d'être rangé au rayon du kitsch si l'arrière-plan ne faisait hésiter. Citons une note de lecture:

> Dans la vie de César, (Plutarque) note l'admirable jalousie de César contre lui-même. Cette haine de soi présent contre soi passé. — Je sens cela extrêmement.   4, 623

Suivent Tibère, Caligula, Caracalla. Le nom de Tibère servait de sigle à tout un groupe de notes. Il est caractéristique qu'il soit présenté, lavé des calomnies de Tacite[21], comme un souverain clairvoyant dont la volonté de fer savait du haut du trône imposer la loi juste. Dans son empire pouvaient prévaloir des opinions comme celle-ci: «Les hommes faibles et dominateurs sont prédisposés à écrire…» (3, 110). Aux deux autres à tour de rôle la tradition a prêté le vœu de trouver une tête à faire tomber qui représenterait Rome tout entière, expression qui se retrouve aussi étonnamment souvent. Nous apprenons ainsi que, dans sa jeunesse, le doux Paul-Ambroise, outre Jules Verne, *Notre-Dame de Paris*, la *Bibliothèque rose*, lisait avec passion les «récits d'exécution» (1, 27). Le passage qui suit décrit comment l'idée de décapitation fait surface dans les moments d'hyperexcitation nerveuse:

> Parfois je me tâte ou plutôt me contracte, ressentant à l'extrême, l'invraisemblance de mon existence, de mon histoire, de mon présent. Je regarde toute chose d'un œil qui se sent étrange.
>
> J'use du mouvement de mes yeux comme pour la dernière fois. J'ébranle le tout. L'univers est remis en question dans ce regard.
>
> Je réalise celui qui voulait que le monde n'eût qu'une seule tête pour la trancher d'un seul coup.
>
> … Fissure philosophique   4, 692

Et dans une des lettres bien connues sur Mallarmé adressées à Thibaudet en 1912, il prétend encore avoir «guillotiné intérieurement la littérature».[22] «Mais c'est ma tête», avait griffonné Valéry en dessous de la note qui évoque le besoin d'anéantir en état de «fissure philosophique». Dans le «Conte vraisemblable» de 1889, un jeune homme résolu au suicide voit le disque de la lune comme un cou tranché, image plus sanguinaire qu'originale[23]. C'est sur le papier qu'est ici envisagé le remède radical à la douleur:

> Une chose était certaine: la douleur présente. Une autre était possible: le changement par la destruction; son choix était fait.   II 1418

L'indécision fit échouer le projet. C'était encore l'ombre de Rolla: selon Henri Massis, il y aurait eu plus tard une tentative de suicide plus sérieuse[24]. Par la suite le suicide ne fut plus pour Valéry que la généralisation injustifiée d'un malaise limité et localisable. Ce qu'il désignait par «mettre le feu à la maison pour tuer le rat», de même qu'il avait écrit à propos des évanouissements[25] par lesquels il avait coutume de se soustraire aux impressions trop puissantes: «Je nous détruis ensemble»[26]. C'est encore la même chose qu'il exprime par une autre comparaison:

> Le suicide est de tuer le tout pour ne savoir tuer la partie. On ne sait pas trier le mal du bien et ils sont mêlés comme une cuillerée d'un produit colore ou infecte une tonne d'eau.   4,658

Ce produit n'est pas tout à fait inconnu au lecteur de Valéry. On le trouve d'abord dans une «Poésie brute» de «Mélange», sous le titre *Chant de l'Idée — maîtresse*: «Moi qui peux tout avec toi, chante l'Idée, J'étais éparse, près et loin (comme une goutte de vin dans une tonne d'eau claire)»[27]. Puis à un tout autre endroit, dans la deuxième lettre sur la

«Crise de l'esprit» de 1919. Valéry y réfléchit sur la diffusion de la civilisation chez des peuples dont la masse s'accroît constamment et il compare le processus au phénomène physique de la diffusion:

> Une goutte de vin tombée dans l'eau la colore à peine et tend à disparaître, après une rose fumée. Voilà le fait physique. Mais supposez maintenant que, quelque temps après cet évanouissement et ce retour à la limpidité, nous voyions, cà et là, dans ce vase qui semblait redevenu eau *pure,* se former des gouttes de vin sombre et *pur,*—quel étonnement...
>
> Ce phénomène de Cana n'est pas possible dans la physique intellectuelle et sociale. On parle alors du *génie* et on l'oppose à la diffusion.   I 999

Dans quelle mesure cette socio-physiologie du génie est-elle justifiée? Nous ne nous prononcerons pas sur ce point. Dans un article important pour la recherche, W. Ince a démontré que cet exemple de la diffusion avait son origine dans les écrits de Henri Poincaré[28]. Fort de cette découverte, Ince a interprété le poème qui traite ce thème et dont le dixième vers se retrouve mot pour mot dans le texte cité ci-dessus. Ce sonnet énigmatique, c'est *Le vin perdu.*

Il ne s'agit pas ici de tenter un décryptage et je n'ai pas l'intention de fournir une «clavis valeryana». Mais je crois pouvoir dire que, après étude des matériaux, on ne peut écarter dans l'interprétation du poème, au-delà de celle qu'en donne Ince et au moins comme une composante partielle, la thématique du suicide — et, dans un sens plus large, de l'*idée fixe,* cette petite dose obsessionnelle qui infecte le tout. Qu'un penchant à l'hermétisme et au langage chiffré n'ait pas été étranger à Valéry, beaucoup l'ont déjà constaté. Dans ce cas il serait compréhensible. Mais ce sont les découvertes mêmes de W. Ince qui me renforcent dans mon hypothèse: rien n'est plus naturel à Valéry que de se camoufler derrière un fait scientifique. Remarquons que chaque fois qu'il utilise la citation, il met l'accent sur l' extrême disproportion des éléments du mélange, ce qui dans l'exemple de Poincaré était indifférent. Là c'est dans un verre d'eau que tombe la goutte, chez Valéry c'est dans une tonne et même, dans le cas du poème, dans l'océan. Et cet élément à l'état de trace peut bouleverser la chimie de l'esprit et déterminer l'organisme à des actes imprévisibles! «Tu te trouveras, ayant fait ton impossible», comme il est dit dans le *Chant de L'Idée-maîtresse* déjà cité. La thématique qui, dans la pensée de Valéry, englobe cette idée est celle de la pureté et du mélange:

> Avant tout la pensée est mélange, mixture et ceci avec un raffinement dans le mélange, inexprimable.   5,4[29]

La fascination du poème tiendrait donc, si l'on peut dire, à sa tripolarité: orienté également vers l'axiomatique scientifique, le vécu émotionnel et le merveilleux poétique, composé également d'expression voilée du moi, de loi naturelle et d'*adynaton* féerique. Si on laisse de côté le camouflage et le déguisement, nous ne sommes pas très loin des poèmes de

Goethe sur les nuages qui, entre la météorologie de Howard, l'épopée de Kalidasa et le propos personnel déploient la même richesse d'aspects[30].

★ ★ ★

Mais laissons le bourreau pour revenir au tyran. Comme dans la devise déjà citée, Valéry a recours aux langues étrangères pour se distancer de sa propre langue, et il prescrit des exercices de traduction: «Un bon exercice serait la traduction d'une langue dans une autre, aucune des deux n'étant la maternelle». *Vivere contra se,* note-t-il de nouveau dans la langue de César et il résume:

> Le despotisme personnel est l'idéal possible — unique, le seul idéal visible.
>
> 1, 279

Et dans un axiome central de 1904: «Je m'immole intérieurement à ce que je voudrais être»[31].

De temps à autre — mais assez rarement dans l'ensemble — l'attitude envers soi-même est mise en relation avec l'attitude envers les autres:

> Mon orgueil n'est pas amour de moi. Si je m'aimais, je ne me mènerais pas, comme je fais, à coups de botte. Il est mépris de tout et donc des autres mais pas plus que de moi. 2,880[32]

Exceptionnellement citons encore un rêve où, toujours en 1913, il est question de «justice personnelle»:

> Au milieu d'un monologue terrible, interne, toute la justice personnelle debout, l'œil fixe, la colère et le départ de tout. La vue de la vengeance et le point de vengeance où on se vengerait sur soi-même, car c'est immoler le monde entier, au milieu de ces réponses effrayantes, de ces ordres de tyran, de ces dégoûts et de ces mots de juge coupables, de ces images rebondissantes — un éveil qui en surprend la niaise mécanique, qui écoute ces grosses bêtises horrifiques, ces clameurs et ces drames et siffle la fureur…
>
> 5,90 (de même II 727)

Des textes comme celui-ci donnent une idée de la force qui, pendant des années, a poussé Valéry à tenter de pénétrer rationnellement le rêve. Les résultats de ces efforts furent, comme on sait, étonnants (nous y reviendrons plus longuement au chapitre IV), mais l'amenèrent aussi à n'évoquer les solutions de la psychologie des profondeurs qu'avec scepticisme, parfois même avec horreur.

Bien entendu tout ce qui touche à la littérature est traité à cette époque avec le plus grand mépris: «Travailler aux choses littéraires à l'heure où l'on s'en fout. Excellent» (2,75) — ce qui semble autoriser la conclusion surprenante qu'il dut y avoir — en 1900! — d'autres heures.

En 1895 une autobiographie fragmentaire montrait Valéry alors âgé de 24 ans dans un état inquiétant:

> Idée qu'il se fait de soi-même.
> Force et faiblesse.

> Enfance en petits morceaux, et il se voit se faire, se déterminer, éclats
> des petits instants où il s'est senti si bien et si bon, incubations, envie
> rétrospective d'y être resté ou mort. Première idée terrible des possibles.
> Langueur, changement brusque, mégalomanie, incoercibilité. Prédominan-
> ce de soi, massacre des autres, moitié des instincts, et peu à peu des pen-
> sées.   1,81

Le massacre des instincts surtout, l'acharnement contre les sentiments,
devait avoir des conséquences durables pour toute l'orientation intellectuelle de Valéry. Car la consigne de ce malheureux capitaine en guerre
contre une sensibilité trop vive restera longtemps encore ce qu'exprime
cette tentative de refoulement peut-être sans importance:

> Je sentis me monter des larmes. Quelque chose me voulait pleurant —
> me volebat flentem quidquid — briser par qq.chose de brusquement géné-
> ral.   1,279

Généraliser, rationaliser, distancier, égaliser, phénoménaliser — telle
est la tactique de ce manuel qui porte le titre: *Consciousness*. Qu'est-ce
que «consciousness»? Un terme qui présente bien des avantages. D'abord
il appartient à une langue étrangère et fournit donc une excellente devise,
tout en ayant le caractère d'un commandement. Ensuite il n'est pas em-
barrassant comme le mot francais «conscience» avec sa pluralité de sens:
conscience de soi et conscience morale. Pour cette dernière, quand il lui
arrive d'en parler, Valéry aime à écrire: «conscience (genre moral)». En
outre l'emploi du mot ne se limite pas au domaine de la connaissance,
mais peut s'étendre — et c'est ce qui fait pour Valéry l'importance si
grande de l'œuvre de Poe — pour ainsi dire ad libitum à l'esthétique et à
l'éthique. Il permettra — plus tard — de fonder une éthique individuelle
de la conscience de l'écrivain, sur laquelle on a beaucoup écrit. Mais en
attendant son avantage majeur est d'aider à exister. «Conscience», écrit
Valéry vers 1900, doit s'entendre «au sens de Poe, c'est-à-dire que telle
idée est une idée» (2,120) — et rien d'autre qu'une idée, pourrait-on
ajouter. Qu'il faille entendre par *consciousness* la stratégie et non l'objectif à atteindre, l'émouvante ambivalence de cet idéal pour l'observateur
n'en est pas moins évidente. D'un côté c'est la conquête du détachement
par la force: «La conscience est l'extérieur de toute chose — l'éternel
dehors» (3,740). Mais d'un autre côté cette conquête forcée est recherchée, ressentie comme une chance: «Donner ou trouver une valeur purement phénoménale aux choses de la vie interne», note Valéry dans le
Dossier Ego. Ce que cela signifie dans le détail ressort de cette réflexion
sur l'utilité de la pensée «scientifique» pour l'individu souffrant:

> L'esprit scientifique est une forme de la mort mais c'est une mort glo-
> rieuse. Recevoir le monde comme une chose morte le recoit aveuglément °
> conformément — identiquement. Faire d'un être sensible — un instrument,
> d'autant plus *sensible* qu'il est moins personnel. Faire de sensibilité une fin,
> une limite, une raison suffisante. Egaler ce qu'on éprouve à ce qui est

imprimé quand l'inégalité de ces termes est le caractère du vivant même.

> Dire: ma douleur = mon cri. — Cette horreur n'est que mon frisson. Je
> puis regarder mon cœur dans un autre sens que le sens ordinaire. Diviser la
> chaleur en éléments sans température.   4,217

La raison fait ici la démonstration de son impuissance face à la sensibilité. Que peut bien signifier: faire de la sensibilité une raison suffisante?
Valéry poète définit un jour l'inaccessibilité du monde du sentiment comme le tragique de l'individu:

> Il n'est rien de «sérieux», il n'y a que du tragique et de l'indifférent. Est
> tragique tout ce qui ne cède pas à un traitement mental approprié. Tout ce
> qui viole la mutation incessante de la conscience... et ne veut pas céder à la
> distraction, ne se laisse pas divertir...   4,143

Est tragique tout ce qui menace la liberté de Protée... Mais la
«mutation incessante de la conscience» — nous l'avons déjà vu — n'est
pas un bon remède, pas même un palliatif. A d'autres moments elle
s'identifie même à la souffrance:

> Souffrance.
> Je n'ai pas un coin où être seul, pas une chambre personnelle, ni une
> heure pure de bruit, de soucis de loisir sans l'idée de devoir changer d'occu-
> pation[33].

La souffrance est à la fois ce qu'il y a de plus proche et de plus insaisissable:

> Etrangère suprême, et intime est la Douleur. Cette Intime étrangère...
>   3,778

★ ★ ★

Impossible abandon, impossible distraction, de crainte que ne s'arrête
la nécessaire et incessante mutation de la conscience: telle semble être
aussi la situation dans le poème *Le Rameur*. Il serait intéressant de connaître la date exacte de composition du poème qui parut en 1918 et fut inclus
dans «Charmes». L'examen du texte incite à mettre en doute la date de
1918 proposée par Lawler. Quant à l'hypothèse de Walzer, selon laquelle
le *Rameur* serait né dès 1897 lors d'une partie de canotage sur l'Oise avec
André Fontainas, si elle est séduisante par la date (nous demeurons
sceptiques quant à l'occasion), son exactitude n'est nullement prouvée.

Tout dans le poème est tension de la volonté, application impuissante
et absurde: le rameur lutte contre le courant, s'arrache aux rives riantes,
détruit «d'un cœur dur» la paix du monde aquatique pour se révolter
contre l'arrachement à «l'enfance». Et une fois émoussée «l'antique joie»,
l'élan initial (Str. VI), par le glissement régulier de l'eau, il s'obstine à
s'enfoncer dans le noir sépulcral des arches de pierre.En éventrant la
perfection tranquille, en s'astreignant au discontinu, on devrait remonter
à la sécurité du continu, de l'anonymat (Str. IV), de la volonté suspendue.

Mais le voyage débouche dans le noir: lorsque soudain — paradoxalement — l'eau «porte» (Str. VII), le mouvement a cessé, le déplacement horizontal à la surface est devenu plongée, descente et à la «source» (Str. IV), au lieu de l'affranchissement désiré du sentiment, c'est l'insensibilité de la tombe.

Images complexes et pourtant claires. Le caractère angoissant qui rappelle tant le Mallarmé de 1860, me semble appartenir à une période antérieure à «Charmes» de dix ans. La perfection artistique n'infirme pas cette hypothèse (le poème a pu du reste être remanié ou mis au point en 1918). La dédicace à André Lebey est un indice, car Lebey fut presque le seul à qui Valéry après 1906 se fût ouvert (pour autant que le mince choix de lettres «à quelques-uns» donne une idée tant soit peu exacte des circonstances réelles).

Les éléments inconscients de cette «rêverie aquatique» au sens de Bachelard sont très nets, sans qu'il soit besoin d'entrer dans de longues dogmatisations. En même temps, bien que — ou peut-être parce qu'il s'agit d'un poème de l'eau, c'est l'un des poèmes les plus angoissants de Valéry[34]. Y voir une autoglorification (Noulet 60), un témoignage de l'orgueil de l'esprit (Soerensen 331) ou même interpréter les mots «qui me revêt de pierre» (Str. VIII) comme l'allégorie d'un monument personnel dressé à la forme poétique née de la volonté, c'est à mon avis se méprendre.

* * *

Si nous avons jusque-là tenté de donner une structure un peu neuve à la thématique de Valéry dans le domaine psychique et d'en indiquer la dynamique, c'est aussi afin de montrer que cette défense opiniâtre et désespérée contre une souffrance de nature autant psychique que physique a conduit à l'élaboration de trois thèmes centraux de la pensée valéryenne et que l'on ne peut les saisir parfaitement si l'on ne remonte pas jusqu'à leurs racines au fond de l'existence. L'un est la notion de *Puissance* déjà évoquée, un autre l'exigence maintes fois formulée du *Primat de la Forme* sur le contenu, le dernier résulte de l'intérêt que portait Valéry à la théorie de la relativité du temps et de l'espace.

Il ressort de l'«autobiographie» citée plus haut que la «première idée terrible des possibles» (ces possibles qui bientôt ne seront plus ressentis comme terribles mais comme salutaires) était déjà présente en 1895. Elle doit être contemporaine du cri de guerre: toutes les idées se valent! Deux notes plus tardives jettent sur ce point toute la clarté désirable:

> Je disais (à partir de '92): «*Ce ne sont que phénomènes mentaux*» pour lutter contre la virulence de certains de ces prétendus «phénomènes».
>
> Ceci voulait dire que ces images et idées étaient, quels qu'ils fussent et tels ou tels, identiquement sujets (sic) aux mêmes vicissitudes, à l'*oubli,* à la *transitivité*, à la *diminution* ou *abolition* par des sensations.   23,171

Citons maintenant l'une des innombrables réflexions (typiques sans doute par la contrainte répétitive des effets d'un choc nerveux) sous la rubrique *Ego:*

> Toute ma «philosophie» est née des efforts et réactions extrêmes qu'excitèrent en moi de 92 à 94, comme défenses désespérées, 1° l'amour insensé pour cette dame de R. - que je n'ai jamais connue que des yeux, 2° le désespoir de l'esprit découragé par les perfections des poésies singulières de Mallarmé et de Rimbaud, en 92, brusquement révélées. — Et cependant je ne voulais pas faire un poète, mais le pouvoir de l'être. C'est le *pouvoir* seul qui m'a toujours fait envie, et non son exercice (...)
>
> J'ai donc lutté, me suis consumé, et le résultat fut la bizarre formule: *Tout ceci sont phénomènes mentaux...* Je voulais réunir et mépriser en bloc[35] tout ce qui vient à l'esprit. Je voulus m'en faire une idée quantitative, comme de l'énergie totale d'un système...   22,842

Quantifier, systématiser... «étrangler, étrangler», comme chante Osmin dans l'opéra de Mozart. La liste des synonymes, dans son inépuisable abondance, confine au burlesque. Le seul procédé d'usage courant pour anesthésier une blessure que Valéry se soit interdit, c'est celui qui consiste à *historiser*. Il procède pour ainsi dire de manière rigoureusement synchronique. La mise en relation des phénomènes est pour lui ce que la relativisation historique est à d'autres. Cependant:

> Une seule chose importe: celle qui se dérobe, infiniment, indéfiniment, à *l'analyse,* — ce rien, ce reste, cette décimale extrême.
>
> Et c'est pourquoi il faut faire des analyses et de plus en plus fines, serrées, subtiles, précises — insupportables.   5,10

Auto-examen, autostrangulation, contrainte de la forme: cette triade ressort d'une note de 1902 qui — fait remarquable vu la date — étend cette contrainte de la forme au domaine littéraire, comme si cela allait de soi:

> Dans la description littéraire, il ne faut chercher à chaque coup qu'une sorte de loi et non des affirmations, bonnes à l'aurore, nulles aujourd'hui.
>
> Ah — lutter contre la dissolution des liens et de toutes les formes par plus de forme et de rigueur.
>
> Il sera dur de supporter toujours plus de précision et de pureté — comme l'homme serre toujours davantage par le prolongement de l'expérience et sa conservation écrite, sa nature et son coin particulier, de plus en plus étrange — qui, bientôt, aura la force de subir sciemment cette restriction? Des deux royaumes, le spirituel est destiné à être entièrement exploré et relevé, l'autre, toujours plus profond; et si leur liaison est soupçonnée, toujours elle sera fictive. On ne peut les séparer, on ne peut que les distinguer.
>
>   2,908

L'«autre royaume» celui existentiel des «affirmations», devient d'autant plus insondable que la connaissance s'efforce de le formaliser avec plus de rigueur, et le domaine d'une «spiritualité» parfaitement ordonnée, bien loin de pouvoir explorer la profondeur et se l'assimiler, n'est même pas capable de s'en détacher et de parvenir à l'indépendance. Tout au plus est-il possible de l'en distinguer. Distinction, oui, séparation, non: c'est une idée que nous aurons encore l'occasion de rencontrer.

En 1911 l'absolue subordination du fond à la forme est depuis longtemps un fait acquis:

> Il n'est pas d'idée qui ne doive qu'à elle-même son empire et sa toute-puissance sur un homme.
>
> Il n'est pas d'idée qui soit *par elle-même* quelque chose de plus que toute autre idée.
>
> Rien du *fond* n'a la suprématie.
>
> Mais une forme enveloppe tout. Là est l'unique sens de Poésie, que nulle sentence particulière ne surmonte.   4,633

Mais le ton s'est quelque peu modifié: la forme ici n'est apparemment plus un garrot, elle enveloppe. Comme si la poésie ne *devait* plus nécessairement être forme, mais seulement *pouvait* l'être.

★ ★ ★

Les principales étapes de ce chemin qui mène de la contrainte de l'auto-examen, ou même de la déformation et de la pétrification de soi-même à la forme comme possible, se lisent sous forme allégorique dans le poème de la Pythie — sans qu'il faille pour cela faire violence au poème lui-même.

Auto-examen:

> Hélas! Entr'ouverte aux esprits,
> J'ai perdu mon propre mystère!...
> Une Intelligence adultère
> Exerce un corps qu'elle a compris!   (III)

Décapitation, association de la tête coupée et de la lune:

> Si tu courbes un monstre, tue
> Ce monstre, et la bête abattue,
> Le col tranché, le chef produit
> Par les crins qui tirent les tempes,
> Que cette plus pâle des lampes
> Saisisse de marbre la nuit!   (VI)

Pétrification:

> Alors, par cette vagabonde
> Morte, errante, et lune à jamais,
> Sois l'eau des mers surprise, et l'onde
> Astreinte à d'éternels sommets!
> Que soient les humains faits statues,
> Les cœurs figés, les âmes tues, (...)   (VII)

On se rappelle: «Je regarde toute chose d'un œil qui se sent étrange. J'use du mouvement de mes yeux comme pour la dernière fois (...). L'univers est remis en question dans ce regard».

Quantification, pétrification de soi-même, immobilisation de «mots virulents» — et même en foule — réduits à de simples «phénomènes mentaux», à des idoles ridiculement anodines:

> Et par les glaces de mon œil,
> Puisse un peuple de leurs paroles
> Durcir en un peuple d'idoles
> Muet de sottise et d'orgueil! (VII)

Contrainte de la forme:

> Ils ont, pour vivante amulette,
> Touché ma gorge qui halète
> Sous les ornements vipérins;
> (...)
> Qu'ai-je donc fait qui me condamne
> Pure, à ces rites odieux? (XII/XIII)

Grâce de la forme:

> Discours prophétique et paré,
> Belles chaînes en qui s'engage
> Le dieu dans la chair égaré (...)

Enfin oubli de soi dans une voix:

> Voici parler une Sagesse
> Et sonner cette auguste Voix
> Qui se connaît quand elle sonne
> N'être plus la voix de personne
> Tant que des ondes et des bois! (strophe finale)

* * *

Le 13 novembre 1915, Valéry répond — dans un «état nerveux ultra-vibratoire» — à une lettre de son ami Pierre Louÿs qui devait l'avoir ébranlé et bouleversé. Regardons sa réponse d'un peu près:

> Deux mots de cette lettre grossissent et semblent des monstres inexpugnables de rêve.

Les deux mots «simultané» et «je ou moi» l'auraient d'emblée si fortement saisi qu'il n'aurait pu pousser plus avant sa lecture: on se connaît, écrit-il, ce sont là des mots qui le dévorent et inversement. Impossible de répondre à toute la lettre, il voudrait seulement faire remarquer ceci:

> Ton Simultané et ton Je s'impliquent réciproquement. A mon avis il n' y a pas de Je simple — (simplex) — «Je» signifie au moins dédoublement. Et si ma sensibilité était plus exercée, si *je* me percevais ou si *je* se percevait sans confusion ni amortissements, ce n'est pas un triplex que nous aurions mais un milliardiplex, d'ailleurs gênant.

Pourtant il voudrait ajouter encore quelque chose à ces élucubrations, une image, très approximative, qui l'occupe.

Tu te regardes de temps à autre dans un miroir, commence-t-il, tu gesti-
cules, tu te tires la langue... Fort bien. Mais suppose maintenant que quelque lutin s'amuse malignement à réduire follement la vitesse de la lumière.
Tu es là, à 40 centimètres de ton miroir. Jusque-là tu recevais ton image au
bout de 2,666... dix-milliardièmes de seconde. Maintenant que le diablotin
a condensé l'éther, tu ne la reçois plus qu'au bout d'une minute, d'un jour,
ad libitum.

Tu te vois t'obéir avec un retard. Compare avec ce qui se passe quand tu
cherches un mot, un nom «oublié»...

Ce retard c'est tout la psychologie, que l'on pourrait qualifier paradoxalement: Ce qui se passe entre quelque chose... et elle-même!

Nous étions cette chose et nous ne le savions pas. Nous le savons *maintenant* mais nous ne la sommes plus[36].

Il est clair que Valéry associe dans ce passage le thème de Narcisse et le
thème de la relativité. Et bien que Pierre Louÿs compte à cette époque
parmi ses amis les plus intimes, c'est par la formule dépréciative d'«image
grossière» qu'il désigne à son intention ce qui est au même moment un
thème constamment repris dans les Cahiers. Ainsi, après une assez longue
méditation où il s'interroge sur ce que serait l'histoire de l'humanité si elle
se déroulait semblablement et simultanément sur trois planètes inégale-
ment distantes, on trouve le même transfert des idées dans le domaine
psychologique:

Et celui qui pourrait se regarder dans un miroir situé à ... 000 milliards
de kilomètres se verrait de dix ans plus jeune.

Or nous nous percevons ainsi.

Mais qui *est le plus,* le vieux qui voit, ou le jeune qui est vu?   5,706

Rien ne montre plus clairement que cette question [37] où s'enracine
l'intérêt de Valéry pour le complexe *rationnel* de la relativité. Quelle
théorie peut être, pour le complexe *émotionnel* du reflet troublé, plus
fascinante et s'offrir de manière plus tentante parce que plus précise à
l'objectivisation, que la théorie des variations temporelles entre tous les
points distants les uns des autres dans l'espace? L'impossible identité
correspond dans cette analogie à l'isochronie impossible. *L'œil en est incapable,* — cet instrument de vérification supérieur à toute raison (spéculative)! Rarement la particularité de Valéry, sa position singulière entre poésie et pensée apparaît aussi clairement que dans cette «image grossière»
qu'on peut considérer comme un grand moment de sa vie intellectuelle.
Les deux reproches — en réalité indissociables — que l'on a faits de divers
côtés et que l'on fera sans doute encore à son attitude intellectuelle, à
savoir d'être scientiste en poésie et analogiste dans la pensée, deviennent,
me semble-t-il, pour un instant sans objet devant une performance qui —
s'il est permis d'émettre un jugement subjectif un peu trop inspiré peut-
être de Valéry lui-même — dépasse bien des poèmes qu'il désignait avec
dédain comme des «exercices». Je serais même tenté de me demander si
Valéry n'a pas manqué d'audace en ne faisant pas une place plus grande,

dans son œuvre poétique, aux problèmes fondamentaux que se pose l'intelligence moderne face au monde et qui présentaient tant de *ressemblances formelles* avec le plus personnel de sa manière de penser, qu'il semble souvent les avoir trouvés au fond de soi. Ne lui a-t-il pas manqué l'audace d'un Rimbaud à franchir les frontières, pour leur trouver un langage neuf et mieux adapté? Qui, sinon lui, aurait pu y réussir?

J. Robinson lui reconnaît une «intelligence remarquable de la relativité» et fait observer que, s'il s'empare avec tant d'enthousiasme des théories d'Einstein sur la relativité, c'est parce qu'elles rencontrent ses propres réflexions sur le problème du *point de vue,* parce qu'elles ne sont au fond qu'un élargissement de ce problème [38]. «Points de vue», c'est le titre d'une note de 1913:

> Les points de vue «naturels» et les «artificiels» La grande nouveauté moderne, ce sont les points de vue *artificiels*. Les changements d'*échelle*.
> On trouve les axiomes qui définissent les points de vue naturels. Puis on en supprime, on en ajoute ou suppose un sens de moins, un de plus; une relation différente. Grande nouveauté par l'attaque systématique des habitudes. 5,144

Mais «Points de vue» n'est que le sous-titre de cette petite note. Sa véritable suscription est — *Protée!*

Face à ces données, est-il absurde de penser que Valéry aurait pu contribuer à la naissance d'une «poésie scientifique» d'un type nouveau et plus profond? Non plus poésie didactique à la manière de Delille ou de Sully-Prudhomme, non pas poésie dans un esprit scientifique, le poète prétendant au rôle de guide dans la société, comme l'entendait René Ghil, non pas célébration ou exécration de l'âge du machinisme, ce que fit Verhaeren dans ses trilogies urbaines avec ses images fortes et sa foi dans le progrès, mais plutôt — après Hugo qui montra ou rappela que *tout* a droit de cité en poésie — dans le sens de Marie-Jean Guyau qui en 1884 s'était prononcé de manière décisive sur cette question dans ses recherches sur la science et la poésie:

> En résumé, la science, pour inspirer l'art, doit passer du domaine de la pensée abstraite dans celui de l'imagination et du sentiment: si on peut un jour écrire sur les idées universelles de la science, ce sera en prenant pour moyen les *émotions* qu'elles excitent. A ce prix seulement la science sera devenue poétique et, comme dirait Schiller, «musicale» [39].

Paul Bourget, dans son essai en forme de dialogue, *Science et Poésie,* antérieur d'un an, rompait les ponts entre science et poésie:

> La poésie se refuse absolument à (l') intrusion de l'esprit scientifique de l'époque[40].

C'est en bonne partie à son influence que l'on doit la commode classification: poésie et sensibilité d'une part, science et intellect d'autre part, qui a régi la pensée pendant une génération. Mais en 1906 Valéry notait:

> Science et art sont des noms grossiers, en opposition grossière. Dans le vrai, ce sont choses inséparables[41].

L'étendue de ses connaissances dans les sciences de la nature, la réserve inépuisable d'analogies dont il dispose, sa conception de la musicalité dans la langue poétique (sur laquelle nous aurons à revenir), la force de l'impulsion enfin qui animait aussi bien sa pensée abstraite que sa pensée poétique font que Valéry paraît prédestiné à développer cette idée ébauchée par Guyau en réalisant une sorte de rêverie sur des concepts scientifiques (réversibilité etc.). Tout cela fait d'autre part que la langue de *La Pythie,* qui se propose de formuler cette impulsion, apparaît, avec son plaquage parnasso-allégorique de plectres, de stigmates et de toisons, comme le produit maladroit d'un manque d'audace[42]. «Ma vraie pensée n'est pas adaptable au vers», écrivait Valéry. Peut-être entre-t-il là-dedans aussi une bonne part de résignation. En tout cas nous aurons l'occasion de montrer plus loin qu'il ne dit là pas même la moitié de la vérité. Retenons pour l'heure que les sciences de la nature aussi, et elles précisément, semblent avoir contribué à l'objectivisation, sinon à la résolution de certains conflits intérieurs.

* * *

Nous avons donc confronté trois thèmes de l'existence — *La citerne, Narcisse-Protée,* l'*Heautontimoroumenos* — à trois thèmes de la pensée — *Puissance, Forme, Relativité.* Trois unités de l'intuition à trois unités de l'entendement. Les concepts doivent garder l'intuition de demeurer aveugles, comme dit Kant, les intuitions garder les concepts de demeurer vides. Les concepts sont reliés aux intuitions de manière bien définie. On peut même considérer qu'à chaque unité conceptuelle correspondent deux unités intuitives. La raison en est que chacun des concepts est, de manière caractéristique, *ambivalent.* Pour simplifier on nommera «schéma» ce en quoi ils se correspondent. On obtient ainsi: le concept de «puissance» (potentia) est lié au thème de la citerne par le schéma de la provision, au thème Narcisse-Protée par le schéma de la mutabilité et du non-engagement. Le concept de Forme tient au thème de l'Heautontimoroumenos par le schéma de la contrainte formelle, au thème de la citerne au contraire par ce que nous avons appelé la grâce de la forme (indirectement en outre par l'équation: pays de la forme = pays de la mère et la quête du *chant*). Le concept de relativité enfin (qui peut figurer ici pour l'ensemble du concept des sciences dites exactes) se relie au thème Narcisse-Protée dans le schéma de l'autocontemplation, comme l'exposait la lettre à Louÿs, et aux images de contrainte de l'Heautontimoroumenos par le schéma de la «phénoménalisation» obtenue par force.

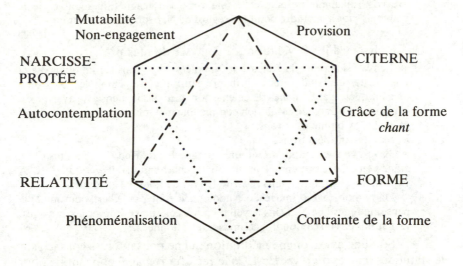

POTENTIA

Mutabilité
Non-engagement

Provision

NARCISSE-PROTÉE

CITERNE

Autocontemplation

Grâce de la forme
chant

RELATIVITÉ

FORME

Phénoménalisation

Contrainte de la forme

HEAUTONTIMOROUMENOS

La totalité de ces rapports forme comme l'unité structurale du champ intellectuel et moral auquel nous avons à faire chez Valéry. Mais la mise à jour de cette unité n'est pas une fin en soi, tout au plus peut-elle aider à s'orienter dans le labyrinthe des phénomènes. Cependant le caractère ternaire de cette structure qui se retrouvait également dans le cas particulier du poème du vin, est d'une importance principielle, méthodique. Il offre pour toute interprétation un critère et, dans une certaine mesure, la garantie qu'elle respecte l'abondance, la «plénitude» des phénomènes, à laquelle Valéry a toujours tendu et qui, inversement, lui permettait de se tourner vers le phénomène particulier.

* * *

Avant que cette structure ne devienne un carcan gênant, démontrons encore une fois cette «plénitude» à l'aide d'un exemple très typique que nous offrent les Cahiers et où l'on retrouve la triade: auto-analyse, développement de la forme et lois naturelles. Cet exemple présente en outre l'avantage de marquer une étape dans l'*évolution* de ce système de thèmes et de concepts. Par là il réduit de manière importante le risque que présente toute structuration de figer les choses dans le «synchronique».

Le texte principal que je voudrais examiner occupe une page dans le sixième volume des Cahiers et date de septembre 1916. Pour comprendre ce texte il convient de revenir quelque peu en arrière. En juin 1910, Valéry note — pour la première fois, à ma connaissance — un rêve caractéristique qui l'a occupé pendant bien des années:

Ce rêve que j'ai fait, il y a 14 ans. Un tas de charbon, magnifique, noir avec des diamants noirs. Ce tas me regardait magnétiquement et je le nommais sans le moindre doute: le regard de Napéon. Il pesait sur moi.

4, 425

Un an plus tard il y revient pour l'analyser de plus près:

Le rêve si curieux du Regard de Napoléon. Je voyais sur un quai rose et gris, un tas de houille noire, brillante, attirante. Je sentais le poids d'un magnétique regard émaner de ce charbon et je disais, pensais, savais: c'est le regard de Napoléon. Mais non comme une métaphore; comme une étrange réalité. Comme le voyant.
Et maintenant pénétrons.
J'avais vu avec grand intérêt une lithographie de Redon (ou un fusain?), crâne peu éclairé suspendu dans un ciel de charbon, un œil *immobile,* etc. A Rouen, vu aussi, longtemps regardé les tas de houille sur le quai.
Dans mon rêve, l'image de Napoléon n'était pas. C'est pourquoi j'ai pensé: le regard de N. Dans la veille j'aurais eu, peu ou prou, les 2 images, je n'aurais pas pu confondre, composer les 2 données.   4, 561

Suit une assez longue méditation qui ne nous intéresse pas ici, sur le statut des images du rêve. En 1926 le récit fut remanié et peaufiné pour la publication. Il parut la même année dans la *Revue de France,* puis peu après dans *Autres Rhumbs*[43].

L'interprétation de ce rêve n'est pas nécessaire, dans ses grandes lignes elle est évidente même pour un profane. Le rapport du tas de charbon magnétique avec le thème de la «provision» saute aux yeux; de même le rapport entre la peur devant le regard dictatorial d'une tête tranchée et le thème de l'Heautontimoroumenos. Mais voyons maintenant le texte de 1916. C'est d'abord l'apparition en rêve d'un dictateur. Quelles sont les combinaisons possibles lorsqu'en même temps la peur entre en scène?

Equation de rêve:
Un empereur + une angoisse = un empereur angoissé = une angoisse au sujet d'un empereur = une angoisse due au fait d'un empereur.

Tout cela semble donc permutable dans le rêve. Sur la même page, une flèche relie cette équation à un paragraphe situé plus bas qui traite de tout autre chose, à savoir de l'harmonie intellectuelle dans l'art du vers. Il vaut la peine d'être lu en entier, pour lui-même d'abord, mais plus encore à cause du contexte dans lequel il est placé.

Les mystères de la littérature s'accomplissent dans un domaine où des images, des efforts, des arrêts, des sons se compensent, entrent en balance. Il y a des équivalences incalculables, des substitutions impossibles à démontrer, des égalités qui ne sont pas vraies pour tout le monde. Ce vers, qui vaut par le charme du *ton,* équilibre ce vers voisin chargé de *sens* presque nu; et cet éclair de couleur, je m'en repose sur un tour de fine. syntaxe; et tous ces actes incomparables se prolongent, se continuent, dans une impression si étrange et précieuse de rigueur et d'arbitraire mêlés, dans cette harmonie intellectuelle où sont liés: le *Je suis ainsi et pas possible autrement,* et le: *Je suis ainsi, je pourrais être bien autre,* qui font tout le prix des choses d'art.

Il faut que se soit produit là un miracle de la forme: les dernières phrases ne sont qu'un cri d'allégresse intellectuelle. Les transformations s'accomplissent ici avec une merveilleuse légèreté, l'accent se déplace à volonté, portant tantôt sur un élément formel de l'art, tantôt sur un autre[44]. Tout est également donné, rigueur et liberté, constance et mutabilité; un tel ouvrage est en même temps produit par la nature et modifiable par l'homme, *physei* et *thesei:* c'était, nous l'avons dit, en 1916, depuis quelques semaines *La Jeune Parque,* dans sa première esquisse de 300 vers, est terminée!

Et voilà encore la confirmation par les lois naturelles et l'accession du tout à la *plénitude:*

> Ces équations qui sont cachées et agissantes dans la poésie, sont moins étranges (!) depuis que les physiciens ont su écrire des relations entre les formes diverses de l'énergie, équilibre des systèmes physico-chimiques.
>
> On voit le rapport qui existe entre ces échanges et ceux que le rêve produit *spontanément.* 6, 290

Trois fois le même processus énigmatique de mutation, les mêmes modifications de l'état de la matière. Psychodynamique, dynamique du vers, thermodynamique: les forces conjuguées de cet attelage à trois ont, semble-t-il, réussi à remettre en route un véhicule profondément embourbé. L'entreprise fut pénible et le dressage demeure risqué. Nous retrouverons en 1919 ces mêmes thèmes intriqués comme «note et digression» à propos de l'essai sur Léonard de 1894. Voyons quelle tournure ils ont prise.

Note et digression (1919)

> *Quisieran algunos que criara Dios otro mundo y otras perfecciones para satisfacción de su extravagante fantasía.*
>
> Gracián, *Oráculo manual*

Dès le début l'on dresse l'oreille:

> Arrivé à l'ennième coup de la partie d'échecs que joue la connaissance avec l'être, on se flatte qu'on est instruit par l'adversaire; on en prend le visage. I 1199-1200

Être et connaissance sont si rompus à leur jeu mutuel que l'un se transforme en l'autre avant d'en arriver à un affrontement destructeur. Lisons plus loin ce qu'aurait représenté Léonard pour ce jeune admirateur qui venait de faire ses débuts dans la *Comédie Intellectuelle:*

> Je sentais que ce maître de ses moyens, ce possesseur du dessin, des images, du calcul, avait trouvé l'attitude centrale à partir de laquelle les entreprises de la connaissance et les opérations de l'art sont également

possibles; les échanges heureux entre l'analyse et les actes, singulièrement probables: pensée merveilleusement excitante.   I 1201 [45]

Cet heureux échange d'expérience entre l'analyse et l'action, on le cherche pourtant en vain dans l'essai sur Léonard d'autrefois. Il est question plus loin d'un dieu Apollon qui n'a plus besoin de faire valoir ses droits «au plus obscur, au plus tendre, au plus sinistre» de nous-mêmes, qui nous amène au consentement et non à la soumission, qui se pose en supérieur plus qu'en vainqueur, qui peut avec un raisonnable orgueil poser la superbe question: «La profondeur, une perspective bien déduite?» — N'aurait-il pas été possible de montrer la profondeur de la citerne comme pouvant être clairement connue?

Il est question d'une époque révolue, de l'appropriation de vérités que l'on s'est à soi-même définies, de la part du hasard dans la vie de l'esprit, d'un après, même d'une nouvelle vie:

> Je sentais, certes, qu'il faut bien, et de toute nécessité, que notre esprit compte sur ses hasards; fait pour l'imprévu, il le donne, il le reçoit; ses attentes expresses sont sans effets directs, et ses opérations volontaires ou régulières ne sont utiles qu'*après coup,* comme dans une seconde vie qu'il donnerait au plus clair de lui-même.   I 1207

Nous constatons avec étonnement que Léonard n'était autre que Protée, mais libre et comme naturel, non plus fugace et harcelé:

> Et lui se devait considérer comme un modèle de bel animal pensant, absolument souple et délié; doué de plusieurs modes de mouvement; sachant, sous la moindre intention du cavalier, sans défenses et sans retards, passer d'une allure à une autre. Esprit de finesse, esprit de géométrie, on les épouse, on les abandonne, comme fait le cheval accompli ses rythmes successifs...   I 1210/1

Non plus bourreau de soi-même, mais «toujours plus admirable écuyer de sa propre nature» (1212). Sa conscience est si claire et si heureuse qu'elle peut à tout instant se détacher de ses contenus, c'est même par cette faculté qu'elle se définit:

> L'échange perpétuel de *choses* qui la constitue [la conscience], l'assure en apparence d'une conservation indéfinie, car elle n'est attachée à aucune; et elle ne contient pas quelque *élément-limite,* quelque objet singulier de perception ou de pensée, tellement plus réel que tous les autres, que quelque autre ne puisse pas venir après lui.   I 1219

Le caractère de l'homme est la conscience, l'être conscient, lit-on, et celui de la conscience une perpétuelle révolution:

> une perpétuelle exhaustion, un détachement sans repos et sans exception de tout ce qu'y paraît, quoi qui paraisse. Acte inépuisable.   I 1225

Tous les événements, quels qu'ils soient, vie, mort, pensées, ne lui sont plus que «figures subordonnées».

L'autobiographie en raccourci d'un tel «individu de première grandeur» se formule ainsi:

> Il se considère d'abord assujetti aux nécessités et réalités communes; et il se replace ensuite dans le secret de la connaissance séparée.
>
> Il voit comme nous et il voit comme soi. Il a un jugement de sa nature et un sentiment de son artifice (…) Il soutient cette espèce de dualité que doit soutenir un prêtre.   I 1216

Vivre, même bien vivre, ne lui est, il est vrai, qu'un moyen, agir, un exercice, aimer, n'est guère possible.

> Il faut cependant se découvrir, je ne sais quels points de repère tellement placés que sa vie particulière et cette vie *généralisée* qu'il s'est trouvée, se composent.   I 1216-17

Phénoménalisation, égalisation, distanciation ont apparemment pleinement réussi:

> Tous les phénomènes (…) frappés d'une sorte d'égale répulsion, et comme rejetés successivement par un geste identique, apparaissent dans une certaine équivalence (…). Il suffit de notre attention pour mettre nos mouvements les plus intimes au rang des événements et des objets extérieurs.
>   I 1225

Même l'insécable anneau de fumée est à nouveau là:

> Pareil à l'anneau de fumée, le système tout d'énergies intérieures prétend merveilleusement à une indépendance et à une insécabilité parfaites.
>   I 1219

Rappelons-nous: l'anneau de fumée, c'était l'orgueil, l'inattaquable[46]. Mais si des images peuvent exprimer quelque chose, alors c'est bien ceci qu'il faut entendre: autrefois la conscience était prisonnière de son angoisse impuissante face à cette élasticité de la vie, à son inconcevable persistance. Maintenant la conscience s'installe au centre d'un système indépendant gouverné par elle-même, se fait point de référence dans une présence non pas réelle certes, mais idéale, barycentre d'un tore, «pas plus sensible, ni moins réel que le centre de masse d'une bague ou d'un système planétaire»[47]. Elle a maintenant trouvé une «conclusion inattaquable, non une conclusion de sa durée, mais une conclusion en elle-même» (I 1230). Et voilà que le guide dont elle s'est servi n'était autre que l'orgueil lui-même:

> Cet orgueil conducteur l'abandonne étonnée, nue, infiniment simple sur le pôle de ses trésors.   I 1230

L'orgueil aurait donc réussi à devenir le guide spirituel dans ce *Pilgrim's Progress*?

> Tout à l'heure, le but évident de cette merveilleuse vie intellectuelle était encore… de s'étonner d'elle-même. Elle s'absorbait à se faire des enfants qu'elle admirât; (…) elle n'était gênée que de sa comparaison avec d'autres organisations concurrentes; elle s'embarrassait du problème le plus étrange que l'on puisse jamais se proposer, et qui consiste simplement dans la possibilité des autres intelligences, dans la pluralité du singulier, dans la coexistence contradictoire de durées indépendantes entre elles — *tot capita, tot tempora* — problème comparable au problème physique de la *relativité*, mais incomparablement plus difficile…[!]

> Et voici que son zèle pour être unique l'emportant, et que son ardeur
> pour être toute-puissante l'éclairant, elle a dépassé toutes créations, toutes
> œuvres (...) Elle se sent conscience pure: il ne peut pas en exister deux. Elle
> est le *moi*, le pronom universel, appellation de *ceci* qui n'a pas de rapport
> avec un visage.   I 1229

Qu'est-ce que cette «conscience pure», comment a-t-elle pris forme,
quelles sont ses chances d'existence? La critique valéryenne n'a cessé de
se poser ces questions[48]. Etant donné la forte divergence des réponses il
n'est peut-être pas superflu de tenter une nouvelle interprétation. *Note,*
pour nous, ne marque ni une «destruction de Léonard», ni un «dépassement de la poésie». Les lignes que nous avons jusque-là dégagées dans
Note avaient amorcé une perspective dans laquelle ce qui s'exprime dans
ce texte pouvait, nous semble-t-il, apparaître comme l'harmonisation
d'antagonismes psychiques autrefois inconciliables. Le *Moi pur* nous fournit le point de fuite de cette perspective. C'est bien la «grande découverte
psychologique» de Valéry comme l'a dit Pierre-Olivier Walzer, mais l'ascèse, la volonté de puissance intellectuelle ou l'orgueil, loin d'en avoir
préparé les voies (comme certains critiques le voulaient), y auraient plutôt
fait obstacle. N'est-ce pas d'ailleurs toujours le cas pour l'orgueil? Quand
il ne freine pas la création (et conduit au *refus*), il peut tout au plus la
diriger, mais jamais — à moins de s'être au préalable éliminé lui-même —
il ne peut être la force motrice. Plus précisément: il peut être un auxiliaire
sur la route à parcourir (et ce fut certainement un long chemin) de la
même façon que le fouet aide le pénitent. Arrivé au but, il l'exhibera
encore, non sans fierté, mais il ne lui est plus nécessaire. «Son orgueil l'a
conduite jusque-là, et là se consume» (1230). Ce but auquel — selon son
propre témoignage — est parvenue l'évolution de la conscience chez Valéry, on l'a perdu de vue à tant parler d'ascèse, d'évacuation des contenus et
de déification de la conscience. C'est la simplicité suprême: «l'acte d'ê-
tre», la possibilité d'être, naturellement et sans effort. Le génie se voit
donc répudié exactement comme l'orgueil — dont il est manifestement
synonyme:

> Il ne s'agit plus de choisir, ni de créer; et pas plus de se conserver que de
> s'accroître. Rien n'est à surmonter, et il ne peut pas même être question de
> se détruire. Tout *génie* est maintenant consumé, ne peut plus servir de rien.
> Ce ne fut qu'un moyen pour atteindre à la dernière simplicité. Il n'y a pas
> d'acte du génie qui ne soit *moindre* que l'acte d'être. Une loi magnifique
> habite et fonde l'imbécile; l'esprit le plus fort ne trouve pas mieux en
> soi-même.   I 1223

A-t-on jamais rien lu de tel auparavant chez Valéry? Jamais encore il
n'avait été question d'un principe créateur d'unité, d'un point fixe certes
toujours perdu, mais toujours présent et invariable.

> Chaque vie si particulière possède toutefois, à la profondeur d'un trésor,
> la permanence fondamentale d'une conscience que rien ne supporte; et
> comme l'oreille retrouve et reperd, à travers les vicissitudes de la sympho-

nie, un son grave et continu qui ne cesse jamais d'y résider, mais qui cesse à chaque instant d'être saisi, le *moi* pur, élément unique et monotone de l'être même dans le monde, retrouvé, reperdu par lui-même, habite éternellement notre sens; cette profonde *note* de l'existence domine, dès qu'on l'écoute, toute la complication des conditions et des variétés de l'existence.

I 1228

Treize ans plus tôt, dans une lettre déjà citée à André Lebey, cette «profonde note», cette pédale de l'existence était encore objet de désir, objet qu'à la vérité on ne désirait même plus:

> Heureusement je n'ai jamais cru à la cité future, et je ne puis même plus croire à cet Eden de lucidité, à cette extrémité de pureté ni à cet ut de tête logique où jadis je sentais Narcisse et naguère mon bon M. Teste[49].   LQ 73

N'allons pas penser que les phénomènes décrits soient des choses vagues; les mathématiques, ici la théorie des groupes, parlent une langue des plus claires...:

> Ces pensées ne sont pas mystérieuses. On aurait pu écrire tout abstraitement que le groupe le plus général de nos transformations, qui comprend toutes sensations, toutes idées, tous jugements, tout ce qui se manifeste *intus et extra,* admet un *invariant.*   I 1230

On ne saurait en effet être plus clair.

Lorsque Monsieur Teste autrefois avait quelque chose à dire à quelqu'un, ses mots l'environnaient à une certaine distance, comme une cuirasse, détachés de sa pensée, — «car ils devenaient *invariables*» (II 15). Maintenant, dans l'existence de celui qui était autrefois contraint à une perpétuelle métamorphose, s'est fait entendre une note tenue, quelque chose d'infiniment simple:

> L'homme que l'exigence de l'infatigable esprit conduit à ce contact de ténèbres éveillées, et à ce point de présence pure, se perçoit comme nu et dépouillé, et réduit à la suprême pauvreté de la puissance sans objet; victime, chef-d'œuvre, accomplissement de la simplification. C'est un état suprême, ou tout se résume en vivre, et qui refuse d'un sourire (...) toutes les questions et toutes les réponses ... VIVRE ... Je ressens, je respire mon chef-d'œuvre.

Je demande pardon au lecteur qui pourrait avoir été mystifié: la seconde partie du texte ci-dessus ne provient pas de *Note,* mais de la scène du jardin dans *Mon Faust*[50]! — Je ne prétends naturellement pas que *Mon Faust* dise la même chose que *Note,* mais *Note* est le premier jalon sur la route qui conduit à *Mon Faust.* Faust dit: «Je suis ce que je suis. Voilà mon œuvre»[51], dans *Note* c'est encore: «Je suis ce que je puis», mais cette définition précisément, reproduite dans *Mélange,* porte l'indication: HOMO QUASI NOVUS[52], et la distance du «ce que je puis» au «ce que je suis» est beaucoup moins grande que le chemin parcouru depuis la «première idée terrible des possibles» (1895) jusqu'au point où nous en sommes.

Il ne faudrait pas que ces points de repère donnent l'impression qu'il pourrait s'agir d'un progrès constant sur la route d'un paradis terrestre où s'épanouirait l'être dans sa plénitude. Qui pourrait oublier le Valéry du «Solitaire»[53]! D'ailleurs, en 1919, au point où nous en sommes, le rêve anciennement caressé de faire de la sensibilité une «raison suffisante»[54] n'est point encore devenu programme esthétique, comme dans le *Discours sur l'esthétique,* où Valéry prétend expressément entendre la «Science du Beau» comme une «Science des Sensations» et où la signification de la «sensibilité» passe de *vulnérabilité* à *pouvoir de ressentir*[55]. Pas plus que le rapport bloqué de vive force entre «forme» et «fond», dans le sens d'une complète domination de la première sur le second, ne s'est encore résolu dans une parfaite harmonie. Des années s'écouleront encore avant que ne soit question — dans la préface à Corot de 1932 — de la «merveille d'une improvisation de degré supérieur» qui résulte du fait que «entre les intentions et les moyens, entre les conceptions de *fond* et les actions qui engendrent la *forme,* il n'y a plus de contraste» (II 1315). On y lit encore que, lorsque s'est instituée, entre la pensée de l'artiste et la matière dans laquelle il la coule une «intime correspondance», celle-ci est d'une telle réciprocité, sur un tel pied d'égalité que ceux qui ne l'ont pas eux-mêmes éprouvée ne peuvent se l'imaginer. Mais en 1919 il y a longtemps que l'expérience est faite et que les étapes les plus difficiles de la «longue route» ont été franchies.

★ ★ ★

Cette route passait par une zone de volcans en activité. Valéry décrit admirablement certains moments d'existence qui échappent à proprement parler à la description, mais dont l'importance a dû être décisive pour la «découverte psychologique» dont il parle. C'étaient des «moments-abîme», points de rupture de la conscience, états pathologiques ou à la limite du pathologique, où le moi s'absolutisait presque par spasmes, pour ensuite se trouver lui-même, «phases ineffables — car il n'est point de nom pour les choses parmi lesquelles on est bien seul».

Il y a pourtant des mots pour ces choses où l'on est seul — ceux de la poésie. Que penser d'un poète contraint d'avouer: il n'y a pas de mots! Et ces phases, me semble-t-il, — «abîmes littéralement d'horreur ou d'amour, ou de quiétude» — ont trouvé dans la *Jeune Parque* sinon une expression, du moins un écho, c'est pourquoi nous ne voudrions pas en traiter ici in extenso[56]. Indiquons seulement que ces expériences hallucinatoires de dilatation ont eu (passagèrement) un effet cathartique manifeste: «Qui ne les a pas traversés ne connaît pas le prix de la lumière naturelle et du milieu le plus banal» (dira-t-on que ce ne sont pas là des accents nouveaux?); indiquons en outre que Valéry les décrit à maintes reprises comme les conséquences d'une attention extrême et soutenue:

> Au sortir de ces intervalles, et des écarts personnels où les faiblesses, la présence des poisons dans le système nerveux, mais où les forces et les

finesses aussi de l'attention, la logique la plus exquise, la mystique bien cultivée, conduisent diversement la conscience, celle-ci vient donc à soupçonner toute la réalité accoutumée de n'être qu'une solution, parmi bien d'autres, de problèmes universels.   I 1221/2

Toutes les «figures» qui peuvent assiéger la conscience pâlissent «devant la seule persistance de l'attention elle-même» (1218). «Attention» devient même synonyme de *conscience universelle:*

> L'œuvre capitale et cachée du plus grand esprit n'est-elle pas de soustraire cette attention substantielle à la lutte des vérités ordinaires? I1228

Mais le journal *et* la poésie nous donnent d'autres indications sur l'existence et l'importance de ces «intervalles» psychiques, qu'on ne peut ignorer. J'emploie ici à dessein le terme de «journal», puisque la note suivante est exceptionnellement datée avec précision:

> 9 9 bre 12
>
> La sagesse, souvent, au détour de la folie, au sortir de l'épilepsie brève et de l'orage, dans l'observation, maintenant calme, de ce qui a été exondé par le soulèvement. Et aussi car ce qui troublait, naissait est accompli et que le durable s'accuse.   4, 854

Qu'est-ce qui avait surgi ce 9 novembre 1912[57], qu'est-ce qui était né et était apparu comme durable à la lumière de l'observation calme? On ne nous dit naturellement rien de concret. M'accusera-t-on d'arbitraire si je renvoie au début du *Cimetière marin?*

> La mer, la mer, toujours recommencée!
> O récompense après une pensée
> Qu'un long regard sur le calme des dieux!

Ce n'est évidemment que pure hypothèse. Mais il y a plus. Une centaine de pages avant, c'est-à-dire quelques mois avant la note sur la «brève épilepsie», nous lisons ceci:

> Toute la création n'est qu'un léger défaut dans la pureté du néant. Une paille. Une bulle, là.
> — J'aurais pu écrire: Tout l'Etre: ou l'Etre et aussi:
> — n'est qu'une légère imperfection dans la transparence du néant. 4, 734[58]

Cette formule est bien connue des lecteurs de Valéry. Mais posons tout de suite une question bien prosaïque, aussi prosaïque que la disposition que vise à susciter chez le lecteur l'exposé des variantes — «J'aurais pu écrire...» Est-ce que cette phrase: «Toute la création...» veut dire quelque chose? On ne peut que répondre: non, elle ne veut rien dire. Ce n'est que le cri extatique d'une conscience qui — dépossédée d'elle-même ou remplie d'elle *seule* — balaie le monde d'un revers de main. Et s'affirme elle-même. On peut y voir le point culminant ou le résumé de cette phase critique décrite par Valéry.

Cette formule à peine modifiée, forme la conclusion de la troisième strophe d'*Ebauche d'un Serpent:*

> Soleil, soleil! ... Faute éclatante!

> Toi qui masques la mort, Soleil, (...)
> Tu gardes les cœurs de connaître
> Que l'univers n'est qu'un défaut
> Dans la pureté du Non-être!

C'est le serpent qui parle, préfiguration comme on sait de Méphisto-phélès dans *Mon Faust*[59]. N'est-ce pas déjà sa manière dans la note des Cahiers? «Une bulle, là — crevée!» Mais le contenu et le ton de la note comme la strophe du *Serpent* vont plus loin déjà, plus loin que Méphisto-phélès relativement bonhomme et borné; ils sont plus près du terrible hurlement du Solitaire, dont Faust dit qu'il est beaucoup plus «avancé» que le diable[60] et qui dans la folle fureur de son monologue répond affir-mativement à la question posée par Faust: se pourrait-il que la vie pût se maintenir dans l'ignorance de ce qu'elle est en vérité? On peut dire que le *Solitaire* n'est au fond que la représentation d'un de ces «intervalles», d'une ivresse extatique de destruction au comble de laquelle le Solitaire — devenu une sorte de sur-Protée — conjure les esprits de la métamorphose, ses «indescriptibles amis», la «puissance de l'instant, Sainte diversité» (II 390) et dans un dernier cri se veut changer en loup. Faust qui, de derrière un rocher, écoute ce «monstre de bon sens», est découvert, précipité dans l'abîme, ramené à la vie par les fées. «Au sortir de ces intervalles…»

Il faut bien comprendre que *Note et Digression,* écrit par Valéry aux deux tiers environ de son existence[61], point d'arrivée et point de départ tout ensemble, décrit ces phénomènes psychiques, les exorcise en les dé-crivant, mais ne saurait les conjurer pour toujours. Au milieu du dernier tiers se trouve une rétrospective (une parmi bien d'autres), qui peut éclai-rer ces processus si complexes:

> Personne n'a exprimé ni ne peut exprimer cette étrangeté: *exister.*
>
> Je viens de songer à ma nature — à ce qu'elle devait être — une nature d'une audace singulière, à en croire deux lignes de mon père, moi ayant 3 ou 4 ans. Un incident inconnu m'a fait craintif — il me souvient de peurs atroces vers 6, 7, 8? et d'horreurs imaginaires, de taboos. — Et il ne m'est resté qu'une espèce de témérité (jusqu'à la brutalité) intellectuelle. — Or ceci m'a conduit à ce que j'ai mis plus haut sur l'étrangeté d'exister. Parfois je ressens infiniment que je n'ai rien de commun avec quoi que ce soit — *dont moi-même.* C'est un effet bizarre, dont j'ai parlé dans Note et Digression.
>
> *Pourquoi ainsi et non autrement?* La question est absurde mais le *poser la question* témoigne de quelque chose. (Pourquoi tout?)
>
> Exister? Mais c'est passer de n'importe quoi à n'importe quoi, et comme une bille qui ayant reçu impulsion va de choc en choc sur les bandes.
>
> C'est un sacré taedium. Ce qui est grave, c'est que même *ce que je pourrais faire* m'ennuie.
>
> Grave? *Non-sense.*

Mais comment bien représenter cette étrangeté? qui est de Moi (en tant que fréquemment ressentie) que d'autres ne ressentent que dans des circonstan-ces rares — qui est comme un *écart* (au sens équitation).   16, 541; 1933

Le passage nous apprend plusieurs choses:

— qu'à l'époque de sa rédaction rien ne va plus de nouveau pour Faust et que c'en est fait du bonheur de l'unité de la personne;

— que même le «je suis ce que je puis» n'est pas un acquis durablement assuré, mais qu'il reste exposé au ver rongeur de l'*ennui;*

— que derrière celui qui écrit se tient toujours un bourreau qui manie tantôt brutalement le fouet («Grave? — Non-sense!»), tantôt subtilement le canif («ce sentiment d'étrangeté appartient à Moi dans la mesure où Moi le ressent fréquemment»);

— qu'il se préoccupe toujours de bien marquer comme telles des expressions suspectes de résonances morales («écart» — au sens d'un cheval qui bronche), qu'il reste en outre dans ses expressions étonnamment fidèle à lui-même: qu'on pense à l'emploi de «écarts personnels» au sens de «intervalles» dans *Note,* auquel il se réfère encore expressément quatorze ans plus tard;

— qu'il se demande toujours comment représenter de manière adéquate, quelle forme donner à cette étrangeté du Moi qui se joue de toute description, témoignant par là (selon notre interprétation) qu'il ressent l'insuffisance des descriptions qu'il en a données jusque-là et le besoin d'une nouvelle tentative qui sera le *Solitaire;*

— que — et ce dernier point est le plus important — bien que convaincu de l'absurdité de la question: «Pourquoi tout et pas plutôt rien?»[62], il semble se rendre compte de l'importance de l'avoir posée («poser la question témoigne de quelque chose»). Car si dans l'enchevêtrement si compliqué de la *Note* (ou mieux des *Digressions*) s'amorcent non seulement *Mon Faust,* mais aussi — comme nous avons dû nous en convaincre — le *Solitaire,* cela ne signifie pas que la longue psychomachie de la période de «silence» et encore moins de la période d'activité créatrice ne débouche que sur l'apparence d'une victoire des forces stabilisatrices sur les forces centrifuges. Revenons en arrière, à la «grande découverte psychologique» qu'a faite la conscience de Valéry, même si elle fut chèrement payée: on jugera de sa géniale efficacité par le fait qu'elle permet de relier le «Moi-point-aveugle» à l'idéal du Moi-Protée, de telle manière que le nouveau Moi, le Moi «pur» se définit comme le lieu où peuvent s'accomplir toutes les métamorphoses imaginables et dont cette fonction même fonde l'existence durable. Même s'il saute aux yeux que paradoxalement cette existence est toujours en même temps non-existence:

> Cette conscience accomplie s'étant contrainte à se définir par le total des choses, et comme l'*excès* de la connaissance sur le Tout, elle, qui pour s'affirmer doit commencer par nier une infinité d'éléments, et par épuiser les objets de son pouvoir sans épuiser ce pouvoir même, elle est donc différente du néant, d'aussi peu que l'on voudra.   I 1224

De l'incessante transformation imposée au moi naît la possibilité de transformer le monde:

> La conscience s'assure que les choses pourraient être *assez* différentes de ce qu'elles sont, sans qu'elle-même fût très différente de ce qu'elle est.
>
> 1222

Le moi et le monde échangent les rôles. Ce qui était avant une variable dépendante, devient indépendant et vice-versa. Le monde devient fongible pour le moi. Et il y a ce thème aussi à la basse du diable, là aussi se faufile le serpent. Il salue les hommes nus, habitants du paradis, ces «bêtes blanches et béates» et leur déclare sa haine, à eux et à Celui qui créa une si imparfaite merveille; puis il se présente comme la grande *alternative:*

> Je suis Celui qui modifie,
> Je retouche au cœur qui s'y fie,
> D'un doigt sûr et mystérieux!...　　　　　　　　　　　　Str. X

Dès la strophe suivante il se décerne d'étonnants éloges:

> Mon Innombrable Intelligence
> Touche dans l'âme des humains
> Un instrument de ma vengeance
> Qui fut assemblé de tes mains!　　　　　　　　　　　　Str. XI

Et de nouveau la *tentation* se camoufle sous l'*autoséduction:*

> Qui que tu sois, ne suis-je point
> Cette complaisance qui poind
> Dans ton âme, lorsqu'elle s'aime?
> Je suis au fond de sa faveur
> Cette inimitable saveur
> Que tu ne trouves qu'à toi-même!　　　　　　　　　　Str. XII

Voici Protée: «Je suis celui qui modifie tout», «Je suis l'intelligence innombrable»; voici Narcisse: «Je suis la complaisance à soi-même»; et voici celui qui se venge: «Maintenant c'est moi qui règle le monde, c'est moi qui joue sur les claviers des âmes»...

Il n'est certes pas simple de déjouer les ruses de ce serpent diabolique. Car en même temps — nous revenons définitivement à *Note* — le «mauvais» Protée, l'éternelle inconstance du moi quotidien, peut être imputé à la *personnalité*. Et celle-ci n'est même pas sûre,

> d'être positivement *quelqu'un;* elle se déguise et se nie plus facilement qu'elle ne s'affirme. Tirant de sa propre inconsistance quelques ressources et beaucoup de vanité, elle met dans les fictions son activité favorite. Elle vit de romans, elle épouse sérieusement mille personnages. Son héros n'est jamais soi-même...　　　　　　　　　　　　　　I 1227

Elle vit de romans? On pourrait éprouver un certain malaise à la pensée de tenir ici l'origine de l'aversion maintes fois déclarée par Valéry envers le genre «naïf» du roman. Charlatanerie? *Valéry l'imposteur?* Non. Mais une indication précieuse quant aux données psychologiques qui conditionnent le choix de tel ou tel genre littéraire et le rejet d'un autre[63]. D'autant plus quand nous lisons ce projet littéraire:

> Que j'aimerais écrire — ou plutôt avoir écrit! — un dialogue qui s'appellerait *Protée,* et chaque interlocuteur aurait sa voix, son style et sa voix

mentale. Plusieurs modes de voir, et leur alternance, feraient dialogue.

N'ai-je pas vu de plusieurs façons et n'aurais-je pu me rencontrer moi-même! — Et cela n'est-il pas arrivé, n'arrive-t-il pas? N'ai-je pas vécu plus d'un personnage? 4, 236

Ce que nous tenons ici, c'est bien plutôt l'une des sources où s'alimentera plus tard la forme du dialogue tel que l'a pratiqué Valéry, dialogue où le colloque toujours tend au soliloque, où les deux voix s'emboîtent si parfaitement qu'on croit toujours assister au jeu convenu de soi contre soi-même. Une autre source serait dans la manière dont Valéry, dans ces deux textes (écrits respectivement en 1910 et 1913) regrette de n'avoir jamais connu de véritable échange amical — en dépit de Gide, de Louÿs, de Lebey et de bien d'autres — et décrit l'idée qu'il se fait de l'amitié:

> Ma solitude — qui n'est que le manque depuis beaucoup d'années, d'*amis* longuement, profondément vus; de conversations étroites, dialogues sans préambules, sans finesses que les plus rares — elle me coûte cher. Ce n'est pas vivre que vivre sans objections, sans cette résistance vivante, cette proie, cette autre personne, adversaire, reste individu du monde, obstacle et ombre du moi, intelligence rivale, irrépressible, ennemi le meilleur ami, hostilité divine, fatale, intime. Divine, car supposé un dieu qui vous imprègne, pénètre, infiniment domine, infiniment devine. Sa joie d'être combattu par sa créature qui essaie imperceptiblement d'être, se sépare... La dévorer et qu'elle renaisse; et une joie commune et un agrandissement[64].

Ce «De Amicitia» ne le cède en rien à tout ce qu'ont pu écrire sur ce thème l'Antiquité et la Renaissance, mais il en est tout de même bien éloigné par ce qu'il exprime de désir insatisfait. Et cela en grande partie parce que — dans la deuxième partie surtout — il y est question de l'amitié dans des termes qui ne permettent guère de la distinguer de l'amour. Le deuxième texte que je voudrais citer exprime cela sans détours:

> Je retourne à l'idée, demi souvenir, demi projet, d'une conversation avec le semblable très semblable, poussée, un soir favorable, aussi loin que ce serait possible.
> (Quelques souvenirs de colloques presque aussi profonds, comme avec Mallarmé sur Poe; et d'autres...).
> C'est un mélange de haine et d'amour, une intimité sans merci, avec une croissance de divination mutuelle, d'approximation, avec une fureur d'aller plus vite et plus à fond de l'adversaire cher, que lui.
> Tient du combat, de la course réduite à deux, du coït.
> Une partie serrée aux échecs peut servir de modèle. Règles du jeu.
> Preuve de l'existence de l'homme.
> Ecrire ce colloque serait un projet plus digne que toutes ces littératures sans force[65]. 4, 908.

Contentons-nous de signaler au passage l'importance de la conversation avec Mallarmé sur Poe que Valéry évoque ici, et qui est déjà devenue presque légendaire pour Valéry lui-même. Nous n'examinerons pas ici non plus dans quelle mesure «l'intimité sans merci» de Valéry devance le rêve existentialiste de la parfaite transparence d'*autrui* (et s'il ne demandait pas l'impossible, en espérant réaliser ce rêve en dehors de toute *action* en commun). L'important ici est de voir que ces descriptions de l'amitié conduisent non seulement aux dialogues (dans ce sens naturellement qu'on en retrouve l'écho affaibli dans les dialogues), mais aussi à la *Jeune Parque*. On se souviendra que Valéry, le poème achevé, a un jour écrit à Gide que trois ou quatre auditeurs choisis, mentalement présents, avaient au cours du travail, joué des rôles, tenu des *instruments* importants[66]. D'autre part cette «hostilité divine», que décrit surtout la fin du premier des deux textes cités, est présente dans les passages «pythiques» de la *Jeune Parque* et même dans la *Pythie,* seulement dans un autre registre[67].

Que le refus du roman ne soit pas pour Valéry le résultat d'un libre choix *in aestheticis,* tous ceux qui ont lu par exemple la déclaration suivante ont pu s'en rendre compte. Elle ne fait pas partie des écrits esthétiques, mais sort tout droit du log- book de Monsieur Teste:

> Je ne suis pas fait pour les romans ni pour les drames. Leurs grandes scènes (…), loin de m'exalter me parviennent comme de misérables éclats, des états rudimentaires où toutes les bêtises se lâchent, où l'être se simplifie jusqu'à la sottise.[68]   11 38.

C'est une raison encore plus profonde que laisse entrevoir cette réflexion de 1913:

> Nous croyons que nous aurions pu, à partir de l'enfance, devenir un autre personnage, avoir eu une autre histoire. On se voit bien différent. Mais cette possibilité de groupements de mêmes éléments de plusieurs manières, persiste — et c'est une critique du temps. Il n'y a pas de temps *perdu, écoulé* tant que ces autres personnes sont possibles.   5, 92

La recherche du temps perdu est une démarche totalement incompréhensible pour quelqu'un qui voit toujours devant soi d'autres possibilités de soi-même, qui ne cesse de croire qu'il a quelque chose à attendre de soi. Protée conserve jeune. Et de contrainte il devient possibilité.

★ ★ ★

C'est une difficile question que celle de la pertinence philosophique du «Moi Pur» valéryen[69]. En dépit des implications éminemment philosophiques que présente la constitution de ce noyau idéal de conscience, il paraît nécessaire de faire quelques réserves. On a parfois tenté de rapprocher l'attitude de Valéry prenant ses distances par rapport aux contenus de conscience, de la réduction eidétique de Husserl. A quoi il faut opposer que ce n'est pas le mode d'être de la conscience qui occupe Valéry. Sa «conscience universelle» ne découvre la possibilité de «mettre entre parenthèses» les expériences dans la réflexion que comme possibilité pour soi-même et demeure donc onto-empirique. Certes sa réduction aussi est dans un certain sens «eidétique» en ce qu'elle s'efforce de demander à chaque acte de la conscience ce qu'il contient d'essentiel et d'indépendant de l'expérience individuelle. Mais cette interrogation est «intéressée». Son but n'est pas, comme chez Husserl, de mettre en évidence le fait interrogé dans son être, mais bien plutôt de s'en défendre. Qu'il nous soit permis de montrer ce que ce dessein a de non-philosophique en utilisant une phrase de Husserl lui-même. Husserl dit: «Il faut d'abord perdre le monde par l'epochè pour le reconquérir dans la conscience universelle». Valéry dirait: «Il faut d'abord *anéantir* le monde par l'epochè pour *se* reconquérir dans la conscience universelle». Valéry tente de *séparer* ce que Husserl *distingue* comme relatif l'un à l'autre[70].

Valéry — cela allait de soi pour lui — n'a jamais songé à donner à sa découverte une portée générale. Aussi serait-ce lui rendre un mauvais service que d'interpréter ce qu'il désigne expressément par *phase* (dans un sens précis sur lequel nous aurons à revenir) comme une détermination permanente[71].

On pourrait alors à juste titre lui remontrer, Sartre par exemple, qu'une conscience qui se veut plus que l'ensemble de ses contenus imaginables et indépendante d'eux, s'arroge un statut divin. Mais le reproche n'est pas fondé car Valéry a nettement souligné le caractère transitoire et toujours menacé de cette conscience, qui tend constamment et de manière infinitésimale au néant («différente du néant d'aussi peu que l'on voudra»). Cependant qu'une conscience puisse arriver, comme il écrit, par la contrainte qu'elle s'impose à se définir elle-même non seulement par la totalité de l'étant, mais encore par un «excédent» qui est la connaissance de cette totalité, ce paradoxe, me semble-t-il, ne peut être compris que comme un acte existentiel d'acceptation de soi-même.

A l'appui de cette manière de voir on pourrait apporter quelque chose comme une preuve par projection. Puisque rien ne nous éclaire mieux sur un esprit comme Valéry que ce qu'il pense à propos des pensées d'autrui, il en sera de même a fortiori pour la pensée de toutes les pensées, le *cogito ergo sum* de Descartes:

> Le cogito cartésien ne doit pas être analysé en lui-même. Ce n'est pas un raisonnement qui se suffise — et pris en soi, il ne signifie rien.
>
> C'est un magnifique cri, un mot de drame [!], un mouvement littéraire, un acte décisif ou coup d'état psychologique. 5, 144.

Valéry écrit cela en 1913 et cette vue subjective et subjectivisante n'a pas varié jusqu'à l'essai sur Descartes de 1941, qui porte à dessein le titre *Une vue de Descartes*[72] et qui, à la simple mais grave question: la phrase de Descartes a-t-elle un sens? répond: non, elle n'a pas de *sens* (parce que le petit mot *sum* n'a pas de sens), mais elle a une très grande *valeur* — et cela pour *l'égotisme* de René Descartes. Par là pouvons-nous peut-être justifier après coup la question que nous avons posée plus haut: «Toute la création n'est qu'un défaut dans la pureté du Non-être» — cette phrase a-t-elle un sens? Et la réponse proposée ne semble pas non plus absurde: non, elle n'a pas de *sens*, c'est un cri, un acte décisif, un coup d'état psychologique, même une trouvaille littéraire — elle a une très grande *valeur*[73]. Le *cogito* de Descartes, Valéry l'interprète comme un *eureka*. Le MOI PUR, c'est son *eureka* à lui.

★ ★ ★

Ascèse donc, volonté de puissance, mortification? Sans aucun doute. Mais tout cela est dépassé au moment de *Note:*

> Après tant d'orgueil, après tant d'étrange
> Oisiveté, mais pleine de pouvoir,
> Je m'abandonne à ce brillant espace...

Destruction de Léonard de Vinci, l'universel constructeur? C'est possible. Mais qu'avait donc construit le Léonard de 1894? Des *possibilités,* pour ne pas dire des châteaux en Espagne. Dépassement de la poésie? Que Valéry réponde lui-même:

> D'un certain 'point de vue' qui n'est pas rarement le mien — ce que l'on appelle une belle œuvre — un chef d'œuvre peut paraître une terrible défaite de l'auteur.   4, 365 = II 626 (1910).

Mais comment savait-il dès 1910 qu'il allait au devant d'une «terrible défaite»? Cependant, ce Léonard de 1919, on est en droit de l'imaginer heureux...

Robinson ou le futur gagné

> Ma manière de regarder les choses littéraires, c'est sous l'espèce du travail, des actes, des conditions de fabrication.

Ce langage fut dès le début familier à la critique valéryenne: c'est sur les conditions et le processus de la «fabrication» qu'elle a concentré principalement son attention. Ce n'est que récemment que l'intérêt s'est accru pour les ressorts, les stades préparatoires, le terrain originel recélant la matière brute qui alimenterait plus tard le processus de fabrication, donc pour ses conditions dans un sens plus large. La pensée de Valéry, il fallut bien l'admettre, présentait assez de contradictions pour non seulement souffrir cet examen, mais l'autoriser et même l'exiger. Les retouches qu'a subies par là l'image d'un Valéry par trop épris d'intellect et de volonté sont encore, me semble-t-il, insuffisantes, dans la mesure où l'on ne souligna pas suffisamment que la contradiction entre une théorie du «faire» et une théorie du «devenir» de la poésie a de tout temps existé chez lui et que cette contradiction n'en était une que pour qui se ralliait docilement à l'hypervalorisation du «faire» par Valéry lui-même, au lieu d'en rechercher les motifs. Complétons la citation commencée plus haut, sans perdre de vue que ces lignes datent de 1913:

> Une œuvre pour moi n'est pas un être complet et qui se suffise, c'est une dépouille d'animal, une toile d'araignée, une coque ou conque désertée, un cocon. C'est la bête et le labeur de la bête qui me demande: *Qui* a fait ceci? — Non, *quel Homme, quel nom,* mais quel système, ni homme ni nom, par

quelles modifications de lui-même, au milieu de quel milieu s'est séparé de
ce qu'il a été pour un temps?   5, 88.

Jouons le jeu, ne parlons ni d'homme ni même de personnalité, mais
de «système», ne donnons pas de nom, tout au plus un pseudonyme, celui
de Robinson l'insulaire, et essayons de décrire le «système Robinson».
Faut-il rappeler que le goût de la vie insulaire dut se manifester très tôt?

> J'ai dû commencer vers l'âge de neuf ou dix ans à me faire une sorte d'île de
> mon esprit, et quoique d'un naturel assez sociable et communicatif, je me
> réservais de plus en plus un jardin très secret où je cultivais les images qui
> me semblaient tout à fait miennes...   I 13.

C'est en 1906 — sous réserve d'erreur de ma part — que la robinsonade
apparaît pour la première fois comme un mythe à usage personnel:

> N'es-tu le Robinson intellectuel? Jeté dans soi, refaisant dans son île
> voulue, sa vérité et les instruments qu'elle demande. A la chasse! A la
> pêche! Même le perroquet n'est pas très loin.   4, 135.

Robinson a donc voulu son île. A-t-il voulu aussi le perroquet?
Ce n'est pas dit. En tout cas il ne peut l'avoir fait lui-même.
L'a-t-il considéré alors comme «instrument de la vérité», de sa vérité?
Laissons planer l'ambiguïté. La tâche principale de Robinson est claire: il
lui faut survivre. Comment faire? En économisant ses forces et ses provi-
sions, pas de gaspillage, le rationnement s'impose. Le système de vie de
Robinson est péremptoirement réglé par le rapport de la conservation et
de la consommation, de l'accumulation et de la dépense. Robinson appelle cela aussi: *faire* et *pouvoir faire*. On lit en 1913:

> Celui-ci se croit plus noble et plus pur, parce qu'il préfère dépenser son
> or en beaux objets, peintures, livres, que retenir sa richesse à l'état protéen
> de monnaie.
>
> Et pourtant cette monnaie est la forme supérieure, celle qui se change en
> les autres.
>
> Ici je pense à moi. J'ai connu tous les sentiments de l'avare spirituel. J'ai
> toujours préféré la puissance potentielle [sic] aux œuvres.
>
> Je croyais voir dans les reflets de mon or propre toutes les œuvres
> possibles et sans le remords de perdre dans l'une, la vertu de faire les autres.
>
> — Et que j'ai souffert, tout le temps, de n'avoir pas tout le temps, la
> sensation de ma présence entière.   5, 52.

L'argent vaut donc mieux que les biens, l'argent est Protée, pouvoir
permanent, les biens sont ou ont déjà. Ainsi le moyen devient la fin. Et la
définition suivante concerne la psychologie de l'avare intellectuel:

> La fortune accroît la vie, en tant qu'etle accroît la *possibilité,* qui est la
> vie même ressentie.
>
> La vie est la conservation du possible.   I 288.

Cette définition se trouve dans *Mélange* — ne devrait-on pas dire plutôt qu'elle est camouflée en «mélange»? En tout cas il nous est impossible
de la dater. Ce que l'on peut faire par contre pour cette exclamation jetée

toute seule au milieu d'autres notes sur une page de Cahier de 1913:

> «Surabondance de vie, divin trop — il n'y a pas d'autre secret» 5,55.

Cette invocation au «divin trop» jaillit-elle d'un moment de manque ou de surabondance? On ne saurait le dire. En tout cas elle n'est guère «testienne». Teste ne s'était jamais soucié de s'assurer l'existence, mais bien de «tuer la marionnette»[74]. Pour Teste, la vie était la possibilité de se modeler à coups de masse:

> Cet homme avait connu de bonne heure l'importance de ce qu'on pourrait nommer la *plasticité* humaine. Il en avait cherché les limites et le mécanisme. Combien il avait dû rêver à sa propre malléabilité!   II 18

Maintenant la vie consiste en la certitude d'avoir pour ainsi dire en cave une provision inépuisable, une réserve de possibilités. On voit que le thème de la citerne est inséparable du thème de Protée. Il n'est jamais dit, bien sûr, que la provision, son existence et sa quantité, apparaissent comme assurées: ici comme ailleurs c'est bien à des définitions que nous avons à faire, ce n'est pas un journal que nous lisons, mais un log-book. Il faut donc lire ce qu'il y a derrière les définitions. Les notes d'un log-book ne permettent-elles pas de déduire ce qui s'est passé à bord? Celle-ci par exemple qui porte le titre *Poésie:*

> Dans le cerveau, ce balcon soutenu par des ??? Là se penchent les questions en suspens. Il y a aussi, en tas de charbon, du *temps*. Et une sourde usine cachée où se fait l'angoisse, noir produit. On sait qu'il y a des mines toutes chargées. Il y a aussi des fleurs en bouton qui pourraient s'ouvrir.   6, 722 (1917).

Le rêve de l'inquiétante provision de charbon s'allie ici au balcon de Baudelaire et à l'image de bourgeons prêts à s'ouvrir. Que de fois les textes ne parlent-ils pas une langue plus qu'évidente! Pendant l'été 1913 Valéry passe ses vacances en Bretagne à Perros-Guirec. Il écrit à sa femme:

> Le poème ne bouge pas. Il est ensablé. J'ai beau le revoir. Rien n'y fait. Par ailleurs, je me trouve de plus en plus étrange moi-même... Je ne sais plus mes chemins... J'éprouve sur les seuils, ou de sable ou de roche, ces vers: «Creuse, creuse, rumeur de soif»... Et je les trouve à peu près bien... L'autre soir, vers la pointe, les lits de galets redescendant après chaque vague me faisaient la musique dont j'ai essayé de donner l'idée..   I 37.

La formule «creuse rumeur de soif» est entrée, comme on sait, dans la nouvelle version du poème *Naissance de Vénus* (antérieurement *Celle qui sort de l'onde*). Que se passait-il en lui? Le 13 ou le 14 juillet il note:

> Ce pays, on y sent plus nettement que nous vivons sur des décombres. Choses brisées et leur débris, usés. Littoral rompu. Brisure et puis usure, et bruit de l'usure.
> Bruit perpétuel de la dégradation ou violente ou patiente.
> Mais ces voix d'enfants, ces cris, ces chocs dans la maison de granit et de sapin près de la mer — ces sursauts de l'ouïe dont le chant de cuisson et de

frisson, le soyeux et homogène froissement forme la basse — donnent aussi l'idée au possesseur de l'oreille philosophique, sous l'apparence de *vie,* de chahut et de jaillissement — d'une dissipation, dépense.   5,36 = II 605.

Ne cédons-nous pas ici aux tentations du biographisme ou de la théorie du milieu? Il nous faudra bien nous incliner devant les faits. Il nous faudra bien aussi admettre que Valéry, ce prétendu rationaliste, possède la dimension qui lui permet d'entendre l'«usure» des forces vitales, comme Balzac ou Hoffmann, et d'une «oreille philosophique» très hugolienne par-dessus le marché[75]. — L'assaut des vagues a dû toucher, ébranler violemment quelque chose dans le tréfonds: la mer, la vie, — ne se dilapide-t-elle pas? On commence ici à comprendre ce que voulait dire Valéry, lorsqu'il déclarait être, à cette époque, redevenu sensible à certains mots, à leur musique donc. Aux mots — et sans doute aussi aux choses, aux contenus de conscience d'une puissance incontrôlable, naguère relégués au domaine des «phénomènes», puis lentement, prudemment réadmis, pour lesquels point maintenant la possibilité, en l'élément marin, à l'exemple privilégié de la mer, d'accéder au symbole. Jusqu'à l'investiture finale, jusqu'au poème, il y aura encore un long chemin à faire, car l'orgueil ne renonce pas; en lisant cette singulière «Impression bretonne», on peut cependant, sans se rendre suspect de délire d'imagination, penser au début de la *Jeune Parque.* Les «sursauts de l'ouïe» se retrouvent, sans qu'il soit besoin de faire violence au texte, stylisés dans l'interrogation effrayée qui ouvre le poème: «Qui pleure là...?», et ce que perçoit l'«oreille philosophique» n'est peut-être pas sanc rapport avec les vers:

> La houle me murmure une ombre de reproche,
> Ou retire ici-bas, dans ses gorges de roche,
> Comme chose déçue et bue amèrement,
> Une rumeur de plainte et de resserrement...   9-12.

La part de cette côte, rocheuse et déchiquetée, dans l'«inspiration maritime» de Valéry ne doit pas être sous-estimée[76].

Mais nous avons scandaleusement contrevenu aux règles du jeu en donnant des noms. Hâtons-nous de réparer et suivons encore un peu l'élaboration du «système Robinson». On trouve encore cette esquisse de définition:

> Ce qui en nous est production de *tout* et donc de rien — la réaction même, le recul en soi. Supposé l'œil — le voir opposé aux vues — toute vue étant payée par ce qui la détruit pour la conservation de la faculté de voir — et ne pouvant être que par *consommation de possible* et recharge.
> De ceci supposer un individu qui en soit comme l'allégorie et le héros.
>   II 64.

Ce héros allégorique n'est pas Robinson, il est vrai, mais Monsieur Teste, insulaire aussi comme on sait, d'où la similitude d'une grande partie de leurs problèmes. C'est le Teste de 1934.

> M. Teste est le témoin (...). Conscious — Teste, Testis.
>
> Supposé un observateur «éternel» dont le rôle se borne à répéter et remontrer le système dont le *Moi* est cette partie instantanée qui se croit le Tout.
>
> Le Moi ne se pourrait jamais engager s'il ne croyait — être tout.   II 64.

Teste est donc maintenant le témoin, l'œil, la faculté de voir[77]. Si l'on explicite: l'œil est aux «vues» ce que l'argent est aux biens, ce que la *possibilité* est à l'*acte*. L'œil est plus que la somme de toutes les «vues», de tous les actes de voir, il les rend possibles, mais tout acte de voir menace le potentiel visuel en le diminuant. Teste est celui qui constamment recharge le potentiel, et il est en quelque sorte ce potentiel lui-même. Teste est le «moi pur» qui ne peut exister, qui ne peut s'engager (!) que s'il peut se prendre pour le tout. Autrefois Monsieur Teste — franco-italien — était Monsieur Tête. Maintenant Monsieur Teste — plus latin — est Monsieur Témoin. Un jeu de mots avait autrefois — chose curieuse — échappé à son inventeur: Teste — Martyr, ce qui signifie aussi témoin. C'eût été un titre éloquent pour la première période: «Saint Teste, Comédien et Martyr»... Rétrospectivement l'évolution et la transformation de Teste sont claires: du martyr au témoin.

Outre le Teste des années trente, un autre individu appliquera le système Robinson. Voyons comment Valéry décrit son comportement et son caractère:

> Le sentiment tout-puissant d'être une fois pour toutes possède G... Il lui faut tout, il faut qu'il ait tout connu, tout éprouvé, tout créé. Et c'est en quoi il est prodigue de tout ce qu'il est; il prodigue ses apparences et ses produits de variété; mais il retient jalousement *ce qu'il pourrait être:* Il est avare de son lendemain. La vie, après tout, ne se résume-t-elle pas dans cette formule de paradoxe: *la conservation du futur?*   I 539

Celui qui vit selon cette formule paradoxale, n'est point encore cette fois Robinson lui-même, mais — et je demande encore une fois l'indulgence — Goethe!

> Goethe, Poète et Protée, vit une quantité de vies au moyen d'une seule (...) Goethe ne se laisse jamais prendre. Son génie de métamorphoses par quoi il entre dans tant de compositions que lui offre l'instant ou la pensée, s'accompagne nécessairement [!] d'un génie de dégagement et de fuite[78].

Goethe aussi est quelqu'un qui veille jalousement à la conservation de son potentiel.

Essayons maintenant de cerner de plus près, dans sa nature et dans sa portée, cette singulière idée valéryenne de *Potentia* qui, de tous les thèmes que nous avons examinés (provision, faculté de métamorphose, relativité) s'est avéré le plus durable et qui les réunit tous. Nous la délimiterons d'abord par rapport à ce qu'elle n'est pas ou à ce qui lui est tout au plus analogue, sans qu'on puisse parler d'identité matérielle. Ce sera d'abord une triple définition négative. *Premièrement:* le rapport de la potentialité

et de l'actualisation chez Valéry n'a rien à voir avec la scolastique aristoté-
licienne dont il reprend la terminologie[79].

Deuxièmement: la volonté de s'opposer à l'irruption du possible dans le
réel, considérée comme une dégradation (refus d'être quoi que ce soit) et
le désir connexe de pouvoir considérer toute dégradation survenue comme réversible (recharge du potentiel) n'est pas un platonisme (ou alors
déguisé) ni un renversement profane du désir d'immortalité. *Troisièmement:* si l'idée de l'élargissement du possible, de la primauté du disponible
sur le disposé, de l'économisé sur le dépensé semble se rapprocher de la
théorie du capital en économie politique, c'est pour s'en éloigner assez
vite.

Premier point:

Le chapitre de la Métaphysique d'Aristote qui traite de *dynamis* et
energeia contient un passage qui ressemble tant aux idées favorites de
Valéry qu'on ne peut exclure la possibilité d'une réminiscence: «Ce que
nous voulons dire (au sujet du réel et du possible) s'éclaire dans le détail
par l'expérience; on ne réclamera pas partout une définition mais on
admettra quelquefois l'analogie [ce qui semble presque apporter de l'eau
au moulin de Valéry!]: ils sont l'un par rapport à l'autre comme celui qui
construit à celui qui sait construire, comme l'homme éveillé au dormeur et
comme le voyant à celui qui ferme les yeux, mais dispose encore de la vue
(ὄψιν)»[80].

«Supposé l'œil — le voir opposé aux vues», ce devait être le second.
Teste. Mais seuls les termes — et donc les exemples peut-être — sont
empruntés. Le rapport des concepts eux-mêmes est totalement différent:
«*Cuius est potentia,* ainsi saint Thomas traduit Aristote, *eius est actus et e
contrario* —ce qui est sujet d'un pouvoir est aussi sujet de l'activité qui en
résulte et inversement». Et encore: «*actus est prior potentia ratione* — le
réel par définition précède le possible»[81]. Il ne s'agissait pas pour Valéry
de la priorité du possible, mais de son primat: le possible est pour lui par
définition *supérieur* au réel. Cette phrase, comme on le voit, n'est pas le
renversement de la phrase de saint Thomas, elle lui est fondamentalement
incomparable. Au fond elle est non-philosophique.

Leibniz dans sa Théodicée ne conteste pas radicalement la priorité du
possible. Jusqu'à un certain point la marche de sa pensée est telle qu'on
croit en percevoir un écho dans la description que donne Valéry de la
conscience qui considère l'ensemble de la réalité habituelle comme une
solution, parmi bien d'autres possibles, aux problèmes universels:

> La sagesse de Dieu, non contente d'embrasser tous les possibles, les
> pénètre, les compare, les pèse les uns contre les autres (...), elle va même
> au-delà des combinaisons finies, elle en fait une infinité d'infinies, c'est-à-
> dire une infinité de suites possibles de l'univers...

Mais ensuite les chemins se séparent:

> ... et le résultat de toutes ces comparaisons et réflexions est le choix du

meilleur d'entre tous ces systèmes possibles, que la sagesse fait pour satisfaire pleinement à la bonté; ce qui est justement le plan de l'univers actuel[82].

Quel contraste! Pour l'un, l'idée que le monde pourrait être autre est la condition pour que Dieu puisse manifester sa sagesse et sa bonté (car il aurait pu créer le monde plus imparfait; cette idée de la toute-puissance divine face à la totale contingence du monde a beaucoup occupé Ockham aussi), pour l'autre, c'est la condition pour que le moi puisse s'affirmer face au monde dans une fragilité toujours menacée. Là, glorification du monde, ici, angoisse face au monde[83]. Aussi est-il fâcheux que les termes qu'emprunte Valéry obligent à une comparaison dont le résultat ne peut que placer cette stabilisation du moi si durement conquise sous un jour par trop désespéré. A quel point d'ailleurs l'équilibre de la construction est toujours chez Valéry le résultat d'une tension, c'est ce qui ressort clairement, si l'on a présent à l'esprit qu'à la totale potentialité dans l'existentiel correspond chez lui une aussi totale actualité dans l'esthétique: «L'œuvre de l'esprit n'existe qu'en acte» (I 1349)[84].

Sur le *second point,* Potentia comme refus de l'incarnation, Valéry-Robinson nous renseigne lui-même clairement:

> Il songeait que les Egyptiens et quelques autres ont poussé l'instinct de la préservation du périssable, jusqu'à prétendre soustraire les morts à la décomposition.
> Les mêmes, et bien des peuples avec eux, ont souhaité que les âmes aussi soient indestructibles. Mais ils n'ont pas vu que l'incorruptibilité, l'immortalité, l'existence indépendante du temps (c'est-à-dire des circonstances) implique l'insignifiance, l'indifférence, l'isolement parfait — l'inexistence.
>
> II 413.

La «maigre immortalité noire et dorée» est — comme on sait — une belle illusion et un pieux mensonge. La position de Valéry est immanente. La préservation du périssable ne l'intéresse pas[85].

Nulle part? Nous arrivons au *troisième point.* «La fortune accroît la vie, en tant qu'elle accroît la *possibilité,* qui est la vie même ressentie. — La vie est la conservation du possible». Telle avait été la définition si particulière, pour ainsi dire «psycho-économique», de Valéry[86]. Sa pensée se sert-elle ici d'une analogie avec les données de l'économie politique ou ne serait-elle pas elle-même en dernier ressort l'expression de certaines données économiques? Ce qui nous incite à poser la question, c'est qu'on pourra être tenté de lire la phrase de Valéry ainsi raccourcie: tout élargissement du sentiment de l'existence se fonde sur la fortune. Cette lecture est-elle justifiée? Y a-t-il un rapport entre la théorie du primat du possible et la théorie du renoncement à la consommation? Valéry est-il «métonymiquement» un apologiste du capitalisme au sens d'une renonciation à la consommation fondée sur l'exploitation? C'est un vaste domaine qui semble s'ouvrir ici et que ne devraient pas envahir les brumes de la spéculation. Retenons tout d'abord que, pour ce qui est de la métaphore, favorable par son champ à la nébulosité, c'est-à-dire pour ce qui est du «capital intellectuel», les sciences économiques aussi ont tenté de l'incorporer à la notion générale de capital, donc de dépouiller l'expression de son caractère purement métaphorique et analogique. Adam Smith avait fait entrer dans le capital «toutes les connaissances et capacités utiles acquises par les habitants ou les membres de la société». D'un point de vue opposé, on peut dire que le développement économique du monde moderne est caractérisé par une augmentation du potentiel, qu'il est possible d'interpréter comme une prévoyance accrue pour l'avenir et dont le progrès, comme l'a dit Georges Bataille, se mesure à la différence entre les Grandes Eaux de Versailles et les barrages de l'ère technico-industrielle. On nous apprend que la première cause de l'apparition du capital est le travail, la seconde, l'ajournement de la jouissance, conformément à l'exemple de la semence qui doit être soustraite à la consommation immédiate. Dans la tendance à l'accumulation illimitée du possible il peut donc y avoir — au-delà de la simple analogie formelle — une sorte de *tertium* intellectuel. Mais il nous faut bientôt abandonner cette idée. S'il est exact que c'est la société qui, venant au secours de la faiblesse de l'individu, réclame de lui la renonciation à la consommation, il nous faut en tirer cette déconcertante conclusion que Valéry, par l'absolue préséance qu'il donne au possible, se représente à lui-même pour ainsi dire sa propre société (ce qui nous ramènerait à Robinson).

Mais surtout il est clair que les rouages d'une économie qui fonctionnerait selon son principe, seraient bientôt paralysés. Il n'est pas possible de pousser plus loin la comparaison, car la puissance du capital s'accumule nécessairement en vue d'approvisionner le processus de production, même à long terme ou par des voies détournées. Le capital n'est pas l'argent, c'est toujours la puissance de production. Cela ne signifie naturellement pas que la pensée de Valéry soit naïve en matière économique (comme le paysan qui cache son argent dans la lessiveuse), mais plutôt qu'elle est incommensurable avec la pensée économique.

La seule approche convenable de tout ce complexe serait une approche mythique: ce n'est qu'à la dimension mythique que cette soif d'accumulation prend un sens, et à ce niveau une interprétation s'impose, inspirée de l'œuvre de Richard Wagner avec laquelle Valéry entretenait des rapports très particuliers, aussi intenses qu'ombrageux, dont nous apporterons plus tard de plus abondants témoignages. Si l'idée de *Potentia* chez Valéry n'a pas trouvé son support symbolique, comme le trésor qu'entasse Alberich dans sa caverne, elle n'en a pas moins la même fonction totalisatrice: gage de puissance, de possession du monde, contrepoids — indifférencié — aux choses du monde[87].

En un seul endroit l'approche économique et l'approche mythique semblent pouvoir se rencontrer: c'est là où Valéry parle de la poésie comme d'une *fête de l'intellect*. La fête est, on le sait, la perfection de la dépense — et de la vie. «La fête finie, rien ne doit rester. Cendres, guirlandes foulées» (II 547). Comme si Valéry s'était clairement rendu compte que l'acte poétique signifiait précisément cela: le sacrifice du possible.

★ ★ ★

J'ai essayé de montrer que le concept de *puissance* chez Valéry n'est pertinent ni dans le domaine religieux, ni dans le domaine philosophique, ni dans le domaine économique, mais qu'il est de la plus grande importance pour sa propre évolution psychologique. Lui-même a plus tard — évoquons-le pour être complet — construit là-dessus une sorte de théorie de la civilisation. Sous le titre *bios,* nous lisons, en 1941:

> Si la «vie» (ce mythe) s'entend comme la conservation du Possible, l'instinct étrange propre à l'homme est celui de l'accroissement du Possible, et ceci est soi-même possible de plusieurs façons. Ici apparaît un certain illimité. Et à ceci se rattache l'utilisation de l'inutile, ou la création de l'Utilité de seconde espèce.   24, 770

Robinson aussi est fondateur de civilisation:

> C'est le plus grand triomphe de l'homme sur les choses, que d'avoir su transporter jusqu'au lendemain les effets et les fruits du labeur de la veille.   II 412.

Et il en tire cette leçon: «La prévoyance donne du temps libre dans le futur. Formation du potentiel» (413). Mais le plus important chez ce Robinson des *Histoires Brisées* n'est pas tant qu'il soit homme civilisé, mais qu'il soit homme:

> Robinson humait la présence de l'avenir dans la senteur des caissons et des coffres de sa cambuse. Son trésor dégageait de l'oisiveté. Il en émanait de la durée, comme il émane de certains métaux une sorte de chaleur absolue. Il ressentait confusément que son triomphe était celui de la vie, qu'il était un agent de la vie et qu'il avait accompli la tâche essentielle de la vie qui est de transporter jusqu'au lendemain les effets et les fruits du labeur de la veille.   II 419.

En quoi consistent ces fruits?

> C'est le fruit des fruits que le calme et la certitude.
> Robinson au milieu de ses biens se sentait confusément redevenir un homme, c'est-à-dire un être indécis.

CHAPITRE II

LA CONNAISSANCE MISE À L'ÉPREUVE: LE MONDE DU DEHORS

> *Tout - Homme - Crée - Sans - Le - Savoir*
> *Comme - Il - Respire*
> *Mais - l'Artiste - Se - Sent - Créer*
> *II 1582*

Deux réflexes de l'esprit: interprétation et imitation

Dans une lettre de 1898 Valéry écrivait à son ami, le poète Vielé-Griffin, qu'il avait lu et relu avec grand plaisir son poème dramatique *Phocas le Jardinier*. Le début de l'œuvre surtout l'avait impressionné, c'était, écrit-il, «un des plus savoureux commencements de lecture qui se puissent trouver»[1]. Nous aurons encore à parler plus loin de l'importance qu'attribue Valéry au commencement d'une œuvre, à cette attaque de la lecture où tout est encore en suspens et nous serons alors encore mieux à même d'apprécier la valeur d'un témoignage aussi précoce d'un intérêt qui devait durer toute sa vie. Nous nous attacherons ici au contenu puisque la suite de la lettre nous apprend que Valéry fut ému par la nature décrite chez Vielé-Griffin tout en définissant sa position à lui face à la nature.

> C'est d'un air, d'une ombre et d'une rusticité qui me prend tout à fait, car — contrairement à ma petite légende, — j'adore ce qu'on appelle Nature, à condition de ne la jamais nommer. Et puis je veux la voir partout ou nulle part, — non toujours dans les champs, — mais jusqu'au langage d'Aristote — sinon de Lagrange[2].

Deux ans après la parution de la *Soirée avec Monsieur Teste* Valéry devait donc déjà se défendre dans le cercle de ses amis de cette légende d'intellectualisme hostile à la nature, que lui avait valu ce héros cérébral.

Il ne veut pas, dit-il, voir réduire l'idée de Nature aux champs[3], mais suivre l'action de la nature dans l'homme, en distinguer la part dans l'activité intellectuelle de l'homme jusque dans la langue des concepts et du calcul. Combien de nature y a-t-il dans Monsieur Teste? Poser la question, c'est se changer en Monsieur Teste. C'est aussi réfléchir sur ce qu'on appellerait de nos jours les préliminaires biologiques de la logique.

Voyons un peu plus loin ce que Valéry dit de la nature:

> Les Grecs qui la connaissaient constamment au point d'inventer, c'est-à-dire de *trouver,* tant de divinités qui reliaient tout, n'y cherchaient pas un prétexte pour éviter les raisons et les constructions. Au contraire.
>
> Mais notre temps si totalement journaliste ignore le sentir comme le raisonner (…)

L'humeur polémique et le flou de son propre projet peuvent être cause qu'ici l'opposition du sentiment et du raisonnement tombe quelque peu dans le banal. A la fin de sa lettre Valéry s'excuse de ce que le remerciement ait tourné en diatribe; dans les années qui viennent il va travailler à clarifier sa relation à la nature — en lui et hors de lui — et trouver dans une observation toujour plus précise de ses réactions sensorielles au monde naturel l'occasion d'un perfectionnement croissant non seulement de ses «raisons», mais aussi de ses «constructions». Nous suivrons ici le progrès de cette clarification à l'aide des notes principales des Cahiers, afin de fonder sur une base plus sûre l'interprétation de deux poèmes de la nature, *Ode secrète,* le poème des astres et *Au Platane,* le poème de la plante. Cette condition qu'il s'était posée à lui-même de ne jamais nommer la nature, Valéry l'a presque toujours respectée: dans les Cahiers le mot n'apparaît que très rarement, pas du tout dans les poèmes, à une exception près, très importante il est vrai, dans le poème *Aurore,* sur lequel nous voudrions revenir en conclusion.

Pourquoi cette rareté? Quelle est la raison, claire ou cachée, de cette hostilité au *mot* nature, qui ne signifie pas hostilité à la *chose?* «Je n'ai pas d'admiration pour la nature», écrit-il avec un laconisme abrupt en 1904 (3, 472). C'est le physiologue qui parle, à qui le concept de nature semble par trop encombré de spéculation sur les principes:

> L'idée de nature est essentiellement dualiste, chrétienne, «âme et corps», «bien et mal» ou «mal et bien», lutte de principes.   3,543

On y verra peut-être aussi cette manière d'être en général «contre», que nous décrit sa fille:

> Il était volontiers «contre». Contre soi, contre tout, contre les plus beaux sites, contre les mets les plus appréciés, contre les bruits et contre le silence de la campagne: opposition constante qui était l'aiguillon même de son activité pensante tout en ne l'empêchant pas d'être le plus sociable et conciliant des hommes[4].

Cette attitude d'opposition face aux sites trois-étoiles des guides touristiques est évidemment plus qu'une position singulière et privée. Elle pla-

cerait plutôt Valéry dans le cours de la grande explication intellectuelle
avec la nature, que l'on a interprétée comme une appréhension esthétique
consciente de la nature-paysage qui commencerait dans les temps moderne avec Pétrarque et qui serait la riposte à la perte — peut-être hypothétique — de la compréhension philosophique totalisante de la nature dans
l'Antiquité. Au cours du XIXe siècle, les paysages ainsi domestiqués intellectuellement auraient perdu, par le phénomène d'usure croissante que
subit la beauté de la nature transmise par l'art, toute fonction esthétique.
D'où la nécessité pour l'artiste de redécouvrir la nature dans son étrangeté. Il fallait que l'étrangeté devienne une catégorie de l'actualisation
esthétique de la nature, une fois les paysages absorbés, intégrés par le
monde de la société.

Or Valéry possédait d'une part un sens inhabituel, d'une finesse parfois inquiétante, de l'étrangeté des objets naturels. D'autre part — et
complémentairement — il portait une attention peut-être encore plus aiguë aux agissements de l'âme humaine face à la nature pour en masquer
l'étrangeté. La nécessité, la diversité et en dernier ressort l'inadéquation
des transpositions auxquelles nous avons recours pour donner un sens à
nos rencontres dans le monde naturel, toute cette problématique a occupé
Valéry sa vie durant. Dans *L'homme et la coquille* de 1937, reprenant le
problème à zéro, il pose cette question: comment procède un homme qui
prend dans sa main un objet attirant d'aspect, sans savoir s'il s'agit d'un
produit de l'art ou de la nature, et il décrit l'embarras de cet homme qui,
cherchant l'origine et la fonction de l'objet, se voit contraint de reconnaître qu'il supposera toujours derrière, une machine ou un projet intellectuel ou le hasard (ce produit de la pensée) et que pourtant aucun de ces
trois principes ne fournit une solution satisfaisante[5].

Le même thème avait été traité dans le dialogue d'Eupalinos, mais sous
un angle un peu différent. A ce texte, H. Blumenberg a consacré un
commentaire approfondi[6]. Il me semble pourtant que la critique n'a pas
encore accordé une importance suffisante au fait que cette problématique
nous permet de saisir aussi une dimension de l'œuvre poétique de Valéry.
Ces transpositions (dans l'étude desquelles il n'est pas toujours facile de
distinguer ce qui appartient à la théorie de la connaissance de ce qui
appartient à la psychologie) sont une des racines de la poésie de Valéry,
ou — ce qui revient au même — de ses difficultés poétiques. En tant que
«symboliste», mais plus encore par la disposition intérieure qui était la
sienne, il a éprouvé la nécessité des transpositions. Ses réflexions sur
l'adéquation du symbolique l'amenèrent à découvrir cette racine, d'une
manière qui mettait en péril la poésie même.

> Le «symbolisme» consiste à croire que le symbole était lui-même réalité.
> Le mot pas seulement un mot, un rien, un moyen. Il y aurait donc là une
> régression, un recul vers l'état non net du langage, vers l'Egypte, et les
> sauvages? Mais il est connu que l'examen nouveau de très anciens problè-

mes, des fondements de nos sciences, est toujours fécond.

Cette note est de 1913. On se souviendra que ses poèmes les plus importants lui sont *postérieurs*.

★ ★ ★

Valéry, comme nous le savons, était volontiers «contre» les beaux spectacles naturels. En 1899, habitant à Paris (encore rue Gay-Lussac) il se souvient des îles de son rivage natal, auxquelles il adressera plus tard des «hymnes d'hommes comblés des dons du juste éther» et il fait cette constatation caractéristique que c'est *maintenant* que ces îles sont belles:

> Délicieux pays, îles de roche bleue sur la mer, finesses infinies et éloignées, que je vous aime, ce jour!
>
> Mais d'être comme jadis, en vue de vous, ne me tente pas. Je sais que devant mes yeux, si vous renaissiez, ô pures, je penserais à autre chose.
>
> C'est maintenant que vous êtes belles.   1, 688.

Que les îles ne soient belles *que maintenant,* rien d'extraordinaire à cela: il faut quitter le décor accoutumé pour qu'il accède à une existence esthétique: c'est le retour de la pensée à ce qu'on a laissé, qui était autrefois tout naturel, qui toujours rend possible cette renaissance. Par contre la certitude que la beauté des îles n'est *que de maintenant,* n'est point ordinaire. Elle manifeste une résistance déjà affirmée à la facile appropriation de ce que l'on présente comme beau. On sait que Valéry — comme Degas qu'il admirait — était un artiste d'atelier[7]. Par les Cahiers nous assistons à l'élaboration, à un stade encore pré-artistique, des conditions préalables. Des témoignages prouveront que Valéry, lorsqu'il avait recherché la vue des îles, de la nature en général — et qu'il l'ait recherchée, l'exemple de Perros-Guirec cité plus haut le prouve[8] — pensait en fait à «autre chose», par refus d'une contemplation qui ne fait qu'embellir et anthropomorphiser[9]. L'évocation des îles citée plus haut, d'une expression linguistique déjà étonnamment littérarisée, pré-littéraire («si vous renaissiez, ô pures») porte une mention dont le sens n'est pas immédiatement évident: «Traduction de — moi». Ce qui peut signifier deux choses: d'abord *élucidation de ma manière de réagir,* ou encore: problème de la *transposition de moi dans la nature contemplée.* On pourrait pour l'instant résumer ainsi ce qui fait le fond de cette note: la présence de la nature oblige, semble-t-il, l'observateur à prendre ses distances pour échapper au danger des transpositions irrationnelles et incontrôlées qui menace la simple contemplation. La distance à l'objet contemplé est la condition de toute remémoration et permet éventuellement une thématisation des mécanismes irrationnels. Si l'on s'interroge dès maintenant sur ce que deviendra tout cela dans une poésie future, sur le statut qu'elle accordera à l'expérience de la nature, les propos de Valéry cités au début de ce chapitre fournissent ici un point d'appui. Il avait, dans sa lettre à Vielé-Griffin, peut-être sans intention particulière, employé un mot bien précis: c'est la «rusticité» qui le captive dans le début de *Phocas le Jardinier.* Le mot signifie plus qu'il n'en a l'air. En effet la nature, ou comme ici le cadre campagnard, ne figure pas comme telle dans la poésie, elle n'est pas non plus présentée par son concept, mais toujours comme «rusticité», comme remémoration distanciée.

Les rapports qu'entretenait Valéry avec la réalité des choses étaient dans un sens très précis (contrairement à une opinion largement répandue) de nature très originaire. Une étude approfondie des données préalables de sa poésie amène à contredire le reproche que lui font souvent ses critiques, de fuir dans une intellectualité qui n'engage à rien; reproche injustifié au moins pour ce domaine qui était le sien, des relations profondes du moi et du monde (sinon des phénomènes empiriques du monde, en particulier du modernisme industriel), ce que depuis toujours donc on a coutume en littérature de nommer le lyrisme. Il faut souligner avec Karl Löwith que Valéry dans son rapport au «réel» était tout à fait anticartésien, en ce qu'il mettait radicalement en question l'identité de l'Etant et de la connaissance que nous en avons[10]. L'assertion d'Yves Bonnefoy: «Il y avait une force dans Valéry, mais elle s'est égarée» porte à faux, même dans sa première partie. C'est bien plutôt d'une faiblesse que part Valéry, d'une double incertitude quant au monde et quant à la langue (à quoi vient encore s'ajouter l'incertitude quant au lecteur). Le poète ne fait pas une entrée triomphale, qui ressent l'origine de son langage dans l'incertitude de la frontière entre le moi et le monde:

> Le fait capital est l'intermittente indiscernabilité des faits mentaux d'avec les réels. Tantôt il y a superposition, réflexes etc., tantôt distinction. Peut-être est-ce dans ce phénomène de variation de la certitude qu'il faut chercher la racine des analogies ou métaphores. 3, 152

L'intellect est-il capable de tracer une ligne ferme dans ces variations de l'incertitude? Ce ne peut être qu'au prix d'une limitation qui équivaut à une perte de vérité:

> L'intellect est le fonctionnement de l'être sous une certaine restriction (...), demande un ensemble de conditions physiques et mentales qui toutes tendent à annuler le reste de l'homme / de l'univers, à le remplacer, à localiser le réel dans le cerveau, dans l'image, dans quelques fonctions mentales. Mais le réel c'est ce qui se présente comme non-traduction, comme non-transmission, comme non annulé par un acte de l'esprit, comme ne faisant partie d'un groupe d'associations, soustrait à cette pente fatale.
>
> 3,143

Le réel est donc le non-traduit, ce qui s'est soustrait, ce qui se soustrait toujours à l'intervention de l'esprit. On ne dira pas que ce sont là les propos d'un intellectuel songe-creux. C'est la définition d'un esprit véridique, où s'exprime aussi bien le respect de l'intellect que celui de la matière. Elle a son origine dans une attitude de scepticisme critique face à la «pente fatale» de l'esprit à noyer, en se glorifiant soi-même, la matière dans une mer d'associations, face également à l'idée — plus tard à la mode

— qu'il serait possible de connaître la matière «dans sa nudité». Ici l'esprit n'est pas un manteau de pourpre qui ne recouvrirait qu'un squelette. Il est bien plutôt le mouvement constant qui fait alterner connaissance et méconnaissance, clarification et trouble, essor et chute. Dans la note citée, Valéry avait comparé, comme il le fera souvent plus tard, l'activité de l'intellect qui est toujours une limitation des fonctions de l'être total, à l'exercice de la danse:

> De même que la danse demande une loi momentanée de tout l'homme...

Cette dépendance des données du moment, cette poussée unidirectionnelle d'un mouvement centrifuge, telle que Valéry l'indique par l'analogie de la danse, est aussi nécessaire que sa retombée est inévitable.

Voici comment Valéry décrit les métamorphoses de l'esprit qui forme des concepts, les applique à la réalité pour les détruire à nouveau:

> L'esprit se retourne dans son lit et aperçoit et juge ce qu'il vient d'être. [La Jeune Parque ne fera pas autre chose!]
>
> Ce qu'il vient d'être — pour lui, être c'est faire — son acte passe notion — sa fonction revient comme chose.
>
> Il est précisément cette mutation plus ou moins réversible, ce passage de la fonction à la chose, de la chose à la fonction.
>
> Cette suite de construction de machines, de fonctionnement de la machine construite, leur destruction, — cette variation et cette ambiguïté.
>
> Le même nom d'un objet quelconque, — arbre etc. — nommera identiquement un être extérieur indépendant et un procès d'imitation ou de construction en moi.   4, 632

Qu'un même nom désigne aussi bien un objet de la réalité qu'un objet de la pensée, cela n'a rien de nouveau. Mais la double désignation de cet objet de pensée, une fois comme procès d'imitation, une autre fois comme procès de construction, a de lointaines implications. Que veut dire Valéry par imitation?

> L'imitation est l'attitude que nous prenons lorsqu'un objet donné ne suscite pas en nous des réponses nettes appropriées et que nous ignorons sa loi de variation.   3, 491

Nous sommes contraints à l'imitation devant certains phénomènes de la réalité dont nous ne pouvons venir à bout, que nous ne pouvons ni assimiler ni annuler, qui nous demeurent étrangers. Cette étrangeté du monde extérieur, dont l'expérience fonde, comme nous l'avons vu, l'attitude esthétique face au monde, est l'objet de la réflexion valéryenne.

> Le monde vraiment «extérieur» demeure sans réponse. Je ne trouve rien à répondre à ce Sirius, à cet arbre. Rien ou poésie, arbitraires compensations.   4, 315

Parmi les objets naturels, Valéry choisit les astres et les arbres, «gouffres de détails» au même degré, comme il est dit ailleurs. Il enrage de constater que l'esprit compense son impuissance à en saisir la chaotique profusion par des manœuvres arbitraires auxquelles il donne dédaigneusement le nom de «poésie» et qui ne sont sans doute rien d'autre que le «procès de construction» évoqué plus haut. Mais ce mot de «construction» n'était-il pas positif dans la lettre à Vielé-Griffin? Ne servait-il pas à vanter la conception supérieure de la nature chez les Grecs et n'a-t-il pas aussi d'ordinaire valeur positive dans l'œuvre de Valéry? Constater cette contradiction, c'est d'une certaine manière définir l'esprit: tantôt édifice, tantôt pure construction. L'alternance entre les deux semble en fait affaire d'humeur, de la même façon qu'il dépend de forces incontrôlables que les objets qui nous entourent exercent ou non sur nous une attraction, une excitation qui déclenche l'activité de l'esprit.

> C'est une sorte de force interne et qui vient ou s'en va quand elle veut, et donne ou retire l'intérêt aux choses sensibles, et qui fait voir clair, voir beau quoi que ce soit, ou par son absence laisse mortes toutes choses et il n'y a plus de saveur, plus d'intérêt nulle part, en quoi que ce soit.

Partant de cette expérience, Valéry attribue à la construction poétique telle qu'il la reçoit comme lecteur, une fonction tonique étonnamment positive, presque naïve:

> Or ce qui définit le plus nettement à mes yeux l'œuvre poétique — en tous domaines —, la valeur poétique c'est l'organisation d'éléments conservables qui emporte avec elle de quoi exciter, presque à coup sûr, cette force d'intérêt.

C'est une attitude caractéristique de Valéry que de recevoir d'autrui avec reconnaissance bien des choses qu'il méprise ou dont il se méfie quand elles viennent de lui. Mais à cette définition il ajoute un aveu, surprenant aussi dans sa sincérité:

> Je n'ai aucun besoin de cette poésie quand je suis moi-même plein de la force dont il s'agit et qui me suffit pour *vivre* au moyen des moindres objets.
>
> 4, 852

Il ne faudrait pas interpréter cet aveu comme le signe d'une demi-mesure en art, d'une secrète nostalgie de la quiète vie «bourgeoise» (et l'on pense à la thématique de Tonio Kröger). Bien plus significative me paraît la liberté dont il témoigne chez ce familier de la chose poétique pour qui la poésie n'est pas un objet de musée à valeur immuable. Il est clair en outre que le bonheur de vivre «au moyen des moindres objets» ne fut que rarement le lot de celui qui écrit ainsi.

Ce qui le caractérise bien davantage, selon ses propres déclarations, c'est sa sensibilité à l'*informe,* d'où jaillissent toutes les transpositions, les métaphores:

> Ce qui me caractérise — ma vertu particulière, mon don c'est presque seulement la capacité de percevoir des phénomènes subjectifs *non significatifs.* Je me tiens toujours en relation avec l'informe, comme degré le plus pur du réel, du non interprété. C'est comme le carrefour des métaphores. Certains ont eu ce don à un degré plus éminent, mais je ne l'utilise pas

beaucoup comme moyen rhétorique, je le conserve comme état critique de la conscience[11].

Ici on serait en droit de dire que cette constante approche de l'informe, du non interprété dans la réalité pure de la nature telle quelle, exige une force (de même que — au pôle opposé — il faut une force pour saisir la nature, comme le fait Kant dans la compréhension ontologique, comme pur être là des choses, obéissant à des lois générales). Ce que Valéry voulait dire — ici en 1904 — lorsqu'il déclarait n'utiliser que rarement à des fins rhétoriques ce don de percevoir certains phénomènes avant toute attribution de sens, avant toute réponse par une transposition[12], demeure quelque peu énigmatique. Il est clair cependant que dès cette époque il a conçu la rhétorique — non pas au sens général de moyen de persuasion, mais au sens technique de langage des *figures* — comme profondément en rapport avec le processus de création poétique ou au moins avec les points de départ de cette création. Ces instants où l'on croit, dans l'informe, déboucher sur la forme la plus pure du réel, Valéry les appelle états critiques de concience, entendant «critique» dans son sens médical originel, c'est-à-dire proche de la résolution. A cet instant la conscience se voit forcée d'agir par interprétation. Elle interprète par les méthodes à sa disposition, qui visent à ne pas laisser persister l'informe, mais à le faire entrer de multiples façons — nécessairement arbitraires — en relation avec autre chose. Elle en arrive au point de ressentir ce rapport comme plus réel que ce qui était auparavant le «réel».

> Les analogies et les métaphores doivent être considérées les produits réguliers, les actes d'un certain état déterminé, dans lequel tout ce qui paraît, ne paraît que dans une sorte de résonance de similitudes. Dans cet état il n'est pas de chose isolée, l'esprit procède par groupes entiers et ce qui est chose isolée, lui est chose incomplète, acte inachevé. A ce point de perception, il semble même que chaque objet réellement donné soit fragment d'un indivisible psychique, non moins réel, sinon plus. Ce bois, ce vent n'existe pas ou pas assez — mais leur relation avec tel mouvement de mains. Tout le donné est fraction, commencement, insuffisance.   5, 26

Avec la plus grande diversité de nuances, de tons, de points de vue, les Cahiers de ces années nous font entendre les échos de ce débat avec le réel.

> Lutte entre la tendance à imiter, et celle à être soi — à demeurer tel.
> Quelle lutte terrible entre l'imitation malgré soi, la *sympathie* et le vouloir dominer! Entre ce réel trop réel, trop se réalisant — et ce voulu pas assez voulant. O force de la faiblesse!   3, 641

Il souffre de devoir faire une force d'une faiblesse. Comme le faisait la rhétorique…

> Ce paradoxe vivant, le mien, de subir une espèce de poète, en somme, en moi; et de posséder à un degré singulier le sentiment du fonctionnement.
> 5,131

Une autre fois il exprime ce paradoxe qui est le sien par une comparaison: des deux pendules intérieurs, l'un s'immobilise s'il y pense, l'autre, s'il cesse d'y penser.

> Une pendule fée et toutes fois que l'on écoute le balancier, elle s'arrête, elle ne peut marcher que dans ma demi conscience, non écoutée, non regardée. Et une autre qui ne travaille que sous ma garde. Si je m'en désintéresse et ne la soutienne de ma présence — *de ma prière* —, elle s'arrête net.   5, 149

Il tente une fois de résoudre le dilemme par un coup de force, en attribuant sans autre forme de procès le poétique à l'informe lui-même. La poésie du nuage, dit-il, est en lui-même, non dans les ressemblances que nous y lisons ou que nous y projetons:

> Un nuage énorme sur la lune, troubles d'encre et d'argent, masque tordu — qu'entoure le ciel étoilé tranquille, vissé d'astres. Je pense à l'enfantine poésie de chercher mille ressemblances imparfaites de ce nuage, mille chameaux, monstres, contrées — tandis que sa valeur, sa poésie puissante et véritablement *illimitée* est justement au contraire d'être informe, lui-même, inaccessible aux mots, sans images.   3, 818

Nous retrouverons cette poésie des nuages et des étoiles. — Et comme nous l'avons déjà vu, il a, pour cet informe extérieur à nous[13], aussi une correspondance à l'intérieur de nous: c'est ce qui, au sens strict, veut se définir comme l'intime:

> Ce que nous appelons *intime* c'est ce qui ne peut être traduit que par des actes réflexes (larmes etc.) — et ce qui se donne comme sensations internes sans références, sans ressemblances, sinon quelques similitudes toutes physiques et simples.   3, 826

Ce réel en nous, dépourvu de références et de comparaisons, un autre art — soit dit en passant — permet de le saisir, ou du moins les moyens de cet art permettent d'en donner une représentation plus adéquate. Cet art, c'est la musique, dans la mesure où il lui est possible de rendre l'inachevé, ce qui n'est pas encore forme. On lisait au début de la note citée plus haut:

> La musique peut représenter ce qui semble le plus intime — car ce qui semble le plus intime est toujours comme inexprimable étant incomplet, «sans figure», sensations purement centrales.

En rapport avec la musique on lit en outre les mêmes réflexions sur cette absence de besoins — représentée ici comme enviable — chez celui qui vit dans la plénitude des objets et dont rien ne limite l'activité:

> Les Beethoven et Wagner sont parfaitement inutiles à l'homme intact. Lequel ne peut supposer une musique ouïe dans un fauteuil (...) Les hommes qui possèdent la plénitude du net et de l'actif ignorent vie intense et vie intérieure, comme ils ignorent l'opium et l'alcool.   4, 842

Même une réflexion de ce genre, cependant, un Max Nordau n'aurait pas eu le droit de la joindre à son dossier, ne serait-ce que parce que cet homme intact n'existe pas, à moins que ce ne soit Léonard de Vinci...

Valéry avait parlé de cette poésie «puissante et véritablement illimitée» des nuages où les enfants voient des montagnes ou des chameaux. Il est bien évident, après tout ce qui a été dit, que l'acte de lire des formes et de les attribuer à l'informe, n'est pas seulement le fait de l'imagination enfantine, mais caractérise — au moins par analogie — l'imagination poétique tout court. La *sympathie* avec les phénomènes de la nature déclenche l'*imitation* ou l'*interprétation*. Nous verrons que dans *Ode secrète* l'accent est mis davantage sur l'interprétation, l'attribution, alors que dans le poème au platane il porte davantage sur l'imitation, le mouvement de sympathie. Sous le titre «Poétique», Valéry écrit en 1906:

> On peut prêter aux choses tous les mouvements humains non volontaires et même les paroles échappées explosives.   4, 11

Possibilité ou contrainte, l'expérience qu'il a faite de ces transferts spontanés a toujours plongé Valéry dans un étonnement qui tient de l'élémentaire. Une note témoignera encore ici que cet anthropomorphisme spécifique est une expérience qu'il a d'une part poursuivie dans la création poétique et même dans la langue poétique, mais qui d'autre part explique son intérêt pour les paradoxes de Zénon:

> Prêter son mouvement ou sa velléité ou son attitude. Sentir que ce sont les arbres qui marchent, point le bateau. Ou dire: une mer nonchalante. Chercher une comparaison.
> A quel corps attribuer le mouvement, auquel le repos? S'il n'y a pas de corps, pas de mer, c'est à des taches, à des bourdonnements que je donne mes variations cachées.
> S'il y a des choses, je prends leurs variations, je prends la forme *mienne* qui me permette de simuler leurs variations. Et je ne pénètre pas plus avant.
> C'est ainsi que je pense le mouvement de ce corps dont je ne reçois que des positions successives. Mais cette suite m'oblige à une liaison continue, me donne une loi[14].

«Une mer nonchalante» — derrière la «figure» précieuse on reconnaît l'intention de donner à l'acte de transposition, par lequel j'attribue à la mer la nonchalance, un signe linguistique adéquat, capable d'attirer l'attention sur ce qu'une habitude très naturelle recouvre de profondément mystérieux. Tout fonctionne donc comme s'il nous fallait constamment traiter l'incompréhensible auquel nous sommes confrontés, pour que nous puissions le «comprendre». Voilà qui pourrait aider à saisir une expression comme «eau sourcilleuse» et sa fonction dans la troisième strophe du *Cimetière marin,* ou encore le célèbre «ruisseau scrupuleux» de la promenade avec Lucien Fabre[15], souvent cité dans les travaux linguistiques sur Valéry, sans que jamais personne ait pu expliquer l'étrange émotion, incompréhensible même pour son ami, que suscita en Valéry l'anthropomorphisation réussie de cet insignifiant cours d'eau[16].

S'étonnera-t-on alors que, dans les moments paisibles, équilibrés, qui sont pour Valéry, comme on sait, ceux du lever du jour, lorsqu'il peut effectivement vivre «au moyen des moindres choses», lorsque chaque chose est «le miroir du dieu», l'environnement qu'il perçoit, dans les formes et les mouvements, soit largement humanisé?

> A cette heure, sous l'éclairage presque horizontal, *Voir* se suffit. Ce qui est vu vaut moins que le voir même. Des murs quelconques valent un Parthénon, chantent l'or aussi bien. Tout corps, miroir du dieu, reporte à lui son existence, rend grâces à lui de sa nuance et de sa forme. Là le pin brûle par la tête [comme dans Eté]; ici, la tuile se fait chair. Une charmante fumée hésite à s'éloigner du bruit si doux de fuite que fait une eau qui coule parmi l'ombre...[17]

* * *

Pour Valéry, la vraie nature, la plus authentique, est — faut-il le dire? — la mer. Sans vouloir approfondir ce thème aussi inépuisable que son objet, nous saisirons cependant l'occasion de montrer, à l'exemple d'une «marine» d'un genre particulier, comment entre un observateur qui participe de toute sa subjectivité, et la nature contemplée, donc sans cesse sommée de sortir de son objectivité, un singulier dialogue s'engage. Le texte porte le titre: «Grande marée. Vue du Casino de Granville». En septembre 1912 Valéry passe des vacances avec ses enfants dans cette petite station de la côte normande qui lui rappelle «infiniment» sa ville natale de Sète[18]. Ce qu'il note de cette «grande marée» est pour nous comme un petit cours de poétique de la nature, avec théorie, exercices, application pratique. Valéry contemple le tumulte des vagues et tout d'abord il est — «contre». Pas question de se laisser prendre par le spectacle. Est-ce que ce déchaînement n'est pas ridicule? Il pense à «autre chose»:

> Danse générale — ahurie. Bête en somme. Tu n'iras pas *plus loin*. Et à l'heure dite, tous ces démons s'en vont coucher.
>
> Mais je songe au devoir du collégien littéraire éternel de décrire une tempête.
>
> Tous les mots et métaphores probables déchaînés.
>
> Ce ne serait qu'une défilade de phrases. Même un crescendo ne vaudrait pas la peine.

Et bien que l'expression dédaigneuse vise plutôt la musique, il ajoute en petits caractères: *d'un Hugo*.

Mais que faire puisque le devoir est donné et qu'on ne peut ni ne veut s'y soustraire? Au lieu d'apparier des impressions générales à des formes rhétoriques également générales, mieux vaut noter «analytiquement» ce que l'on voit:

> Au lieu que — mes chères équations et relations possibles invoquées — écrire analytiquement ceci — non impressions et rhétorique combinées, mais (par exemple) juxtaposer à de vraies impressions (...) une vraie construction. J'entends précisément par là le contraire d'une suite plane, mais: suite apparente et réellement identité.

Derrière un déroulement apparent, faire apparaître et reconnaître la permanente identité de la mer. Si Valéry précise peu la *construction* qu'il a en vue, il nous renseigne d'autant plus en détail sur ces *vraies impressions* qu'il s'agit de fixer. C'est ce qui fait l'intérêt de ce texte qui les dénombre en une longue parenthèse de six lignes:

> (suppression de la pensée, sa substitution par le mouvement marin étourdissant et le vent froid roide, les oreilles bouchées et glacées, la dispersion par tant d'événements impossibles à suivre chacun; personnalités brèves de vagues, désordre permanent; peur que la plus grosse vague soit déjà passée et brisée. Et les hypothèses: être jeté là-dedans, y périr)

Mais ce n'est pas encore suffisant, et Valéry ajoute en note l'exposé des motifs qui président à l'apparition des *vraies impressions* dans la mesure où la sensibilité entre en jeu.

> Tout spectacle que je voie est comme limité *d'un certain côté* par moi; borné en quelque chose par mon être; arrêté à une ligne qui m'est physiquement intérieure et cette frontière varie comme celle de la mer, entre des limites.
>
> Et tout spectacle que je voie est comme pourvu, bordé, achevé, complété d'hypothétiques actes de moi, lignes tracées, contacts établis, sauts et bonds de moi parmi ces choses-là; je suis au fond de ce gouffre et sur ce sommet, sur la crête de ce flot, je perds pied; je suis ami, frère de cet inconnu — je suis lui.

C'est donc un exposé fondamental des problèmes du transfert, défini ici comme le déplacement de la frontière entre le moi et les choses, que nous fournit ce texte de la manière la plus claire. Il pose en outre un autre problème, celui de la datation d'un poème où se retrouve cette problématique jusque dans les termes mêmes. Il s'agit de *Profusion du Soir,* poème abandonné... paru pour la première fois en 1926 parmi les *Vers anciens* et daté de 1899 dans l'édition dite des «Œuvres complètes»[19]. Contentons nous ici de faire remarquer que cette profusion du soir est aussi et surtout le débordement de l'imagination transférentielle, car je voudrais y revenier en détail en liaison avec *Ode secrète.* Mais du point de vue du texte de Granville, la huitième strophe en particulier, ou mieux le huitième des fragments inégaux, recèle une énigme:

> Une crête écumeuse, énorme et colorée
> Barre, puissamment pure, et plisse le parvis.
> Roule jusqu'à mon cœur la distance dorée,
> Vague!... Croulants soleils aux horizons ravis,
> Tu n'iras pas plus loin que la ligne ignorée
> Qui divise les dieux des ombres où je vis.

Curieux symbolisme et sans doute assez typique: une vague isolée, nette de contour, une ligne mobile qui — le soir surtout lorsque la mer miroite — toujours court à la rive; elle y touche — à l'instant où elle se défait — à une autre ligne abstraite qui représente donc la limite qu'elle ne doit pas franchir. Cette ligne abstraite, c'est la frontière du subjectif, qui s'étend entre les «dieux» au dehors et «l'ombre» au dedans, comme il est dit dans le poème, ce qui la définit donc en langue littéraire précisément comme la ligne dont il est question dans le texte de Granville. Faut-il croire que ces vers datent réellement de 1899? Il est permis d'en douter pour une autre raison encore. Le poème s'est incorporé avec beaucoup d'art le «Tu n'iras pas plus loin». Ces mots se trouvaient au début du texte de Granville et on les retrouve encore une fois dans une esquisse sur le thème de l'arbre publiée par O. Nadal, qui date de 1914, deux ans après Granville. Le bruit de l'arbre, y lit-on, «a la finesse du bruit de l'eau du reflux, qui fuse, se retire, se reprend, se repent, se rappelle à temps le Tu n'iras pas plus loin»[20]. Deux fois donc à intervalle relativement court Valéry utilise à ses fins la citation de Job![21] J'ai peine à croire que tant de maîtrise appartienne à la première période de création poétique. Et pourquoi alors tant s'appliquer à théoriser dans le Cahier, si tout était déjà clair *in mente* et mûr depuis treize ans pour l'œuvre poétique? La troisième possibilité, à savoir que les deux passages ne soient aucunement liés dans la mémoire de l'auteur, est certainement la moins vraisemblable. La perfection, pour le goût valéryen, d'un vers comme «Barre, puissamment pure, et plisse le parvis» (où, de la surface de la mer lisse comme le parvis d'un temple, on passe au «céleste parvis», domaine lumineux des dieux, le tout commençant par un son explosif, le quatrième dans ces douze syllabes…) ne saurait réduire à néant l'hypothèse d'une composition postérieure à 1912, cependant un tel argument est peu démonstratif.

Les indices me semblent donc en faveur d'une composition postérieure à 1912. Mais faute de preuves il faut laisser la question en suspens.

* * *

Considérons en conclusion encore une autre «marine», également de 1912 et de peu antérieure au texte de Granville, mais exécutée manifestement «en atelier». Nous avons à faire là à une «poésie brute», à une prose où s'amorce un rythme, à un semi-fini poétique pour ainsi dire. Le texte nous offre une excellente occasion d'étudier comment par la distance à l'objet disparaît la contrainte de la distanciation intellectuelle, comment peut devenir admissible le désir, auparavant réprimé, de s'abandonner, de transférer, même de s'identifier, comment, dans la mesure où la densité accrue de la langue médiatise l'objet, la matérialité de la langue prend la place de la réalité concrète de l'objet.

En parodiant Grillparzer, on pourrait intituler le texte «Les vagues de la mer et de l'âme» (la catachrèse étant le danger de toute symbolisation et l'époque symboliste ayant eu des indulgences toutes particulières à son endroit), mais il porte simplement le titre: *Comme au bord de la mer.*

Comme au bord de la mer,
Sur la séparation,
Je m'abîme dans l'intervalle de deux lames.
Ce temps à regret

Fini ou infini
Quoi se referme, se retire, que mesure ce temps?
Magnifique/ Imposante impuissance de franchir.
La suite propre du bond, c'est retomber.
Pour ne rompre l'intégrité de la chose, rester mer, corps
Garder la puissance du mouvement, il fait redescendre
Grinçante, à regret,
Se rentrer et se resserrer.

(De là il n'y a plus très loin aux vers de la *Jeune Parque:* La houle… retire ici-bas…, Comme chose déçue et bue amèrement, Une rumeur de plainte et de resserrement. V. 9-12)

Comme la pensée retombe à la sensation
Toujours,
Recule, à partir du point
Où sa source l'ayant élevée, elle n'est plus rien si elle ne se replie
Et ne revient à la présence générale…
A toutes choses moins elle-même
Quoi que ce soit non elle-même
Elle même jamais longtemps
Jamais plus longtemps,
Jamais le temps
Ni d'en finir avec tout le monde,
Et ni de commencer d'autres temps.
Plus que seul au bord de la mer
Je me livre
A la transformation monotone
De l'eau en eau[22].   4, 671

(De là il n'y a plus bien loin aux vers qui commencent le *Cimetière marin,* où la mer a le mouvement du cœur: «… Entre les pins palpite»).

Ode secrète

Le ton du poème est volontairement énigmatique, sans être sibyllin, aussi ambigu que lapidaire. Ce n'est pas le balbutiement de la Pythie, mais ce qu'Apollon en retient pour les murs de son temple: une vaticination décantée. Une phrase par strophe, première strophe sur quatre rimes féminines, seconde strophe sur quatre rimes masculines, au bout de six strophes donc conclusion masculine. Octosyllabe sans césure. Pas d'enjambements, pas de jeux d'ombres, presque pas de jeux de sonorités. *Stilus sublimis, genus objectivum.* Pas de «je». Est-il absent ou seulement en creux? Il pourrait aussi être omniprésent.

Essayons d'abord une paraphrase qui ne se prétend cependant ni neutre ni vierge d'intentions et qui n'est là que pour la commodité de l'exposé:

Délicieuse descente d'un corps fatigué d'un long effort qui s'étend sur la mousse. — Un combat a eu lieu, qui s'est achevé en victoire. Célébration de la victoire, mais jamais encore victoire ne trouva signe plus triomphal au front du lutteur où perle la sueur, que la lumière des «étincelles d'été».

Mais touché par le Crépuscule ce grand corps qui a accompli de si grandes choses n'est plus qu'une masse rose.

Le vainqueur, qui s'est lentement défait, est invité à dormir maintenant «sous les pas sidéraux»; une hydre, un être composé d'innombrables éléments, qui était inhérent au héros, est parvenue à se déployer à l'infini.

Quand l'âme aborde cette période où tout soutien lui manque, que de formes, que de monstres vaincus surtout, n'essaie-t-elle pas d'imposer à l'informe de l'espace étoilé.

Fin rayonnante (selon la dernière strophe qui résume en reprenant presque à chaque mot une expression des cinq strophes précédentes): les monstres et les figures divines étincellent maintenant là-haut et témoignent à la dimension de l'univers de grandes actions — dans les cieux.

Tout lecteur du poème, surtout s'il connaît les interprétations proposées par la critique, s'étonnera que la paraphrase ne mentionne pas le nom d'Hercule. Hercule est-il le héros du poème? C'est ce qui était jusqu'à présent presque unanimement admis.

Pour plus de clarté il paraît utile de faire un rapide tour d'horizon de toutes les opinions à propos de ce poème. Dans une conférence de 1962 L.J. Austin a fait ce travail pour la littérature déjà ancienne, mais depuis d'autres interprétations sont venues s'y ajouter[23].

Selon E. Noulet le poème est une ode triomphale pindarique que le poète s'adresse à lui-même secrètement après avoir mené à bien ses grands poèmes. Le prétexte extérieur en aurait été — selon une déclaration de Valéry lui-même — l'armistice de 1918, victoire trop chèrement acquise pour que l'ode pût être autre chose que secrète[24].

Alain — qui suit dans l'ordre chronologique — voit dans l'*Ode* une pièce d'où toute prose est résolument bannie. Ce n'est plus qu'une grande métaphore, le ciel étoilé. Cependant le poème contiendrait «tout Lucrèce». En quoi consiste la victoire? Cela lui demeure un mystère. Est-ce que la seule victoire n'est pas la vie? C'est ce que penserait le héros sur la mousse[25].

H. Fabureau va dans le même sens que Noulet[26]. Pour C.M. Bowra aussi, le héros vainqueur est le poète qui a accompli son œuvre[27]. Pour H. Sœrensen, le thème du poème est la victoire de l'esprit créateur et pour cette raison il voudrait y voir quelque chose comme un «Tombeau de Mallarmé», que Valéry aurait en secret dédié au maître[28].

M. Raymond souligne la description sibylline du passage du jour à la nuit et le processus parallèle de la mort et de la résurrection d'un héros. Il fait remarquer que la légende d'Hercule est, en quelques-uns de ses traits, un mythe solaire[29].

P.O. Walzer revient à Noulet, pour lui la victoire militaire se double d'une victoire de l'esprit[30].

C'est à K. Maurer que l'on doit l'étude la plus vaste. Pour lui aussi la figure d'Hercule est au centre de la marche de la pensée. Il fait référence à des versions romaines de la légende d'Hercule, selon lesquelles le héros aménage des territoires, fonde des villes et obtient finalement pour ses exploits déjà inscrits aux cieux une place parmi les astres. Le «grand corps» désignerait Hercule et la mystérieuse expression «qui rompit Hercule» s'expliquerait par une phrase de Sénèque, selon laquelle Hercule ne pouvait être vaincu que par lui-même (M. Bémol dans son compte-rendu par ailleurs très élogieux, a formulé quelques réserves quant à cette proposition)[31]. Maurer est presque le seul que l'interprétation de ce poème amène à pénétrer plus avant dans la signification du ciel étoilé pour Valéry. Il cite un passage — que Thibaudet[32] avait déjà utilisé — tiré d'une lettre de Valéry à propos du *Coup de Dés,* où il est question de l'incohérence du ciel étoilé, tragique et indifférent pour l'homme qui le contemple, éloquent et muet, attestant l'existence d'un créateur et la niant tout à la fois, «qui rappelle le plus décisif, le plus évident et incontestable succès des hommes, l'accomplissement de leurs prévisions — jusqu'à la septième décimale; et qui écrase cet animal témoin, ce contemplateur sagace, sous l'inutilité de ce triomphe»[33]. Il cite encore cette phrase de la polémique contre Pascal, selon laquelle la contemplation du ciel étoilé nous ferait perdre «pendant quelque temps l'illusion familière que les choses nous correspondent»[34]. Maurer en tire la conclusion que la victoire dont il est question représente la décision d'un homme d'affronter l'inconnu, d'arracher au chaos des étoiles quelque chose de solide et de durable tout en sachant «l'inutilité de ce triomphe». Dans cette optique il procède ensuite à une confrontation avec le *Coup de Dés* de Mallarmé et constate l'identité de la thématique et la différence de l'issue: à l'«échec» de Mallarmé s'oppose, selon lui, la «réussite» de l'*Ode*[35].

L.J. Austin, de son côté, se demande à qui appartient le «grand corps» du premier quatrain. Il constate que depuis le ton intime de la première strophe la distance grandit progressivement, le personnel s'élargissant aux dimensions de l'universel et il avance l'idée que la chute délicieuse du début ne peut être évoquée par le sujet lui-même, mais par un observateur qui «par un élan de sympathie imaginative» s'est identifié au lutteur. Sans pousser plus loin cette hypothèse, il reprend ensuite la thèse de Maurer, selon laquelle Hercule fut «rompu» par Hercule lui-même et renvoie — à la suite de Raymond — à l'interprétation du bûcher d'Hercule, telle que Valéry a pu la trouver dans l'ouvrage de Mallarmé à partir de la mythologie solaire de W.G. Cox, *Les Dieux antiques.* L'interprétation des autres strophes suit celle de ses prédécesseurs: apothéose de l'esprit humain, victoire sur le chaos, conquête de l'univers. Et il met en garde les interprètes contre le danger de trop préciser un poème symboliste.

J. Lawler reprend l'hypothèse d'Austin et cite une interprétation d'Hercule tirée des *Dieux antiques,* qui pourrait avoir été importante pour Valéry:

«La vie d'Héraclès sera en effet un sommaire de la marche quotidienne et annuelle du soleil; fort simplement, chaque trait des nombreuses légendes attachées à son nom peut être ramené à des dictons montrant l'astre né pour une vie de labeur, débutant en ses tâches pénibles à la suite d'une courte mais heureuse enfance; et se plongeant finalement dans le repos, après une rude bataille contre les nuages qui l'empêchèrent dans sa marche»[36].

Lawler voit dans le poème un chant d'allégresse qui concerne tous les arts et qui de l'orgueil physiologique s'étend à l'accomplissement d'une œuvre d'art. Selon lui, l'œuvre d'art prend naissance dans le domaine physique et se transforme, comme l'*Ode,* en universel — de gouttes de sueur au front du lutteur jusqu'aux feux des étoiles[37].

C'est là comme une forme modérée de l'interprétation de J. Duchesne-Guillemin, présentée dès 1947, mais récemment reprise et enrichie d'une importante citation des Cahiers, ce pourquoi je ne la cite qu'à cette place. Le début du poème, selon Duchesne-Guillemin, célèbre une victoire amoureuse, «désignation vulgaire ou familière des gestes de l'amour — et le triomphe d'un «Hercule» au front semé de sueur...». Dans les strophes suivantes il voit le thème se muer en une victoire de l'âme[38].

Pour J. Onimus l'idée directrice du poème réside dans le contraste entre l'illusoire triomphe d'un héros terrestre et la victoire authentique de la pensée sur le chaos. Il va encore plus loin et met cette victoire en parallèle avec la strophe finale de *La Pythie,* en faisant ainsi une victoire du «Saint Langage», de la parole poétique[39].

C'est au début de cette chronologie qu'aurait dû se trouver l'interprétation de A. Thibaudet. Je l'évoque ici à la fin parce qu'elle est sur un point très surprenante: au contraire de ses successeurs, Thibaudet ne cherche pas dans le poème une *ars poetica* immanente (alors que dans d'autres cas il a fait école avec cette idée), mais un thème concret, transcendant le texte et qui n'est pas non plus dominé par la figure d'Hercule[40]. Il bâtit toute son interprétation sur le passage de la lettre de Valéry cité plus haut (à propos du livre de K. Maurer) sur le caractère contradictoire du ciel étoilé. Selon lui, l'idée poétique à la base du poème (on sait que Valéry se méfiait de cette expression) est l'antinomie du physicien et du poète dont les modes d'observation, pour différents qu'ils soient, sont liés par un principe commun: la pensée par relations et figures. Cette idée et son application au poème sont cependant trop peu développées et présentées avec trop de bravoure pour être tout à fait compréhensibles[41].

Le lecteur a-t-il le choix, comme le dit J.L. Austin? Il pourrait bien alors n'être pas facile à faire.

Je voudrais tout d'abord exposer dans son ensemble ma conception du poème, puis la fonder dans le détail, rechercher des passages comparables dans l'œuvre de Valéry et finalement tenter de confronter le tout à des œuvres comparables de Mallarmé, afin d'en mieux apprécier la dimension.

A mon avis il n'est pas nécessaire de diviser le poème en deux parties situées à des niveaux différents, ce qui obligerait, dans le cours des six strophes, à faire un saut: du personnel à l'universel, du physique à l'intellectuel, du littéral à l'allégorique. La première strophe exprime de manière aussi nette que suggestive la sensation d'une lente descente voluptueuse après un grand effort. *Qui* éprouve cette sensation, *qui* se laisse glisser sur la mousse, à *quoi* s'appliquait l'effort, tout cela n'est pas dit. L'évocation d'activités aussi différentes que le combat et la danse égare. Dans la seconde strophe, l'identité de celui qui célèbre sa victoire après l'effort n'est plus qu'apparemment incertaine: la sueur perle à «un» front. La strophe recèle une indication sans ambiguïté: jamais encore lumière telle que celle de ces «étincelles d'été» n'a célébré une victoire — ne rappellent-elles pas les gouttes de sueur au front d'un lutteur ou d'un danseur[42]?

Si l'on doutait encore, la troisième strophe apporte une confirmation évidente: à l'instant de son triomphe le «grand corps» touché par le «Crépuscule» n'est plus qu'une masse rose.

Vient ensuite sous la forme d'une prière aux dieux l'invitation à dormir adressée au corps solaire épuisé: dors maintenant, soleil, sous les étoiles qui poursuivent leur course. Une lente désintégration s'est opérée chez le vainqueur, il s'est dissocié, «désuni», sa force et sa lumière ont éclaté en millions de parcelles dans le ciel nocturne. Il faut que l'hydre, image de la multiplicité des étoiles[43], ait été inhérente au héros, ce héros qui rayonnait encore à nos yeux dans sa victoire, dont un instant après il n'est plus question, qui n'est plus que souvenir. L'hydre s'est déployée à l'infini.

Hydre — c'est la clef de la cinquième strophe. Ces monstres, taureau, chien, ours, c'est l'âme outrecuidante qui les projette dans le chaos des étoiles, à cet instant du jour où elle se sent sombrer, où la chute du soleil semble l'entraîner dans les ténèbres, en quête d'un appui, d'une sauvegarde, d'une forme familière après que l'environnement terrestre lui ait été brusquement retiré.

La strophe finale est introduite par un jeu verbal, le seul que l'on puisse noter dans le poème: *sole supremo, hora suprema, stellis supremis* — on pourrait, par cette relatinisation quelque peu osée, expliciter les circonstances que réclame la situation dans le poème, telle qu'elle semble se condenser dans l'expression «fin suprême». Aux feux des étoiles lointaines on a donné des formes de dieux, de héros et de monstres, à ces formes on a attribué des actions. Dans la première version de cette dernière strophe l'idée était encore plus nettement exprimée, trop nettement sans doute. Dans cette rédaction, le ciel silencieux s'étonnait de la subite illumination d'«événements très précieux»:

O quel brusque étincellement
D'événements très précieux
Etonne universellement
Les silences qui sont aux cieux[44]!

La version définitive est plus équilibrée. Il s'y ajoute un plus haut degré de compréhension, et l'amertume et la raillerie ont en tout cas disparu. Mais le ton fondamental demeure: les images célestes proclament universellement une estimable et inéluctable illusion.

★ ★ ★

C'est donc à un poème du soir que nous avons à faire, et même, de manière caractéristique pour Valéry, à un soir «pur». Le goût de l'absolu lui fait éliminer tous les phénomènes sensibles, rassurants ou familièrement réconfortants[45]. Pas d'ombres qui s'allongent, pas de fumée qui s'élève, pas de satisfaction après la tâche accomplie. Les vers aimés de l'églogue de Virgile ou ceux qu'il loue dans le poème de Vielé-Griffin[46] sont loin à l'arrière-plan. Tout le processus contrasté qui se déroule dans le ciel, à l'exclusion de tout ce qui pourrait s'interposer, est reproduit par la seule conscience, trouve sa réponse dans un même processus contrasté à l'intérieur de l'âme. Cette relation mutuelle de ce qui, en nous et en dehors de nous, échappe également à notre atteinte et que Valéry a décrite pour la nuit étoilée dans l'essai sur Pascal, vaut dans le poème pour la durée d'un crépuscule.

L'inimitable «secret» de l'*Ode* est dans l'évanouissement du sentiment du corporel, qui va de pair avec le déclin de la lumière. Le point de départ est l'instant de la plus grande profusion lumineuse, donc de la plus forte intensité de volupté physique, d'accord, d'identification. Ceux qui ont ici ressenti la victoire comme une victoire physique ont indubitablement vu juste. Mais il est faux de croire tenir là le thème. Ce serait confondre l'effet d'un phénomène avec le phénomène lui-même. Ce serait pour ainsi dire être victime de l'art-effet recherché par Valéry, de cet effet artistique dont Méphistophélès, le démon du style, aurait enregistré le succès avec un sentiment de triomphe justifié....

L.J. Austin a vu plus loin: il parle d'un «élan de sympathie imaginative» qui porte le spectateur de la «chute superbe» à la rencontre de celui qui pourrait être le sujet de cette chute[47].
A mesure que le poème avance cet élan faiblit, se refroidit. Dans la cinquième strophe au plus tard apparaît clairement ce dont il s'agit. Là s'exprime poétiquement et musicalement dans le ton plaintif de l'ode la dérive de l'«âme» confrontée au chaos des étoiles, cet élan impuissant parce que désincarné que l'on trouve ainsi analysé dans l'essai sur Pascal:

Voici que nous ne percevons que des objets qui n'ont rien à faire avec notre corps. Nous sommes étrangement simplifiés.
Tout ce qui est proche est invisible; tout ce qui est sensible est intangible.

> Nous flottons loin de nous. Notre regard s'abandonne à la vision, dans un
> champ d'événements lumineux,
> qu'il ne peut s'empêcher d'unir entre eux par ses mouvements
> spontanés (...); traçant des lignes, formant des figures qui
> lui appartiennent, qu'il nous impose, et qu'il introduit dans
> le spectacle réel.   I,467

Le regard, l'acte de regarder, «nous» impose donc les figures qu'«il»
prête au fouillis lumineux. De ces figures le poème parle comme d'«objets
de victoire énorme» que l'âme impose à l'informe «quand elle entre aux
temps sans ressource», donc quand elle entre dans la nuit, dans le sommeil
et le rêve, quand l'appui de la lumière fait défaut, quand disparaissent les
critères sûrs pour juger de la réalité, pour examiner ses fantasmes selon la
raison[48]. Si l'on considère le poème à partir de cette cinquième strophe, on
ne peut qu'attribuer à la «victoire» du début le même caractère fictif de
métaphore qu'aux «monstres» et aux «dieux» de la fin. C'est dire qu'il faut
lire le poème — au moins le relire — à partir de la fin. Certes l'on suit tout
d'abord le cours naturel des phénomènes, le coucher du soleil et la montée
des astres. Mais dans la mesure où la conscience s'aperçoit qu'elle peuple
le ciel nocturne de figures monstrueuses, elle se voit forcée de reconnaître
qu'auparavant aussi et à plus forte raison elle s'est livrée à l'*interprétation,*
qu'elle a «lu» l'éclat du soleil comme une victoire. Car pas de monstres
sans victoire. Cette logique imaginative, «poétisante» était parfaitement
conséquente dans sa démarche. L'esprit spontanément avait pensé «victoire» et donc vu dans les premières étoiles au ciel les gouttes de sueur au
front d'un vainqueur, et ainsi de suite. Cet intrépide enchaînement de
conclusions se voit renforcé — presque effrontément — par le petit mot
«car» à la quatrième strophe. Il s'agit donc de deux mouvements en sens
inverse. Un processus de poétisation dans lequel la faculté associative est
laissée à elle-même. Ce processus est linéaire, il suit le cours de l'événement et coincïde avec le texte du poème. Et un processus de dépoétisa-
tion, de désenchantement. Celui-là va dans une direction opposée, à re-
brousse-poil, comme aurait peut-être dit le prosaïque docteur, interlocuteur de l'*Idée fixe.* Il demande à être déchiffré et correspond à l'entrée en
scène de la conscience réfléchie qui s'applique à détruire les illusions, qui,
comme si souvent chez Valéry, entrave l'épanouissement du plaisir corporel, refroidit et détruit. C'est, à mon avis, une étonnante réussite de l'art
de Valéry que ces mouvements contraires, celui du «charme» et celui qui
l'annule, se trouvent neutralisés dans une sorte d'équilibre supérieur[49];
équilibre atmosphérique, musical qu'instaure essentiellement le ton conci-
liant de la sixième strophe ou, pour parler plus prudemment, l'ambiguïté
qui laisse subsister aussi la conciliation, qui ne connaît plus le seul mode
du soupçon, de l'incertitude radicale[50]. Certes le fait fondamental demeure: attribuer aux amas d'étoiles les noms de monstres comme l'Ourse ou le
Taureau, c'est reporter sur eux — comme le dit Valéry en théorie — les

«variations» cachées du monde intérieur, étonner le silence de l'univers, comme le disait la strophe finale de la première version. Rien ne justifie l'hypothèse que Valéry, avec «les grands actes qui sont aux Cieux», ait eu en vue le triomphe d'une science positive, ni qu'il ait par là glorifié en secret sa propre victoire de poète, ni enfin qu'il ait voulu proclamer le succès d'un être décidé à arracher au ciel étranger et inconstant quelque chose de durable. Il s'agit pour Valéry de l'activité spontanée du sentiment, de la pensée sensible, comme il aimait à le dire, de ce que *le cœur trouve,* et non de ce que *la raison cherche,* selon les expressions de l'essai sur Pascal. Il n'y a là ni orgueil scientifique, ni orgueil poétique, ni orgueil moral: nous avons déjà eu l'occasion de voir ce que pense Valéry de l'orgueil[51] et force est de constater que ces trois variétés lui sont étrangères. La première pouvait faire penser à Verhaeren, la seconde à Mallarmé, la troisième à Vigny[52] — mais c'est à tort qu'on les prêterait à Valéry.

Une version représente un cas à part et exprime un trait particulier de Valéry: il s'agit de l'interprétation selon laquelle Valéry, par la «victoire», ferait allusion à l'armistice de 1918. E. Noulet s'appuie sur une déclaration de Valéry lui-même et M.Claude Valéry confirme que son père s'est maintes fois exprimé dans ce sens, dans le cadre familial. Il décrit[53] le soulagement et la joie débordante qu'avait éprouvés Valéry à cette époque, ainsi que son entourage et tous ses compatriotes. On ne saurait réduire ce témoignage à un simple prétexte. D'ailleurs Valéry lui-même a décrit l'atmosphère qui précéda la victoire, dans les derniers jours d'octobre, place de la Concorde:

«Un colonel qui passe dit à sa femme: — ça sent la victoire…. Et c'est vrai… Le ciel est magnifique, noir et d'azur, avec un décor fastueux et sombre de nuées, où passent des panoplies de rayons»[54]. D'un autre côté on ne décèle guère dans le texte de traces concrètes de l'événement. Et personne du reste ne songerait à l'utiliser pour interpréter l'ensemble du texte. Ce qui soulève la question bien valéryenne de l'unité d'intention dans une conscience donnée à un moment donné. Il est fort possible — le poème ayant été composé selon toute vraisemblance en octobre ou novembre 1918 — que les deux thèmes aient coexisté, renforçant mutuellement leur charge émotionnelle, ou même que la remarque saisie au vol: «ça sent la victoire…» ait déclenché le processus qui, à partir de réflexions dont les grandes lignes étaient fixées depuis longtemps, aboutit à un poème d'une rare maîtrise, jailli d'une souche unique malgré ses multiples ramifications de surface.

Les grandes lignes de ces idées que j'ai essayé de rassembler, amenèrent Valéry bien des années plus tard, à propos de ce qu'il nommait l'«égosphère», à cet autocommentaire, signalé, comme je l'ai déjà dit, par J. Duchesne-Guillemin:

L'égosphère. Vieille et simple idée (Léonard 95). Le lien instantané du regard, surface fermée et contenant tous les éloigne-

ments avec leurs degrés d'accessibilité virtuelle, repré-
sentés par des actes imaginaires exigeant des moyens et
mouvements de plus en plus compliqués. Mais parmi eux, il
en est qui sont imaginaires — imaginables (réalisables) et
les autres, purement imaginaires. Le «ciel» est défini par
un lieu continu tout illustré d'actes imaginaires (...)
Mais de ces remarques très simples on pourrait faire un
usage poétique. Je l'ai déjà fait (Les grands actes qui sont
aux cieux). L'homme (...) est environné de ses mouvements
possibles et dans ce filet virtuel, il prend les choses
visuelles[55].

Le regard ramène en quelque sorte tout le visible à une égale distance
de l'œil et ne distingue plus que selon le «degré d'accessibilité virtuelle»,
donc en fonction de ce que l'on présume être à la portée du corps. Même
si Valéry n'avait pas ici en vue l'ensemble de son Ode, sa formule lui est
applicable: le rapprochement du soleil à son déclin semble permettre une
complète identification corporelle; d'autant plus inaccessibles paraissent
alors les particules lumineuses disséminées au ciel, d'où la résignation du
corps et le vain effort compensateur du «cœur». Valéry en outre nous
indique lui-même qu'il est possible de remonter le cours de ses idées
jusqu'en 1895. Tout de suite après le passage en question de l'*Introduction
à la méthode de Léonard de Vinci,* passage visé dans l'extrait des Cahiers
que je viens de citer («L'observateur est pris dans une sphère qui ne se
brise jamais» etc.), on lit à propos de cet observateur et de son irrépressi-
ble tendance aux transferts: «Il se met à vouloir se figurer des ensembles
invisibles dont les parties lui sont données (les constellations). Il devine les
nappes qu'un oiseau dans son vol engendre (...), le roulis des arbres (...),
la marée. Parfois les traces de ce qu'il a imaginé se laissent voir sur les
sables, sur les eaux»[56]. Dans les notes en marge, plus tardives, on lit: «Ce
sont là des *intuitions* au sens étroit et étymologique du terme».

Mais, demandera-t-on, où est passé Hercule dans tout cela? Il faut
d'abord souligner l'absurdité qu'il y avait à faire de l'*Ode secrète* un poème
sur Hercule. Aucun indice concret ne permet de supposer, comme l'a fait
surtout K. Maurer, que Valéry ait à ce point étudié et fait sien le mythe
d'Hercule. Tout au plus peut-on se demander s'il a voulu faire allusion au
sacrifice d'Hercule, tel qu'on le trouve — non sans mal — dans la tradition. Les Cahiers contiennent à ce propos un passage intéressant bien
qu'énigmatique:

Crépuscule.
Faire cette beauté de consumation,
Dis-toi que servira[57] consumé —
Indiscernable —
Sacrifice du moi — ses regrets
Sans nom même peut-être inutile   4,287

Dans la *Jeune Parque* et dans le *Cimetière marin* la thématique du sacrifice est plus longuement développée. Ce n'est pas pour autant qu'il faille nécessairement la relier à la figure d'Hercule.

Deux indices me paraissent conduire assez sûrement à la vérité, l'un technique, l'autre mythologique.

Parmi les sources possibles du poème, sur lesquelles je voudrais revenir par la suite, on a complètement négligé deux vers de Victor Hugo, qui pourtant ne sauraient passer inaperçus puisqu'ils se trouvent à la fin de l'essai de Valéry sur Hugo:

> Oh! quel farouche bruit font dans le crépuscule
> Les chênes qu'on abat pour le bûcher d'Hercule!

Valéry a hautement, pour ne pas dire passionnément loué ces vers et une note des Cahiers de 1917 atteste l'authenticité de sa conviction[58]. Pourquoi n'aurait-il pas repris cette rime, d'autant plus que le nom d'Hercule servait parfaitement son intention de célébrer les *mirabilia solis acta*[59]?

Pourtant même cette rime qui s'offrait de manière si évidente a pour effet de renforcer dans leur parti pris ceux qui veulent lier l'image d'Hercule aux événements du soir et pour ce faire cherchent toujours la clef du poème du côté du mont Œta. Il est temps de faire litière de tout cela. «Ce grand corps qui fit tant de choses... qui rompit Hercule» — pourquoi faudrait-il que cela se fût produit le soir et non pendant la course diurne du soleil? Quant au verbe «rompre», il n'est nullement obligatoire de le prendre comme on le fait en général au sens de «briser», «anéantir», ce qui reste bien vague, alors qu'il signifie aussi dans la langue poétique «fatiguer», «épuiser». Et la légende rapporte effectivement qu'Hercule, lors de sa traversée de l'Afrique, fut une fois mis à rude épreuve[60]...

Le grand corps solaire qui dansait, qui fit tant de choses, qui eut raison du plus fort des habitants de la terre, voilà qu'il gît lui-même et se défait, et la conscience accomplit sur ce corps sans défense des actions herculéennes, impose son ordre au chaos, alors qu'elle-même est déjà en train de sombrer dans la nuit et les ténèbres.

★ ★ ★

Si l'on cherche dans d'autres œuvres de Valéry quelque chose de comparable, l'on constate que ses poèmes du soir sont presque tous marqués par la thématique du regard qui impose spontanément des formes, par la «poésie enfantine» des transferts, la condensation catathymique (Ernst Kretschmer).

Citons d'abord pour faire contraste deux exemples tirés des premiers poèmes où le thème du soir se ressent encore de certains modèles;

> Des clairons éclataient dans la gloire du soir,
> Et le soleil mourant, gigantesque ostensoir,
> Ondoyait...   (La marche impériale I 1575)

> ... et l'œil sombre peuplé
> D'aigles et des combats du couchant contemplé.   (César 179)

A lire cette pacotille symboliste, on devine ce qu'il a fallu de courage et d'effort sur soi pour se risquer de nouveau à de tels thèmes.

Dans *Profusion du Soir,* le traitement est déjà plus personnel, mais non sans raideur:

> Mais le dieu par degrés qui se désintéresse
> Dans la pourpre de l'art s'altère avec lenteur.

Le début du poème apparaît comme une version moins réussie parce que trop explicite des premiers vers de l'*Ode secrète:*

> Du soleil soutenant la puissante paresse
> Qui plane et s'abandonne à l'œil contemplateur,
> Regard!...

Force et relâchement, suspens (là: danse!) et abandon. Ici aussi se retrouve la volonté d'un rapport immédiat entre l'objet du regard dans son «entière grandeur» et le sujet (l'expression ici aussi est quelque peu gauche) dans son exclusive présence spirituelle physiquement sensible:

> Laissons dans le champ pur battre toute l'idée,
> Les travaux du couchant dans la sphère vidée
> Connaissant sans oiseaux leur entière grandeur.

La lumière du soir qui efface les limites et favorise le transfert, d'abord exprimée dans un début très réussi, amène malheureusement l'évocation d'un serpent superflu:

> Persuasive approche, insidieux reptile,
> Et rose que respire un mortel immobile
> Dont l'œil doré s'engage aux promesses des cieux.

C'est ensuite la tentation de construire un temple de nuées

> Il adore dans l'or qui se rend adorable
> Bâtir d'une vapeur un temple mémorable,
> Suspendre au sombre éther son risque et son récif,

et d'avoir part au triomphe de la défaite:

> Et vole, ivre des feux d'un triomphe passif,
> Sur l'abîme aux ponts d'or rejoindre la Fortune;

La fin de la sixième partie fait entendre comme un écho du passage de *Léonard* cité plus haut sur l'observateur dans son «égosphère». «Parfois», y lisait-on, «les traces de ce qu'il a imaginé se laissent voir sur les sables, sur les eaux»[61]. Cette fois c'est une forme féminine qu'il imagine:

> Cette femme d'écume et d'algue et d'or que roule
> Sur le sable et le sel la meule de la houle.

Et voilà dans la septième partie le sommet du poème, l'idolâtrie sans limites, une création euphorique d'images et de formes chargées par moments d'une telle suggestion qu'elles forcent le contemplateur à s'identifier de nouveau à elles, qu'elles l'entraînent en quelque sorte dans leur sillage. On y trouve quelques-unes des plus belles réussites de Valéry:

> Pourtant je place aux cieux les ébats d'un esprit:
> Je vois dans leurs vapeurs des terres inconnues,
> Des déesses de fleurs feindre d'être des nues,
> Des puissances d'orage errer à demi nues,
> Et sur les roches d'air du soir qui s'assombrit,
> Telle divinité s'accoude. Un ange nage.
> Il restaure l'espace à chaque tour de rein.
> Moi, qui jette ici-bas l'ombre d'un personnage,   [thème de
> Toutefois délié dans le plein souverain,   Narcisse]
> Je me sens qui me trempe, et pur qui me dédaigne!
> Vivant au sein futur le souvenir marin,
> Tout le corps de mon choix dans mes regards se baigne.

Le vers central: «Il restaure l'espace à chaque tour de rein» est particulièrement achevé. Ch. Whiting le souligne, mais en fait à mon avis un «truisme» en le traduisant par: «Il rappelle l'existence de l'espace»[62]. Il ne s'agit pas ici de l'existence de l'espace en tant que tel (que rien ne saurait rappeler) ni de son ampleur, mais l'image de l'ange qui nage fonde et intègre l'espace visuel subjectif, l'«égosphère» de l'œil — «délié dans le plein souverain»[63]. A cet instant de souveraineté suprême et de plénitude lumineuse, une séparation précise vient diviser l'espace jusque-là un. C'est cette crête de vague déjà mentionnée dans les Cahiers «qui divise les dieux des ombres où je vis»[64]. La magie de la sphère souveraine est rompue, le soleil a disparu à l'horizon, l'âme entre aux temps «sans ressource», le vent du soir fait courir un frisson sur la peau — «Fermez-vous! Grands yeux qui redoutez la véritable nuit!»

Ch. Whiting a signalé à raison la ressemblance entre *Profusion du Soir* et *La Ceinture*. Dans ce poème du soir également, déjà resserré d'une main sûre, nuages et auras lumineuses amorphes sont anthropomorphisés, érotisés. Le poème est plus aisément lisible que *Ode secrète,* mais il est de moindre portée. Le thème est pourtant le même et le déroulement en bien des points comparable. Le ciel «couleur d'une joue» permet enfin à l'œil, après le bleu implacable du jour, de le «chérir». Le temps «se joue» à cette heure où la lumière — comme dans l'*Ode* — s'apprête à se dissoudre dans le rose. L'observateur «muet de plaisir» contemple fasciné son propre tableau, car une grande ombre danse devant lui (comme dans l'*Ode*), la ceinture dénouée, bientôt happée par le soir. Les qualités visuelles de ces deux premières strophes cèdent dans la troisième strophe à une abstraction émotionnellement détachée et au premier abord difficile. Il se trouve bien encore quelques fragments d'images, mais ils ne se prêtent plus à aucune synthèse visuelle: «Cette ceinture vagabonde Fait dans le souffle aérien Frémir le suprême lien De mon silence avec ce monde....»

(Le «souffle aérien» correspond au «vent glacé» de *Profusion*, «mon silence» aux «ombres où je vis»)[65]. Peut-être peut-on cependant trouver dans le poème une unité de forme poétique — sans avoir recours à l'allégorisant «ainsi» — en étudiant le caractère symbolique de la ceinture. Dans une version antérieure, la «ceinture» ne fait pas frémir le «lien», elle est elle-même le lien.

> Cette ceinture vagabonde
> Dont joue un corps aérien
> Est-elle pas le seul lien
> Qui me rattacherait au monde[66]?

Mais est-ce le propre d'une ceinture que de rattacher deux choses l'une à l'autre? L'image ne paraît pas tout à fait juste. C'est pourquoi peut-être Valéry s'est décidé à modifier la strophe. Le «est» peut certes avoir plusieurs significations. Quel est donc le rapport entre la «ceinture» et le «lien»? Est-ce identité, ressemblance ou analogie? E. Noulet qui s'appuie pourtant sur la seconde version (ignorant à l'époque la première) se prononce pour l'identité: la ceinture symbolise le lien de la nature et du moi[67]. J. Lawler penche pour la ressemblance: la ceinture est reflétée par le lien[68]. Il me paraît que la solution la plus satisfaisante est l'analogie: comme cette délicate formation de nuages, fictive, fluctuante, exposée aux atteintes du soir, le lien du moi et du monde est précaire et menacé. Il ne s'agit donc pas de l'image *ceinture* au sens de *lien, rattachement,* mais de la valeur émotionnelle de l'image *danger d'arrachement de la ceinture, danger de déchirure,* pour la valeur émotionnelle de l'idée: *menace d'isolement.* On conçoit alors mieux que la ceinture «fasse frémir» le lien. Comme dans *Ode secrète,* mais ici dans un registre féminin et avec un nombre de vers encore plus restreint, le contemplateur muet s'identifie à sa «peinture». C'est lui que saisit le soir lorsqu'il happe la ceinture.

J. Lawler a très exactement caractérisé le déroulement général du poème: «La scène de grâce enjouée va être ravie par la nuit tandis que le moi, jusque-là absorbé dans l'objet de sa contemplation, devient de plus en plus séparé, de plus en plus conscient de la ténuité de son rapport au monde des phénomènes»[69]. Conscient aussi, ajouterons-nous, du caractère fictif de toute la «scène de grâce» et particulièrement de la ceinture.

«Je suis bien seul, Et sombre, ô suave linceul». Au vers final le transfert se poursuit en s'inversant, du sinistre plafond des nuages qui s'amoncellent à l'observateur. La figuration du «linceul» occupe dans *La Ceinture* exactement la même place que les figurations stellaires dans *Ode secrète*. Il est donc tout naturel que le ton final de *La Ceinture* soit plus sombre que celui de l'*Ode*[70].

Ce qui, dans les jeux atmosphériques du soir, avait retenu et fasciné le contemplateur, c'était ses «variations cachées», donc essentiellement des extrapolations de lui-même. De même donc que *La Ceinture* a des traits narcissiques, de même inversement le thème de Narcisse chez Valéry est inséparable des phénomènes du soir. Outre le dernier des trois «fragments» de Narcisse, resté, comme on sait, inachevé, nous possédons deux notes de Valéry sur la conclusion projetée, notes qui, dans notre contexte, sont riches d'enseignement. La première, publiée mais moins éclairante, se trouve dans la plaquette *Image de Narcisse* de 1926: «Cette fin où l'on eût vu la nuit tombée sur la fontaine, l'image adorée abolie, et à sa place, tout le ciel étoilé, reflété par l'eau ténébreuse»[71]. La seconde est une note des Cahiers de 1927, qui nous renseigne sur la situation de Narcisse après la disparition de son image et l'apparition des étoiles:

Narcisse Final Esquisse
(Voir édition *Charme* 1926 pour enchaîner)

La nuit dissipe le Narcisse
Il ne voit plus ses mains ni son image
Il n'est plus que ses forces et sa pensée
Ce n'est point la mort, mais le symétrique de la mort
Son reflet, car l'âme est présente, le corps absent

Alors, il est le sujet et la proie d'une tendresse désespérée.
Thème des grands arbres dans leurs ténèbres[72].

Bien que *post litteram,* ce témoignage sur la fonction symétrique de la mort est d'une valeur inestimable et permet de préciser l'analogie de la nuit et de la mort qui revient fréquemment dans les commentaires avec l'allure vague du lieu commun. Dans la mort le corps demeure et l'âme s'en va; ici, à cet instant si chargé de menaces où la lumière décroît, «où l'âme entre aux temps sans ressource», l'inverse se produit: c'est le corps qui s'en va.

«Absent, présent.... Je suis bien seul» — la confrontation laconique de termes si chers à Valéry dans l'avant-dernier vers de *La Ceinture* se charge par là — au-delà du sens généralement admis: ravissement et désillusion — d'un autre sens qui s'accorde en outre à la plainte entendue dans *Ode secrète,* plainte de l'abandon, de l'éloignement physique. C'est là justement que Narcisse qui n'est pas nommé se trouve réduit à «ses forces et sa pensée», comme il est dit dans l'esquisse pour un finale de Narcisse[73], et les mécanismes de sa pensée se mettent à enfanter des monstres.

On a souvent souligné le rapport entre la première moitié de *La Ceinture* et le premier fragment de Narcisse:

O douceur de survivre à la force du jour,
Quand elle se retire enfin rose d'amour,
Encore un peu brûlante, et lasse, mais comblée,
Et de tant de trésors tendrement accablée
Par de tels souvenirs qu'ils empourprent sa mort,
Et qu'ils la font heureuse agenouiller dans l'or,
Puis s'étendre, se fondre, et perdre sa vendange,
Et s'éteindre en un songe en qui le soir se change.

Quelle perte en soi-même offre un si calme lieu!
L'âme, jusqu'à périr, s'y penche pour un Dieu.

Ici le soleil est clairement nommé: «La force du jour». La concordance de ce tableau avec le début de l'*Ode secrète* est évidente: on y retrouve le puissant vainqueur, la force victorieuse «lasse, mais comblée» qui s'agenouille, s'étend, puis se perd. Mais une question mérite d'être posée: que veut dire Valéry lorsque, dans une remarque à Jean de Latour souvent citée, il déclare que ces vers sont ceux qu'il a le mieux réussis, ceux qui répondent le mieux à ses exigences, et qu'il ajoute: «Notez qu'ils sont, par ailleurs, absolument vides d'idées et atteignent ainsi à ce degré de pureté qui constitue justement ce que je nomme *poésie pure*»[74]. La conclusion qui s'impose est d'une portée incomparablement plus grande que l'équation répétée à satiété: *poésie pure* = vide d'idées. C'est en effet dans le pur sentiment d'une participation sans limites de la sensibilité aux phénomènes lumineux du soir. où elle se transfère, qui la supportent, auxquels enfin elle s'abandonne «sans ressource», que Valéry croit avoir le mieux réalisé son idéal de poésie pure.

Pure, et toute pareille au plus pur de l'esprit,

ainsi apparaît la lumière du soir dans le troisième des fragments de Narcisse. Et vers les dieux monte une prière pour qu'ils prolongent ce jour qui décline:

> Qu'émus de tant d'amour
> Sur sa pente de pourpre ils arrêtent le jour!

Comment écarter l'idée que cet instant cosmique ne peut se charger d'un tel poids que s'il reçoit en même temps une signification psychique? Dans le deuxième «fragment», ce chant de haine contre l'amour entre les sexes, le contraste dans l'attitude est évident entre les malheureux amants épris l'un de l'autre et l'heureux amant de soi-même: les premiers ne peuvent supporter la lumière du soir, elle leur est ennemie, le second y trouve la promesse de l'union:

> Le soleil ne peut rien contre ce qui n'est plus!
> Mais s'ils traînent dans l'or leurs yeux secs et funèbres
>
> Ils se sentent des pleurs défendre leurs ténèbres
> Plus chères à jamais que tous les feux du jour!   76 - 79

Une première version du vers 77 dit expressément: «Leur ennemi dans l'azur»[75]. Pour Narcisse par contre, ce n'est qu'à cette heure et par cette lumière que s'ouvre la voie d'une possible union à soi-même:

> Est-il don plus divin de la faveur des eaux,
> Et d'un jour qui se meurt plus adorable usage
> Que de rendre à mes yeux l'honneur de mon visage?
> Naisse donc entre nous que la lumière unit
> De grâce et de silence un échange infini!   92 - 96

Narcisse, nous l'avons vu dans le premier chapitre, c'est le problème d'un contour du moi distordu par une influence étrangère. Peut-être peut-on dire qu'il faut au rétablissement de ce contour la grâce de l'heure où le soleil décline. Peut-être les métaphores du combat, de la victoire, de la lassitude voluptueuse de l'*Ode secrète* s'enracinent-elles dans ce domaine de «pure sensibilité» de l'inconscient. Peut-être la victoire du soleil, qui apparut toujours si ambiguë, est-elle en même temps une victoire sur le soleil, sur le Père soleil: «Dormez, sous les pas sidéraux, Vainqueur lentement désuni...». Le jeu des transferts, leur nécessité et leur naturel, gagnerait encore en évidence.

Le meilleur commentaire qui rend superflus tous les chassés-croisés entre parallèles structuraux et correspondances thématiques, est sans aucun doute un texte de prose recueilli dans «Autres Rhumbs» sous le titre lapidaire: *Un phénomène*. Il y est question du «frôlement de l'âme par l'astre», de son effet sur la «substance impressionnable» de la pensée et des «répliques pâles et nobles» par lesquelles cette pensée tente de se défendre des impressions qui l'assaillent.

Valéry note un coucher de soleil. Au moment où le disque orangé touche l'horizon, les gens sur la plage suspendent involontairement leur conversation, comme interdits d'assister à la décapitation d'une de leurs journées. Le disque disparaît brusquement et un enfant s'écrie: *ça y est!*

> Je garde quelque temps dans le regard la présence restante de
> ce mouvement prodigieux. Je ressens fortement l'impression de
> nécessité, de rigueur, d'horaire inflexible, de puissance inerte précise.

Il prend conscience de l'étrange situation de l'être vivant; l'énorme disproportion entre les deux composantes qui seules pourtant déterminent cet instant, le sentiment soudain d'une «formidable hiérarchie d'importance» s'imposent à lui. L'expression ne rappelle-t-elle pas le vers 11 de l'*Ode secrète:* «... qui rompit Hercule»[76]? Un peu comme les taches lumineuses sur la rétine, la conscience répond aux impressions trop fortes de la nature (le mot se trouve ici encore une fois) par l'élaboration de contrastes, «répliques pâles et nobles» (périphrase d'un parfait classicisme!):

> Elle invoque sa valeur propre, la transcendance de la faculté
> de connaître, et ne s'avise point du naïf automatisme de ces ripostes.

Comment ne pas reconnaître ici le ton des «grands actes qui sont aux Cieux».

> Emettre le *contraire,* ce peut être suffisant pour se défendre,
> mais rien de plus que suffisant.

Aucune raison de fierté donc.

> Il fallait bien que la pensée se défendît de cette chose con-
> templée. Sa quantité de vie et de connaissance entièrement sou-
> mise au mouvement du corps, son existence et sa mort apparues
> entraînées comme une étoile courant dans le champ d'une lunette
> fixe; la suppression de son être, vue et infligée comme consé-
> quence directe et minime des exigences de l'horaire; toutes
> choses humaines déprimées, dépréciées, annulées au moment de

ce frôlement de l'âme par l'astre, la dépendance sans contrepartie...
Je laisse ma phrase en suspens. Je voulais précisément dire
que tous ces *sujets* ne supportent point d'*attributs*...

La dernière phrase est une définition de la «poésie pure»[77]. Et la
conclusion aussi est essentielle:

La mer à présent semble porter flottante et clapotante tout
une verrerie verte et violette. L'enfant de tout à l'heure
dévore un croûton poudré de sable que je sens crier sous mes
dents.

II 664/5

★ ★ ★

Valéry aussi eut donc son «drame solaire». Qu'est-ce que l'*Aujour-
d'hui?* — «'Aujourd'hui', c'est l'être singulier attaché au soleil»[78]. Peut-
être le lecteur aura-t-il senti, par les interprétations proposées ici, plus
fortement encore que par le passé, tout ce que ces poèmes du soir doivent
au grand thème de Mallarmé. Quantitativement, si l'on peut dire, l'audace de Valéry s'attaquant au thème mille fois traité du coucher de soleil
n'était sans doute guère plus grande que celle de Mallarmé lui-même.
Parmi ces myriades retenons un poète, le plus évident, pour mettre en
relief le contraste des tempéraments. Dans *Soleils couchants* de Victor
Hugo dont nous avons déjà fait mention, nous sommes les témoins d'un
travail de cyclopes:

Tout s'en va! Le soleil, d'en haut précipité,
Comme un globe d'airain qui, rouge, est rejeté
Dans les fournaises remuées,
En tombant sur leurs flots que son choc désunit,
Fait en flocons de feu jaillir jusqu'au zénith
L'ardente écume des nuées[79]!

Dans la dernière partie du poème où le gigantisme cède au ton méditatif, Mallarmé déjà avait trouvé des points d'attache. Selon lui, le vers:

Le soleil s'est couché ce soir dans les nuées

était le plus beau de Hugo[80]. Ce qu'il a lui-même tiré de ce thème, ce à
quoi Valéry devait donc qualitativement s'affronter, cela, il est vrai, a fait
dire à un contempteur de Valéry qu'à côté du grand livre magique de
Mallarmé il n'avait su placer qu'une brochure gentiment décorée. C'est
juger avec quelque désinvolture et nous essayerons ici brièvement et bien
sûr incomplètement de voir ce qu'il en est.

Dans *M'introduire dans ton histoire,* le «timide héros» de Méry Laurent
se vante avec un humour tendre de pouvoir animer poétiquement la pourpre du couchant et la rapporter à soi: ne sait-il pas reconnaître là-haut
entre les nuages qui dérivent le char du soleil aux roues de rubis, de tous
ses chars, plaisante-t-il, le seul «vespéral»? Car toute la richesse qu'il a à
offrir comme amant, est là-haut, mais d'autant plus joyeusement assurée
de la victoire...

L'«introduction de l'amie dans ses notions de beauté» (K.Wais), la souriante et pourtant sérieuse proclamation de son orgueil de poète qui se sait plus proche de l'événement vespéral, se trouve ici à la fin du poème. Dans les autres poèmes qui entrent en ligne de compte, le coucher du soleil est d'ordinaire au début, s'il s'agit de sonnets, dans la première strophe. La gloire, l'orgueil, l'atmosphère de victoire (avec bien sûr des valeurs chaque fois différentes) naissent, dans d'autres poèmes aussi, du spectacle du ciel qui s'enflamme. Dans *Tout orgueil,* une fumée noire s'élève comme d'une torche qu'on brandit pour l'éteindre, le «nuage de fumée», s'arrondit et s'élève, se comporte comme s'il était immortel et ne peut pourtant différer le moment de l'«abandon» où la lumière se retire.

Dans *Victorieusement fui,* c'est un «tison de gloire», et même le «sang par écume» du «suicide beau» que donne à voir le rouge du couchant. Quelques éléments d'*Ode secrète* semblent s'en souvenir, le lent affaissement du héros sur la mousse ou la désagrégation du corps en une «masse rose». Une autre concordance étonnante entre les deux poèmes semble à peu près certaine, sans permettre le moins du monde de suggérer qu'il y eut imitation directe: je pense à la très curieuse identification du regardant et du regardé, qui, dans l'un et l'autre poème, avait fait difficulté. De qui s'agit-il dans la première strophe de Mallarmé?

Ou plus exactement, puisqu'il s'agit d'un discours à la première personne (*... A ne tendre royal que mon absent tombeau): qui parle?* Le poète, selon de nombreux commentateurs. G. Davies proposait le soleil lui-même[81], expressément soutenu par A.R. Chisholm qui indiquait en outre une «source» intéressante dans le poème des nuages de Shelley[82]. C'était un pas important. Mais faut-il trancher dans un sens ou dans un autre? La décision ne nous avait-elle pas déjà été épargnée par une interprétation antérieure qui, bien au fait des secrets d'atelier «symbolistes», signalait que «les funérailles d'un poète, d'un prophète du soleil étaient à chaque fois comparables à un suicide du soleil»[83]? C'est à cette comparabilité justement, à cette assimilation de l'observateur et de l'observé qu'avait réfléchi Valéry, c'est ce qu'il avait mis en forme au début de son *Ode,* mais sans préparation, laissant au lecteur le soin d'accomplir ce qu'il avait un jour ainsi formulé:

> On pourra, pour un texte obscur, trouver un état dont un texte
> obscur soit l'expression.

Il n'est guère nécessaire de chercher d'autres exemples chez Mallarmé. Manifestement la décapitation du jour, comme l'a décrite avec sa résonance physique la note en prose «Un Phénomène» déjà citée, se trouve dans le *Cantique de Saint Jean:*

> Je sens comme aux vertèbres
> S' éployer des ténèbres
> Toutes dans un frisson
> A l'unisson[85].

Manifestement le faune déjà cherche à saisir des ceintures et, trompé, s'amuse à les peindre dans le ciel du soir, par la force de cette même imagination dont il fut la victime:

> Moi, de ma rumeur fier, je vais parler longtemps
> Des déesses; et par d'idolâtres peintures,
> A leur ombre enlever encore des ceintures.

Manifestement «l'hydre inhérente au héros» déroule déjà ses anneaux dans *Quand l'ombre menaça:* «guirlande célèbre» au plafond d'ébène de la salle nocturne où un mourant se révolte contre la «fatale loi» qui fait entrer l'obscurité dans son «rêve». Au lieu d'éprouver les figures lumineuses de la nuit comme les ornements funèbres de son tombeau, il les rabaisse, «ébloui de sa foi» — sa foi en lui-même —, au rang de bayadères: les «feux vils» qui peuplent l'espace, ne sont bons qu'à séduire par leurs contorsions l'œil d'un despote (comme la lumière baudelairienne du gaz chargée d'érotisme dans le *Tombeau*[86]), quand ils ne sont pas déjà dans les soubresauts de l'agonie absorbés par la ténèbre environnante. Tout le clinquant de cette pompe ne peut en tout cas que pâlir devant l'éclat de l'«insolite mystère» que jette le rayonnant génie de la terre dans l'abominable nuit de l'espace[87].

Face à une telle poésie les vers de Valéry font plutôt figure, il faut le dire, de commentaire en prose, d'un ton méditatif et retenu: O quels objets de victoire énorme l'âme impose à l'espace informe[88]...

Mais l'exposé des ressemblances, des continuités et des «dépendances» ne fait que mieux ressortir différences et irréductibilités. Baudelaire avait écrit: «O nuit! ô rafraîchissantes ténèbres! vous êtes pour moi le signal d'une fête intérieure, vous êtes la délivrance d'une angoisse»[89] Rien de tel déjà chez Mallarmé. Quant à Valéry qui ne se souciait guère d'ouvrir, au crépuscule, la porte à la déesse *Imagination,* une telle pensée ne pouvait que lui demeurer étrangère. La constatation de Baudelaire: «Le crépuscule excite les fous», pourrait, il est vrai, ne pas l'avoir laissé indifférent. Mais aucun intérêt ne l'incite à pousser plus loin dans cette direction. Un vers comme: «C'est l'heure où les douleurs des malades s'aigrissent» (*Crépuscule du soir*) n'a pas place dans sa poésie. Il ne semble pas avoir eu à tâche de vérifier pour son compte ce lieu commun de l'anthropologie et de la poésie, selon lequel la subjectivité de l'être vivant ressent à la tombée du jour le besoin de s'assurer de la présence autour de lui d'autres congénères[90] (ce en quoi Mallarmé l'avait précédé). C'est avec dureté qu'il tranche la question de la communauté, dureté dirigée, il est vrai, uniquement contre lui-même, bien qu'elle ne fût pas uniquement le fait de sa volonté[91]. Pour lui le *communautaire* était un adversaire du *réel* qu'il cherchait:

> Le lien social, la société consiste dans une diminution du
> réel et de l'immédiat au profit de symboles, de signes et de
> valeurs symboliques.   4, 803

Or, parce qu'il la voulait l'heure du réel, la fin du jour ne pouvait être celle du communautaire. Encore moins, naturellement, celle du symbolique, au sens d'une glorification affirmative, triomphale même du symbole. Ce qui en général est à l'œuvre dans les grands poèmes du soir de Mallarmé, c'est la volonté préalable de voir l'acte solaire et les constellations dans une signification bien précise qui ne fait que se nuancer différemment: comme une provocation, un défi à l'homme d'affirmer l'indépendance de son existence, d'une existence de l'esprit; comme l'occasion pour le poète d'attester, d'«authentiquer» cette indépendance, d'opposer l'espoir à l'angoisse, à la défaite le triomphe. «L'Homme, puis son authentique séjour terrestre, échangent une réciprocité de preuves». — Montrer à la femme aimée le char du soleil (M'introduire); célébrer sa chevelure comme le signe de la victoire sur la nuit, comme un «trésor présomptueux» (Victorieusement fui); ressusciter la lumière mourante en dépit des «affres du passé ancestral», au moins dans un reflet sur une console (Tout orgueil); jeter à la face menaçante de la nuit, «par une confiance follement orgueilleuse et en même temps par une rupture brutalement provocante avec le firmament» (K. Wais à propos de Quand l'ombre), l'énergie et la lumière propre de l'esprit; et finalement, s'élevant à l'universel, susciter (Ses purs ongles), pour sa propre apothéose et pour délivrer de l'angoisse le solitaire porteur de torche à minuit, l'astre du septentrion («Quelle Ourse», écrira Valéry...), afin de l'arracher expressément à l'astronomie (Un Coup de Dés), aux «mathématiciens» (Igitur) et de le soumettre à une astrologie à la mesure de l'homme, à un culte individuel du sol invictus — tout cela suppose une disposition métaphysique, un sérieux face à sa propre foi qui font complètement défaut à Valéry. C'est pourquoi la comparaison des œuvres du «maître» et du «disciple» est une gageure au fond insoutenable. Tout ce que l'on peut tirer de la confrontation se résume à ceci: dans le large spectre des poèmes spéculatifs de Mallarmé sur le thème du soleil, Valéry se taille un domaine étroitement délimité qu'il examine au microscope. En quête de la «pureté» de l'événement — et par là continuant encore Mallarmé — il en resserre l'étalement temporel en ce point «idéal» du temps qui sépare la nuit du jour (cela vaut de manière analogue pour les poèmes du matin) et concentre son attention sur ce qui se produit pour ainsi dire avant les envolées mallarméennes. Si la dimension métaphysique est pour Mallarmé nécessaire et naturelle, Valéry, lui, en interroge le point d'éclosion: où l'«esprit» commence-t-il à poindre, dans quelles conditions le «spirituel» se détache-t-il du «corporel» (sans que lui soit attribué pour autant le statut d'une substance propre)[92]? Un des moments où s'opère indéniablement ce détachement, c'est l'heure où le dispositif sensible d'un observateur réagit à la diminution de la lumière d'une certaine façon, par des souhaits ou des angoisses, où la déesse du soir touche le héros...

Ainsi, en dépit de leurs différences, les deux intérêts poétiques n'apparaissent-ils pas inconciliables. Un certain axiome est commun à leurs deux géométries, un certain axe traverse leurs deux systèmes. Je le trouve dans une commune attitude face au mythe du soleil qui (deux mille ans après la disparition en Europe des religions solaires remplacées par le christianisme et à un moment où le désenchantement du domaine nocturne et céleste dépasse de loin tout ce qui s'était produit depuis la Renaissance) unissait les deux poètes — non point eux seulement, mais eux en particulier. Pour préciser davantage, il nous faut encore une fois interroger les textes.

Le thème du soleil apparaît encore une fois chez Valéry, remarquablement exposé, à une place insoupçonnée, dans la *Petite lettre sur les mythes* qui servit en 1928 de préface à une édition du *Centaure* de Maurice de Guérin. Comme souvent dans les écrits de commande ou de circonstance de la période de la célébrité, l'important se glisse comme incidemment dans le texte. Il s'agit d'une épître dans le plus beau style voltairien; l'auteur y prend visiblement plaisir à exposer à une correspondante fictive comment il s'est débarrassé d'une dame non moins fictive qui le pressait de questions sur Dieu, sur l'amour et surtout sur les mythes, questions qui apparaissaient aussi indiscrètes que le papier parfumé de l'«odorante indéterminée». Il n'avait pu se hisser au niveau de ses attentes, mais n'avait pu moins faire — après tout c'était une dame — que de quelque peu lui «dorer les adieux» à la fin de la lettre. Et juste avant d'apposer son paraphe, l'épistolier ajoute:

> Je me suis donc laissé dire à mon inconnue que l'aurore et que le soir du temps, pareils à ceux d'une belle journée qui sont tout enchantés et illuminés de prestiges par le soleil très bas sur l'horizon, se colorent, se remplissent de miracles. Ainsi que la lumière presque rase enfante à l'œil humain des jouissances prodigieuses, le gorge de magies, de transmutations idéales, de formes énormes soutenues et développées dans l'altitude, figures d'autres mondes, séjours brûlants aux roches d'or, féeries; et de même que ces hauts lieux éblouissants, ces phantasmes, ces monstres et ces déités (!) aériennes s'analysent en vapeur et en rayonnements décomposés, — ainsi de tous les dieux et de nos idoles même abstraites: ce qui fut, ce qui sera, ce qui se forme loin de nous. Ce que demande notre esprit, les origines qu'il réclame, la suite et les dénouements dont il a soif, il ne peut qu'il ne les tire et ne les subisse de soi-même, séparé de l'expérience, isolé des contraintes que le contact direct lui impose, il engendre ce qu'il faut selon soi seul.[93].

Le jeu galant a disparu. La nécessité et la fragilité du mythe sont dites là avec un grand sérieux, pour peu qu'on y prenne garde, faisant nettement écho à une longue réflexion sur le thème. Et l'important, même si ce n'est plus une surprise, est que le parangon du mythe, son équivalent poétique, son moment poétique en somme soit la lumière du matin et du soir, le mythe du soleil. Dans ce texte Valéry cite encore une fois la parodie bien connue qu'il a faite de la Bible:

> C'est pourquoi il m'est arrivé d'écrire certain jour: Au commencement était
> la Fable!

...donc le mythe. Ce jour a dû se situer, si je ne me trompe, en 1907[94].
Comment donc ne pas entendre dans cette définition du mythe où l'on a
souvent voulu voir l'expression d'un scepticisme étroit, le ton de Méphistophélès?

> *Mythe* est le nom de ce qui n'existe et ne subsiste qu'ayant la parole pour
> cause.   I 963-4

> En 1910 une méditation sur les mythes rend un tout autre son:
> Cosmologiques ou psychologiques, les Mythes.
> Les seconds plus beaux, plus nombreux, plus étranges.
>
> On peut en faire une infinité de contes.
> Ainsi cette idée qui vient, puis se cache, se fait chercher, ne reviendra plus
> jamais, et tous ces *morceaux* sont là, — à moins de quelque condition
> magique remplie.
> Cette vigueur qui abonde et disparaît; et ce monde d'échos ou rien n'est
> qui ne soit retentissement.   4, 447

Pourrait-on rester insensible à la beauté et à l'intensité de ces «mythes» si
extraordinairement typiques de Valéry, dont il donne ici une rapide esquisse (en tant que matière à contes!)[95]?
En ce qui concerne le mythe du soleil, nous examinerons, pour démontrer l'existence du lien avec Mallarmé dont nous avons parlé, un passage
de l'essai *Richard Wagner, Rêverie d'un poète français*. Mallarmé, comme
on sait, y rend hommage à la conception esthétique de Wagner, non sans
faire quelques réserves d'importance. Le mythe à demi historique — la
légende, comme il dit — dans lequel le peuple allemand comme autrefois
le peuple grec a représenté ses origines, n'est pas pour lui assez originel:

> Tout se retrempe au ruisseau primitif: pas jusqu'à la source[96].

L'esprit français répugne au mythe. Il n'a conservé de son lointain
passé, dit Mallarmé avec quelque exagération, «aucune anecdote énorme
et fruste», à l'ère des expositions universelles Brunhilde et Siegfried sont
bien anachroniques! Puis vient l'approfondissement, le retour à la «source», telle qu'il l'entend:

> A moins que la Fable, vierge de tout, lieu, temps et personne sus, ne se
> dévoile empruntée au sens latent en le concours de tous, celle inscrite sur la
> page des Cieux et dont l'Histoire même n'est que l'interprétation, vaine,
> c'est-à-dire, un Poème, l'Ode[97].

A moins que, transcendant les époques, les lieux et les héros, on ne
conçoive la «Fable» comme la résultante de leur action commune, dont
elle tire un sens qui les comprend tous. Une telle «fable» ne peut s'inscrire
que sur la page du ciel lui-même; toute interprétation historique (le mythe
historique donc) ne saurait être qu'insuffisante. Elle ne peut trouver sa
forme que dans un seul médium, dans un poème, l'«Ode». Et Mallarmé
de poursuivre: maintenant que les mythes ont succombé au rationalisme

du siècle, il s'agit d'œuvrer à un unique mythe nouveau dont la scène ne serait plus celle d'un théâtre, mais qui se jouerait au saint des saints de l'esprit («Le Saint des Saints, mais mental»), sur le seul «Théâtre de notre esprit», comme il est dit dans l'essai sur Hamlet.

Ce mythe vidé de tout contenu concrètement terrestre au profit d'un événement désincarné «au folio du ciel»[9], Mallarmé l'appelle: *Ode*. Ne peut-on penser que le titre «Ode secrète» est venu à Valéry sinon par la voie concrètement terrestre de l'emprunt, du moins peut-être par le biais des étoiles? *Ode* est le plus noble synonyme qu'ait employé Mallarmé pour le grand «Livre» dont il rêvait, cette synthèse spéculative du théâtre, de la musique et de la danse, sous l'égide de la poésie[99]. N'est-il pas possible également — indépendamment de la métaphysique du «Livre» qui lui était étrangère — que Valéry se soit réservé l'emploi de ce titre comme une allusion à son dessein suprême, l'analyse de l'esprit, le Grand Livre (jamais réalisé non plus) de la sensibilité. [100]

Au platane

> *Xerxès continua sa route et trouva un*
> *platane qu'il fit couvrir d'ornements d'or*
> *à cause de sa beauté.*[101]

Ce que nous sommes en train de tenter ici, c'est de reconstituer par fragments le traité que Valéry n'a jamais écrit sur l'attitude ou mieux l'inclination animiste de l'esprit, si l'on veut sa Critique du Sentiment Pur. Des deux notions centrales d'*interprétation* et d'*imitation,* la première semblait fournir une clé surtout pour l'*Ode secrète* et ce qui l'entoure, la seconde semble en donner une pour *Au platane.* Il fallait pour le premier poème proposer et fonder une nouvelle exégèse littérale; ce ne sera pas nécessaire pour le second. Face aux interprétations existantes, surtout à l'étude très complète de P. Laurette sur le thème de l'arbre, il ne peut s'agir ici pour moi que de placer différemment certains accents, de préciser quelques particularités du poème.

Nous soulignerons d'abord encore une fois à l'aide de passages des Cahiers (en partie déjà cités) l'étrange trouble que suscitait chez Valéry la contrainte de l'imitation en général et à propos de l'arbre en particulier. A l'occasion d'une méditation sur la nature des substances — terre, feu, air, chair, feuillage — Valéry écrit en 1899:

> Comment transformé-je ceci? Je vois le feuillage, par exemple, je le suis, j'imagine l'opération soit de le suivre dans son cours vers le haut et ses chutes — soit de le figurer avec pinceau ou autre moyen.   1, 678

Suivre l'essor de l'arbre jusqu'à sa cime, le représenter avec un pinceau ou par quelque autre moyen: ne s'agit-il pas de deux choses tout à fait différentes? Manifestement elles sont ici mises sur le même plan. Il ne peut donc s'agir que d'une représentation sans aucune distance à l'objet, encore totalement soumise à l'impression qu'il produit. L'indication qu'une telle représentation presque réflexe est possible, semble — soit dit en passant — une contribution du côté psychologique au problème maintes fois débattu de la *Mimesis*. En 1907 Valéry se demande avec une anxiété taraudante ce qui pousse un enfant de treize mois à imiter les grimaces d'un adulte[102]. Il arrive à cette idée, bien caractéristique de cette période de son existence, si sombre, si déchirée intérieurement:

> L'imitation fait songer à des propriétés tout à fait scandaleuses du système nerveux.   4,135

Sans doute parce qu'elles nous font prendre conscience que nous sommes à ce point de vue encore au niveau du singe. Mais un singe a-t-il jamais ressenti un effet mimétique devant un arbre:

> La divine extrémité des arbres me remue toujours, m'emporte et me tord dans *notre* profondeur.   3, 98

> Ou:

> Cette feuille qui tremble touche à toute ma chair et à toute mon histoire.   3.617

Aucun singe — et heureusement sans doute très peu d'hommes — n'est doté de cette nature de sensitive. Valéry remarque que toute imitation se traduit par un mouvement, s'accomplit dans le domaine moteur: l'imitation est toujours motrice. Tout l'élan psychique que suggère l'arbre dans le poème, est en rapport avec le mouvement, avec des mouvements effectifs ou apparents. Valéry en outre note une autre pensée sur l'imitation et l'art, qui malheureusement demeure obscure:

> Il s'agit d'amener à coïncider ou à correspondre l'image de l'être et celle que je me suggère en me déformant. Pour aller jusqu'à l'art il suffit de pousser la déformation jusqu'à avoir concience de ses parties, de ses coordonnées, qui elles-mêmes coïncident avec des éléments d'expression. 4, 135

On comprend que la déformation que je m'impose dans l'imitation réflexe, dans l'acte de «singer»,[103] devrait trouver dans l'art, dans la pratique artistique une utilisation consciente, que la déformation des coordonnées de base devrait être visible. La suite, selon laquelle cette déformation doit coïncider avec des éléments d'expression, pourrait bien contenir une idée essentielle, mais il est plus sage ici de ne pas vaticiner.

Peut-être un texte un peu plus explicite nous aurait-il permis de trouver une explication plus claire, un fondement immanent à un trait — à mon sens frappant — du poème, trait que la critique bizarrement a à peine relevé et qu'il n'est pas facile, il est vrai, d'amener à l'évidence: *Au Platane* me semble, de tous les poèmes de Valéry, le plus gauche, le plus vulnérable. Non par quelque défaut ou maladresse dans le maniement du vers. Mais, contrastant avec la plénitude, la démarche sûre de la plupart des autres poèmes[104], de l'*Ode secrète* notamment, celui-ci se meut dans des représentations d'où se dégage un sentiment de gêne, comme de honte. Peut-être l'interprétation du poème n'aura-t-elle atteint son but que lorsqu'elle aura réussi à y voir non un goût douteux, mais, conformément au thème, un malaise né de l'autodéformation imposée par l'*imitation*. Comme c'est souvent le cas, la composante physique et sexuelle de cet effet d'ensemble pourrait être alors saisie comme la «figure» sensible d'un événement qui n'est pas du domaine des sens: le jeune Scythe aux bras blancs, figure d'Hippolyte, Hérodiade ou Jeune Parque mâle, allégoriquement adjointe à l'arbre («Il faut, ô souple chair du bois, Te tordre, te détordre»).

Le thème visuel des quatre premières strophes, l'apparente lutte de l'arbre pour se déplacer, à maintes fois été noté par Valéry comme une observation:

> Cet arbre semble faire une promenade et discourir.   2, 325
> Ou dans une barque:
> Sentir que ce sont les arbres qui marchent, point le bateau.   4, 505

Particulièrement instructive, cette énumération de sentiments et de sensations qui définit avec toute la clarté désirable, dans sa valeur affective, l'idée de l'arbre enchaîné au sol:

> Le «sentiment de l'infini» invoqué si souvent autrefois par les penseurs, mystiques, poètes — le sens du pas assez, le regret de choses jamais possédées — «l'inassouvissement», le désir en soi — l'âme comme une arche qui porte à faux, comme un arbre scellé au sol semble se soulever et grandir dans le vent; tout cela voisin des larmes, du bâillement, de l'étirement, du frappement du pied, du sommeil, de l'épuisement (...)   3, 425

Dans ce catalogue d' «animalia», qui voudrait sans distinction mettre les déficiences morales au compte des phénomènes physiques, l'aspiration de l'arbre au mouvement est donc rapprochée de l'idée de «porte-à-faux», de déséquilibre, ce qui affecte chez Valéry une sensibilité architectonique bien compréhensible après tout: c'est l'âme d'Eupalinos qui en souffre. La gaucherie justement, la perte d'équilibre, ce qui se présente avec des coordonnées déformées me paraît être le motif fondamental de ce poème, une sorte de maniérisme personnel, psychologiquement fondé de bout en bout. Un critique qui dut sentir cela sans vouloir en convenir, a écrit tout uniment que la représentation que donne Valéry de l'arbre était fausse et totalement étrangère à son objet.

Dans les six strophes suivantes (on peut pour les interprétations de détail se reporter aux commentaires) le platane solitaire est confronté au groupe des autres arbres, ses congénères certes, mais plus faibles, plus prompts à l'abandon; prisonniers d'une morne existence, tantôt ils s'efforcent vainement d'y échapper, tantôt ils espèrent tout aussi vainement y trouver leur accomplissement. La «confusion» est la sphère où ils se meuvent. L'odeur qu'ils exhalent séduit la jeune vierge, l'attire dans cette sphère...

Avec quelle sensibilité d'éphèbe le Valéry de vingt-cinq ans réagissait encore aux qualités sensuelles des arbres, c'est ce que montre cette lettre à André Gide:

> J'ai eu envie de t'écrire à propos d'arbres. Pensant à toi, j'ai vu les verts de La Roque rouler par derrière, dans mon tonneau mental. Puis je t'ai oublié dans les végétaux, j'ai admiré des platanes, des bouleaux et autres. Je savais depuis quelque temps que l'arbre est la chose du monde qui ne m'ennuie pas encore (Je parle de ce qu'on peut voir — et je parle aussi des arbres très hauts, à robe claire et assez lisse. Horreur des arbres calleux)[105].

La sexualisation contraignante du hêtre, «formé de quatre jeunes femmes», des «membres... Vainement fendus A leur douce naissance» (image non sans fondement, comme chacun peut le constater), a ici une origine concrète.

A partir de là (strophe 11) et jusqu'à l'avant-dernière strophe, à mesure que l'arbre dans son isolement souverain connaît son apothéose, le moi tente de s'assimiler de plus en plus étroitement à lui, pour ainsi dire de l'investir. Ce ne peut être qu'au prix d'une déformation de plus en plus poussée qui ne peut conduire qu'à une rupture.

«Ose gémir» — l'arbre aux «bras plus purs» que les «bras animaux» de ses pareils est représenté dans des mouvements convulsifs, il se tord et se flagelle, quand l'«âpre tramontane» fait sans pitié s'entrechoquer ses branches. Ce qui semble renvoyer à l'expérience consignée dans une note déjà citée plus haut:

> Poétique — on peut prêter aux choses tous les mouvements humains non volontaires et même les paroles échappées explosives.

4, 11

Les représentations et les expressions sont ici étonnamment proches d'un célèbre passage de Baudelaire:

> Votre œil se fixe sur un arbre harmonieux courbé par le vent; dans quelques secondes, ce qui ne serait dans le cerveau d'un poète qu'une comparaison fort naturelle deviendra dans le vôtre une réalité. Vous prêtez d'abord à l'arbre vos passions, votre désir ou votre mélancolie; ses gémissements et ses oscillations deviennent les vôtres, et bientôt vous êtes l'arbre[106].

P. Laurette, qui cite ce texte dans son introduction (après J. Pommier), néglige inexplicablement d'attirer l'attention sur la différence la plus importante: c'est sous l'effet du haschisch que Baudelaire a fait cette expérience d'identification.

A la fois proche et éloigné, Valéry l'est de Mallarmé comme de Baudelaire. Bien des éléments dans le vocabulaire du poème *Au platane* sortent tout droit de *L'Azur* de Mallarmé. Et d'abord *azur* dans les strophes II et VII; mais aussi:

| Un ciel toujours fermé | VII | Le ciel est mort | VI |
| Vêtus en vain de rames | VII | En vain! | VIII |

Ose gémir	XIII	Douleurs	I
Martyr	XIV	Martyr	VI
La flamme impuissante	XIV	Le poète impuissant	I
Oiseaux	XV	Oiseaux	IV

Enfin, dans un sens plus large, l'idée de pression exercée et de persécution:

> Puisque le ciel t'exerce et te presse, (...) De lui rendre un langage   XVI
> L'Azur triomphe, et je l'entends qui chante
> Dans les cloches   VIII

Mais malgré ces échos, malgré l'association notée par Valéry lui-même entre l'arbre enchaîné et l'idée d'«inassouvissement», il ne me paraît pas juste de partir du thème mallarméen de la recherche de l'absolu pour interpréter *Au platane*. La conclusion du poème ne saurait entrer dans cette optique. On peut dire qu'ici, comme souvent, le thème de Mallarmé est présent à l'arrière-plan et que Valéry lui rend hommage par de timides allusions. Mais il faut ensuite bien marquer la ligne qui les sépare: *Au Platane* a un autre thème, indépendant, la *hantise* est autre, et l'arbre n'est pas non plus un symbole de la recherche poétique de l'absolu. Bien au contraire: l'arbre tient à la terre de toute sa réalité concrète et c'est pourquoi justement la conscience risque, face à lui, de perdre son caractère absolu, son autonomie.

Vient alors l'apogée recherchée:

> Afin que l'hymne monte aux oiseaux qui naîtront,
> Et que le pur de l'âme
> Fasse frémir d'espoir les feuillages d'un tronc
> Qui rêve de la flamme,
> Je t'ai choisi, puissant personnage d'un parc,
> Ivre de ton tangage.

Comment se fait-il que personne n'ait relevé ce que ces images avaient d'étrange et aussi de contradictoire? Ce serait donc le «pur de l'âme» qui ferait frémir les feuilles d'un tronc ivre de feu et de tempête[107] N'est-ce pas plutôt l'inverse? L'être puissant de l'arbre n'a-t-il pas «élu» l'âme de l'observateur, ne l'a-t-il pas enivrée et ravie? Au vers suivant, dans une image dynamique, vitaliste, l'arbre va jusqu'à prendre la forme d'un grand arc que le ciel courbe et bande. C'est en vérité un inextricable brouillamini[108]. Le mieux est peut-être de comprendre «Je t'ai choisi» comme un défi impuissant au courant qui emporte irrésistiblement, à quoi s'enchaîne dans la strophe suivante, l'avant-dernière, un élégiaque éloge funèbre:

> O qu'amoureusement des Dryades rival
> Le seul poète puisse
> Flatter ton corps poli comme il fait du Cheval
> L'ambitieuse cuisse!...

La facture plus que classique de la strophe[109] s'allie au geste désespéré et gauche du «poète» qui cherche l'approche et le contact par la caresse (que vient faire ici le cheval? Est-ce Pégase?)[110] pour produire un effet étrange qui frôle la parodie. Le «non» de l'arbre enfin, qui, dans la dernière strophe, marque l'échec de la tentative d'imitation et d'assimilation, est également une violence esthétique et s'insère par là dans l'interprétation que nous proposons ici de ce difficile poème.

L' âme avait été pour ainsi dire pathologiquement contaminée par le platane, le plus beau des arbres. Cette fascination par un «bel» objet, Valéry l'a un jour exprimée ainsi:

> Dans le «beau», il y a mille ingrédients — une surprise durable, ductile, une satisfaction suspendue, une excitation contenue, comblée, ravivée — un *ravissement*, , c'est-à-dire la direction ou le commandement du jeu cérébral subrepticement dérobé ou substitué par un «objet».   3,425

A cette usurpation du pouvoir d'autodétermination par l'objet qui fascine s'ajoute encore la pulsion d'imitation telle que Valéry l'a définie:

> L'imitation est l'attitude que nous prenons lorsqu'un objet donné ne suscite pas en nous des réponses nettes appropriées et que nous ignorons sa loi de variation.   3, 491

Cette attitude d'une âme menacée dans son indépendance, soumise à une orientation venue de l'extérieur, trouve, si mon interprétation a bien vu l'essentiel, son expression passionnelle dans ce poème, réussi dans son dessein artistique, tout précaire que soit l'enchaînement des idées et osé, le choix des images. L'incapacité qui s'exprime ici à recevoir un objet naturel comme clos et centré sur soi devrait en outre être considérée comme l'arrière-plan du grand «Eloge du regard» dans l'essai de 1926 sur Berthe Morisot par exemple. Elle était capable de vivre toute «par ses grands yeux», savait — en totale opposition avec la recherche introspective qui méprise les sens, de saint Bernard à Monsieur Teste — célébrer la «figure de ce monde», le *monde extérieur* comme le chef-d'œuvre de nos sens, comme s'il lui était donné de ne le voir qu' à quelques instants privilégiés, et ne prouvait par là rien d'autre que sa familiarité avec la méthode d'un certain Léonard de Vinci...

Aurore

> *Mais vers le matin le cerveau en jachère,*
> *rafraîchi par la rosée des nerfs,*
> *pousse des fleurs printanières, les rêves*
> *du matin, qui s'éclairent avec le matin au dehors.*
> *Jean Paul, Sur le rêve (1798)*

Nous avons sur tes abîmes
Tendu nos fils primitifs,
Et pris la nature nue
Dans une trame ténue
De tremblants préparatifs...
Leur toile spirituelle,

Je la brise, et vais cherchant
Dans ma forêt sensuelle
Les oracles de mon chant.

Aurore est un chef-d'œuvre dans l'art des nuances. De même que le matin, le moment de la journée le plus riche en nuances, déploie les plus fines gradations de valeurs lumineuses, de même le poème s'attache à graduer délicatement le rapport qui va toujours se transformant de la concience et de la réalité, car ce rapport est en correspondance directe avec les valeurs lumineuses[111]. A la première apparition de la lueur rose, l'âme sort de la nuit et du sommeil, de la période de «confusion morose» et les premiers pas sont portés par une inexplicable assurance. C'est un acte spontané qui ne rencontre encore aucune résistance et ne coûte aucun effort. Le meilleur symbole en est la statue de Memnon qui se met à chanter quand la frappent les premiers rayons[112].

Les admirables images qui, dans les strophes suivantes, transposent pour les sens l'indolente spontanéité du «tissu d'idées», ont été suffisamment commentées. Tout paraît aisément saisissable, disponible, combinable, la prudence — nous dit-on — est évaporée. Il est à craindre — et je demande pardon au lecteur — que celle de bien des commentateurs n'ait subi le même sort, pour qui le poème décrirait une heure matinale privilégiée, où la source de la poésie coulerait encore limpide. C'est ne pas tenir compte de toute la poétique valéryenne — qui est une poétique du labeur — que de supposer que l'essaim bourdonnant des «similitudes» qui assaille le réveil ingénu, pourrait être déjà poésie pour Valéry. Le pied blanc d'une féerique légèreté qui se pose sur l'échelle dorée, la main qui se tend vers les croupes luisantes de beautés marines passant nonchalamment des peignes d'écaille dans leur chevelure de sirènes — interpréter tout cela dans un sens positif comme l'*ars poetica* de Valéry, c'est encore une fois le signe qu'on s'est abandonné avec trop de complaisance à la séduction des images et des sons[113]. Les «similitudes», pour celui qui, sans défense, aborde le jour, qui émerge seulement des «temps sans ressource», sont les odalisques irrésistibles de l'âme qui — invitées ou non — ont passé la nuit avec elle[114].

Ce jeu très souple d'associations, cet épanouissement encore presque somnambulique se poursuit jusqu'à la fin de la strophe 5. On ne saurait l'interrompre plus tôt ni le subdiviser (par exemple, les rimes d'abord, les idées ensuite...). C'est l'événement initial et au commencement, on le sait, était la FABLE. C'est cela que signifient les myriades de fils de soleil tendus sur notre abîme, sur notre «nature nue». Mais les frivoles escarmouches des courtisanes qui s'étirent ne doivent pas dissimuler que derrière s'ouvre une dimension menaçante. *Notes d'Aurore*:

L'âme, saisie d'une fraîcheur intime, d'une crainte, d'une tristesse, d'une tendresse qui l'opposent encore à tant de puissance croissante, se tient un peu à l'écart, dans une réserve inexprimable. Elle sent profondément que

les premières rumeurs dans l'espace qui s'illumine, s'établissent sur du silence, que ces choses et formes colorées se posent sur des ténèbres, que cet
azur si pur, ce vermeil délicat, ces masses d'émeraude et ces pans d'hyacin-
the, ces transparences et ces pudeurs carminées sont placées et lavées sur de
la nuit absolue; et que cette langueur de son moi, ces réticences, ces ébauches d'étranges pensées, ces idées singulières et comme isolées d'elle-
même, sont encore des tentatives, des fragments de sa présence, de précai-
res prémices apparues sur le néant du sommeil encore chaud et qui pourrait
reprendre. Ce ne sont plus des rêves, mais les *valeurs* les plus voisines de ces
valeurs premières sont valeurs de rêves...   II 860

Il me semble que de tous les nombreux textes que Valéry a consacrés
au matin, celui-ci est le plus riche d'indication pour *Aurore* et qu'il en est
proche par bien des points. Les dernières phrases raccourcies et un peu
imagées donnent ceci:

> Du songe encore prochaine,
> La paresseuse l'enchaîne
> Aux prémisses de sa voix.   (Str. III)[115]

Le texte s'achève par ces remarques:

> Il n'est pas encore tout à fait sûr que ce jour instant va se confirmer, se
> dégager du possible, s'imposer à ma variété totale... Le réel est encore en
> équilibre réversible avec le rien de tous ses songes.

L'indication de cette situation entre rêve et réalité est — disons-le tout
de suite — importante pour la strophe finale du poème. Seule la prise de
conscience que l'état présent est superposé au silence et à l'obscurité, que
les belles couleurs de cette aube splendide sont «placées et lavées sur de la
nuit absolue», que — en avant — tout débouche dans l'incertain, permet
de comprendre pourquoi, dans cette dernière strophe, l'ESPOIR qui,
comme un cygne, soulève la vague du temps (et rien n'oblige à y voir le
symbole de la parfaite beauté poétique) sent un frisson parcourir tout son
corps (comme le nageur près d'une côte rocheuse qui entre dans les eaux
froides après avoir quitté la zone de réverbération de la chaleur...). Ce
«frémir», nous l'avons rencontré dans trois poèmes déjà, là où s'opère un
changement décisif dans le rapport de la conscience et de la réalité[116].
Dans cette mesure donc le poème paraît se dérouler, avec les strophes I à
V et la strophe IX, selon une ligne unique, typique, définie par l'activité
spontanée de l'esprit, inexplicable, sans raison ni but, l'envol ingénu et
confiant des pensées (comparées aux abeilles dans la deuxième strophe) et
la prise de conscience de tout cela, accompagnée d'une sensation physique
de froid. Les événements du matin, second point critique de la journée,
sont donc comparables à ceux du soir, ils en sont le reflet, c'est-à-dire que
leur déroulement est l'inverse de celui qui mène à la nuit; là c'était la
disparition de la lumière après la «profusion» du soir qui provoquait la
sensation du froid, ici c'est l'apparition de la pleine lumière — mais

monochrome — qui met fin à la multiplicité colorée et à la plurivalence de l'aube (les deux crépuscules représentant des anomalies de la lumière)[117].

C'est exactement dans cette ligne que se trouve aussi la fin de la strophe que Valéry en 1920 dans *Odes* (donc dans la deuxième version imprimée d'*Aurore*) a ajoutée, puis éliminée deux ans plus tard dans *Charmes*. Sans doute introduisait-elle un ton trop sombre pour le poème et elle n'a pas peu embarrassé les tenants de l'*ars poetica*:

> Je suis cette créature
> Dont la fatale nature
> Est de créer à son tour.[118]

C'est contre cette «fatale nature» que se révolte la célèbre strophe VI: la «toile spirituelle» doit être déchirée. On a d'habitude interprété cette strophe comme un programme sensualiste, anti-idéaliste et ce n'est certes pas sans fondement si l'on considère Valéry tout entier[119]. Mais le poème recèle encore certaines difficultés non résolues et même encore à peine entrevues. Certainement cette strophe marque une coupure, un tournant vers le concret. Mais de quelle sorte est cette coupure, à quelle profondeur va-t-elle? Certes il est dit que les brillants fils de soie doivent être arrachés de la «nature nue» (et le contexte incite à voir dans «nature nue» la nature «intérieure» de celui qui s'éveille), mais le recours à la «forêt sensuelle», d'où devraient sortir les impulsions du «chant»,[120] peut -il et doit-il signifier, à cet endroit du poème et à ce point du développement temporel, la nette réalité sensuelle du jour? Le doute devient perplexité lorsqu'on veut tenir compte du fait que Valéry, dans la version de 1920 déjà évoquée, se proposait un agencement des strophes des plus déroutants: en effet non seulement les numéros VII *(Voici mes vignes ombreuses)* et VIII *(Je ne crains pas les épines)* occupaient la troisième et quatrième place dans la suite des strophes, alors que ces deux strophes devraient apparemment exprimer le résultat de la révolte contre la toile captieuse, mais il intercalait encore la nouvelle strophe à la neuvième place, donc après *Leur toile spirituelle, Je la brise,* alors que cette strophe, avec ce qu'elle exprime de la nature fatale de la créature désarmée devant ses propres créations, devrait, semble-t-il, fournir le point culminant de la première partie. Il est sans doute superflu d'échafauder des hypothèses sur les motifs qui ont pu déterminer Valéry à abandonner ce changement de disposition. Mais si l'on admet que le poète n'agit pas au hasard et que sa poésie a un sens, on ne peut écarter une des conséquences de ces revirements: le tournant de la strophe VI *(Leur toile spirituelle)* ne peut être un renversement fondamental comme le déchirement de la toile, si violent qu'en soit l'effet dans ce poème délicat, il ne peut amener le contraire de ce qui était jusque-là, sinon il n'aurait pas été possible, même à titre d'essai, de placer avant cette coupure des strophes qui, à l'origine, se trouvaient *après*. Il ne peut s'agir — d'un point de vue purement formel — que de dégradés, de degrés intermédiaires.

C'est ce que confirme, après ces considérations formelles, l'examen du contenu concret des strophes. En fait le monde des objets, auquel le sujet commence lentement à s'accommoder dans cette deuxième phase de l'éveil, est doté d'un statut particulier: le bonheur de cette heure (qui paraît toujours un peu hors du temps) vient justement de ce que les choses sont là, qu'elles paraissent disponibles, mais qu'elles persistent encore dans une généralité exempte de résistance et d'étrangeté. Le mieux est, là encore, de chercher chez Valéry lui-même les définitions exactes (quelques-unes parmi bien d'autres) de cet état. Et d'abord cette *Note d'aurore* déjà citée:

> A cette heure, sous l'éclairage presque horizontal, *Voir* se suffit. Ce qui est vu vaut moins que le voir même. Des murs quelconques valent un Parthénon, chantent l'or aussi bien. Tout corps, miroir du dieu, reporte à lui son existence, rend grâces à lui de sa nuance et de sa forme. Là, le pin brûle par la tête; ici, la tuile se fait chair[121].

Ce qui correspond, avec la généralisation peut-être inévitable pour sa poésie, aux vers:

> Tout m'est pulpe, tout amande,
> Tout calice me demande
> Que j'attende pour son fruit.   (Str. VII)

C'est l'heure à laquelle, comme il est dit ailleurs, on peut vivre des moindres objets:

> Toute feuille me présente
> Une source complaisante
> Où je bois ce frêle bruit   VII[122]

Mais l'accent porte incontestablement sur le *Je* qui dans ce dizain n'est pas nommé moins de huit fois. Cette omniprésence du moi exclut nettement que les choses soient «réelles»,

> Car, sache-le, la marque du réel, c'est l'insignifiance absolue[123].

Si l'on y regarde de plus près, on constate que ces choses si gonflées de suc, si tangibles, si «significatives», ne sont pas citées comme telles et pour elles-mêmes, mais qu'elles sont saisies dans une figure de style qui les laisse dans une grande généralité:

> Voici mes vignes ombreuses,
> Les berceaux de mes hasards!   VII[124]

Un autre texte définit encore plus précisément les modalités de cet état où les objets extérieurs sont certes déjà présents dans le champ de perception, où donc la toile des pensées, le rêve prolongé n'occupent pas seuls, sans entrave et sans but, l'«espace spirituel», mais où ces objets se tiennent encore à une certaine distance, de sorte qu'ils apparaissent généraux mais non médiatisés, parlant aux sens mais inoffensifs, à l'unisson de la conscience. Si l'on se représente le monde intérieur et le monde extérieur comme un système de pressions — la plupart du temps mal équilbré — alors la membrane ténue de la rétine n'est ici submergée d'aucun côté.

Au réveil, si douce la lumière — et ce bleu. Le mot «Pur» ouvre mes lèvres.

Le jour qui jamais encore ne fut, les pensées, le *tout en germe* considéré sans obstacle. Le Tout qui s'ébauche dans l'or et que nulle chose particulière ne corrompt encore.

Le Tout est commencement. En germe le plus haut degré universel. Je nais de toutes parts, au loin de moi, sur chaque poste de la lumière, sur ce flacon, sur le fil de ce fil, dans ce bloc d'eau claire.

Je suis l'analogue de ce qui est.

Je ne suis encore, ô délice, que quelque chose égale à l'ensemble de feu, de soie, d'ardoise, de vapeur et de musique brute simultanée. Je suis un effet de la lumière.

Ma fonction est entièrement sous mes yeux.

J'équilibre le total du jour nouveau.

C'est, on le sait, l'instant que Valéry voudrait retenir:

Ah! retarder d'être moi. Pourquoi, ce matin, me choisirais-je? Si je laissais mon nom, mes maux, mes chaînes, mes vérités, comme rêves de la nuit?   4, 163[125]

Dans notre poème il n'est cependant pas question de cette répugnance mélancolique à se réincarner, à se «re-choisir». Ce moment admirable où la conscience peut croire que les choses font cause commune avec elle, qu'elles s'adaptent à l'homme sans le dominer, sans qu'il doive les dominer — ce moment qui ne connaît ni la contrainte de l'imitation ni celle de l'interprétation, qui est nécessairement éphémère et de la plus extrême fragilité, paraît ici au contraire d'une telle vitalité et d'une telle sûreté de soi qu'il ne redoute même pas l'affrontement imminent avec le réel et ses résistances:

Je ne crains pas les épines!

L'éveil est bon, même dur!   (Str. VIII)

Cette «naissance de toutes parts «favorisée par la lumière, cet équilibre avec le «total du jour» représente — rien ne peut plus nous tromper là-dessus — une usurpation, un «rapt du monde» qui doit avoir son châtiment. La piqûre de l'épine, châtiment sensible du jouisseur qui a voulu s'aventurer dans la «forêt sensuelle», lui sera un délice supplémentaire, une «blessure fertile», le sang répandu attestera l'authenticité du rapt.

Epine mais aussi abeille! Le sonnet des abeilles et cette avant-dernière strophe d'*Aurore* représentent, à mon avis, une situation très semblable. Ils se correspondent presque point par point:

Quelle, et si fine, et si mortelle,

Que soit ta pointe, blonde abeille,

Je n'ai, sur ma tendre corbeille,

Jeté qu'un songe de dentelle.

Pique du sein la gourde belle,

Sur qui l'Amour meurt ou sommeille,
Qu'un peu de moi-même vermeille
Vienne à la chair ronde et rebelle!

La conscience qui s'éveille dans *Aurore* n'a plus jeté sur elle qu'un «songe de dentelle»[126] et aspire à une «infime alarme d'or» qui garderait la rêveuse autojouissance de s'affadir[127]. Au vers 3 de cette strophe Valéry évoque d'«idéales rapines»: l'expression déjà fait penser au «très admirable Stéphanos», mais plus encore le propos. Qu'on se souvienne du «rapt de mon idéale fleur» (dans le poème en prose *Le Nénuphar blanc*), cette image d'une femme entrevue, d'une voisine sur les bords de Seine, image savourée en imagination que le «maraudeur aquatique», s'enfuyant sans bruit dans sa barque, son absence d'acte accompli, emporte comme son «imaginaire trophée».

Ou semblablement le «trop inappréciable trophée pour paraître» que brandit (dans *la Gloire*) le poète descendu du train à Fontainebleau, triomphant intérieurement d'avoir, seul de tous les promeneurs du dimanche, spirituellement «constaté l'authenticité» de la forêt automnale dans son apothéose et sa crise (et tout étonné d'être exceptionnellement le seul voyageur que le train ait déposé là).

Ou, évidemment, le Faune qui se demande s'il a aimé des nymphes ou seulement un rêve de nymphes:

Mon doute, amas de nuit ancienne, s'achève
En maint rameau subtil[128], qui, demeuré les vrais
Bois mêmes, prouve, hélas! que bien seul je m'offrais
Pour triomphe la faute idéale de roses.

L'expression: «Leur toile spirituelle, Je la brise...» n'a-t-elle pas aussi quelque chose de la violence du faune[129], de sa fureur d'énergumène aiguillonnée par l'imagination? Le faune aussi s'attend au châtiment pour ses rapines: «O sûr châtiment...»

Il est vrai que chez Mallarmé le rapt est conscient et prémédité, et la proie de nature à être brandie intérieurement comme un authentique trophée, l'illusion — après une longue lutte — se tranforme en réalité d'autant plus authentique, de caractère objectivement idéaliste. Le «rapt du monde» chez Valéry se rapporte à un état transitoire, subjectivement vrai, qu'on pourrait désigner comme l'état de permutabilité illimitée de l'étant[130]. La conscience s'est rendue coupable du «crime de poésie» comme il est dit dans *London-Bridge* et mérite châtiment. Citons encore un texte qui décrit un état de ce genre peu après le réveil:

Alors je me redresse, et une sensation sur la joue. Cette sensation ne peut arriver à se prononcer. Est-ce une douleur névralgique, est-ce une figure, une ligne sensible? Je ne puis distinguer. *Je ne distingue pas*. Il y a là une lumière, une ligne, une dent. 3 idées équidistantes d'un fait sensible. Je vois alors ce qui à l'état de veille est presque insaisissable. L'indétermination *réelle*, primitive, cet état naissant auquel se réfèrent les métaphores. —

> Je ne suis pas pourvu d'assez de moyens pour choisir. Je vais me heurter aux idées comme un somnambule. Cette pluralité est tâtonnement. Plus vraie en un sens que la solution de veille unique.   4, 546

Ch. Krauss a exposé en détail cette idée de la pluralité des phénomènes, condition, selon Valéry, pour qu'opère le hasard[131] (car tout système de lois ne saurait se passer d'assembler en chaîne des objets univoques, réduits à un aspect). La pluralité que connaît celui qui sort à tâtons du sommeil est plus vraie que la vue unique de l'état de veille: c'est elle la réalité propre des phénomènes, infiniment riche mais insaisissable par la raison. Une certaine donnée des sens se prête là à trois interprétations totalement différentes ou davantage encore, est affectée sans distinction à des domaines différents. La consience ne *peut* pas distinguer; dans le poème, elle n'*a pas encore besoin* de distinguer. L'impuissance discriminatoire de cet état initial d'indétermination peut être vécue subjectivement comme l'heureux pouvoir de disposer du monde dans sa plénitude:

> Etre! Universelle oreille!
> Toute l'âme s'appareille
> A l'extrême du désir.

Dans le passage de Cahier déjà cité, il est dit encore une fois que la conscience se heurte aux idées (ces idées que le mécaniste Valéry se représentait volontiers comme des êtres tangibles) comme le somnambule aux meubles. En ce qui concerne la composition du poème *Aurore,* question qui a été soulevée, on peut encore tirer argument du fait que la rencontre avec les idées et la rencontre avec les excitations sensorielles indéfinies sont, par la nature même des choses, simultanées. Si elles sont évoquées l'une après l'autre, ce n'est que pour des raisons extérieures (et la tentative de permutation des strophes n'a alors plus rien de déroutant). Il n'était possible d'y voir une opposition, la manifestation d'une volte-face que si l'on abordait le poème avec l'idée préconçue d'y trouver un programme idéologique «en vers». L'hypothèse me paraît plus fructueuse, selon laquelle ce serait une certaine expérience de la réalité que le langage tente d'approcher, expérience personnelle qui contient cependant tous les moments d'une subjectivité générale. L'objet à rendre par le langage étant un état subjectivement connu, sa représentation nécessite l'emploi de quelques véhicules d'expression aussi bien matériels que conceptuels, qui sont introduits avec un art extrême de l'évocation. Cet état s'étend dans le temps, même si l'on ne peut en déterminer l'étendue, la conscience qu'il se dissipe vite semble en faire partie. D'où l'évolution indiquée, les nuances perceptibles: c'est la moins matérielle des matières, la lumière, qui déclenche tout le processus, en conditionne le déroulement et également y met fin. Quant au contenu, cet état se définit comme un rapport particulier — particulièrement heureux — ou un certain décalage inhabituel à l'intérieur du triangle qui fait, selon Valéry, le tout de l'étant, ce triangle que forment l'esprit, le corps et le monde, dont la suite des

Cahiers traitera plus en détail[132]: l'esprit et le corps forment face au monde une sorte d'unité (dans laquelle l'esprit d'abord, puis le corps donne le ton) qui d'une part se connaît comme contrepartie du monde dans son ensemble, en un équilibre extrêmement fragile avec lui, qui d'autre part se sait capable de combiner à l'infini les éléments de ce monde[133].

Tout cela est donc une expérience qui est d'abord objet de la pensée. Si l'on trouve aussi dans *Aurore* le thème de la création poétique, c'est seulement dans un certain sens qu'il faut délimiter. D'abord il est clair que la poésie est matériellement — par les vers d'*Aurore* — destinée à communiquer de manière évocatrice les contenus cités, car elle seule le peut, si c'est possible. Elle-même n'y est naturellement pas thématisée, néanmoins ce me semble être traditionnellement sa tâche et en s'en acquittant elle ne se distingue pas fondamentalement d'une description d'atmosphère par exemple. Mais si l'on peut parler de la poésie aussi comme du thème de notre poème, ce ne peut être, à mon avis, que par *référence:* «Cet état naissant auquel se réfèrent les métaphores», avait noté Valéry. La poésie n'est pas le but, le sens du poème, elle ne s'y trouve thématisée ni du point de vue de ses résultats, comme œuvre composée, ni du point de vue du processus créateur, comme travail poétique, ni même — au moins pas immédiatement — du point de vue de ses impulsions, sensualistes par exemple. En d'autres termes il n'y a pas de chemin direct qui conduirait de l'état décrit ou évoqué jusqu'au poème *Aurore* et par lequel, en avançant, on finirait par fouler dans la dernière strophe le terrain du poème lui-même[134], un peu comme l'effet de surprise d'un spectacle de variétés pragois où un film montrait un homme qui se hâtait vers le théâtre à travers les rues de la ville, s'en rapprochait de plus en plus jusqu'à ce que finalement l'acteur en chair et en os débouchât dans la salle devant l'écran. Il semble bien cependant qu'il y ait quelque analogie entre le processus poétique et ce que fait celui qui s'éveille sous l'impression que les choses lui appartiennent: une métaphore est une nouvelle combinaison d'éléments du monde extérieur, qui exploite la multiplicité — rationnellement inaccessible — de ces éléments. Il s'agit donc d'un acte lourd de conséquences, mais accompli — et c'est ce qui confond — toute «prudence évaporée». Celui qui s'éveille va vers tout ce qui s'offre, sans choisir (le choix est exclu), sans hésiter:

Ma prudence évaporée
Déjà pose son pied blanc.

Il ne connaît pas non plus le hasard au sens strict, car le hasard est le produit du discernement conscient. A ce degré le fortuit est pour la conscience une catégorie inconnue. Elle ne sait pas qu'elle agit «par hasard», c'est-à-dire qu'elle qualifiera plus tard ce qu'elle fait à ce moment de fortuit. Elle semble cependant avoir comme le pressentiment que cette jouissance insouciante de l'«indétermination réelle, primitive» est un délit, qui, bien que non prémédité, doit entraîner un châtiment. A Orphée aussi il n'est accordé qu'un temps limité pour jouer voluptueusement à pervertir les lois univoques du monde diurne...

*   *   *

Nous avons dans ce chapitre, à l'aide de quelques poèmes de *Charmes,* examiné comment se comporte la conscience, en des instants particuliers, «critiques», par rapport aux choses qui l'affectent et sous les formes et les thèmes différents s'est révélée une sorte d'unité dans le déroulement: on pourrait la définir comme un double mouvement en sens opposé qui engendre une tension, double mouvement d'espoir et déception, de confiance et de critique, de *charme* et de désenchantement, de sympathie et d'isolement, d'attirance et de répugnance. Chaque fois l'attitude en face de l'objet était d'abord un abandon sans réserve, dominé par l'étonnement et l'interprétation dans *Ode secrète* et les poèmes qui l'entourent, la contrainte de l'imitation dans *Au platane,* l'usurpation souveraine dans *Aurore.* Trois fois, à cet élan, à cette sympathie avaient répondu le mépris et la désillusion: dans la froide ambiguïté du ciel nocturne, dans le brusque et violent rejet de la part de l'arbre «investi» érotiquement, dans le frisson au moment où le monde des hommes qui se présentait clos à la lumière du matin, reprend sa transparence. Les citations des Cahiers nous permettent de préciser chacun de ces états plus qu'il n'était possible jusque-là et de déplacer sur des expériences peut-être fondamentales de la réalité l'accent qu'une interprétation parfois un peu formaliste faisait porter sur l'aspect allégorique des poèmes.

Dans le champ de tensions ainsi délimité avec son double mouvement caratéristique entre *charme* et désenchantement, la rigidité des déterminations de L'Étant-pour-soi et de L'Étant-pour-nous est sans cesse ébranlée, tantôt avec acharnement, tantôt avec volupté. Valéry a tenté d'en définir la relation par différents couples de notions (point toujours très précises, parfois même contradictoires): les antinomies *être et connaître formel* et *significatif* (à quoi s'ajoute en tiers la notion d'*accidentel*), *continu* et *discontinu*[135]. C'est un des thèmes centraux des Cahiers. Citons comme exemple un essai pour systématiser partiellement ces notions:

> Prendre carrément l'être et le connaître comme principes (au sens des physiciens). Entre les deux, le Hasard.
> Je reviens au type d'antan:
> Lois formelles — c'est l'être.
> Lois significatives — c'est le connaître.
> L'accidentel — le hasard.
> Peut-on fonder sur ce trépied une méthode, un système d'équations simultanées, un calcul assez rigoureux?

La réponse qu'il donne lui-même à cette dernière question est teintée de scepticisme:

> L'intérêt de ceci est plus dans la présence automatique des moyens d'être *complet* — que dans la rigueur possible.   6.191

Les combinaisons ou les mélanges de ces principes présentent un intérêt tout particulier: ainsi le rêve par exemple est défini comme «la signification du formel».[136] Mais on peut se demander si une autre antinomie fondamentale concernant la position de l'homme dans le cosmos ne répondait pas mieux à cette problématique du comportement face aux choses extérieures: je pense à l'antinomie de l'anthropomorphisation et de la désanthropomorphisation qui semble mieux que toute autre propre à définir la nature particulière de l'esprit valéryen. A ce propos, encore une citation:

> Figures sur l'échiquier.
> Ce gribouillis, orbite, chemins, schème éclaire, soutient ma pensée et tant qu'elle le fixe sans le voir, s'y voyant; mais dès qu'elle le voit, c'est un gribouillis.
> Et de même le mot, dès que je le perçois lui-même n'a plus de sens.
> Ainsi ce «cheval», cette «maison» se peuvent changer en bruits, comme ce dessin, cette carte en gribouillis.
> Cette alternance sur les mêmes phénomènes fait que l'on peut comparer les plus significatifs même à ces figures qui sont et ne sont pas, que l'on voit obstinément ou à la longue ou d'abord, pour un certain temps, sur un échiquier dont on supprime je ne sais comment toute une partie pour garder ou une croix, ou une image de diagonales etc.
> La «profondeur» des penseurs est un genre de vue qui, parfois, remonte de la figure à l'échiquier, parfois, poétiquement, lit des figures sur l'échiquier.   4, 591

Le génie analogique de Valéry se plaît ici à étendre aux problèmes d'attribution et de privation de sens un phénomène que la *Gestaltpsychologie* appelle figures réversibles[137]. Regardé d'une certaine façon, un gribouillis peut devenir signifiant, mais un objet signifiant par définition, comme un mot par exemple, peut perdre toute sa signification. L'analogie des figures réversibles montre donc que l'attribution de sens peut être la même chose que l'anthropomorphisation et la privation de sens que la désanthropomorphisation. Celui qui lit des figures dans le dessin d'un échiquier anthropomorphise; celui qui, dans les figures courantes dotées de sens, voit un dessin ornemental, désanthropomorphise. Et Valéry nous confirme encore une fois que l'acte par lequel l'œil voit dans un dessin une figure (croix, diagonale...) est très proche de l'acte poétique. Par contre, pour parler très en général, la découverte d'un dessin dans une figure ressortit à l'activité analytique de la science objective. Il est alors clair que le drame qui se joue dans chacun des poèmes cités commence par l'anthropomorphisation et se termine par la désanthropomorphisation. Nulle part ce n'est exprimé de manière aussi absolue que dans *Ode secrète*[138], en quelque sorte comme la situation fondamentale de ce conflit de l'humanité.

Il est évident que tout ce complexe plonge aussi ses racines dans la psychologie individuelle, comme j'ai essayé de le décrire au premier chapitre. Une réflexion sous la rubrique «Gladiateur» nous éclairera encore là-dessus:

> Il faudrait arriver au point divin où l'on lâche la considération des choses pour passer à la considération des *signes* et puis revenir.
> Où l'on est libre des actes purement psychiques — indépendants des significations.

La note conclut: «Liberté de l'esprit». Cette liberté de choisir entre un regard tourné vers le phénomène ou un regard tourné vers la valeur, entre une attitude phénoménologique ou une attitude sémiotique face à l'objet, Valéry en a rêvé comme d'une sorte d'omnipotence divine. N'est-il pas étonnant de voir ici se produire à l'intérieur d'un individu des conflits de grande portée dans l'histoire des idées? Et l'on pourrait ici appliquer la phrase: *ou monon mathon alla kai pathon ta theia...*[139]

Ce qui précède inspire encore une autre réflexion. Le monde dont Valéry fait l'inventaire dans les poèmes — étoiles, arbres, vignes —, c'est la nature intacte, intemporelle. La civilisation moderne n'y apparaît pas, contrairement à ce qui se passe dans une bonne partie de la poésie de la même époque. Que l'on considère le conflit entre anthropomorphisation et désanthropomorphisation comme éternellement insoluble ou que l'on estime que le progrès de la connaissance scientifique y apportera une solution, il vaudrait la peine de se demander quelle poésie est au fond la plus moderne: celle qui nomme la locomotive, l'avion, l'électricité mais les anthropomorphise de toutes ses forces, ou celle qui, se cantonnant dans la nature intemporelle, ne craint pas d'aller jusqu'au bout dans le conflit de l'anthropomorphisation et de la désanthropomorphisation.

CHAPITRE III

LA CONNAISSANCE CORROBORÉE PAR ELLE-MEME: UNE POÉTIQUE ANTICIPÊE

> Comment fait-on pour détruire
> l'habitude qui empêche de voir
> une chose?
> Cahier 1, 201

> Et voilà que pour rendre la sensation de
> la vie, pour sentir les objets, pour
> éprouver que la pierre est de pierre,
> il existe ce que l'on appelle l'art. Le
> but de l'art, c'est de donner une sensation
> de l'objet comme vision et non pas comme
> reconnaissance; le procédé de l'art est le
> procédé qui consiste à obscurcir la forme,
> à augmenter la difficulté et la durée de
> la perception.
> Victor Chklovski: L'art comme procédé
> (1916)

Inversion
Tirer le poème de réflexions sur la poésie, d'une forte imagination de la
Poésie. Ne pas trouver la Poésie à la suite d'un incident qui va à un état,
mais partir de l'état vers les incidents, le créer d'abord par connaissance de
sa nature et structure — et instituer la phase poétique, a priori.
Voilà mon "idéal" de "poète".   17,870 (1935)

Ce célébre «idéal de poète», tel que le formule cette note de 1935, les
chapitres précédents ont tenté d'examiner dans quelles conditions il a pris
forme, pour faire un peu contrepoids à une absolutisation de l'idée de
conscience, trop systématique et trop éloignée de la vie. Ce chapitre se
propose, pour rétablir l'équilibre, de déterminer dans quelle mesure

Valéry a réalisé l'idéal de *l'a priori* emprunté à Poe, idéal qui exigeait qu'une entière clarté soit faite au préalable sur le dessein créateur, non seulement dans le métier déjà largement maîtrisé, mais dans la connaissance de la chose poétique en presque tous ses constituants: depuis la relation de la pensée à l'écriture, en passant par la nature du vers jusqu'à la réception de l'œuvre auprès des lecteurs ou des critiques. Inutile de dire combien sur tous ces points il a dépassé l'impulsion donnée par Poe et son exemple, sans cesser de vanter ses mérites (en laissant presque complètement de côté le poète): n'avait-il pas, le premier et le seul — comme il est dit en 1917 —, mis le cap sur le mécanisme mental comme producteur d'œuvre (6,717)?

Qu'avait pensé Valéry, que *savait-il* de la poésie à l'époque où il revenait à la création? Ou pour poser la question dans le goût de Monsieur Teste: de quelles connaissances disposait-il, de quoi était fait son potentiel, qu'avait gagné son «implex» pendant ces années? La question même trace les limites de ce chapitre, comparé aux grands travaux sur la poétique et l'esthétique de Valéry, ceux de J. Hytier, ceux de W. Ince qui étudient le rapport de l'inspiration et de la technique, ou la vue d'ensemble qu'a donnée H. Harth.

On verra qu'une grande partie des idées et des analyses notées à cette époque déborde le corpus des œuvres de la maturité ou les traverse pour les dépasser. En principe cela pourrait même valoir pour toutes, au sens où Ned Bastet, dans un excellent essai, a parlé d' «œuvre ouverte»[1]. En tout cas l'idée citée au début demeure: Valéry ne veut pas devoir l'œuvre à quelque hasard obscur, mais à la réflexion méthodique. Elle n'est nullement rétrospective en 1935, mais regarde bien plutôt l'avenir et cette ambition de renverser les anciennes conceptions, de remplacer, pour employer les termes de Leibniz, la *cognitio confusa,* mode de connaissance de l'art, par la *cognitio distincta,* connaissance rationnellement fondée, habitera Valéry en tout temps. Considérées de ce point de vue, les œuvres qui ont réellement pris forme ressemblent à ces concrétions calcaires aux veines capricieuses que la mer rejette sans en être elle-même changée et sur lesquelles Valéry a tant réfléchi[2].

D'un autre côté il ne manque pas de déclarations — ce sont parfois les mêmes — qui esquissent par avance, de manière étonnante, certains traits concrets, caractéristiques de ces poèmes. Bien des fois cette prescience de choses, qui souvent d'ailleurs referont surface par la suite comme si elles n'avaient pas été sues, a quelque chose de divinatoire et pose une énigme qui paraît insoluble. On trouvera enfin des notes qui évoquent déjà certain grand poème aux qualités bien déterminées comme s'il n'y avait plus qu'à dévoiler la statue achevée [3].

Ces anticipations (nous réserverons celles qui concernent nettement la *Jeune Parque* pour le début du commentaire) sont à mon avis la révélation la plus remarquable, parce que la plus inattendue malgré tout, que peuvent offrir les Cahiers dans le champ de la poétique.

L'une des plus énigmatiques nous servira d'illustration. Au sixième volume des Cahiers, Valéry note des réflexions sur le rapport du poète à ses paroles, la comédie qui se joue entre eux, la caricature qu'en fait le poète etc.; et il ajoute la remarque suivante:

> Que de poèmes, de longs, très longs poèmes partis sur un fragment d'un vers formé tout seul non dans l'idée mais dans la bouche-oreille secrète de l'auteur. Qui est l'auteur?
>
> Ce fragment s'impose, obsède comme une nécessité, comme un germe. Il a mieux qu'une signification mais une excitation à être continuée, et dès qu'il paraît, toute la complexe organisation de l'homme, mécanique, souvenirs, est *auprès de lui* un milieu, un terrain...
>
> Souvent il demeurera comme premier vers, d'autres fois il s'ira intercaler, il terminera. Il faudra en trouver la suite ou bien les causes, la justification.
>
> 6,177

Le lecteur de Valéry pensera ici au poème de la Pythie, dont nous savons par Gide qu'il est sorti, exactement de la manière décrite, du vers: «Pâle, profondément mordue». La composition proprement dite de *La Pythie* se place pendant l'été 1918. Certaines parties pourraient avoir été déjà en travail en 1917, la trace la plus ancienne que nous ayons est la discussion avec Pierre Louÿs sur l'octosyllabe, qui remonte vraisemblablement à 1916. Le texte cité pourtant ne peut être que de mai ou juin 1916. — D'où Valéry tient-il donc son expérience? D'où viennent ces détails, ce fragment né dans la «bouche-oreille» qui envahit toute l'organisation complexe de l'homme, l'utilise comme un sol nourricier, parasite qui se développe en une plante splendide? Nous ne saurions répondre à cette question [4]. La description ne peut concerner la *Jeune Parque,* bien que Valéry y travaille depuis quatre ans, il n'y eut jamais pour elle de vers-matrice. Nous ne pouvons que supposer que la méditation de Valéry a préparé les voies de ce qui allait venir — comme la vierge attendant l'époux. A ce niveau aussi la consigne doit avoir été: «Tirer le poème de réflexions sur la poésie, d'une forte imagination de la poésie». De tout cela on peut tirer une certitude: Valéry devait être depuis longtemps revenu de la thèse de Poe, selon laquelle le poème court devait présenter une unité lyrique d'expérience, si tant est qu'il l'eût jamais faite sienne consciemment.

* * *

La grande majorité des notes que nous avons à examiner ici, traite du rapport de la pensée et de l'acte créateur. Comment la pensée influe-t-elle sur la création, comment se déroule le processus inverse? Il faut naturellement scinder les concepts. Ordinairement la pensée est conçue comme un acte conscient, volontaire et la création poétique plutôt comme un phénomène spontané. La pensée active et la création poétique passive (ou médiale) sont deux choses différentes. La pensée, dira-t-on alors, ne peut créer la poésie et la poésie ne peut pas penser. Mais tout change si l'on conçoit la pensée comme phénomène spontané et la poésie comme acte conscient. Et nous nous rapprochons de la manière de voir de Valéry et de l'usage qu'il fait des mots, car alors la pensée peut devenir le thème, la matière de la poésie. Alors la pensée peut créer poétiquement et la poésie peut penser.

Peut-être est-ce réduire à sa formule la plus naïve la grande confusion de concepts à laquelle Valéry s'est adonné toute sa vie durant, par plaisir et par passion. La pensée produit quelque chose, livre quelque chose. Ce quelque chose est le bienvenu, bien qu'on ne l'ait pas cherché. Avec des réserves cependant: qui voudrait constituer son avoir des épaves que rejette la mer? Le produit peut bien avoir l'air parfait, à sa véritable perfection manquera toujours un trait décisif: ce n'était pas *mon* produit. Pour remédier à ce défaut, il est nécessaire que quelque chose se passe: il faut briser la perle et la reconstituer, fabriquer d'autres perles, de plus grosses ou des colliers. Mais selon quelles lois sinon celles qui se lisaient dans l'objet trouvé? Il s'agissait pour Valéry d'échapper à ce cercle vicieux. La beauté et la puissance des vers, écrit-il en 1906,

> est de ne pouvoir être pensés, c.-à-d. de ne pouvoir venir à la pensée tout mesurés et parfaits, combinés, liquides, musicaux et denses. La pensée ne fait pas naturellement de poèmes mais au plus des fragments.   3,858

Par un dangereux jeu de mots, Valéry égale «être pensé» à «venir à la pensée». Mais quand la poésie se met à l'œuvre, selon quelle échelle mesure-t-elle, que combine-t-elle, que perfectionne-t-elle, selon quelles règles, d'où lui vient l'idée du coulant, du musical, du dense? Et ne faut-il pas retourner la question et se demander si certaines lois n'avaient pas déjà joué lors de l'apparition des «fragments», ou si, dans le choix de ceux qui méritaient d'être retenus, certains critères n'avaient pas prévalu, dont l'action pourrait être due aux habitants de l'autre rive?

A propos du style, qui représente l'ensemble des choix ainsi faits, Valéry constate:

> Le style est donné des fois par le hasard, des fois par la recherche quand celui qui cherche est assez maître de ses ressources. Mais dans les deux cas, il faut que trouvaille ou décision soit acceptée — par cet auteur en qui elles ont lieu. Et ce nouveau quelqu'un qui accepte et approuve, on l'appelle autrefois le goût. C'est-à-dire la tendance générale des adhésions, la loi supposée de cette perspicacité et de ces oui ou non, particuliers.
> Mais quand ces deux personnages sont fondus, ou indiscernables, il y a instinct.   3,58

Réponse peu satisfaisante et caractéristique en même temps de la situation de celui qui pose la question: le *goût*, en tant qu'organe de censure, a beaucoup perdu de sa compétence, il ne reste plus que l'auto-critique. En matière de critique, à l'exception de quelques amis très intimes, Valéry a en fait toujours récusé la compétence d'un tiers (nous aurons à y revenir).

Que l'instinct pût être une instance douteuse, il le voyait lui-même:

> Rien à faire avec «instinct», car cela même est un instinct de sortir des instincts. Rien ne ressemble plus à une impulsion que la crainte de l'impulsion.
>
> Si chaque instinct est la voix d'un organe ou d'une fonction, celui de raisonner aussi: et qu'est-ce que ces fonctions qui *parlent,* ces organes qui viennent au chapitre?   1,700

Si le raisonnement critique aussi ressemble à un organe gênant qui veut se faire entendre, alors voilà son autorité bien compromise. A cette rude semonce qu'il s'adresse à lui-même à l'époque de Monsieur Teste (et de Schopenhauer) Valéry ajoute une comparaison qui, elle, sort plutôt de la méthode de Léonard, la comparaison de l'araignée qu'il réemploiera volontiers par la suite:

> L'instinct de la toile d'araignée, en quoi diffère-t-il de l'instinct non plus de la bête mais du tissu qui fabrique coquille, organes, squelette?
>
> L'araignée produit le fil — et là ne pense pas, mais elle se meut ensuite pour en choisir le lien, et pour mener sa construction.
>
> L'esprit ressemble à cela. Il produit sans s'en douter un fil et le met en œuvre en s'en doutant.

C'est peut-être faire beaucoup d'honneur à l'araignée[5] — mais peu importe la justesse de la comparaison. L'essentiel est la possibilité qui se dessine ici d'échapper aux rets de l'instinct, d'accéder à une autonomie de l'esprit — de l'esprit en acte — lavée de tout «soupçon d'instinct», par le double moment de la *conscience* et de l'*ordre*. Longtemps cet acte double — élever à la concience et mettre en ordre — semble revêtu d'une pure signification formelle, comme s'il s'agissait de sacrements dont la seule évocation pouvait réduire au silence les voix du doute. Mais il ressort peu à peu qu'une fois ce pas accompli vers ce que l'on pourrait appeler en langage moderne une *opérationalisation* générale, on ne peut ni ne doit plus revenir en arrière, que la forme perd l'avance qui lui avait été accordée au début pour des motifs peut-être encore irrationnels, que le vide ainsi produit se comble et qu'un nouvel édifice peut s'élever — plus artificiel et plus homogène à la fois — à un niveau de conscience supérieur[6].

En 1893, devant Gide, Valéry s'était encore vivement défendu de nourrir après son retrait de la littérature quelque «arrière-pensée littéraire», comme le croyaient bien des gens de son entourage qui le soupçonnaient même de travailler à un *genre nouveau* à l'abri de l'abstinence qu'il proclamait. Dix-sept ans plus tard il écrivait — non plus à Gide mais toujours au conditionnel — qu'il devrait y avoir une littérature nouvelle qui serait à l'ancienne ce que l'algèbre est à l'arithmétique:

> Il est une littérature. Il y en aurait une autre qui serait à la première ce qu'est à l'arithmétique, l'algèbre.

> La seconde ferait la première oiseuse en grande part, étant la conscience qu'on en finit par prendre, et le remplacement d'une foule de *contacts* par une seule *vue*.
> Cette algèbre séparerait d'abord les opérations réelles de la pensée (sur un texte) d'avec les fictives.   4,426

L'élément formaliste: la littérature du premier degré deviendrait «oiseuse» à mesure que l'on prendrait concience de son mode de fabrication; l'élément qui va plus loin: la littérature nouvelle aurait le caractère généralisateur de l'œil qui saisit d'un coup ce que la main additionne péniblement à tâtons. Les véritables opérations de la pensée sur le texte, ce sont celles qui se déroulent pendant le travail du texte et qui — dans un sens qu'il faudra encore préciser — le constituent en tant que tel. Est fictif ce que l'on croit faussement être le texte, donc son contenu, qui est préétabli, au moins dans la ligne générale. Même teneur dans une note, antérieure encore de onze ans, qui traite uniquement de la pensée pure et ne juge pas positive une application à la littérature, sans toutefois l'exclure complètement. Valéry commence par distinguer dans l'activité de l'esprit un état passif, *état de matière*, qui s'oppose à l'*état d'action,* puis constate que, suivant son penchant pour la difficulté, il se concentre toujours principalement sur l'opération de la pensée,

> au lieu que les notions mortes — les simples dénominations — les images stables — ne me disent rien.
> Il s'ensuit qu'en littérature, je m'ennuie d'écrire ce qui n'est pas au moment où je l'écris une chose active et que je tâche toujours de sacrifier la *matière* à l'opération du moment. Ici comme en algèbre, les contenus n'ont pas d'intérêt, ce sont leurs liaisons d'opérations qui importent.
> Mais une opération peut devenir matière ensuite.   1,690

Pour ne pas donner l'impression de vouloir faire servir la chronologie aux besoins de la cause, soulignons que cette chronologie a un caractère statistique auquel on peut dans l'ensemble se fier. Dans le détail la décision et la confiance sont sujettes aux plus extrêmes variations (nous verrons à quel degré de pathétique elles peuvent atteindre).

En 1899 on lit cette note d'un ton très décidé:

> Toute la littérature connue est écrite dans le langage du *sens commun*[7].
> Une littérature à procédés plus recherchés est possible.

A quoi ressemble alors un poète traditionnel du sens commun?

> L'intuition naïve ne fournit que des solutions particulières.
> «L'âme du poète» ne connaît que des valeurs linéaires. Le poète généralisé s'exprime au moyen de fonctions et d'éléments quelconques adoptés sur le champ sans égard à leur existence hors du besoin momentané et il «ne» songe pas à en réduire le nombre, à le maintenir.   3, 881

A cette littérature *empirique* au sens étroit Valéry voudrait opposer:

> Les propriétés sur lesquelles la littérature se fonde, et les formes qui la

constituent entièrement sont susceptibles d'un développement propre, diffèrent de la littérature empirique.

Un coup d'œil lucide en arrière lui révèle la raison de son isolement:

> Le sentiment que j'ai eu de l'existence générale de ces formes et l'amour d'une littérature non empirique, l'un toujours plus net et plus vrai, l'autre toujours plus fort, m'ont séparé des camarades.   3, 901

Les compagnons en littérature apparaissent plus souvent encore comme de simples hommes de lettres. Ce qui l'amena à se séparer d'eux, ce fut son besoin de liberté vis-à-vis des mots, entendons des objets (qui manifestement ne furent pas toujours des «notions mortes»). Quand il s'agit de cela, on ne peut songer à la pratique!

> J'ai fini par concevoir le travail littéraire d'une sorte qui me sépare des littérateurs — et de la pratique.
> Je me suis placé au-delà des mots, leur imposant des conditions préalables et les voulant appeler non par le hasard, c'est-à-dire
> le *sujet* agissant en moi, mais demeuré libre, sans m'attacher à aucun, sans croire que l'un soit nécessaire à tel endroit.
> Il faut conserver tout le temps l'indépendance de ses mots.   3, 736

Eternelle rancune à l'égard des mots!

> Les mots ne sont que des mots! et un littérateur qui oserait le laisser sentir dans son écrit, par la facilité à les joindre entre eux, à s'en passer, à traverser ses phrases d'autres phrases — qui le lirait? Il montrerait cependant leur vraie nature. La littérature ne peut supporter sa vraie nature.
> 2, 824

Toujours quelque chose pousse Valéry à postuler, comme condition préalable d'un art conscient, la transformation de l'homme en une machine de verre (de l'auteur à l'homme, l'écart peut être, selon le cas, nul ou infini):

> Je préfère les œuvres d'art dont la technique et le parti pris découlent d'une conception entière de l'homme, qui apparu à l'auteur comme une sorte de machine lui suggère les modes de la faire jouer — au sujet de n'importe quel sujet. C'est ce que l'on appelle art conscient.   4, 201

D'où l'apostrophe qu'il lance aux littérateurs — et encore plus à soi-même — sur le ton du pire despote:

> Littérateur, songe que ton livre peut tomber sous les yeux d'un Bismarck[8], d'un Aristote...   2, 654

La recherche des mots qui pourraient décrire le travail mental, est littéraire au sens péjoratif. Car cela ne devrait intervenir que dans une seconde phase du travail:

> Cela est littéraire qui use des mots dans travail de la pensée, au lieu de ne s'en servir qu'après ce travail arrêté (dans un travail secondaire). Le travail littéraire est toujours prématuré.   4, 66[9]

Ce bouleversement du rapport de la langue et de la pensée jette un jour inhabituel, parce que issu de la négation, sur la particularité de toute langue littéraire.

C'est à l'ombre du plus imposant de ces littérateurs que Valéry s'attaque, quand il rêve d'atteindre par un entraînement continuel à la maîtrise de tous les moyens, condition préalable d'un exercice de l'art parfaitement réglé dans la forme, parfaitement libre dans le rapport avec les mots:

> La poésie dégoûte comme mode habituel d'expression, à tout propos. Mais sans habitude elle est inhabile.

> Mais pourtant qu'elle fasse sentir qu'elle est la *limite* à laquelle arrive la parole intérieure longtemps contenue, peu à peu assouplie, articulée parfaitement, possédée dans tout son groupe, devenue au moment d'aborder l'air, réglée, disciplinée, — mue sans hésitation (ce qu'on appelle rythme et mouvement) — et d'autre part la limite de la pensée même devenue libre avec les mots, à force... d'un exercice croissant.   4, 204

Limes: poésie comme détermination d'une valeur limite. Nous tenons ici la pensée favorite de Valéry, la plus attaquable dans sa métaphorique, la plus impressionnante par l'attitude qui la sous-tend. Parcourant au pas de charge le gradus ad Parnassum, nous voici déjà arrivés de l'algèbre au calcul infinitésimal. Encore une fois ceci ne doit pas s'entendre d'un strict point de vue chronologique, dans la mesure où la même idée, dans le passage cité plus haut, a bien plus le caractère d'un projet que dans une version de huit ans plus ancienne qui voudrait présenter la littérature comme les valeurs maxima de différentes courbes fonctionnelles dans un système de coordonnées:

> Littérature.
> Courbe du maximum de plaisir à tel sujet.
> Courbe du maximum de clarté et de division... dito   1, 798

Mais l'étonnant est que la métaphore du maximum continue à agir comme idée directrice et même — si paradoxal que cela puisse paraître — avec le caractère d'une certitude salvatrice, sans laquelle rien de grand ne peut se faire, si l'on en croit ce qu'écrit notre rigoureux analyste: *La foi est une vigueur qui se prend pour une vérité.*

En 1912 les conditions ont mûri et Minerve peut surgir tout armée de la tête du créateur:

> Tel poète moderne au lieu d'imaginer son sujet — un objet et d'arriver jusqu'aux mots en revenant sur cet objet, ne pense aucun objet particulier — mais imagine un poème et toutes les conditions de son maximum de puissance ou de grâce — et croit parvenir à finir par le lire dans sa tête.
> 4,732

Autre métaphore importante — empruntée encore une fois à l'algèbre — qui s'élabore au fil des années: celle du déroulement logique d'un développement mathématique. Elle offre d'une certaine manière à ce qui est à créer la chance de dépasser le pointillisme et de s'ordonner dans l'espace.

> Toute proposition algébrique correcte, a un sens. Pourquoi pas dans la
> langue?   3, 677
> La littérature n'admet pas les développements indéterminés. Elle ignore
> la fugue, les jeux, les figures symétriques, inverses etc. Jamais on n'a pu ni
> faire ni supporter un livre uniquement formel, une pure suite de méta-
> phores ni une pure chaîne de syllogismes.   3, 733

A côté de ce dernier texte Valéry note une formule extrêmement
typique de ce qu'il entend par pureté: «Syntaxe sans paroles», condensé
idéal en vérité pour toutes les muses — logique, linguistique, musique
(«Romance sans paroles») — qui doivent se pencher sur le berceau de
l'enfant.

Quelque temps plus tard il rêve d'un poème effectivement algébrique
et en indique même déjà la longueur:

> Poème. Dix pages. Prose sur le modèle d'un développement algébrique.
> Toute phrase importante — formule — mouvement immobile. Attention.
>   4,200

Le terme de *prose* évoque Mallarmé qui, pour un de ses poèmes les
plus ambitieux, se recommandait du genre, selon lui, le plus noble de la
poésie du Moyen Age, la *séquence*. Valéry aussi veut une sorte de
séquence.

Enfin le dernier domaine métaphorique dont s'empare Valéry est celui
de l'expérimentation. En 1902 c'est sous cette forme qu'il évoque sans
détours son ambition littéraire:

> Je m'aperçois que mon ambition littéraire est (techniquement) d'organiser
> mon langage de façon à en faire un instrument de découvertes — un opéra-
> teur, comme l'algèbre, ou plutôt un instrument d'exposition et de déduction
> de découvertes et d'observations rigoureuses.   2, 493

Tout ceci culmine dans une déclaration de 1910, où Valéry parle de la
réussite de l'expérience avec l'assurance d'un penseur de la Renaissance.
Ce n'est pas un hasard s'il s'agit là d'une phrase-clef du *Novum Organum*
de Bacon[10].

> L'art ira à des constructions pareilles à celles des ingénieurs. Innover
> dans la nature, au moyen de ses moyens. Ce que je puis ressentir contient ce
> que je n'ai jamais ressenti et on peut me le faire ressentir par une «machine»
> appropriée. Le résultat sera un accroissement de moi, mais viable. Il n'est
> tiré directement de moi par les circonstances de hasard, mais plutôt déduit
> de mes propriétés en général; et s'il est bien déduit il défiera tout scepti-
> cisme et existera.
> La rigueur ne s'atteint que par l'arbitraire[11].

En 1902 on lisait encore:

> Le littérateur est un ingénieur, par rapport auquel je voudrais être physi-
> cien.   2, 650

Il ne faudrait pas tomber dans l'erreur commune d'isoler une de ces
comparaisons pour en faire par hypostase un concept inébranlable. Ma-

thématicien, physicien, ingénieur et — potentiellement — architecte et artisan, Valéry, à certains moments, semble descendre spéculativement tous les degrés de l'incarnation, depuis l'intuition pure, sans cependant en abandonner aucun. La performance décisive de cette «machine à accroître le moi» qu'il imagine (pièce de choix certainement pour un musée de la technique imaginaire) sera de travailler *secundum naturam,* d'écarter le moindre soupçon d'instinct, de fournir ce que Valéry exige de la littérature ou plus exactement, de l'activité littéraire: une occasion de découvertes.

> Littérature! tu n'es rien si tu ne me donnes la sensation de la découverte.
> 3,434[12].

* * *

Arrivé environ à la moitié du chemin qui va du renversement des idoles au *renouveau poétique,* Valéry fait une expérience qu'on pourrait croire très éloignée de lui et sur laquelle même plus tard il n'a pas rompu le *grand silence:*

> Que le projet te fortifie! Après tout, c'est le grand dessein qui désigne et isole et élève. L'étendue et la discipline, plus elles sont grandes, plus le monde est court. Par méthode, l'homme cesse d'être incertain, les choses infinies, la vie informe.   3, 442

Comme nous voilà loin de Schopenhauer — même s'il n'en est pas de même tous les jours!

> Le scepticisme n'est pas chose intellectuelle — mais sentiment.   4, 704

Pourtant il est toujours confronté à un problème majeur: comment transposer les résultats abstraits de la pensée dans la langue de la poésie qui, selon ses propres idées, doit trouver son essence non dans l'abstrait, mais dans la forme sensible? Traditionnellement les concepts et les universaux sont déplacés en poésie. Il est impossible, écrit Vico,

> ch'alcuno sia e poeta e metafisico egualmente sublime, perchè la metafisica astrae la mente da' sensi, la facultà poetica dev'immergere tutta la mente ne'sensi; la metafisica s'innalza sopra gli universali, la facultà poetica deve profondarsi dentro i particolari[13].

Valéry s'insurge contre cette tradition. Il veut changer l'ordre du monde de l'esprit. Pourquoi les concepts à l'aide desquels il avait entrepris de réordonner son monde, ne chanteraient-ils pas?

> O mes étranges personnages — pourquoi ne seriez-vous pas une poésie;
> Toi, Présent, — et vous, Formes, et vous, Significations, Fonctions et Phases et Trames.
> Toi, acuité de la netteté et point; et toi, l'informe, le latéral?
> Cette espèce de re-création, que ne chanterait-elle pas?
> Mais que d'exercice avant de se rompre à sa propre pensée!
> Penser librement cette pensée, ces éclairs, ces moments séparés—les penser en nature même.

> Et après la recherche des éléments purs, les épouser, les être, les faire enfin
> vivre et revivre...   4, 612

Il est clair que cette poésie de pensées, si neuve et si personnelle, réclamait au préalable des idées neuves et personnelles, même sous des noms anciens. Nous connaissons déjà «Informe»: «phase» et «latéral» seront présentés dans ce chapitre, «présent» au chapitre suivant. Pour le moment, la réunion des concepts ne donne qu'une ronde abstraite et quelque peu raide:

> Muse de la rigueur, précise figure, limite
> Muse du changement, chante Protée, adapte-toi
> Muse du trouble informe, Muse quelconque, endors, ronfle
> Muse du renversement volontaire, délivre, détache
> Muse du multiforme et de l'agrandissement, muse des possibles,
> Muse des maints chemins qui se rejoignent
> Muse des formes   3, 635

Son pendant, d'une tout autre nature, mais tout aussi particulier, se trouve dans la première *Grande Ode* de Claudel[14].

Une fois même c'est une grand-guignolade que Valéry est tenté d'imiter:

> J'ai vu une pièce terrible — tout angoisses, hontes, intensités, et je me
> dis: Faire aussi *fort* que tout cela, aussi poignant et empoignant, mais dans
> l'ordre de l'intelligence.   4, 620

Nous revenons à la pensée impassible avec cette esquisse de projet qui contient quelques points de vue très importants:

> Contempler une idée comme on contemple une figure ou une équa-
> tion, cherchant ses relations internes et les conséquences en puissance de
> l'apposition et de la connexion de ses éléments. Et pourquoi pas ce travail
> en littérature au lieu de ne faire que passer?
> Ce progrès immobile, ce développement qui n'est successif que comme
> le tour d'un édifice.   4, 850

Dans un complexe d'idées donné étudier la composition; peser les conséquences possibles d'une permutation et d'une redistribution des éléments; ne pas dépendre de facteurs ajoutés de l'extérieur. toujours entachés d'arbitraire ou de hasard (ou de hasard arbitraire); avoir en vue un progrès statique, à quoi correspondrait peut-être une forme cyclique, s'enroulant une ou plusieurs fois sur elle-même; faire le tour de l'édifice, car un seul angle de vue ne peut en découvrir la vérité totale; envisager peut-être aussi le déplacement du soleil autour de l'édifice, en espérant ou en spéculant que tout ce que l'on aura perçu de phases partielles, d'états intermédiaires, de types de combinaison, finira par aboutir à une synthèse... Cette ivresse de composition mérite qu'on s'y arrête, car elle ne demeurera pas, elle ne *peut* plus demeurer sans conséquences concrètes!

Ajoutons encore qu'on ne peut envisager la réalisation de tels projets si l'on n'est pas convaincu — nous l'avons déjà évoqué dans un autre contexte — que la séparation de la science et de l'art, de la géométrie et de la finesse est dépourvue de sens, ce que Valéry formule de la manière la plus nette en 1906:

> Science et art sont des noms grossiers, en opposition grossière.
> Dans le vrai, ce sont choses inséparables.   3,779

★ ★ ★

Mais revenons un instant en arrière pour examiner comment Valéry concevait le rapport de la pensée à la parole ou à l'écriture[15].

Dans la pratique c'est pour lui combat toujours douteux. La pensée est prompte (surtout chez lui), mais fugace, l'écriture est plus lente (même chez lui), mais elle dure:

> L'habitude de méditer chasse enfin le pouvoir et la manie d'écrire. Tout semble longueur. Tout ce qu'on écrit ressemble à ces milliers de riens intellectuels qu'il faut vaincre avant de penser purement et exactement, avant de se trouver cette pensée ou ce mode — nécessaire, naïf, spontané et ardu, simple et si coûteux — qui est au-dessus de tout.
> Mais ce mode même vient de la volonté d'écrire ou fixer.   4, 427

De l'adéquation toujours imparfaite de l'expression à la pensée résulte même, selon Valéry, une conséquence remarquable pour l'histoire littéraire:

> Comme les fantaisies de l'esprit ne sont exprimables que par des combinaisons d'éléments donnés et des altérations du monde observable, le dégoût vient rapidement de ces expressions et l'impression de factice et de faux se produisent. D'où les réactions périodiques qui prennent le nom de Naturisme, Réalisme etc. On indique par là une nécessité — celle de mal exprimer l'esprit même.   2, 680

Mais l'écriture exerce aussi une contrainte utile sur la pensée, en l'obligeant à s'affirmer et il lui est tout de même possible de s'en approcher suffisamment pour mériter le terme d'*allusion*.

> Ecrire, est-ce pas toucher de plus ou de moins loin sa pensée?
> Ne savoir plus ou moins la contraindre à être? ou ailleurs, être contraint à la connaître?
> Chaque mot touche plus ou moins loin.
> Allusions.   4, 432

N'être qu'allusion, dit Valéry en opérant une surprenante volte-face, ce peut être pour l'écriture un bon point:

> Excellent de ne pas trouver le mot juste — cela peut prouver qu'on envisage bien un fait mental, et non une ombre du dictionnaire.   2, 192

Car le dictionnaire, comme on sait, est une collection de fossiles.

> Tout est prédit, par le dictionnaire.   3, 888[16]

La forme littéraire par contre n'est possible — cela, Valéry le souligne très vite et très clairement — que parce que les mots, comme il le dit, n'ont pas le monopole de leur sens (2, 605).

C'est un thème constant de ses recherches. La congruence imparfaite des «mots» et des «choses», des contenus des mots et des représentations des choses, crée seule pour celui qui écrit l'espace libre spécifique, mais elle l'oblige d'un autre côté, selon Valéry, à agir en pleine conscience de cet état de choses et à faire un choix dans l'éventail des mots.

> Ecrivain — c'est prendre position en un point d'où se voit (sic) à gauche toutes les choses, à droite tout le langage.
> Et si un sujet est donné (un thème) pris dans ces choses alors je vois que cette donnée éveille immédiatement un certain groupe de mots dans l'ensemble complet des mots.
> Ce groupe est celui où n'importe qui puiserait naturellement et sans même s'en apercevoir, des éléments pour exprimer la donnée. Mais, écrivain, tu te dois de le rejeter, et de faire le difficile. Tu dois savoir avant toute chose, ou pressentir, que ces mots nécessaires en apparence et habituellement, ne désignent qu'une subdivision particulière des choses, un traitement des impressions prises d'une certaine façon, et non les choses mêmes.
> Pour qu'il y ait des mots, il faut une fixation des choses — or on les peut toujours fixer et débiter d'une infinité de manières.   3, 882

La littérature est une langue dans la langue. On pense en mots ou au moyen de mots et d'autre chose encore. Mais ce ne sont ensuite que des mots que l'on écrit (1, 680). Comment un contenu de pensée se moule dans le matériel linguistique, nous ne le savons pas, nous ne connaissons pas le côté psychologique de la codification. On cherche et on adapte jusqu'à ce que l'on soit satisfait. Dans la recherche elle-même on a cependant l'impression de toujours partir de l'objet à exprimer, de penser «à lui», avec la conviction qu'il existe un terme pour lui. Ainsi peut-on dire que les mots se trouvent tantôt d'eux-mêmes, sans que leur sens précis ait été déjà pensé ou souhaité (ils sont alors éliminés), tantôt après que leur sens ait été pensé (2,430).

A partir de ces considérations Valéry engage une longue polémique, à l'intérieur des Cahiers, contre cette école littéraire qui ne jurait que par le mot juste, unique et irremplaçable, et surtout contre son chef de file, Flaubert. Il parle de «grossière et spécieuse erreur», de «mirage littéraire» après lequel courent les bousilleurs comme après une certitude et il ne ménage pas non plus les sarcasmes à qui met sa gloire à trouver la seule description juste d'une boîte d'allumettes[17].

Sur ce rapport de la pensée et du langage, encore une définition de 1898, donc de la préhistoire de la linguistique moderne:

> Le langage donne le résidu des opérations mentales — un résultat toujours double: 1° l'idée elle-même, 2° sa projection linguistique plus ou moins fidèle dans un espace très particulier. Cette projection conserve seulement la suite — c'est une projection dans le temps. Si un état est instantané, il se traduit linguistiquement en série de temps — en durée. C'est une

> courbe remplacée par une trajectoire. L'esprit inverse retourne à la courbe
> et la considère après l'avoir décrite.   1, 439.

Que d'élégance et de force dans cette comparaison! La pensée est par
rapport à l'expression (ou à l'écriture) comme la courbe par rapport à la
trajectoire. «Trajectoire» s'entend comme un acte dans le temps. La courbe est une représentation a-temporelle. On peut dire déjà en anticipant
que l'ambition poétique de Valéry tendra à maintenir le plus longtemps
possible la trajectoire dans «l'esprit inverse», donc chez celui qui reçoit le
message, à retarder le plus longtemps possible l'extinction de la fusée...

* * *

L'incongruence du mot et de la chose, ou plutôt de la représentation et
du signe linguistique, crée l'espace de la liberté poétique (avec plus de
perfectionnement et l'élimination de l'incongruence, il n'y aurait plus —
dans cette vue des choses — de langue possible, car les constituants de la
genèse des signes disparaîtraient). Dans cet espace un principe que nous
avons déjà rencontré dans le domaine de la composition formelle, prend
une nouvelle valeur: il s'agit de la combinatoire.

> Je trouve peu de gens pour comprendre que la littérature puisse être
> envisagée — au moins comme tentative — en tant que domaine de combi-
> naisons - groupe de *mouvements* autour des représentations habituelles,
> grâce au langage utilisé d'une certaine façon.   3, 88

Bien qu'on ne puisse sans doute en tirer grand profit pour la chose
même dont il s'agit, il ne faudra jamais perdre de vue la motivation de ce
goût pour les expériences combinatoires (l'impulsion de départ ne déter-
mine-t-elle pas encore dans une certaine mesure l'essence d'une chose,
alors même que celle-ci tend à la laisser derrière elle?).

> La réflexion sur la littérature pure ou poésie m'a montré que toute la
> connaissance est un vaste groupe de combinaisons. C'est cette idée qu'il
> faut débrouiller.
>
> Ce qui peut être produit par passion, ou par longs travaux, par observa-
> tion, par calcul — appartient aussi à un ensemble de combinaisons et peut
> être compris comme résultat d'opérations systématiques — sans direction
> instantanée — sans signification spéciale — sans passion — sans occasion.
>   3, 192

La multiplicité combinatoire de son côté ouvre un champ d'action au
procédé qui manipule et relie poétiquement les choses: la métaphore. Car
la métaphore est, par sa nature, multiple: «la métaphore, multiplicité du
changement possible» (3, 244). Naturellement la réflexion de Valéry se
concentre sur ce que la métaphore réalise de plus important, la liaison du
physique et de l'intellectuel, du concret et de l'abstrait:

> La question de traduction [de la pensée dans le langage] se pose de façon
> aiguë dans le cas fréquent et capital où les propriétés physiques servent à
> représenter *naturellement* des propriétés mentales.

> En général toute propriété mentale est représentée par une métaphore physique. Puis la phrase.
> Que conservent ces métaphores? que prouvent-elles? Il faudrait avoir un tableau[18].

Il semble en outre, continue-t-il (sans se douter que Vico a dit la même chose avant lui) que ces métaphores remontent à une époque où la pensée servait uniquement d'instrument pour venir à bout des problèmes de la vie pratique.

> Observer qu'un certain nombre de termes psychologiques sont empruntés aux signes physiques du fait psychologique, ainsi ad-miration. (...)
> Ces métaphores physiques attribuent d'abord à l'esprit les *propriétés des sens*. Ainsi l'esprit (considéré *as a man*) touche, voit, saisit, pèse et mesure, s'éclaircit, s'obscurcit etc. Il agit, subit, absorbe.   2, 98

Ainsi s'explique aussi cette découverte surprenante, qu'un mot est employé d'autant plus individuellement qu'il est plus abstrait (2, 107).

Important pour la pratique est l'aspect de la structure temporelle de la métaphore, dans la mesure où elle se réalise en tant que transfert métaphorique authentique:

> La métaphore est automatique ou cherchée. Si elle est automatique, ce n'est pas *encore* une métaphore. Ce sera une métaphore quand on aura trouvé ou retrouvé un second terme. La ressemblance a pu être instantanée, éphémère, puis, être repoussée. Ce tapis qu'on agite m'a fait penser à l'arrivée d'un oiseau. Puis cela a cessé d'être colombe, et les impressions ont ému d'autres fonctions.   2,851

La métaphore connaît et réclame — au moins en principe — une extension dans le temps pour se déployer totalement et avoir son plein effet. Qu'on se rappelle la comparaison de la courbe et de la trajectoire (l'une étendue dans le temps, l'autre non): il est alors bien clair que la métaphore peut être un moyen privilégié de prolonger le mouvement sur la trajectoire pour une certaine durée minimum. En outre par la concordance dans sa construction avec certains de nos modèles de perception, géométriques ou cinétiques, la métaphore peut transmettre ces perceptions et permet de les reproduire.

> Dégager, préciser, dessiner les formes géométriques et cinématiques cachées dans nos perceptions — et qui sont le squelette des métaphores. Disséquer l'interne articulation et manœuvre.

La métaphore, lit-on vers 1900, naît soit d'un doute quant à un objet (on prend A pour B), soit d'un manque de dénomination (on met alors B pour A), ou bien — et c'est le procédé le plus ambitieux — on la recherche systématiquement en inventoriant les conditions indépendantes, simultanées, auxquelles doit répondre tel objet. Ce procédé est applicable littérairement parce qu'il n'est pas obligatoire que l'objet remplisse toutes les conditions posées et elles seules, l'important est seulement qu'il puisse être considéré à partir des conditions posées et leur être mesuré.

> L'avantage est de fixer d'un coup un ensemble *instable,* de sorte que l'emploi du dictionnaire est singulièrement multiplié puisque ceci permet d'étendre l'usage d'un signe à des fractions de la signification de ce signe.   2, 111

Ainsi les études de Valéry sur la métaphore nous conduisent-elles de plus en plus loin dans les problèmes qui surgissent lorsqu'on veut faire *chanter* les concepts. Il s'agit avant tout pour Valéry d'aller au fond du concept de la *forme,* essence même et contenu du poétique, sinon de la poésie tout entière, comme il le déclarera avec de plus en plus d'insistance. Il prend alors le taureau par les cornes et, par un renversement, fait de l'insuffisance de la langue face à la pensée un principe positif de la langue littéraire. La littérature doit en quelque sorte, pour faire prendre conscience le plus longtemps et le plus fortement possible de cette insuffisance, éviter de sembler avoir trouvé le *mot juste,* le contourner par un procédé périphrastique, en supprimer le caractère véhiculaire — sitôt oublié que perçu — en faveur de la forme qui est indestructible, qui en tout cas ne peut qu'être perçue comme telle ou pas du tout.

> Le procédé littéraire de systématiquement désigner les choses par d'autres mots que leurs noms est juste, en ce que la signification d'un mot produite directement par ce mot tend à s'évader et que cette même signification produite par un ensemble de mots autres tend à se former.   2, 457

On voit apparaître ici, au tournant du siècle, ce concept d'*écart* tant discuté par la suite, qui fut développé à peu près en même temps par l'esthéticien allemand Broder Christiansen sous le nom de «qualité de différence» et qui fut déterminant pour les théories du formalisme russe[19]. En 1902 Valéry précise:

> L'analyse montre de suite que — a priori — on ne peut parler en général de forme et de fond quant à la littérature. Forme implique multiplicité de solutions.
>
> Or, toute phrase absorbée est détruite. Cela est la compréhension. Alors si on veut repasser de la signification *une* au langage on peut ne pas retomber sur la phrase primitive. La forme est le concept qui résulte de cette opération inverse quand cette opération ne donne pas un résultat conforme au texte primitif.
>
> Un temps viendra où l'on verra ce que j'ai toujours vu, c'est qu'il y a en littérature une variété, un art combinatoire différent du «rendu», et dont l'élément *fixe* diffère de tel autre élément employé jusqu'ici concurremment et en mélange. Un art de position et un art de reproduction. Un art de relations internes et un autre de significations.   2, 496

Ces réflexions étaient grosses d'avenir. La vérité historique réclame cependant qu'on examine la genèse de cette autonomisation de la forme (bien éloignée du «culte de la forme» que beaucoup pratiquent sans réflexion) dans la pensée de Valéry. Lui-même — et ce n'est pas sa moindre grandeur — l'a fait sans doute mieux que personne ne le fera jamais. Car, parallèlement à l'objectivisation de la forme, on assiste à la subjectivisation du contenu:

> Singulier mouvement intérieur qui m'a conduit d'une part à ne vouloir
> considérer que la forme des expressions, dans leur *objectivité,* dans leur
> structure générale et par classes d'un groupe entier; et de l'autre à appro-
> fondir le fond jusqu'à l'informe, jusqu'à l'inexprimable pur...   3, 775

Mouvement vers l'informe (le chapitre précédent a tenté d'en retracer les effets) dans lequel le tempérament, le goût de frôler les limites, aura eu autant de part que les influences de la tradition et de l'environnement, que personne — pas même lui — ne peut ni ne veut contester.

★ ★ ★

La volonté de faire table rase n'empêche pas Valéry de rendre à ceux de ses prédécesseurs qu'il admire ce qui leur est dû (sinon dans le détail, du moins pour l'intention générale). Avec dans la plupart des cas un certain supplément caractéristique qui aurait sans doute bien étonné ceux qui en étaient l'objet. A ce propos, comment Valéry se situait-il, avec ses analyses poétologiques et plus tard aussi avec sa poésie, face au symbolisme? Il faut au moins soulever la question. Ce que l'on remarque d'abord, c'est qu'il ne lui jette pas l'anathème qui l'aurait frappé lui-même dans sa première manière. Les attaques contre la littérature en général qui, dans les Cahiers, pleuvent si dru[20] que bien des lecteurs n'ont plus rien su voir d'autre, épargnent en grande partie le symbolisme. Prenant ses distances, mais sans mordant, il évoque en 1905 l'aura religieuse dont s'entourait la poésie au temps de sa jeunesse et ces réflexions reviendront souvent par la suite:

> Entre 1880 et 1900, l'art eut un caractère religieux. Le symbolisme était
> une sorte de religion.   3, 623

Quant au mot de symbolisme, si Valéry le met volontiers entre guillemets, jamais il ne le rejette expressément. On constate plutôt qu'à quelques variations près, la poésie symboliste lui apparaît comme la poésie moderne, qu'il s'y réfère dans ses analyses de l'*écart* et qu'il n'a pas conscience en ce domaine de chercher quelque chose de fondamentalement nouveau, hors la maîtrise par l'analyse justement. Voici encore, dans un idiome fortement mathématisant, une réflexion de 1906, où se lisent à parts égales l'adhésion et la distance:

> La littérature moderne montre à chaque instant l'usage de mécanismes
> syntaxiques faits pour exprimer un seul système complet — détourné vers
> l'expression d'un ensemble de systèmes simultanés indépendants.
>
> Et de même, souvent les mots faits pour un objet, furent détournés pour
> dire l'état, l'accompagnement habituel de l'objet et non l'objet même. De
> sorte que ce pas de rhétorique fut d'employer non plus seulement la relation
> rationnelle, partant d'un nom — mais les irrationnelles habituelles. [Cette
> extension est comparable, pense-t-il, à l'élargissement de la fonction algé-
> brique à la fonction transcendante.] Et la phrase ainsi conçue se décompose
> en une pluralité de phrases qui empruntent un seul mécanisme.

Et il prend comme exemple l'un des mots favoris du Symbolisme:

> «Symbolistes» nous employions le mot *or* non pour ce métal même mais pour appeler l'irréalité la plus riche, un son riche et arbitraire.   3, 787

Si l'on tient compte de cette prédilection, il nous faut comprendre l'apparition du mot *or,* si visible dans le vers final de la *Jeune Parque* par exemple, comme un signe: attention, ici l'on a fait du Symbolisme[21].

Qu'on puisse aussi décrire l'«irrationnel» poétique et sa genèse sans emprunter aux mathématiques, Valéry le démontre lui-même. En quatre étapes il expose comment l'on parvient à charger un mot d'autres tâches que celle de la simple transmission. De cette note aussi on ne peut dire avec certitude si c'est une réflexion rétrospective *(comment se fit la poésie),* une théorie générale *(comment se fait la poésie)* ou une anticipation *(comment se fera la poésie).*

> A   Il vient un moment où les mots ne sont plus assez forts pour procurer des images propres intenses et fermant l'horizon instantané. A ce point, ils ne sont plus sensibles et deviennent de *pures transmissions.*
>
> B   Alors on cherche à retrouver le caractère primitif suggestif du langage en substituant au mot direct un groupe de mots chacun non exact et dont l'alliance doit donner par voie indirecte la vision requise.
>
> C   On est conduit par suite à rechercher les fonctions de plusieurs mots équivalentes à un mot donné. Cette opération est l'inverse de l'abstraction. On se rend compte très fortement que dans tel cas le mot propre sera *imperceptible.* On veut l'appuyer pour qu'il ne soit pas accueilli comme une pure transmission, et absorbé sans donner lieu à visions et à retentissements — détruit invisible etc.
>
> D   Les procédés généraux trouvés pour racheter ce mot de l'obscurité et de l'oubli instantané sont: la métaphore, la construction (du sens), la détermination de ce sens par des moyens irrationnels (voisinage, simultanéité).   3, 93

Ce texte contient un grand nombre de déterminations importantes que nous reprendrons peu à peu. Pour l'instant nous nous occuperons d'une phrase de D, selon laquelle le mot, dans la langue poétique, peut être racheté de «l'obscurité et de l'oubli». Si déjà quelque chose ici transparaît dans les formulations, qui vient d'une autre pensée que celle de Valéry, cela va, dans la note suivante, jusqu'à la réminiscence littérale:

> Le vrai «symbolisme», entièrement différent de l'allégorie consiste à déterminer une chose ou un état, en provoquant le même réflexe qu'elle provoque. Plus généralement, on place le patient dans des conditions telles qu'il ne peut manquer de produire l'image ou l'état que l'on veut qu'il éprouve. Il résulte de cette définition que le nom de la chose même doit plutôt être *évité,* car c'est tarir en sa source l'excitation que l'on cherche à produire, que de la nommer.   4, 489

Otons le mot «patient» — comment ne pas entendre dans les dernières phrases la célèbre définition du symbole suggestif, telle que Mallarmé l'exprime dans l'enquête Huret: «*Nommer* un objet, c'est supprimer les trois quarts de la jouissance du poème qui est faite de deviner peu à peu...». On s'étonne que Valéry, dans de tels passages, ne fasse aucune allusion à Mallarmé. Et nous touchons d'ailleurs ici à la grande déception qui attendait le lecteur des Cahiers: si les notes de contenu personnel ou poétologique à propos du «Denkbild» de Mallarmé y figurent en grand nombre, toute véritable discussion de ses écrits en prose en est absente.

Pour ces écrits, nous disposons toujours presque exclusivement de déclarations comme celle notée par Du Bos[22], où Valéry remarque avec admiration que, malgré le peu d'intérêt que manifestait Mallarmé pour les sciences, beaucoup de ses idées étaient souvent en accord, ou au moins pouvaient être accordées avec leurs résultats.

> «Il y avait chez lui, en outre de sa douceur et de sa politesse, comme un besoin de frivolité qui l'amenait, toutes les fois, en particulier où il avançait dans ses écrits une chose importante qu'il eût été si intéressant de tirer au clair, par un geste de retrait au contraire, comme à la retirer, à la masquer sous des fleurs. C'est ainsi que dans tous les écrits théoriques, par exemple, la vérité essentielle est là, mais il faut la dégager et comme la déterrer.»[23]

D'où la complexité et la difficulté d'une entreprise qui voudrait déterminer dans quelle mesure la dernière affirmation est justifiée, jusqu'à quel point Valéry a satisfait à l'exigence qui y est liée[24], s'il a jamais eu l'intention de le faire, s'il a ajouté à l'édifice de Mallarmé une aile, un étage ou toute une superstructure, s'il voulait l'intégration ou l'indépendance. Il y a peu de chances pour que ces questions trouvent jamais une réponse définitive.

Que l'expression «geste de retrait» désigne parfaitement ce dont il s'agit, tous les familiers des écrits en prose de Mallarmé en conviendront et, bien que n'ayant sérieusement commencé que quarante ans après sa mort, la recherche mallarméenne s'est attachée de son côté à dégager et à formuler cette «vérité essentielle» (sans toutefois détruire les fleurs qui la masquent). Parmi les exemples possibles, Valéry peut avoir eu en vue la «définition» par Mallarmé du procédé dont il rêvait, la dématérialisation au moyen de comparaisons qui évitent de nommer directement et qui visent, en passant par deux images voisines, à une sorte de *tertium commune,* qui est, selon lui, pur mental, état d'âme:

> Instituer une relation entre les images exacte, et que s'en détache un tiers aspect fusible et clair présenté à la divination... Abolie, la prétention (...) d'inclure au papier subtil du volume autre chose que par exemple l'horreur de la forêt, ou le tonnerre muet épars au feuillage; non le bois intrinsèque et dense des arbres. Quelques jets de l'intime orgueil véridiquement trompetés éveillent l'architecture du palais, le seul habitable; hors de toute pierre, sur quoi les pages se refermeraient mal[25].

Ce qui, selon cette idée, se détache de la matérialité sensible et s'offre à la compréhension divinatoire, Mallarmé le nomme ailleurs le concept pur, l'idée tout simplement, qui agit «sans la gêne d'un proche ou concret rappel»[26].

Valéry décrit la même chose dans son plan en quatre étapes cité plus haut, en vue d'abolir le caractère de transmission de la langue («substituer au mot direct un groupe de mots chacun non exact et dont l'alliance doit donner par voie indirecte la vision requise»). Mais lorsqu'il ajoute que rechercher des mots dont la fonction d'ensemble serait équivalente à la seule expression cherchée, c'est aller à l'inverse de l'abstraction, il justifie peut-être par là son ambition d'avoir d'une certaine façon dégagé la pensée essentielle de Mallarmé, car l'abstraction (qu'elle se nomme idée ou concept pur) appelle d'ordinaire le mot isolé, doté d'un haut degré de généralité et de peu de marques sensibles. Pourtant, selon ses propres paroles, il s'agit pour Mallarmé de communiquer ou de suggérer un maximum de richesse sensible, non pas la simple matérialité du bois, mais «l'horreur de la forêt, le tonnerre muet épars au feuillage». Mallarmé va même jusqu'à demander directement au mot isolé le détachement de l'«aspect fusible» (c'est toujours la dissolution, l'évanescence, la vaporisation qui lui importent) sans passer par des périphrases[27]. Il dit: «une fleur» et c'est la «floralité» qu'il veut exprimer avec toutes les couleurs et les parfums imaginables. C'est là que Valéry ne le suivra pas, il maintiendra la nécessité de ce qu'il nommera plus tard *figure* comme d'un concept opératif (nous aurons encore à en parler par la suite), car, pour lui, seule la figure peut contraindre à l'effort mental de reproduction.

On peut donc s'étonner que Valéry, bien qu'il semble s'en rapprocher jusqu'à l'emprunt littéral, ne cite pas sa «source» (de source au sens étroit et simpliste du terme, il ne peut être question). Comme par compensation, Mallarmé, là où il est nommé, se voit prêter des idées qui l'auraient rempli d'étonnement. Nous donnerions beaucoup pour connaître sa réaction, mais — à la seule exception d'une conversation sur Poe dont Valéry s'est nourri toute sa vie — il n'y eut jamais de déclaration. Ce ne fut guère la faute de Mallarmé. Mais plus tard Valéry lui attribua la plupart des traits essentiels de sa conception de la littérature, telle qu'elle se présente dans les Cahiers (tous sauf un: la position de la littérature dans le monde de l'esprit). De cela aussi nous ne donnerons qu'un seul exemple qui montrera en même temps que Valéry était sincère, lorsqu'il déclarait à Du Bos que la pensée de Mallarmé était, sans qu'il en eût conscience, à la hauteur de la science de son temps:

> De même que le logicien moderne en mathématique reconstruit l'édifice très ancien en ne conservant que les axiomes strictement suffisants pour mener les raisonnements; ainsi extraire de la tradition littéraire, les formes seulement caractéristiques de la littérature, et singulièrement de la poésie, construire un système pur, où rien ne s'ordonne ni n'entre qui ne soit «image», sonorités nettes, temps, figure propre et résonance pure, prolongée, des mots; il (Mallarmé) y parvient *presque* naturellement à l'extrémité

d'un âge excessivement verbal. Et tandis que chaque mot y est net, toutes les liaisons très accusées, l'architecture presque trop claire [!], demeurent dans l'obscurité les restes ou résidus (par rapport à cette opération) du langage ordinaire, résidus dont il ne pouvait se défaire. Or ce sont précisément ces résidus qui font le discours communément *clair* et naïvement intelligible. Puisque *comprendre,* en ce sens, c'est annuler précisément le discours même, voir la chose comme si le langage n'existait pas.   4, 440.

Valéry non plus ne pourra tout à fait éliminer les résidus d'un discours «naïvement intelligible»…

★ ★ ★

L'image que se faisait Valéry du Symbolisme, «plutôt de cette littérature très essentiellement poétique de Mallarmé et de Rimbaud», a besoin d'être encore précisée. Parmi les «procédés généraux pour racheter le mot poétique de l'obscurité et de l'oubli», il avait nommé, à côté de la métaphore, la détermination du sens par des «moyens irrationnels»: *voisinage, simultanéité*[28]. Ce qui peut bien ne signifier rien d'autre que la métonymie, l'attribution de sens par la contiguïté. D'où il ressort aussi que Valéry, à cette époque — peu après le début du siècle — tâtonnait encore sur la voie d'une nouvelle appréciation de la rhétorique. La portée du concept de *figure* surtout, qui résumera plus tard toute sa conception de la poésie[29], ne lui apparaissait manifestement pas encore à cette époque. Dans la ronde des muses, citée plus haut, manque celle de la *figure*. En 1917, peu après avoir achevé la *Jeune Parque,* Valéry demande à Pierre Louÿs quel ouvrage pourrait le renseigner sur la théorie de la rhétorique antique[30]. Je ne sais si Louÿs ou un autre lui aura alors indiqué le livre du professeur de rhétorique Pierre Fontanier[31]. Peu de temps après en tout cas, menant intrépidement ses propres expériences, il passe, avec une définition du mot *simultanéité,* des figures rhétoriques aux figures syntaxiques. De nouveau sous le titre: Symbolisme, il note encore des définitions propres à aiguillonner le monde du poétique:

> Voici une formule qui peut servir: ce fut [le Symbolisme] quand on prit systématiquement, pour représenter des états (ou plus rigoureusement pour donner des effets) les formes du langage, et que ces formes logiques ou grammaticales recevaient des contenus entre lesquels les relations logiques, marquées par les formes, ne s'exerçaient pas, mais servaient à juxtaposer purement et simplement des images.

Il complète en marge: «Alors le symbole serait l'usage étendu d'un signe. Ici on ne conserve du signe *proposition* que la simultanéité». Comme paradigme, il choisit un célèbre vers d'Eschyle qu'il analyse impitoyablement:

> «Le rire des flots est innombrable».
> Le sujet n'est pas modifié par l'attribut. Le flot ne rit pas et le rire n'est pas nombre, mais on se sert de cette forme traditionnelle et obligatoire de la proposition pour juxtaposer les membres simultanés d'une impression.

Dans cette phrase, il n'y a donc pas de prédication au sens strict, puisque sujet et attribut sont incommensurables. La forme de la phrase n'est qu'une forme spécieuse, un carrosse d'emprunt où l'hétérogène se donne, pour l'effet, un rendez-vous qui n'engage à rien. Les conditions de compréhension d'un pseudo-acte de langage comme celui-ci sont donc bien différentes de celles d'une phrase correcte:

> Comprendre une proposition consiste à concevoir un objet unique dans lequel l'attribut et le sujet soient dépendants l'un de l'autre et liés par l'objet.
> Mais comprendre ces pseudo-propositions littéraires c'est concevoir un ensemble, non délimité, et qui ne conserve de dépendance entre les mots donnés qu'un esprit ou sujet possible.
> [Les trois citations d'après 4, 136]

Dans cette analyse un point de vue est particulièrement intéressant. On peut l'exposer sous une triple forme.

— D'abord il est clair que Valéry rapproche un type de l'ancienne métaphorique de sa propre conception de la poésie «symboliste». Si l'on examine — avec un peu de pédantisme — la phrase d'Eschyle, on constate sans trop de peine qu'il s'agit de la liaison et de la contraction de deux énoncés partiels: «Les flots sont innombrables» «Chacun a l'air d'un sourire». Certes il s'y associe un troisième élément de forme, difficile à définir et qui englobe le tout, sans pourtant qu'on puisse douter de l'existence d'un sujet d'ensemble exprimable et aussi exprimé. L'expression «ensemble non délimité» est ici une projection de celui qui écrit dans ce qui est décrit et ce qu'il projette ici est aussi, en même temps, son propre projet. Car il y a dans sa propre poésie un vers où il est question du sourire de la mer, souvenir d'Eschyle sans aucun doute (plusieurs commentaires le soulignent, sans connaître ce passage des Cahiers), mais qui projette de manière très caractéristique l'image dans le non - délimité. C'est le magnifique instant où la Jeune Parque, sortant de la confusion lourde de rêves, s'éveille au monde, voit la mer scintiller devant elle et assiste à l'«acte solennel» du Tout, de réapparaître incomparable et intact.

> Et de restituer la tombe enthousiaste
> Au gracieux état du rire universel.   (J. P. 346/7)

Modèle d'*ensemble non délimité:* aucun sujet n'est modifié par l'attribut (une tombe n'est pas enthousiaste, on ne peut rien restituer à un état, surtout pas une tombe...). On se sert, nous dit la recette, «de cette forme traditionnelle et obligatoire de la proposition, pour juxtaposer les membres simultanés d'une impression». Qui ou que désigne la «tombe enthousiaste»? Pour un commentateur, c'est le corps dans son animalité; pour un autre, la mort en tant qu'ivresse divine; pour un troisième, la mer où la Jeune Parque cherche la mort; la nuit, en tant que mort du monde visible, pour un quatrième; et pour moi, la Jeune Parque elle-même avec toute la contradiction paradoxale des états qu'elle a vécus pendant la nuit. Aucune de ces interprétations n'est sans doute complètement erronée.

— Deuxième gain à tirer de l'analyse du Symbolisme par Valéry: Valéry confirme un point capital pour l'intelligence de la poésie symboliste: l'existence d'*un objet possible*[32].

En face de la résignation que l'on rencontre fréquemment devant des interprétations divergentes et (en apparence) inconciliables comme dans l'exemple que je viens de citer, ou en face de ceux qui postulent — ce qui est plus grave — l'inintelligibilité, l'impénétrabilité de ce langage chiffré, la communication rompue etc., il convient d'accorder à cette déclaration la plus grande importance. Dans la discussion menée dans les dernières années autour de la réductibilité ou de l'irréductibilité de la métaphore, du langage à figures dans la poésie moderne, elle peut apporter un élément nouveau. Pour la poésie symboliste — même pour Mallarmé et Rimbaud — il est fondamental de partir de l'existence d'un *esprit ou sujet possible*. Cela signifie que — théoriquement — il y a, dans cette poésie, toujours une solution pour une formule donnée. Il apparaîtra donc légitime de parler d'*aires de signification*, et la deuxième partie de cet ouvrage tentera de délimiter ces *aires* pour chacune des parties de la *Jeune Parque*, afin de sortir du dilemme de la «tombe enthousiaste». Une *aire de signification* — dans sa construction idéale — engloberait toutes les interprétations possibles, abolirait le cas échéant la prétention d'une d'entre elles au monopole et rejetterait ce qu'elle ne pourrait s'assimiler.

— Après le passé et le présent du texte, l'avenir. Considérées aujourd'hui, les réflexions de Valéry contiennent aussi incontestablement des indications pour le futur. Si la proposition, dans son caractère contraignant, est à ce point compromise, si est percé à jour avec une telle perspicacité son caractère de pseudo-forme agglomérant des éléments sans lien entre eux et qui ont leur référence dans l'insaisissable, alors le jour n'est pas loin où cette «forme traditionnelle et obligatoire» n'apparaîtra plus que traditionnelle et plus du tout obligatoire; ou bien alors on la rejettera comme une forme usée, ou bien elle se présentera effrontément comme le réceptacle d'un ramassis hétérogène, comme une grimace à la place de la référence, et avec la valeur informative d'un tintement de grelot. Le texte cité date de 1906: la «crise des valeurs symbolistes» (Michel Décaudin) est ici provoquée de l'intérieur de manière inquiétante.

En même temps la *Jeune Parque* et *Charmes* semblent de plus en plus fondés sur du verre. Si l'on se remémore, de ce point de vue, les circonstances qui ont entouré la naissance de la *Jeune Parque*, le *sub signo Martis*, voire *sub specie aeternitatis* (dont se réclame aussi à la même époque Maurice Ravel pour le *Tombeau de Couperin*), ce produit d'une claustration forcée[33] apparaît plus que jamais comme un édifice de cristal suspendu au-dessus des eaux.

Observons encore un peu cet «homme de verre»[34] au travail. Vers 1900 il note cette phrase qu'un Hans Arp n'aurait pas désavouée: «Le cheval électrise l'incompatibilité». Il constate: c'est une phrase, mais une phrase inintelligible,

> car il faut absolument que dans toute proposition ou dans la phrase élémen-
> taire, les opérations qu'elles marquent puissent s'effectuer[35].

Puis il se livre à un jeu cruel qui consiste à rendre la phrase intelligible. Le «cheval» pourrait être une métaphore pour une personne, «électriser» pour *exciter* ou *susciter,* «incompatibilité» pour le conflit des sentiments parmi les membres d'une réunion. L'on obtiendrait alors l'énoncé: «L'individu en question met en mouvement, en évidence l'opposition latente dans l'assemblée». Enoncé assez misérable, mais à peu près intelligible.

> Or chacune des valeurs que j'ai données arbitrairement aux mots n'est pas
> très différente de celles que l'usage fait donner aux mots par métaphore et
> ellipse. J'ai modifié le sens de chaque mot d'une façon permise.   1, 859

On trouvera sans trop de peine dans la poésie de Valéry des passages qui, pris en eux-mêmes, présentent dans le squelette syntaxique une ressemblance avec cette phrase ou plutôt ce conglomérat de mots: «... Et déchirant ta route, opiniâtre faix, Dans le temps que je vis, les lenteurs que tu fais, M'étouffent... Je me tais, buvant ta marche sûre...», dans la *Jeune Parque.* Et dans *Narcisse:* «Ma soif est un esclave nu». Naturellement il y a à cette sorte de «kenning» un contexte qui permet — serait-ce en plusieurs temps — de remonter au «texte clair», au «sens»[36]. Mais à mesure qu'augmente le chemin à parcourir, le processus de remontée s'autonomise, le champ d'action de ce qu'on appelle généralement aujourd'hui la *signification* (par opposition aux *sens*) devient de plus en plus une fin en soi. Valéry prend en considération la phrase non-sens, mais comme un cas limite: la distance à parcourir est alors affectée de la valeur «infini», la signification de la phrase non-sens est infinie.

Une fois Valéry va plus loin encore et attribue un sens à ce type de phrase qui se définit par la totale incohérence des éléments qui la composent, dans la mesure où elle reflète la réalité de notre activité mentale désordonnée[37]. Pour sa démonstration, Valéry choisit — Rimbaud!

> Si j'écris: «L'analyse moderne siège et dévore sur cette terrasse, toujours à
> droite et vue par la joue, parfois se penche et tourne (ou un verbe au
> hasard)» etc., je fais comme du Rimbaud et j'oblige à des nouveautés,
> torsions de l'esprit.
> On essaye de donner un sens; ou bien on refuse le sens, on décrète: incohé-
> rent.
> Si on essaye de trouver un sens, on s'y prend à moitié par des traductions, à
> moitié par des torsions.
> Ici p. ex. on pourrait interpéter *terrasse* et tout ce qui est spatial, par les
> sensations de position dans le cerveau.
> Si on essayait d'écrire le tout d'une pensée, ce qui est vraiment ressenti
> d'une pensée quelconque, cette photographie serait incohérence.
> Le réel est aussi incohérent que l'on veut; ou plutôt s'exprime plus ou moins
> par l'intelligible.

> Importance du vague disponible pour l'intellection.
> L'intellection exige que l'attribut soit possible quant au sujet, et le sujet capable de l'attribut.

Pour maîtriser la totale incohérence du réel, pour relier chaque sujet à chaque attribut, il faudrait l'*intellectio divina*. Rappelons-nous que la réalité du coucher de soleil par exemple avait été ressentie comme un sujet qui ne tolérait aucune sorte d'attribut[38]: il faut alors en conclure que les attributs de l'*Ode secrète* par exemple équivalaient à l'ambition secrète d'avoir part à l'intelligence divine...

On voit que chez Valéry l'idée de la poésie s'étend de manière caractéristique vers l'arrière comme vers l'avant. Toute poésie est figure et la figuralité se présente à trois degrés différents (cet essai de systématisation sacrifie nécessairement les exigences de l'exactitude dans le déroulement historique et la différenciation):

— Dans la poésie «ancienne», à chaque formule correspond un sens et un seul. L'exemple connu: «L'or tombe sous le fer» a pour sens: «Le blé tombe sous la faux» et rien d'autre. Mais Valéry (à l'exemple du «sourire innombrable des flots») insiste sur la simultanéité des éléments, donc sur le caractère de figure de la formule. Pourtant la figure est réductible sans équivoque et une fois la réduction opérée, elle est, au sens strict, dissoute.

— Comme pour parer à cela, la poésie «symboliste» entre en lice. Ici toute formule est en principe réductible, mais non sans équivoque («restituer la tombe enthousiaste»). A l'agrandissement de la valeur propre de la figure correspond l'élargissement du sens en *aires de signification* (sous l'influence d'une conception du réel qui se veut, elle aussi, élargie).

— Dans la poésie «moderne» apparaît la possibilité — pour s'exprimer avec prudence — qu'une formule ne soit plus réductible[39]. Valéry joue avec cette possibilité, mais ne la considère que comme un cas extrême ou limite de l'*aire de signification*. («Le cheval électrise l'incompatibilité»). D'où sans doute sa sympathie au départ pour les dadaïstes et surtout pour Breton, en qui il voyait peut-être l'«homme des limites»[40].

Cette essence du littéraire au sens de la réductibilité de la figure. Valéry la dégage de la manière la plus claire et la plus résolue dans une note de 1916, alors qu'il se trouvait en plein dans le travail de la *Jeune Parque*:

> La littérature — ce qu'elle dit n'a aucune *importance*. C'est là une définition.
> Dès que ce qui est écrit prend la moindre importance pour *moi*, il n'y a plus littérature.
> Il s'ensuit que la signification de l'écrit littéraire n'est pas un résultat. Le résultat espéré est le travail intermédiaire de l'esprit entre le contact de l'œuvre et sa signification.

Le résultat doit donc être dans le cheminement chez le lecteur, dans le parcours de la trajectoire — comme nous l'avons déjà lu. Position mentaliste à l'extrême, mais claire: le littéraire au sens le plus strict est un acte intellectuel: la mesure d'une aire de signification. Toute autre incitation, de ce point de vue extrême, sort des limites du littéraire. Le hasard a voulu que, la même année, Victor Chklovski, dans son célèbre essai sur «L'art comme procédé», ait pris la même position:

> L'acte de perception en art est une fin en soi et doit être prolongé; l'art est un moyen d'éprouver le devenir de l'objet, ce qui est déjà «devenu» n'importe pas pour l'art[41].

Mais si les extrêmes — comme l'écrivait Valéry quelque temps plus tard et contre sa propre nature — font avancer le monde, seul le milieu lui confère la durée. En ce sens la citation de 1916 a déjà une suite:

> Ce n'est pas qu'il n'y ait bien des œuvres de caractère mi-littéraire, mi-efficient. Ce ne sont pas des erreurs toujours. Loin de là.
> Il n'y a erreur que si l'auteur a pris une chose pour l'autre.

6, 144

L'erreur de Breton était de taille, qui voulait par la plus extrême *littérarité* la plus extrême *efficience:* — une révolution!

★ ★ ★

Jusque-là nous avons considéré le vers ou l'unité de sens poétique dans son caractère de figure comme un tout. Reportons-nous maintenant à quelques réflexions de Valéry concernant la construction du vers, les liaisons entre ses constituants, donc ce par quoi le vers devient un tout, un «mot total et neuf» selon la merveilleuse formule de Mallarmé. Il s'agit de ce qu'on nomme aujourd'hui effet de redondance et dont Valéry a très tôt reconnu le caractère poétique particulier. Il le démontre en 1912 à l'exemple de Rimbaud:

> Et dans ses cheveux *lourds* où *tombe* la rosée
> ... la chair des *pommes sures*
> l'eau *verte* pénétra ma coque de *sapin*
> et aussi: Million d'oiseau d'or, ô future vigueur
> Ce sont des allitérations d'impressions, renforcements très puissants.

4, 727

Les passages soulignés dans le *Bateau ivre* et les *Chercheuses de poux* (la citation est faite de mémoire: le texte exact porte «ses lourds cheveux») indiquent en quoi consistent ces puissants renforcements: dans l'existence de relations entre certains éléments sémantiques du vers qui n'ont en fait rien à faire ensemble (lourds — tombe; verte — sapin; Million — vigueur. Dans le dernier exemple le second élément peut être pris comme attribut du premier). Il s'agit toujours de créer un intervalle, soit un éloignement spatial dans la chaîne des mots entre ce qui appartient à une même catégorie, soit inversement le rapprochement dans cette chaîne d'éléments aux références éloignées. Plus tard Valéry a parlé d'«incohérence harmonique»[42] ou encore de «résonance significative». Il est clair que ce principe utilise l'idée précédemment évoquée de la simple simultanéité des images dans la langue poétique, mais qu'il fait en même temps contrepoids à l'incohérence totale.

> Ce que je nommerais *résonance significative* est la production par l'intervalle entre les valences des mots joints.
> C'est l'hiatus qui produit. 23, 91 (1940)

On voit que l'idée d'espace d'action (qui correspond chez le récepteur au temps d'action, à la «trajectoire») se retrouve partout. Comme exemple de résonance significative Valéry cite une formule de Villiers: «Clarté déserte», dont la valeur évocatrice pour lui n'a pas besoin d'être soulignée[43]. Il est du plus grand intérêt d'observer comment il applique — peut-être même sans en être absolument conscient — les leçons tirées de Rimbaud à la poésie plus ancienne, à Vigny et à Hugo. Non sans les violenter quelque peu.

> Poète prétendu philosophe.
> «J'aime la majesté des souffrances humaines» (Vigny).
> Ce vers n'est pas pour la réflexion. Les souffrances humaines n'ont pas de majesté. Il faut donc que ce vers ne soit pas réfléchi.
> Et il est un *beau* vers, car «Majesté» et «Souffrance» forment un bel *accord* de deux mots *importants*. (+)
> Les ténesmes, la rage des dents, l'anxiété, l'abattement du désespéré n'ont rien de grand, rien d'auguste. Le sens de ce beau vers est impossible.
> Un non-sens peut donc avoir une résonance magnifique.
> De même dans Hugo:
> «Un affreux soleil noir d'où rayonne la nuit».
> Impossible à penser, ce *négatif* est admirable[44].

Retenons au passage que, contrairement à ce qu'il pourrait sembler à première vue, il n'est rien dit de négatif sur le «contenu» du vers de Vigny: ni rejet des mots «souffrance» et «majesté» en poésie, ni même critique de l'attitude de Vigny qui s'y exprime[45]. Il est dit seulement que le sens de la phrase ne peut être clair puisque sujets et attributs ne peuvent se relier d'une manière satisfaisante, telle qu'ils se fondent et s'annulent. Rien n'empêche de tirer la conséquence que c'est ce fait justement qui a créé la condition nécessaire pour parler des contenus *souffrance* et *majesté* avec un degré d'intensité que ne saurait atteindre aucune prose dont le but est la seule communication. Dans la mesure où la langue poétique emprunte à la langue ordinaire les mots et (surtout) les formes syntaxiques, elle lui est certes apparentée, mais elle en diffère parce qu'elle crée entre ces mots à l'intérieur (ou en dépit) des formes syntaxiques, une relation particulière que la langue ordinaire ne connaît pas.

> Le langage ordinaire ne s'occupe jamais des relations entre les sens des mots.
> La logique s'occupe des relations d'extension.
> Les sciences — des relations particulières.
> Le chinois poétique s'occupe, lui, des relations en général en tant qu'excitantes. Il les découvre par l'intensité et la vitesse ou l'élan, qui lui fait

dépasser chaque objet particulier. Voilà pourquoi l'intensité est poétique.

4, 224

Il est à peine nécessaire d'attirer l'attention sur l'importance de la «résonance significative» dans les propres vers de Valéry. Elle est produite par
ce que Valéry appelle par une analogie pénétrante «allitérations d'impressions»[46], et elle garantit dans tous les cas un considérable élargissement
de l'aire de signification. En voici quelques exemples:

Au *gracieux* état du *rire* universel   (J.P. 347)

Dieux! Dans ma *lourde* plaie une *secrète* sœur Brûle...   (48/9)

Doux et puissant retour du *délice* de naître   (510)

Dans l'ensemble ils ne sont cependant pas si nombreux, ces spécimens
imposants par leur multiple batterie sémantique, moins nombreux peut-
être que Valéry ne l'avait souhaité. Peut-être est-ce là une des raisons de
la curieuse indulgence qu'il manifeste dans ses vers, comme par compensation, pour l'allitération ordinaire, le renforcement phonétique au service de l'intensité poétique. Si beaucoup de ses lecteurs — francophones
surtout — se sont enchantés peut-être outre mesure des effets sonores
ainsi produits (dont certains sont incontestablement de grandes réussites),
les critiques n'ont jamais manqué non plus, qui — comme André Berne-
Joffroy, Kurt Wais, Jean Levaillant, pour n'en nommer que quelques-uns
— n'ont pas dissimulé qu'à leur avis Valéry en avait fait parfois un peu
trop[47].

Il faut en tout cas bien voir que Paul Delbouille, dont le livre *Poésies et
sonorités* a si salutairement fait place nette dans le domaine de la suggesti-
vité des sons[48], d'une part manquait d'arguments vraiment solides pour
critiquer la théorie valéryenne de la musicalité de la langue, d'autre part
n'était pas encore en mesure d'en juger convenablement[49].

Delbouille reproche à Valéry d'avoir postulé l'équivalence du sens et
du son au lieu de subordonner le son au sens. Mais il est manifeste que
Delbouille, quand il parle d'équivalence, a en vue la question de la priorité. Il faut distinguer. *Equivalent* et *non-équivalent* concernent la constitution du mot poétique, *prioritaire* ou *secondaire* concernent la réception, la
compréhension, mutatis mutandis aussi la conception, la création. Que
lors de la réception le sens soit saisi d'abord (même de manière vague),
avant qu'une sonorité frappante puisse le soutenir, c'est-à-dire puisse être
saisie comme porteuse de sens, cela va de soi (pour Valéry au moins,
même si ce n'est pas le cas pour bien des esthéticiens[50]. Cependant nul
n'a le droit d'interdire à un poète de placer au même rang, avec la même
valeur, le son de ses poèmes et leur sens. La pratique enseigne que toute
phonie frappante, toute répartition sonore qui s'écarte de la moyenne de
la prose, est sans doute la première chose qui frappe l'oreille[51], la décon-
certe, suscite la curiosité et pourquoi pas? les débuts du «charme», avant

que le sens ne se soit révélé et qu'ait été enregistré le rapport particulier du sens et du son (l'examen critique peut bien être dangereux pour le charme!). C'est en outre mésestimer la position historique de Valéry ainsi que ses buts esthétiques (pour ne rien dire des buts psychologiques) que de taxer d'«erreur» une attitude extrême dans l'émancipation du matériel sonore aux dépens du sens. Le point de vue de Delbouille souffre surtout de ne pas tenir compte de l'historique: «L'essentiel de la poésie, écrit-il, n'est certes pas de ce côté, quoi qu'on ait pu dire»[52]. Cette déclaration néglige les faits historiques. Elle ne peut être le fait que d'un poète défendant sa propre cause ou d'un critique aux intentions normatives: ce n'est pas là (dans le sens) qu'on devrait chercher l'essentiel de la poésie. On l'y a cependant cherché pendant des époques entières et cela mérite explication d'un point de vue plus large. La poésie ne pouvait ni ne voulait se soustraire à la tendance générale des arts vers l'émancipation du matériau. Son assujettissement à la langue et au statut particulier de celle-ci devait alors forcément conduire à des difficultés.

En ce qui concerne Valéry, le point faible, à mon avis, est ailleurs: c'est que le «charme» fut créé pour un public qui manifestement n'existait pas[53]. La magie ne saurait se passer de naïveté. Or la seule personne douée de la naïveté convenable était sans doute — *Eve* de la race des «bêtes blanches et béates»; elle seule était encore propre — dans son sommeil, qui plus est — à se laisser séduire par la langue du serpent et des sonorités comme:

> Dore, langue! dore-lui les
> Plus doux des dits que tu connaisses.

Le reste du public se composait soit de spectateurs complices du jeu soit de philistins.

Pour ce qui est de la part du son et du sens dans la musicalité de la langue selon Valéry, les Cahiers permettent maintenant d'affirmer que la musicalité est, malgré tout, au moins pour moitié (je dirais: pour la meilleure moitié) le résultat d'opérations sémantiques. Une expression comme «rapprochement de sonorités», qui se trouve dans un passage de *Poésie et pensée abstraite* impitoyablement attaqué par Delbouille, ne pouvait pas encore être saisie dans les dimensions convenables. Il y est dit que les œuvres poétiques

> agissent sur nous à la façon d'un accord musical. L'impression produite dépend grandement de la résonance, du rythme, du nombre de ces syllabes; mais elle résulte aussi du simple rapprochemement des significations[54].

Mais justement l'effet en question, comme nous l'avons vu, est éminemment «musical».

On ne doit naturellement d'aucune manière rabaisser le travail de la sonorité du vers au niveau d'un jeu gratuit, d'un «mirage» comme le dit Delbouille. Ce travail semble recéler une ambiguïté très profonde. D'une part, il anthropomorphise, dans la mesure où il a recours à l'onomatopée, renchérissant sur la conception magique de la langue — «physei» — ; d'autre part il désanthropomorphise, car il tend à relâcher, voire à mettre en péril et à décomposer le sens familier du mot en lui opposant une ornementation, un dessin sonore dans un rapport de compétition qui ne peut que lui être préjudiciable. On peut aussi concevoir le travail sur la sonorité comme une consciente (bien que faible) imitation de l'*état poétique,* car il semble autoriser la permutabilité illimitée de l'Etant — à travers les mots —.

Il ne serait pas honnête de laisser complètement de côté les abondantes études dans le domaine de la sonorité. Faisons donc ici un bref tour d'horizon en examinant quelques travaux qui s'y rapportent, dans l'espoir de dégager quelques lignes plus clairement. H. Soerensen, qui, s'appuyant sur Grammont, étudie le son dans la *Jeune Parque,* part d'une triple distinction des allitérations (et de la symbolique sonore en général). Il distingue premièrement des sons expressifs, choisis en vue d'imiter ou de traduire phonétiquement ce qu'on veut exprimer; deuxièmement les sons qui soulignent un rapport grammatico-logique ou psychologique, et troisièmement l'accumulation sonore purement ornementale. Cette classification paraît au premier abord convaincante, même Delbouille l'accepte avec quelques réserves et ne critique expressément que l'application de la classification aux exemples[55], la soumission de Soerensen à un système rigide conduisant alors à une continuelle pétition de principe.

Mais appliquée à Valéry, la division tripartite me paraît analytiquement infructueuse et même, en dernier ressort, nuisible. C'est qu'elle impose à tout examen la prémisse dont Valéry s'est toujours défendu avec une profonde intelligence, selon laquelle le rapport du son et du sens serait *définissable.* Soerensen remet en question sa division en trois classes, ayant conscience du fait qu'un exemple donné peut ressortir à deux ou même trois classes, mais il reste convaincu de l'existence isolée de chacune d'elles. Or, il me semble qu'il n'en donne pas la preuve et qu'il ne pouvait pas la donner. Le travail de la sonorité chez Valéry est très rarement de nature nettement expressive (quand il l'est, ce n'est souvent qu'une apparence), ou logique, ou «simplement» ornementale. Distinctes ou mêlées, les classes n'apparaissent presque jamais de façon clairement définissable. En ce qui concerne d'ailleurs les classes elles-mêmes, celles-ci peuvent, sans trop forcer, se concevoir comme les étapes d'une évolution historique, d'un «progrès» dans la poésie, mais en ordre inverse. Dans la pratique du style des troubadours au Moyen Age, les jeux de sonorité, là où ils existent, sont encore disséminés dans le poème, selon un nombre et une répartition arbitraires sans lien avec le sens; c'est Pétrarque qui s'efforce de dépasser le simple ornementalisme et introduit les allitérations (dans le sonnet d'introduction du *Canzoniere* par exemple) selon le sens; le Seicento seulement parvient à une musicalité, ou mieux à une expressivité sonore plus affinée[56].

Pour le XIXe siècle français — nourri en ceci du romantisme allemand — toute musicalité tendant à musicaliser le *contenu,* ces catégories du travail de la sonorité devaient apparaître comme de plus en plus surannées et vouloir encore les appliquer à Valéry — qui a poussé cette tendance à l'extrême — paraît une réduction et une simplification abusives. (Qu'on lise pour s'en convaincre le poème de Marino «La Mauresque» à côté de *La Dormeuse).* Il est vain de se demander si le rotacisme de *rêve* et *effleurer* au 4e vers de *La Jeune Parque* a une fonction symbolique, syntaxique ou seulement décorative (Soerensen 266). Delbouille a pleinement raison de récuser l'argumentation de Soerensen qui dénie ici au *r* toute expression symbolique, parce que le caractère général du son *r,* à l'en croire, ne convient pas au contenu de pensée exprimé (Delbouille 157). Mais je ne peux suivre Delbouille, lorsque dans ce même contexte il rejette les résultats de l'analyse tout en approuvant expressément les hypothèses: «Il nous semble, écrit-il, que les sonorités peuvent, selon les cas, suggérer, souligner ou simplement orner, mais nous voudrions une analyse plus prudente...» (158). Il s'agit de comprendre que Valéry (et naturellement ses prédécesseurs) a qualitativement revalorisé tout le domaine sonore, de sorte que des distinctions comme expressif, grammatical, ornemental non seulement sont devenues secondaires et obsolètes, mais de plus en plus contredisent la nouvelle nature du vers. Depuis la proclamation par Mallarmé du vers comme mot neuf, total, on ne pouvait plus postuler l'interaction, presque comme de cause à effet, entre unités de son et unités de sens, entre phonème et sémème, que dans une attitude antilyrique. Le vers *sonne* — idéalement — comme un tout et il *signifie* comme un tout[57]. Le rapport qui s'instaure entre les deux ne souffre pas de spécification ultérieure (ce qui ne signifie nullement qu'il soit arbitraire). Il ne faut donc pas voir de contradiction dans ce qui a été dit plus haut d'une ornementation (qui désanthropomorphise): il s'agit là de deux niveaux de réflexion différents.

Dans l'interrogation inquiète de la Jeune Parque:

> Et quel frémissement d'une feuille effacée
> Persiste parmi vous, îles de mon sein nu?...

L'abondance des f (ou des s ou des p) est-elle expressive, logique ou décorative? On ne peut que répondre: elle n'est rien de tout cela. Mais, objectera-t-on, le vers n'est-il pas à l'évidence une harmonie imitative et tout aussi évidemment une réminiscence de V. Hugo qui écrivait déjà: «Jusqu'au frémissement d'une feuille froissée» (sans le maniérisme «effacée»)[58]? Sans doute, s'il s'agit bien d'une feuille que l'on froisse matériellement ou en pensée. Mais le bruit de la feuille représente le faible battement de cœur, encore totalement inexplicable, de celle qui s'éveille, ce qui sera confirmé quelques centaines de vers plus loin. Le *signifié* «feuille» est donc tout aussi symbolique que le serait — peut-être — le *signifiant.*

Et le *furioso* des vagues par lequel s'achève la *Jeune Parque*, ne contient-il pas d'harmonies imitatives?

> Si l'âme intense souffle, et renfle furibonde
> L'onde abrupte sur l'onde abattue, et si l'onde
> Au cap tonne, immolant un monstre de candeur,
> Et vient des hautes mers vomir la profondeur
> Sur ce roc, (...)

Manifestement l'âpre vent de mer est ici pris en charge aussi par les consonnes sifflantes, les vagues qui battent les roches sont sensibles dans l'entrechoquement des occlusives, peut-être même — selon Soerensen — le roulement et le grondement dans les nombreux *r*. Manifestement on a ici consciencieusement suivi les conseils de l'abbé Delille, cités par Marouzeau: «Entend-on de la mer les ondes bouillonner; Le vers comme un torrent en roulant doit tonner»[59]. Il serait absurde de vouloir le nier. Mais on peut ici aussi dépasser le but: que la rapide alternance des voyelles sombres et claires dans ces vers peignent les chocs répétés des vagues (Soerensen 277), voilà de nouveau une interprétation trop subtile et aberrante. Si quelque chose ici peut transposer phoniquement le choc des vagues, c'est le rythme général des vers, leur élan hardi qui, plusieurs fois, en débordant les coupes prévues («abattue», «au cap tonne», «Sur ce roc») compromet le sens de l'équilibre métrique chez le lecteur, comme l'assaut des vagues l'équilibre du nageur. Et ce n'est pas là un mince résultat, du point de vue du métier artistique traditionnel[60]. Mais dans l'ensemble on ne peut nier, pour ce passage, que le son isolé tende, expressivement et imitativement, à servir le sens. Faut-il parler de faiblesse ou d'infidélité du poète à soi-même? Je me demande s'il était possible artistiquement qu'il en fût autrement. Tout le combat dans l'âme de la Jeune Parque jusqu'à ces vers était pour préserver l'autonomie souveraine et stérile de la conscience. Nature et monde extérieur n'étaient rien de plus qu'un décor. Valéry aurait dit peut-être: ils étaient la variable dépendante. Mais en réponse à la décision de la Jeune Parque de s'abandonner à la mer, la nature rentre avec éclat dans ses droits à l'indépendance. Comment ne pas utiliser ici tous les registres pour faire du langage le langage de la mer elle-même? C'est donc peut-être davantage qu'une imitation de «poète-peintre» selon la recette de l'abbé Delille[61]. Si c'est une faiblesse, alors elle n'est pas le fait du poète, mais de sa créature qui reconnaît: «Alors, malgré moi-même, il le faut, ô Soleil».

Après cet examen critique, certes bien partiel, de l'ouvrage de Soerensen et de sa critique par Delbouille, je voudrais considérer encore brièvement les recherches plus récentes sur le même sujet, d'abord celles de Léandre Bergeron sur le son et le sens dans trois poèmes de Valéry (*Aurore, Palme* et *Ebauche d'un Serpent*) qui témoignent d'un amour du détail quasi idyllique (jamais la sonorité d'un nom d'auteur n'a si bien convenue au contenu de son livre...), mais qui, mal orientées dès le départ, ont conduit à un malheureux résultat. Ignorant sans doute la critique de Delbouille, et s'appuyant avec assurance sur les pseudo-systèmes de Grammont et de Marouzeau, il entreprend vers par vers de sonder l'insondable, c'est-à-dire la part de la sonorité dans le sens du mot. Je prends trois exemples au hasard. — 1. A propos des vers d'*Aurore*: «Et sur l'échelon tremblant De mon échelle dorée, Ma prudence évaporée Déjà pose son pied blanc», Bergeron écrit que les consonnes de *tremblant* correspondent à l'image d'une oscillation, l'occlusive *t* devant la vibrante *r* suggérant une vibration rapide, tandis que le groupe de consonnes *bl* renforce cette impression par un autre «élément de flexibilité et de douceur» (p. 47/48). Laissons de côté l'erreur opiniâtre qui fait du *r* français une vibrante. Nous avons ici un exemple typique de surinterprétation par un cercle vicieux: la sonorité renvoie au sens les balles qu'elle en a clandestinement reçues. — 2. «Nos présences immortelles» (*Aurore*, str. IV): la grande diversité vocalique du vers de 7 syllabes et surtout la longueur des syllabes conféreraient au vers ampleur et étendue «de façon à suggérer la continuelle présence et la perpétuelle activité des idées» dans le sommeil comme dans la veille (p. 51). — Ici la surinterprétation tombe dans l'absurdité. — 3. «… Se dissipe dès la rose Apparence du soleil» (*Aurore* I). Selon Bergeron, les trois brèves syllabes de *dissipe* confèrent au mot une rapidité qui, s'alliant au sens, fait naître l'image de la fuite précipitée des ténèbres devant la lumière. Pour mieux saisir la valeur du verbe il propose d'essayer de le remplacer par le synonyme *disperse,* dont la longue syllabe principale et les deux groupes de consonnes sp et rs suggéreraient plutôt une lente disparition (p. 44). — On voit que l'auteur ne manque pas de finesse. De plus, même s'il met quelque complaisance à écouter l'herbe pousser, l'auteur part ici d'un principe juste: celui de l'opposition. On ne peut contester que *dissipe* soit meilleur que *disperse* (de même p. 49, où *songe* à la strophe III est opposé à *rêve*), même si là encore des facteurs sémantiques entrent en jeu.

L'attribution aux sonorités d'une certaine valeur sémantique, même si l'auteur ne cesse de souligner que cette valeur ne convient qu'ad hoc, ne peut manquer d'entraîner autant de contradictions qu'il y a d'exemples cités. Relevons-en un encore pour finir: à la page 155, «La confusion morose» figure pour l'utilisation des sonorités sombres *o, on* etc.; un peu plus loin (157) on retrouve le même vers sous la rubrique: «Extrême multiplicité de phonèmes en vue de produire un effet chaotique». Comment s'y reconnaître?

Mais dès le début, il y avait, comme je l'ai dit, erreur d'aiguillage. En quel sens? En introduction, Bergeron rassemble ce qu'a dit Valéry du son et du sens et mentionne aussi comme il se doit cette déclaration, la plus importante et la plus profonde, à laquelle j'ai déjà fait allusion:

La puissance des vers tient à une harmonie *indéfinissable* entre ce qu'ils *disent* et ce qu'ils *sont*. «Indéfinissable» entre dans la définition. Cette

> harmonie ne doit pas être définissable. Quand elle l'est c'est l'harmonie *imitative,* et ce n'est pas bien.   II, 637

A la fin de ses analyses, Bergeron constate qu'en aucun endroit des trois poèmes Valéry n'a utilisé l'*harmonie imitative* et qu'au contraire l'étroite liaison du sens et du son est toujours un «rapport de qualité». Nous ne discuterons pas la question de savoir si la première constatation vaut pour tous les poèmes (l'harmonie imitative au sens strict du terme apparaît ça et là, nous l'avons vu, mais elle demande à être examinée de plus près), plus importante est la conception déroutante que se fait Bergeron de l'*harmonie imitative:* «A aucun moment rencontre-t-on un mot dont le son nous donne immédiatement le sens» (p. 153). Aucun langage ne lui fournira jamais un tel mot, même dans les onomatopées les plus expressives. Si Bergeron n'a pas trouvé d'exemple de simple harmonie imitative, c'est que Valéry ne s'est nulle part soucié de simple imitation sonore. Quant aux «rapports de qualité» entre son et sens, comment comprendre que Bergeron soit convaincu d'en avoir démontré la nature dans chaque cas particulier (dans le style des exemples cités), sans se rendre compte que, ce faisant, il passait outre à l'avertissement de Valéry: *indéfinissable* entre dans la définition. En s'attachant à définir la qualité du rapport, il ne parvient qu'à faire de toute alliance son-sens une *harmonie imitative!* Triste résultat de bonnes intentions dont il faut tout de même être reconnaissant à l'auteur. Si seulement il avait lu Valéry jusqu'au bout:

> L'impossibilité de définir cette relation, combinée avec l'impossibilité de la nier, constitue l'essence du vers.

C'est la sagesse sur laquelle nous devons nous régler (car autant que sage, elle est logique). Exemple:

> Ce vers, le plus beau des vers: *Le jour n'est pas plus pur,* etc., est transparent comme le jour lui-même.
> Celui-ci: *O rêveuse, pour que je plonge...* avec ses *muettes* si délicates.
>   II, 637

Il faudrait vraiment souhaiter avec Delbouille que bientôt plus personne ne veuille déceler la pureté du cœur d'Hippolyte dans la qualité sonore des *ou, u* et *oe,* ni nous convaincre que la tendre timidité d'un éventail soit l'effet immédiat de quelques *e* muets.

Il semble qu'on n'en soit point encore là. Pour E. M. Gerstel par exemple, au vers 44 du deuxième *Fragment de Narcisse:* «Car, à peine les cœurs calmes et contentés...», le dur son de l'occlusive répété trois fois encore fait brusquement prendre conscience au lecteur qu'un changement est intervenu dans le sort des amants, «before the meaning of the words becomes clear»[62]. — *Mirage des sonorités...*

André Spire et René Etiemble sont à l'origine d'une autre conception, selon laquelle on pourrait tirer de l'ordonnance soigneuse de groupes de sonorités une jouissance physique, quasi sportive. Dans *La chair et l'esprit poétiques*[63], Etiemble — qui, dans Valéry, a naturellement une prédilec-

tion pour *Les Grenades,* — s'attache à découvrir la qualité sensuelle des
consonnes pour échapper coûte que coûte à tout mysticisme poétique:
«Nous sentons bien qu'il en est de flatteuses: les f, les v qui nous caressent
les lèvres les plus intimes: un baiser intérieur»… Mais il est à craindre que
cette tentative pour faire de la poésie une grande fête sensuelle, une
bacchanale buccale, ne s'échoue lamentablement sur une idéologie, car il
est peu probable que les muqueuses du jouisseur le plus expérimenté
parviennent dans un avenir proche à ce point d'éducation qu'il puisse
décider du plaisir ou de son contraire sans interroger préalablement le
sens du mot (que la langue prenne plaisir à une succession aisée et coulan-
te de sonorités — à condition que le sens le permette — on ne songera pas
à le nier). Etiemble ne peut faire autrement que de mettre de l'esprit
jusque dans la jouissance, comme le dit Schiller. Il me paraît en outre
piquant d'un point de vue dialectique que tout ce qu'a tenté dans le
domaine du matériel sonore allitératif le XIXᵉ siècle germanique, incurablement irrationaliste comme on sait, soit proclamé l'essence de la poésie
par de néo-«Aufklärer» hédonistes. Etiemble a raison: cette essence n'est
pas dans une vague *Co-naissance* du monde et du moi; mais elle ne nous
fond pas non plus sur la langue[64].

Revenons pour conclure à la critique de Valéry par Delbouille. Un
autre de ses reproches paraît propre à mieux éclairer les idées de Valéry
dans ce domaine si difficile. A la suite du passage précédemment cité, à
propos du célèbre vers de Baudelaire «Sois sage, ô ma douleur…», on lit:

> L'accord des idées vagues de Sagesse et de Douleur, et la tendre solennité
> du ton produisent l'inestimable valeur d'un charme.[65]

Cette phrase, Delbouille la retourne contre Valéry: il se serait contredit et
aurait justement succombé au «mirage des sonorités». Il est évident, écrit-
il[66], que la «tendre solennité du ton» ne provient ni du rythme ni des
valeurs sonores, mais uniquement du sens des mots et de la phrase. Ce qui
appelle trois objections. D'abord la formulation est douteuse: le «ton»
n'est pas suggéré par le «sens», le *ton* est le sens lui-même, interprété
musicalement. Ensuite Valéry n'a jamais prétendu que le son et le
rythme puissent à eux seuls déterminer le *ton*. Enfin il est évidemment
faux que le son et le rythme n'aient aucune part dans le *ton*[67]. Une note
des Cahiers éclairera la manière dont Valéry voyait les choses:

> Les vers. Equation instinctive, comme chimique, où sens, sons et rythme
> sont équilibrés. Ton, donné par les significations; tempéré, modifié par les
> phonétismes, par l'articulation et les sons. Rythme, c.-à-d. division du tout,
> en actes — ou plutôt la constitution par les actes d'un tout, Acte ou événe-
> ment.   6, 202.

Que Delbouille se rassure: en principe le ton est constitué par la sémantique et il est *modifié* par la phonétique (rythme et son). Dans la pratique —
et l'on revient à la question de la priorité[68] —, il peut sembler qu'on puisse
retourner la phrase, mais alors elle n'est plus qu'à demi exacte: personne

ne niera que dans la pratique, un rythme, une structure sonore peuvent *constituer,* mieux: donner par avance le ton[69]; mais il ne serait pas juste de dire que la sémantique *modifie,* lorsqu'elle vient s'ajouter, le ton donné, car dans la pratique le rapport conceptuel constitution/modification n'est pas recevable; c'est en termes d'ébauche et de réalisation qu'il faut parler de donnée et d'adéquation, sous les auspices toujours du hasard et du compromis. Dans une autre version plus tardive de l'idée exprimée dans la note ci-dessus, Valéry conserve le terme de modification, alors que pour le cas inverse, celui de la pratique, il parle d'*invention:*

> La modification, et parfois l'*invention* de l'acte par la matière est générale-ment peu comprise, sinon ignorée, par ceux qui raisonnent de l'art.

I 1330

C'est bien le rôle de la matière dans la création qu'il s'agissait d'abord de faire comprendre, selon la conception de Valéry. On peut avoir parfois l'impression qu'il a voulu attribuer à la matière un rôle directeur absolu, mais il ne faudrait pas généraliser cette impression.

En résumé: le travail poétique s'accomplit donc de manière analogue sur les deux niveaux d'articulation linguistique à la fois: l'organisation du *signifié* se fait par l'alliance supplémentaire, en quelque sorte paradigmati-que de divers éléments de la phrase ou syntagmes (ex.: «*Gracieux* état du *rire* universel»), ce pourquoi Valéry avait utilisé l'expression: «allitéra-tions d'impressions»; parallèlement la chaîne sonore du *signifiant* s'organi-se par un réseau superposé de rapports entre les sons. Le rapport du son et du sens n'est pas une liaison isolée point par point, il s'agit bien plutôt — au moins en principe — de deux systèmes indépendants, de deux ensem-bles qui, en tant que tels, entrent en relation l'un avec l'autre[70]. Isomor-phisme. Pour Valéry la figuration sonore n'est pas par elle-même signi-fiante, elle n'est pas «motivée», elle n'a pas besoin non plus de motiva-tion, au contraire: une directe attribution de sens (qui paraît possible dans certaines limites) est néfaste à la poésie, l'effet de la sonorité sera d'autant plus grand que l'entendement moyen percevra aisément son rapport avec le sens. Les figurations sonores sont largement ouvertes, même s'il y a des limites, c'est-à-dire que de très nombreuses figurations sonores différentes peuvent servir un sens déterminé. C'est cette polyvalence du son qui fait qu'il peut apparaître — et c'est l'effort de la poésie — inséparable du sens. Le rôle du son est donc détermination par adéquation: sans le sens le son n'est pas, sans le son le sens n'est pas ce qu'il est.

Que c'est bien ainsi qu'il faut interpréter ses idées sur la part dominan-te du *signifié* dans la musicalité de la langue[71], Valéry en donne encore une preuve lorsqu'il se plaint à maintes reprises que la poésie classique soit dépourvue de timbre. Non que les classiques eussent trop peu em-ployé l'allitération, mais parce qu'ils avaient frappé de discrédit les combi-naisons et les harmoniques sémantiques:

> Le langage classique manque de timbres. On les a proscrits, on a retiré

soigneusement du langage, les mots et alliances secondaires, pour ne garder
que les significations pures, sans retentissements.   3, 122[72]

En 1903 déjà c'est ici la résonance qui l'occupe. On mesure son enthousiasme lorsqu'il la découvre plus tard dans le songe d'Athalie:

> C'était pendant l'horreur d'une profonde nuit...[73]

Citons encore ici exceptionnellement un texte plus tardif qui définit
sans équivoque le rapport du sens et du son dans la musicalité du vers:

> Le vers est autre chose encore qu'une condition auditivo-motrice. Il entraî-
> ne des effets d'interférence sémantique (qu'on trouve aussi dans la prose à
> l'état accidentel). Comme l'assonance ou l'allitération font des syllabes
> successives, un composé neuf — ainsi les idées pressées donnent, en outre
> de la signification résultante, des effets de résonance.
> Et peut-être, est-ce de l'analyse de ces résonances que l'on devrait déduire
> une théorie des figures (au lieu de la faire par composition).
>
>   19, 656 (1936)

A qui cette analyse de la résonance poétique, de l'effet du *ton*,
aurait-elle dû s'appliquer? C'est, une question à laquelle il sera bien plus
difficile de trouver une réponse nette.

Peut-être l'auditrice idéale de la pure sonorité de la voix était-elle
semblable à Desdémone, quand elle dit:

> I understand a fury in your words
> But not the words.

★ ★ ★

A ce point se pose pour nous la question de savoir si Valéry, par la voie
analytique sur laquelle nous l'avons suivi, pouvait arriver à un but qui le
satisfasse. Allait-il par la technicité des «allitérations d'impressions», des
«moules syntaxiques», de la «trajectoire», en un mot: par la *figure*, réussir
à saisir la totalité du poétique? Valéry lui-même va expressément au-delà:

> Si les modernes ont tant recherché les images, au point d'y
> voir exclusivement la propriété spécifique de la poésie et de
> limiter la poésie aux images ou la métaphore,. c'est par un be-
> soin de trouver une définition propre de la poésie, tout au
> moins un caractère décisif. Et ce besoin lui-même naît de l'im-
> puissance de découvrir le véritable principe poétique. Je crois
> que ce principe est à rechercher dans la Voix et dans l'union
> *singulière,* exceptionnelle, difficile à prolonger de la voix
> avec la pensée même.   7, 71

Et il commente en marge: «L'une *spontanée* et l'autre mère des
réflexions et des additions». On ne voit pas sans émotion que Valéry ne
pouvait considérer la figure que comme une sorte d'approche empirique
dans sa tentative de saisir ce fil ténu qu'est la *voix*. En 1916 pour la
première fois — donc relativement tard il avait expressément fixé comme
but à atteindre la restitution de la voix dans une généralité dépersonnali-
sée, détachée de tout lien avec l'individu:

> Le point délicat de la poésie est l'obtention de la Voix.
> La Voix définit la poésie pure. C'est un mode également éloigné
> du discours et de l'éloquence, et du drame même, que de la nette-
> té et de la rigueur, et que de l'encombrement ou bien de *l'inhumanité* de la
> description.
> La description toute seule est incompatible avec la Voix.
> L'argumentation, le torrentiel, artificiel etc. — Il n'y a
> ici ni narrateur ni orateur, ni cette voix ne doit faire imagi-
> ner quelque homme qui parle. Si elle le fait, ce n'est pas
> elle.   6, 176

En dépit de tous ses efforts, il ne peut manifestement exclure une part d'irrationnel. On en reste à la définition *ex negatione*. L'accession de ce qui est le plus personnel au niveau de l'universalité supra-individuelle s'exprime deux ans plus tard avec une assurance dans la spéculation qui rappelle les lettres triomphantes de Mallarmé en 1867:

> Donner à la Voix en acte une sorte de vie propre, autonome, in-
> time, impersonnelle, c.à.d. personnelle-universelle (par oppo-
> sition avec personnelle-accidentelle), faire de la parole un
> résonnateur de l'esprit, c.à.d. du *tout perçu et percevant,* su-
> bissant et répondant — tel est le but, le désir, le signe, le
> commandement.   7, 71

Christel Krauss a, de manière convaincante, appliqué ce passage à la strophe finale de la Pythie:

> Voici parler une Sagesse
> Et sonner cette auguste Voix
> Qui se connaît quand elle sonne
> N'être plus la voix de personne
> Tant que des ondes et des bois[74]!

Et elle s'est sagement gardé de prendre trop au pied de la lettre les «ondes et les bois»[75].

Valéry a réagi à certains timbres de voix presque avec la sensibilité d'un aveugle[76] et il a noté en 1912 dans son Cahier cette magistrale évocation reprise plus tard dans *Autres Rhumbs* sous le titre *Psaume sur une voix:* quelles que soient les suppositions qu'on a pu faire sur le possesseur de cette voix, les initiales SM dans le Cahier confirment qu'il s'agit de Mallarmé[77].

Sur le secret de la voix dans la poésie, Valéry s'est encore maintes fois exprimé, revenant aussi par moments à un timbre spécifique:

> Les qualités que l'on peut énoncer d'une voix humaine sont les mêmes que l'on doit étudier et *donner* dans la poésie.

> Et le «magnétisme» de la voix doit se transposer dans l'alliance
> mystérieuse et extra-juste des idées ou des mots.   11 550

C'est sans doute dans sa «Leçon d'ouverture» au Collège de France (ce texte apparemment si objectif sur lequel nous aurons à revenir) qu'il se montre le plus pénétrant:

Un poème est un discours qui exige et qui entraîne une liaison continuée entre *la voix qui est et la voix qui vient et qui doit venir*. Et cette voix doit être telle qu'elle s'impose et qu'elle excite l'état affectif dont le texte soit l'unique expression verbale. Otez la voix et la voix qu'il faut, tout devient arbitraire.

I 1349

Mais l'arrière-plan de cette quête de la voix, vrai «principe poétique», ne semble s'éclairer quelque peu que si l'on se souvient des textes considérés au début du premier chapitre qui introduisaient dans les problèmes de la résonance d'un côté psychologique, et surtout de celui qui évoque une voix d'alto perçue dans l'enfance. Tout le chemin parcouru pour s'en approcher, toute la distance qui sépare encore de l'inaccessible, ressort de cette phrase de Valéry: «J'ai tendu, toute ma vie, à faire, chercher, penser ce qui eût pu directement restituer en moi, nécessiter de moi l'état correspondant à ce chant de hasard»[78].

★ ★ ★

Nous avons donc — inévitablement — décrit un cercle et nous nous retrouvons confrontés à la question soulevée au début de ce chapitre: comment peut-on tirer le poème de la seule réflexion sur le poétique? Ou, s'il faut à tout prix admettre l'intrusion d'une trouvaille de hasard, selon quelles lois se répète-t-elle, sinon selon celles qui lui sont inhérentes? Pendant des années — bien avant que ne soit posé le principe de la voix universalisée — s'était dégagée une solution de sagesse et d'équilibre, qui s'éloignait du raidissement volontariste: en dépit des progrès de la technicité, peut-être aussi avec son aide, en tout cas simultanément.

Ce que nous lisons en 1913 était à peine pensable dix ou même six ans plus tôt:

La poésie et la formation «cristalline».
Inaccessible par voie directe. On ne sait pas construire des cristaux.
Attendre. Laisser se faire.

Cette expérience, qui se concrétise manifestement dans les strophes de *Palme*[79], est notée — ce qui demeure étonnant — tout au début de la période proprement créatrice. Si l'on y regarde de près, on découvre aussi dès cette époque un équivalent psychique de la voix: une «mélodie d'associations» continue. Dans la note de 1918 (7, 71) déjà citée, le mot était l'organe de résonance de la pensée: «résonateur de l'esprit, c'est-à-dire du *tout perçu et percevant*». On retrouve en 1913 une formule semblablement totalisatrice:

Peut-être, un des dons du poète, et le plus pur, rare, c'est comme la *mélodie des associations d'idées*. La suite, d'une part fortuite, indépendante; de l'autre, ajustée.

5, 25

Cette note écrite d'une main curieusement rapide et incontrôlée, comme encore sous l'empire du sommeil, reçoit un peu plus tard ce complément:

> L'association des idées, c'est-à-dire la quasi-présence quasiment intelligente de tout.   5, 49

Il est amusant d'en rapprocher un passage du premier essai de Valéry *Sur la technique littéraire* de 1889, où il est dit: «Le poète se gardera de jeter sur le papier tout ce que lui soufflera aux minutes heureuses, la Muse Association-des-Idées...' (I 1786). En 1912 tout point de vue exclusivement rationnel ou irrationnel est rejeté sans équivoque:

> Un précieux poème ne peut résulter ni d'une sorte d'abandon et de descente spontanée de l'esprit; ni de l'application d'une formule d'opérations.   4, 729

Après tout cela le lecteur se doutera que la théorie tant citée de la double nature des vers était elle aussi toute constituée *ante festum*.

> Il y a des vers qu'on *trouve*. Les autres, on les *fait*.
> On perfectionne ceux qu'on a *trouvés*.
> On «naturalise» les autres.
> Double simulation en sens inverse pour atteindre ce faux: la perfection, également éloignée et du spontané pur qui est n'importe quoi, et de la production toute volontaire qui est pénible, filiforme, niable par toute volonté autre [fiction narrative!], incapable de se soumettre autrui.
>   4, 420 = II, 591

Et plus précisément encore quelque temps après:

> Des vers, les uns viennent vers; les autres naissent prose et se travaillent jusqu'au vers. Les autres encore se font entre les deux.
> Les critiques disent des sottises qui parlent sur ce poème comme d'un tout, et qui ne considèrent pas le problème de l'auteur: combiner, appareiller les vers de ces 2 espèces.
> Le travail réel du poète est de faire disparaître cette inégalité originelle; d'ailleurs tout travail intellectuel consiste à mettre d'accord pour un but, ce qu'on trouve, et des conditions données d'autre part.   4, 904 + 84

Cette manière de voir fait son apparition publique en 1911 dans le beau texte sur l'*Adonis* de La Fontaine et il n'était que naturel de supposer d'abord avec Charles Du Bos que la pensée de Valéry marquait là une nouvelle étape: ne serait-ce que deux ans plus tôt, selon lui, Valéry n'aurait pas fait une si grande part au hasard dans la poésie[80]. En réalité un ton très semblable se fait entendre quinze ans auparavant déjà, donc au milieu de la période de sécheresse et cela demeure aujourd'hui encore quelque peu énigmatique.

> L'exercice du vers régulier enseigne le mépris du contenu, la plasticité etc.
> Il fait sentir profondément, par l'indépendance de ses compo-

sants — son et sens — que la réussite est chance.   3, 741

Certes, l'idée de l'obligatoire complémentarité de l'inspiration et de la technique avait été depuis longtemps développée par Mallarmé à l'exemple de Poe et en se réclamant de ses idées. Il est tentant de confronter sur le même sujet deux façons de penser différentes. On lit dans les «scholies» sur le *Corbeau* de Poe que, quelle que soit la part de la mystification, la *Philosophy of Composition* dépasse de beaucoup l'anecdotique et recèle une pensée véritablement poétique:

> A savoir que tout hasard doit être banni de l'œuvre moderne
> et n'y peut être que feint; et que l'éternel coup d'aile n'ex-
> clut pas un regard lucide scrutant l'espace dévoré par son vol.
> Noir vagabond des nuits hagardes, *ce Corbeau,* si l'on se plaît
> à tirer du poème une image significative, abjure les ténébreux
> errements, pour aborder enfin une chambre de beauté, somptueuse-
> ment et judicieusement ordonnée, et y siéger à jamais.

O.C. 230

Même teneur dans l'idiome scientifique de Valéry:

> La Pythie ne saurait dicter un poème. Mais un vers, c'est-à-dire
> *une unité*. Et puis une autre. Cette déesse du Continuum est in-
> capable de continuer. C'est le Discontinuum qui bouche les
> trous.   4, 808 = II 628

La pensée consciente, mais définie comme discontinue (au sens mathématique) conduit à la «plénitude» artistique l'invention continue mais aveugle[81].

Malgré ce qui lui reste de «purement» analogique, une telle position représente dans l'équilibre du contenu non moins que dans l'acuité de l'expression un sommet rare dans la compétition jamais finie que mènent pour l'essence de l'art la spontanéité et les exigences régulatrices de la raison (sommet qui est aussi inévitablement ligne de partage des eaux: bientôt il y aura ici montage et là dictée automatique..). L'enthousiasme dans l'acte d'écrire est un scandale — nous le savons[82], il ne faudrait pas ignorer cependant les passages où s'exprime sans nulle contrainte «idéologique» un authentique tempérament d'écrivain:

> Sens des fois le langage en toi-même se faire, se défaire, se
> creuser, se lier, s'étonner, se trouver vide, te travailler,
> se satisfaire. Agité, contracturé, absent ou trop pressant. Se
> détachant des choses, confondu avec elles.
> Langage, état.   4, 328

Parmi les écrivains, on peut distinguer divers types:

> Il en est qui mesurent leur phrase à leur voix, cherchant
> s'ils aimeraient la dire. D'autres, si elle ressemble aux
> phrases qu'ils envient. D'autres la comparent à leur idée
> par une traduction inverse. D'autres se représentent quelqu'un
> et l'effet sur lui. Ecrire est plus divers que ce nom d'acte
> simple.   3, 557

... mais sans doute en est-il d'autres encore qui font tout cela à la fois ou tout au moins successivement. La réalité de celui qui écrit est multiple et changeante à l'extrême.

> Le poème est issu de la lutte entre les sensations et le lan-
> gage (et je mets ici dans le langage les conditions métriques
> etc.)
> A la fin il importe peu que la sensation ait commencé ou le
> langage. D'abord c'était un être sans paroles, ou d'abord c'était
> un ordre vide — et ensuite ce fut ou un être exprimé ou au
> contraire une signification particulière née.
> Le poète peut entreprendre par l'une des voies ou l'autre.
> Il peut concevoir une *phrase* entièrement vide et magnifique-
> ment construite avec les étendues, les entrées, les seuils,
> les retours, les degrés, les mouvements, les porte-à-faux,
> les masses, les jours, les attentes et leurs découvertes
> qu'il désire.
> Mais il peut d'une plénitude, partir; chercher des mots et
> des formes à tâtons, vision en avant, aveugle quant aux mots.
> En fait, il alterne. Complète, dérobe, mastique, rejoint,
> escamote.   4, 641

Peu importe que la donnée de départ soit une forme de son ou une forme de sens: le travail de remplissage est indispensable. L'achèvement artificiel de la donnée ramène finalement — sans que soient résolues les ultimes énigmes du *comment* — à la nature du créateur, qui parvient de cette façon à s'exprimer «malgré tout», c'est-à-dire ici: *malgré elle:*

> Un écrivain «artificiel», comme moi dans mes vers, revient à soi
> cependant par un détour et malgré tout s'exprime, car ne cher-
> chant qu'une réussite objective (ou l'effet rare à produire),
> toutefois il ne la trouve que dans un certain domaine où il
> incline selon son propre sens du plus apte et du réussi et qui
> est précisément celui de sa nature.   4, 927

C'est sans doute dans cette direction qu'il faut chercher le sens de la célèbre formule selon laquelle la *Jeune Parque* serait *dans la forme* une autobiographie, formule qui se trouve plusieurs fois encadrée et soulignée dans le Cahier de juin 1917, sous cette forme abrégée[83]:

> /que la forme de ce chant est une autobiographie/

* * *

«Laisser se faire» — ce pourrait être la devise du poème *Palme*, le plus harmonieusement berceur, le plus apaisant de «Charmes», dont les vers feignent d'ignorer toute *austeritas* et de ne connaître que *dulcedo*, sans travail, ascèse ni privation, tout donnés comme manne dans le désert. Oublié apparemment, l'idéal d'un dirigisme contrôlant, toute activité poé-tique cède le pas à un laxisme non moins extrême. Gardons en mémoire, en lisant le poème, ce qui a été dit jusque-là pour ne pas tomber dans une exaltation naïve devant son aspect végétal: la plante est piège aussi. *Palme* a en commun avec *Les Grenades,* outre la grâce de la plénitude sensuelle, le caractère de parabole. Une période de création poétique ressemblerait à la croissance régulière du fruit qui se forme tout seul. Dans les deux poèmes le processus de maturation est présenté comme un processus matériel de transformation sans intervention extérieure. La palme ne sait pas ce qui se passe en elle:

> Cependant qu'elle s'ignore
> Entre le sable et le ciel
> Chaque jour qui luit encore
> Lui compose un peu de miel.   Str. V

Le temps, grandeur physique, n'a pas à entrer en considération dans le travail qui s'opère.

> Le temps ne compte pas pour le poète, c'est-à-dire pour cette coïncidence que rien ne hâte, ni ne retarde. S'il faut dix ans pour «trouver» ce vers, cinq ans ne le donnent pas. Cinq secondes, peut-être.   6, 176

Dans le poème:

> Sa douceur est mesurée
> Par la divine durée
> Qui ne compte pas les jours,
> Mais bien qui les dissimule
> Dans un suc où s'accumule
> Tout l'arôme des amours.   Str. V

Je ne peux suivre Walzer qui interprète l'exhortation à la patience à la strophe VIII dans le sens de Boileau «Vingt fois sur le métier...»[84], ni Laurette qui, dans son étude approfondie du thème de l'arbre chez Valéry, commet ici un contresens à mon avis indiscutable, lorsqu'il rapporte l'«adorable rigueur» à la strophe VI aux capacités analytiques de l'esprit[85], au lieu d'y voir l'obstination d'une croissance que rien ne saurait accélérer.

La strophe II contient un mot-clef pour la vie végétale, il y est question de la lenteur de la palme:

> Admire comme elle vibre,
> Et comme une lente fibre
> Qui divise le moment,
> Départage sans mystère
> L'attirance de la terre
> Et le poids du firmament!

Les travaux de Laurette ont fait apparaître que l'adjectif *lente,* au-delà du sens latinisant de «flexible», contient une allusion au paradoxe de Zénon. La plante croît à une vitesse que ne peuvent saisir les unités auxquelles sont soumises nos perceptions sensorielles. La plante pousse — apparemment — avec une lenteur «infinie». Ainsi se crée-t-elle — apparemment — son propre espace-temps[86], elle «divise le moment» tout en progressant. Elle crée — apparemment — l'impossible: c'est ce que fait la parabole.

Une troisième composante de la lenteur apparaît dans cette note des Cahiers qui nous ramène encore un instant au domaine psychologique:

> Ce que l'esprit a épuisé, parcouru d'un éclair il faut que la
> lourde machine, la lente bête entière du monde en transformation
> le répète dans mes sens, l'épèle, le réalise — avec toutes ses
> minutes, ses secondes et seizièmes de seconde psychologiques, avec
> sa marche de front et en profondeur, avec toute la minutieuse
> harmonie des moyennes; il faut que les tendances plus pressées
> s'arrêtent pour attendre les autres; il faut que les éléments séparés
> et indépendants qui font ce tout respectent grossièrement la
> figure générale; que les chocs, les mélanges s'arrangent...
> Et moi, sur mon fil spécial, dix fois allé au bout, dix fois
> revenu — je vibre entre ce lent réel et cet extrême, je vibre
> d'impatience, atome dans une flamme, et j'émets cette radiation propre
> que j'écris ici.   5, 237

L'esprit impatient se hâte en avant, épuise tout en un instant, n'a pas le temps, ne reconnaît aucun temps. Avec le flou dans l'idée, caractéristique de l'image poétique, la palme est donc d'une part comparée à l'esprit; elle aussi «vibre» sur place, elle aussi connaît un «atome de silence», le choc le plus léger suffit; mais d'autre part l'idée de fructification absorbe en soi tout ce qui est de l'esprit. Avec ce goût typique qu'il montre pour l'absolu, Valéry pousse le caractère de parabole jusqu'à la participation substantielle du sujet au terme de la comparaison: la création *est* un processus végétatif (si l'on en croit le poème), elle ne fait pas que lui ressembler.

Pour placer *Palme* dans la perspective exacte, il faut donc se rappeler que l'idéal de Valéry dans la création ne se définit pas par une similitude avec la plante, mais qu'il en est l'exact contraire. *Palme* évoque le trouble de l'esprit qui, dans son élan, découvre la «lourde machine», la «lente bête», comme on le lit dans les Cahiers surtout à l'époque qui suit immédiatement l'achèvement de la *Jeune Parque*[87]. Derrière *Palme* il y a l'expérience que le produit artistique ne pouvait être produit de l'esprit, qu'il n'était pas seulement le résultat de la conscience, de la volonté et du travail, mais qu'il lui fallait le développement et la formation au double sens hégélien des mots, qu'il réclamait tout ensemble épanouissement et travail, mais que la part du travail pouvait avoir l'élégance de s'effacer de sorte que tout se résolve en plaisir[88]. Mais *Palme* permet aussi de supposer que les années qui précédèrent et suivirent immédiatement la reprise de l'activité poétique, alors que le niveau de connaissance était au plus haut, que la conscience des rapports du faire et du devenir était la plus mûre, que tout cela cependant était encore «in petto», potentiel, réversible, intact et non encore mis sur le marché, que ces années donc furent pour Valéry la période intellectuellement la plus satisfaisante de son existence au moins rétrospectivement. La parabole de *Palme,* comme toute parabole, poursuit un dessein, ici l'autojustification: «c'est arrivé sans que je n'y pusse rien». Le ton particulier qu'on entend dans *Palme,* l'indulgence vénielle pour ce qui en fait n'aurait pas dû être, douce jouissance d'une connaissance amère, «grâce redoutable», semble prêter à tout cela des accents qui rappellent le lyrisme de Pétrarque.

★ ★ ★

La parabole de la palme recèle encore un autre terme de comparaison qui nous amène à la dernière partie de la poétique anticipée de Valéry: au lecteur. La légère euphorie qui se dégage de *Palme* a très souvent fait oublier — peut-être Valéry lui-même n'en avait-il pas vu toute la portée — le terrible isolement dont témoigne la strophe finale, si l'on va jusqu'au bout de la parabole.

Quand culmine le processus végétatif de création, le fruit se détache et tombe aux pieds d'une foule assoiffée, car la palme — strophe IV — pousse dans le désert:

> Qu'un peuple à présent s'écroule
> Palme! ... irrésistiblement!
> Dans la poudre qu'il se roule
> Sur les fruits du firmament!

Lawler a fait remarquer, il est vrai, que ces vers contenaient un «certain mépris». Il faut bien dire que rarement plus triste envoi a accompagné une chanson — et tout un cycle de chansons. Tel qu'il se présente, le «peuple» pourrait bien ne tirer que peu de réconfort de ces fruits; l'arbre qui s'est dépensé et qui, une fois ses fruits à terre, se déclare non seulement soulagé, mais enrichi (str. IX), ne paraît attendre ni remerciement, ni compréhension. Personne n'a donc rien à gagner à ignorer ou à prendre à la légère la valeur de ces images, l'inadéquation de la parabole qui de nouveau fait violence à l'arbre[90] afin de faire encore ressortir ce qu'il y a de paradoxal et d'anti-naturel dans la création de l'esprit. Certes une explication de l'extérieur qui ne peut fournir que des clichés comme «conscience élitaire» ou «subjectivisme», est aussi de peu d'utilité. Suivons plutôt les racines de l'arbre:

> L'arbre souffle des fruits si lourds qu'il ne les peut retenir:
> il les perd ou il se brise. Va-t-il gémir qu'il y a deux *arbres*
> en lui?

4, 399

C'est, en 1910, une de ces notes typiques par leur problématique. P. Laurette la cite comme un commentaire «latéral» des vers de la strophe II: «Sa figure est accomplie, Ses fruits lourds sont ses liens». Mais il passe étrangement sous silence le titre que porte cette note: *Fruits ennemis*[91]. Les fruits de la palme sont matière explosive pour l'esprit de même que les grenades (les «pommes à pépins» inspirèrent en effet à un armurier cynique de la Renaissance cette métaphore meurtrière...). Car celui qui ramasse ces fruits, le lecteur, ne doit pas se bercer de l'idée qu'ils lui sont destinés pour qu'il s'en rafraîchisse, il lui faut au moins envisager l'éventualité qu'ils puissent être l'instrument de sa perte. Pour Valéry le lecteur apparaît comme un être des plus contradictoires, mais la plupart du temps désespérément non-dialectique, ses contradictions tendant en grande partie à coïncider. Il est tout aussi impuissant et indigne qu'il est tout-puissant et surtout omniprésent. Aussi vite élevé au rang de l'idéal que rabaissé à celui de médium, instance sans appel ou méprisable objet d'un jugement expéditif, le lecteur est tout sauf un lecteur bienveillant. Il lui faut se laisser terroriser car lui-même répand la terreur. Dans ce rapport auteur-lecteur manque la confiance fondamentale d'être compris, autant sinon plus que la certitude d'être compréhensible. Manifestement ce rapport est empreint de crainte et la raison en paraît presque trop simple pour être vraie: le lecteur était pour Valéry un inconnu.

Cela peut sembler étrange à qui considère le cercle clos du milieu littéraire dans la capitale française avant la Première Guerre mondiale (milieu dont Valéry ne s'est jamais totalement tenu à l'écart malgré son silence), cela peut sembler aussi évident et inévitable à qui pense plutôt que cette exclusivité même, ce repli sur soi de l'activité littéraire au tournant du siècle ne permettait plus que s'instaurât entre auteur et lecteur une relation véritable, non corrompue par l'esprit de consommation. C'est un fait que Valéry — les citations qui suivent le prouvent — a connu cette crainte et qu'il demeure ici un reste d'inexplicable, de tragique personnel, si l'on considère que, pour échapper à l'isolement, Valéry ne céda pas à la tentation idéaliste d'étreindre le peuple, l'humanité, pas plus qu'il n'espéra se gagner les masses fascinées en brandissant allègrement comme un étendard de révolte une imagination dictatoriale[92]. La dictée de l'imagination, il l'avait subie lui-même comme une expérience humaine, comme l'expérience de l'humain, qu'il entreprit de conjurer, d'expliquer et de mettre en forme, dans le but naturellement de faire comprendre et d'être compris, mais aussi avec la conscience plus ou moins claire que l'auto-analyse poursuivie pendant des années l'avait peut-être éloigné de ce but, même — et ce dut lui être particulièrement pénible — pour les amis, ce petit nombre pour lequel il voulait écrire, si tant est qu'il le voulût.

Les problèmes de la *réception* de la poésie découvrent donc chez Valéry la même faiblesse et la même fragilité dans les fondements que nous avions rencontrées en étudiant la *constitution* du poétique.

C'est ce qui ressort par exemple du fait que Valéry a toujours, de manière rigoriste, fait du *recevant,* si indifférent, incompétent, interchangeable qu'il soit, un *constituant* de la littérature:

Littérateur est celui qui se meut internement en vue d'un lecteur indéterminé et dont,il n'est point connu.

«Faire de la littérature» c'est écrire pour inconnus. La ligne que je trace est *littérature* ou non selon que je l'adresse à quelqu'un, ou à ce lecteur virtuel, moyen que je me donne. Une personne *imprévue* lisant une lettre à

> elle non destinée et dont les êtres lui sont inconnus change cette lettre en
> littérature. Donc moyens.   4, 387

Une telle définition serait juste au sens d'un modèle linguistique de communication, dans la mesure où, pour l'accomplissement de la littérature, l'intervention d'un lecteur est indispensable, de même que l'établissement d'une communication suppose un receveur capable de décoder. Mais il est évident que pour la pratique, pour la conscience du scripteur, une telle définition devient une violation. Il faut donc la déclarer fausse[93]. L'adresse immédiate au lecteur n'est donnée que dans le cas idéal d'une situation qu'on peut appeler rhétorique (ce qui est paradoxal, car toute écriture n'a-t-elle pas à l'origine pour fonction de remplacer la parole immédiate?), elle vaut peut-être pour certaines formes particulières de poésie lyrique, comme les poèmes d'amour ou d'hommage, au plus tard avec l'apparition du roman l'image des destinataires doit s'effacer, leurs réactions étant répercutées à l'auteur à travers la censure et la critique (à travers le chiffre du tirage également, cette censure du marché). Toute prise en compte du lecteur trop étroitement comprise est donc au moins potentiellement fautive et court le risque de remplacer le biographisme et son étroite détermination de l'œuvre par des facteurs matériels côté auteur, par un autre déterminisme côté lecteur. Il doit demeurer une marge entre émission et réception. Cette marge peut être bien sûr de grandeur très inégale selon ce qui est communiqué et l'on peut sans doute admettre, si l'on veut délimiter schématiquement son extension, qu'il doit y avoir un rapport inverse entre conscience de situation et utilisation de symboles, c'est-à-dire entre la distance de l'auteur au lecteur et le degré d'évolution des moyens linguistiques que met en œuvre le premier pour atteindre le second. Le symbole implique l'éloignement. Là où l'entente immédiate est ou paraît possible, le besoin de reconnaître n'existe pas, les signes de reconnaissance sont inutiles, le symbole n'a pas de raison d'être. Mais là où cette entente ne paraît pas possible, où la langue du symbole a été choisie dans l'espoir de jeter un pont par-dessus les oppositions élementairement reconnues de l'existence, cette langue du symbole crée aussi inévitablement une distance par rapport à l'interlocuteur, elle oppose à la compréhension des barrières que seule l'initiation peut franchir. Ainsi telle langue, formée pour favoriser la connaissance, peut-elle faire prendre conscience à l'interlocuteur de son déclassement, au locuteur de son isolement. Chez Valéry s'ajoute encore le fait — davantage que chez ses prédécesseurs — que la parole poétique, explicitement, devait se donner l'apparence de ne rien communiquer, ou seulement un minimum de contenu. En termes rhétoriques: il ne devrait plus y avoir aucun processus de persuasion ou de conviction, ce qui implique que l'on renonce à tout contrôle de la réception du discours, donc à s'assurer de son effet. Eloquence — non, figure — oui. La figure ne peut pas être assez parfaite, par sa tendance à l'autonomisation elle devient inhumaine, comme une arme téléguidée dont la cible, dont la victime en tant que telle n'inspire plus le moindre intérêt. Or, ce qui avait fait naître la figure, c'était justement le désir d'échapper aux formes contraignantes de la rhétorique, ressenties comme étouffantes et dénaturantes, et de faire passer dans la langue, sans déformation, la réalité de la pensée et de la sensibilité.

> Je n'aime pas l'éloquence. Mais écrite, elle m'est positivement
> insupportable.
> Pourquoi? Je ne l'ignore pas. C'est qu'elle est la forme adaptée
> à un nombre et à un mélange. Ce n'est pas la forme de la pensée.
> Il n'y a pas de pensée directe *capable* de tel discours. Elle ne
> fait pas de longues phrases si sûres.
> Ses longueurs vraies ne sont que tâtonnements.   4, 420

L'éloquence est donc une figure *adaptée,* ce qu'il faut obtenir, c'est la figure *pure,* qui seule pourrait véritablement contraindre:

> Si une littérature se faisait avec des éléments purs, et connais-
> sant aussi les règles du formel, ayant prévu les objections méca-
> niques, les associations probables, les fluctuations, les mises
> en train etc., les devançait de façon à ôter la liberté de
> l'esprit du lecteur ou à le contraindre de s'éloigner très sen-
> siblement de son habitude..   4, 208

Pourtant en 1906 déjà Valéry définit, après avoir passé en revue sans illusion les forces en présence, une véritable stratégie visant le lecteur:

> Parmi les qualités de ton lecteur idéal, mets-y-celle, capitale,
> qu'il ne sache pas du tout de quoi il est question. Cependant
> qu'il soit parfaitement apte à parvenir avec toi à toute hauteur
> si seulement tu le lui permets.
> Le lecteur idéal est l'instrument principal de ton art. Il faut
> que tu le construises avec le plus grand soin, lui donnant l'in-
> dépendance qui le fait utile. Il est un système de mesures, et le
> canon humain par lequel tu rends convenable ton écrit.
> Dans ton intérieur, tu n'es pas homme, tu es une résonance (!),
> un théâtre.... Il te faut donc un modèle d'homme pour proportionner
> et appliquer à l'homme vrai, les internes travaux.   3, 726

En relation avec le fragment d'*Agathe* de quelques années antérieur, il va jusqu'à associer l'action de la poésie à la violence physique (qui, rappelons-le, était odieuse au jeune Valéry, de son propre aveu):

> Je désirais (...) que le lecteur malévole fût saisi tout à fait
> intérieurement par ces formes qui devaient atteindre de suite le
> mécanisme même de sa pensée et penser à sa place, au lieu où il
> pense, comme quelqu'un dont on saisit le bras *en deux endroits*
> et qu'on fait gesticuler et s'exprimer par gestes, et qui est
> obligé physiquement de déchiffrer et de comprendre *ses propres*
> *gestes.*   3,79

Certes tout cela ne doit jamais faire oublier quelle solution admirablement équilibrée, quel réel accomplissement a trouvé ce dessein problématique, cette volonté d'ensorceler, de *charmer* le lecteur, surtout dans *Ode secrète* qui, dans un sens insoupçonné, inconcevablement élevé, tout à la fois subjugue le lecteur et le rend exécuteur de l'action, en le plaçant *secrètement* au foyer même du rayonnement et ainsi «pense à sa place, au lieu où il pense».

Dans le texte de 1904, *L'Amateur de poèmes,* publié comme un «curieux document littéraire» dans l'anthologie de G. Walch en 1906, il est dit à peu près la même chose, mais les rôles sont inversés *ad usum lectoris,* qui fait l'expérience sur lui-même et non sans plaisir de cette douce violence:

> Mu par l'écriture fatale (...) je trouve sans effort le langage
> de ce bonheur; et je pense par artifice, une pensée toute certaine,
> merveilleusement prévoyante (...), dont le mouvement me commande
> et la quantité me comble: une pensée singulièrement achevée.   I 95

C'est d'ailleurs un trait général de l'art depuis le XIXᵉ siècle que de vouloir, de *pouvoir* de moins en moins laisser le lecteur-auditeur-contemplateur en repos. Ce sont toujours les formalistes les plus avancés qui pour ce faire forgent les outils. Mais même l'art qui rejette tout symbolisme dans la forme n'échappe pas à cette loi. Est-ce un hasard si Brecht trouva (ou crut trouver) le germe de l'«effet de distanciation» au théâtre dans le «procédé de distanciation» de Victor Chklovski? Dans la transformation d'une littérature dite d'illusion (expression pléonastique, comme si l'on parlait d'une «religion de foi») en une littérature de désillusion, le souci de renforcer la prise sur le lecteur représente l'élément constant, voire moteur[94].

Là où dans le formalisme la puissance de choc est si fortement axée sur le lecteur, il est à supposer que ce ne peut être qu'au détriment du désir, que la quantité d'énergie dépensée à repérer le lecteur pourrait être autant de moins dans le combat pour la chose à communiquer. Très vite en fait, et avec une pénétration qui laisse loin en arrière l'ancêtre Poe, Valéry en a tiré les conséquences adéquates. Selon le credo symboliste, les mots devaient de nouveau pouvoir prendre la place des choses, sans reste ni distance, et faire oublier leur contrariant caractère de signes:

> L'art littéraire consiste à mettre quelqu'un continûment dans
> l'état où les mots sont pris pour les choses mêmes, et il aug-
> mente en proportion de cet effet.   2, 64
> La recherche littéraire consiste à vouloir faire des phrases
> quelque chose de plus que des signes.   2,392

Mais bien évidemment, cette recherche aboutit à ce que les mots signifient tout et les choses plus rien et le nominalisme se révèle être un nihilisme. Au moins apparemment:

> La poésie efficace demande le sacrifice continuel des intentions
> à l'effet. Le dessein profond d'un poète n'est rien moins que
> poétique.   3, 70

> L'artiste traduit non mot par mot, mais effet produit par effet
> à produire.
> La plus belle et forte situation intérieure n'a nul rapport
> nécessaire avec le langage. L'art commence par le sacrifice
> de la fidélité à l'efficacité.   4, 479

Ce qui réapparaîtra bien plus tard sous la formule connue du *sacrifizio dell'intelletto* et dans la phrase de *Poésie et pensée abstraite,* selon laquelle la tâche du poète n'est pas de ressentir l'état poétique, mais de le produire chez le lecteur (I 1321). Ce privilège accordé à l'esthétique de l'effet soulève donc inévitablement l'autre éternelle question éthique de la littérature, celle de l'honnêteté du poète, à laquelle Henry Peyre a consacré l'étude sans doute la plus pénétrante, sans cependant, à mon avis, pouvoir tout à fait rendre justice à Valéry, ayant choisi de le confronter à d'autres auteurs moins sarcastiques que lui sur le chapitre de la *sincérité* possible[95].

Certes Valéry a maintes fois exprimé son mépris pour l'écrivain soucieux de sincérité. Au début des *Antimémoires,* Malraux raconte une conversation avec Valéry à propos de Gide, au cours de laquelle Valéry laissa tomber cette phrase: «Je m'intéresse à la lucidité, je ne m'intéresse pas à la sincérité»[96]. Malraux la rapporte mi-rêveur, mi-dédaigneux. Lui-même, dit-il, a vécu jusqu'à trente ans parmi les obsédés de cette idée: «The age of Sincerity», comme dit à juste raison Henri Peyre[97]. Et pourtant Valéry aussi appartient à cet âge, et sa contribution, pour particulière qu'elle soit, n'en est pas moins «authentique». Ce qu'il exprimait dans la conversation avec Malraux, ce qu'a trouvé Henri Peyre dans «Choses tues» sur le thème de la *sincérité* et qu'il a qualifié à bon droit de «sacarstically contemptuous»[98], ce qui finalement entre en application dans l'essai sur Stendhal sous la forme d'une critique de l'appréciation de l'écrivain par lui-même et que Jean Paulhan analysa avec une circonspection pleine de dessous et de réserves pour le réduire à zéro[99] — tout ceci n'est qu'un côté de la vérité, sa face extérieure. Certaines notes des Cahiers prouvent que Valéry s'est bel et bien occupé du problème de la sincérité chez l'écrivain. En voici d'abord une, très mordante dans sa forme (peut-être trop peu différenciée) où il juge en moraliste la soif de réputation de l'écrivain:

> La littérature conduit à d'étranges pratiques.
> J'ai vu les uns prendre des excitants ou des stupéfiants, les
> autres simuler la violence jusqu'à l'obtenir, certains se conduire
> au cynisme le plus artificiel, un grand nombre se faire plus bêtes
> que de nature et tous se vouloir plus vifs, plus rares, plus pro-
> fonds... qu'il ne leur fut donné.   3, 894

Mais un autre texte révèle en plus la volonté de ne pas être dupe, exprime avec la plus grande netteté son tempérament cristallin et froid, sa réserve aristocratique, jugée arrogante par certains, son aversion envers les jeux de l'imagination et le cabotinage, sa nature profondément mais vainement attirée par l'idéal de la sérénité stoïque, sa vigilance vibrante qui craint de se livrer et met toute sa force à s'affirmer:

> La littérature ne peut pas être acceptée comme *fin* d'une existence noble. Noble est ce qui trouve en soi-même sa fin, et celle de toute chose. Le soi-même, incapable de se construire ou d'être construit par quiconque — l'authentique par excellence — cependant que les lettres sont simulation et comédie. Figure et montre de penser et de parler mieux que ... soi-même, feinte fureur et profondeur, élégance combinée, perpétuelle triche. Le plus grand art de l'auteur est de se faire prêter le plus possible par qui le lit. Mais il me serait insupportable, quant à moi, de subir qu'on m'attribue une belle idée, qui ne serait que née du lecteur et de mon écrit. Je suis dupe de ce sens. J'efface de mon mieux toutes ces chances d'erreurs qui profitent. Je préfère être précis, être moindre, être moi. Que d'autres sommés de s'expliquer, étonneraient le monde d'être si faibles auprès de leurs livres.
>
> 3, 635

Ce sont là les propos d'un homme à qui n'était pas donnée cette souriante vue des choses qui veut que le mensonge en art soit non seulement nécessaire, mais licite, d'un homme qui, à cause de cela, abordait tout ce qui relève du caractère fictif de l'art — sur le plan de l'idéologie ou de l'instrument, de la réception ou de la production — avec un scepticisme exaspéré. La liberté du lecteur que Montaigne avait découverte[100] lui était suspecte, même et surtout là où il la prenait pour lui-même. Il souffrait, pourrait-on dire, de devoir la prendre et en avait alors — assez souvent comme on sait — la conscience la plus aiguë[101]. La méfiance qu'il montrait devant la mascarade de l'écrivain procède sans aucun doute d'une volonté de vérité d'une espèce très particulière. La *lucidité* n'est au fond que la face intérieure de la *sincérité,* la *lucidité* est une *sincérité* — sans lecteur. Dans la congrégation de l'*aevum sinceritatis* Valéry a son banc et son confessionnal, mais il est suspect d'hérésie, car il ne croit pas à la rémission des péchés. Cependant derrière l'agnosticisme qu'il affiche en matière de compréhension, il doit y avoir eu un besoin de communication d'autant plus profond qu'il n'a jamais voulu totalement abandonner l'idéal de la lisibilité rationnelle, de l'identité de ce que l'on veut dire, de ce qui est dit et de ce qui est saisi.

C'est pourquoi il est d'une importance capitale de considérer chez lui des propos différents, même contraires, qui prétendent situer toute l'essence du poétique dans l'acte de réception par le lecteur, comme une valeur extrême, le point final d'un long combat qui se termine au fond par la défaite de l'écrivain, ou plutôt par la défaite du non-écrivain. Si l'on veut rendre justice à leur auteur, c'est dans le sens de la *résignation* qu'il faut lire des phrases lapidaires comme: «C'est l'exécution du poème qui est le poème», où se cristallise le thème de sa leçon inaugurale au Collège de France de 1939, ou encore: «Mes vers ont le sens qu'on leur prête» (I

1509, version trivialisée de la première et encore plus propre à susciter les malentendus).

C'était un scandale pour l'écrivain de ne pas être compris ou de ne pas l'être adéquatement, de même que ce fut auparavant un scandale pour le penseur que l'écrit ne correspondît pas ou pas adéquatement au propos (il ne faut naturellement jamais perdre de vue que les forces inconscientes peuvent agir dans le sens d'une cryptographie et donc, du fait d'un intérêt précis mais caché, empêcher l'adéquation de l'écrit au propos). La rupture de la compréhension avec l'autre ne fait qu'extrapoler dans une large mesure la rupture de la compréhension avec soi-même. Valéry alors saute par-dessus l'abîme qui s'est ouvert devant lui et se place avec décision de l'autre côté en déclarant que le sens de ses écrits est ouvert et que le lecteur est libre de le fixer. Mais il ne faut pas oublier que la phrase: «C'est l'exécution du poème qui fait le poème», qui pose donc en principe la totale *actualité* de l'esthétique (par opposition à la totale potentialité dans l'existentiel, comme on l'a vu au chapitre I[102]), n'était, dans son origine la plus profonde, nullement positive; il ne s'agissait pas d'un jugement apodictique au sens de Kant, mais au contraire d'un jugement assertorique, prononcé en grinçant des dents. Il ne faut pas l'oublier, même et surtout si la phrase se donne l'air, d'une part de contenir une vérité herméneutique, à savoir que tout écrit attend une appréciation, d'autre part de formuler un nouveau principe esthétique, à savoir que le consommateur d'art est prié d'entrer lui-même dans le jeu.

Car ni la vérité de l'herméneute qui relativise, ni la théorie de l'interprétation ad libitum (pour l'heure suspecte d'idéologie) qui gagne du terrain dans l'art d'aujourd'hui, ne peut avoir été, si l'on considère les choses sans parti pris, la vérité de l'écrivain. En ce qui concerne ce second point, ne faudrait-il pas voir une *ruse de la raison* dans le retournement qui fait entendre affirmativement une phrase qui se voulait résignée? Peut-être pourra-t-on examiner de plus près cette hypothèse, lorsque la nouvelle esthétique de la co-création par le lecteur — peut-être plus insouciante que celle de la re-création orientée vers l'auteur — aura réussi à s'imposer. Certes ce que l'on attend des contenus de l'art aura alors subi qualitativement de fortes transformations: par rapport aux contenus qui étaient valables à l'«age of sincerity», il est à craindre qu'un produit esthétique qui se présente d'avance comme n'engageant à rien, ne soit effectivement plus capable d'engager qui que ce soit.

La théorie de l'interprétation ad libitum a déjà commencé à s'emparer de Valéry. Elle ne pouvait y manquer. Jean Ricardou a déjà parlé d'un «recueil de variantes autonomes» proposé par Valéry et le jour n'est pas loin où l'on prétendra résoudre avec une joyeuse désinvolture le problème des variantes de *La Jeune Parque* par exemple, en reproduisant sans distinction toutes les esquisses de tous les vers et en les proposant au lecteur pour qu'il les combine à son gré, comme une lecture de *Nombres* de Sollers. Pour ce faire, l'animateur d'une telle entreprise se recommandera de Valéry lui-même. Et il ne dira pourtant que la moitié de la vérité.

Considérons un des moments qui sont à l'origine de cette *théorie de l'actualité* pour mesurer tout ce qui fut ici à l'œuvre de plaisir du paradoxe, d'effort pour se devancer soi-même, de courage pour faire le «saut». Il s'agit d'une note de 1916 où se trouvent donc déjà les expériences si souvent mentionnées que Valéry tire du travail poétique:

> Le véritable poète ne sait pas exactement le sens de ce qu'il vient d'avoir le bonheur d'écrire. Car à l'égard de ceci il devient un simple lecteur, l'instant d'après.
> Il vient d'écrire un non-sens: ce qui doit, non *présenter* mais *recevoir* un sens (et c'est fort différent).
> Comment concevoir ce travail paradoxal? Ecrire ce qui restitue ce qu'on n'a pas donné. Le vers attend un sens.

Puis cette formule hardie:

> *Le vers écoute son lecteur.*

Mais tout cela ne doit pas faire oublier que l'attitude fondamentale est toujours celle de l'hésitation, de l'expérimentation:

> Et de même, quand je dis que je regarde mes idées, mes images, je puis aussi bien dire que j'en suis regardé. Où mettre le moi, pourquoi cette relation serait-elle asymétrique? 6, 195

Dès 1906 Valéry avait pleinement conscience que faire en sorte que le lecteur comprenne ce que l'auteur a voulu n'irait pas sans difficultés, et cela pour des raisons qui, dans une large mesure, tiennent à l'auteur lui-même. A l'époque il jouait avec l'idée d'un *Dialogue* traitant de ces problèmes:

> Fais un conte de plusieurs personnages, sur le style. Que soit agitée entre eux quelque page d'écriture, mot par mot, avec de délicates arguties et un bon sens large, pour faire voir l'infinie discussion des effets, la variété des interprètes, ceux mus par leurs habitudes, ceux par la jalousie, ceux par des principes, et ceux par la connaissance de l'homme; — et comment ce que voit l'auteur n'est pas vu par le lecteur, l'auteur n'écrivant qu'une partie du tout qu'il possède et venant à nier sur l'écrit ce qu'il vient de poser sur l'écrit, pour avoir oublié d'écrire son changement propre, mettant ensemble ce qui lui plaît de sa pensée et ce qui est nécessaire à la suite, sans tenir compte de ses propres intervalles pensés — de sorte que le lecteur épouse mal la forme qui lui est proposée... Epuiser un sujet sans tout dire (!). 3, 749

Aura-t-on le droit d'en conclure que celui qui écrit n'avait pas à communiquer sa vérité, que l'écrit devait être jeté sans conditions aux pieds du lecteur? C'est plutôt le contraire: cette vérité doit être communiquée entièrement, c'est-à-dire qu'elle doit contenir aussi la *vérité de l'écriture*, qui est toujours un peu ressentie comme la *non-vérité de l'écrivain*.

> D'où l'angoisse de l'écrivain devant l'écrit:
> Lorsqu'une œuvre est très belle, elle perd son auteur. Elle n'est plus sa

propriété. Elle convient à tous. Elle dévore son père. Il n'en fut que le
moyen. Elle le dépouille.   4, 46; 1906 (!)

D'où l'attitude à la Caligula dans le poème *Palme,* si semblable pourtant à une oasis:

> Qu'un peuple à présent s'écroule,
> Palme!... irrésistiblement!
> Dans la poudre qu'il se roule
> Sur les fruits du firmament!

Valéry était indubitablement en quête d'un lecteur, et de manière
beaucoup plus pressante que bien d'autres poètes lyriques. Mais de *son*
lecteur naturellement: «O X!», s'écrie-t-il un jour avec un désespoir presque comique, «tu prévois un lecteur qui ne me fait nulle envie!» (4, 382).
A son lecteur, il faudrait deux qualités: une rapidité d'esprit égale à la
sienne et — exigence caractéristique et maintes fois formulée — une
«force» supérieure à la sienne. Ce n'est donc au fond personne d'autre que
l'interlocuteur idéal dont nous avons fait la connaissance au chapitre I.
Prenons pour exemple une note qui, selon une vieille (et sûrement mauvaise) habitude assimile le lecteur quelconque, le lecteur méprisable, au
lecteur de romans:

> Romans. L'arbitraire.
> La comtesse prit le train de 8 heures
> La marquise prit le train de 9 heures ad libitum[103]
> Aussi arbitraire que le réel.
> Or ce que je puis varier ainsi indéfiniment, dans le mou, le premier imbécile
> venu peut le faire à ma place, le lecteur. Mais ce à quoi je ne trouve pas de
> substitut, ce qui est nécessaire pour moi — voilà *mon* affaire.
> Celui-là seul pourra le changer, le trouver variable qui sera plus que moi,
> qui sera capable de moi et non moi de lui.   5, 101

Si l'on considère de ce point de vue sa propre activité de «lecteur», aux
prises avec Pascal, Descartes, Montesquieu ou Stendhal, il semble bien
qu'il ait tenu à être au moins de son côté, ce lecteur «plus fort»...

Il s'arrange l'histoire du lecteur en la divisant en deux phases, l'une que
l'on peut dire naïve, l'autre sentimentale au sens de Schiller:

> Deux manières de lire:
> L'une qui réalise directement ce qui est écrit comme si le lecteur le pensait.
> L'autre qui n'oublie pas un auteur et les circonstances de l'auteur. L'art
> d'écrire a donc consisté d'abord à imposer le premier mode, plus tard,
> quand cet hypnotisme est devenu déjoué — à prévoir le second mode et à
> tromper non sur la chose tant que sur l'auteur. L'auteur s'introduit lui-
> même et ne laisse rien à imaginer sur lui-même. Du moins il le tente. 4, 191

Par là Valéry participe à la tentative moderne (bien que très ancienne
au fond) qui vise à tenir la personne de l'auteur à l'écart de l'œuvre, à la
soustraire au lecteur profane, à la placer dans une aura surnaturelle, le
lumineux, et à proposer la médiation du dire comme l'effet d'un pouvoir
eucharistique inhérent à la langue. *Je est un autre.* JE ne communique

directement avec personne, si ce n'est avec un prêtre encore plus fort, avec le dieu:

> La suite des phrases suggère seulement un *homme qui parle* (…). Si, au lieu d'un homme parlant on *devait* se représenter en lisant une vague architectu-re — une courbe — un mouvement — une sorte de transformation autono-me de la pensée initiale? Comment réaliser ceci?

Jusqu' ici on trouve toujours dans la littérature un Toi qui parle; il faut faire en sorte que ce Toi disparaisse:

> Il faudrait abolir ce Toi, cet autre, de façon à feindre la pensée même du lecteur.

Le cas Valéry nous apprend beaucoup sur le *furor poeticus,* cet instinct, chez l'écrivain, hostile à la société, que Platon avait reconnu. C'est le poète lui-même qui se bannit de la cité.

Dans *Ode secrète* par exemple l'acte artistique s'était accompli: les traits de ce Toi, que le lecteur peut d'ordinaire reconnaître dans le poème, s'effaçaient derrière la parole poétique qui donnait l'illusion d'assumer la pensée du lecteur lui-même. Sans lecteur, l'*Ode secrète* est donc *constitu-tionnellement* incomplète. Mais cela signifie — si l'on pousse un peu plus loin — qu'un pas a été fait vers l'autonomie, vers la souveraineté de l'œuvre d'art, qui s'accompagne d'un renoncement forcé et douloureuse-ment ressenti à la personne empirique d'un lecteur. C'est — pour em-ployer les termes de l'*Ode secrète* — la plus glorieuse des défaites!

Il en va tout autrement de l'éloge que fait Mallarmé du livre spéculati-vement «impersonnifié» qui, dans le mesure ou l'auteur s'en détache, où lui-même laisse l'auteur derrière lui, n'a plus besoin de l'intervention d'un lecteur:

> Impersonnifié, le volume, autant qu'on s'en sépare comme auteur, ne récla-me approche de lecteur. Tel, sache, entre les accessoires humains, il a lieu tout seul: fait, étant. O.C. 372

Ce qui n'est nullement — comme on l'a pensé — dirigé *contre* le lecteur au sens d'une déshumanisation, mais seulement tourné *vers* l'œuvre, dont le texte en prose *L'Action restreinte* proclame l'indépendance supérieure par rapport à la littérature de divertissement. S'il y eut des héritiers de cette noble et heureuse foi en l'écrit, Valéry n'est pas du nombre. Peut-être Saint-Pol-Roux si sereinement assuré que la poésie prenait son essor, une fois accompli l'acte d'écrire:

> Spectacle rare vraiment, sur le papier, cette armée de Mots divers venus de toutes les catégories aux fins de concourir au triomphe (…) — population minime certes, mais forte de la virtualité de grandir spontanément, sur le ressort de l'impression, en une souveraine apothéose![104]

* * *

Jetons un bref coup d'œil sur le XVIIe siècle, l'époque d'une littérature de société:

> La littérature du XVIIe est toute une dépendance de la conversation. Elle
> interdit tout ce que l'homme seul avec soi, se permet profondément. Le
> ridicule et la naïveté de l'homme dans sa chambre, elle les supprime. Elle
> n'admet que ce qui peut être exprimé dans le salon, ni trop intense, ni cru,
> ni trop vrai, ni difficile, ni trop personnel.   4, 613

Si l'on considère ensuite (le bien-fondé du jugement ne joue ici aucun
rôle) que le thème d'un poème comme *La Jeune Parque* est à coup sûr la
part la plus intense, la plus vraie, la plus personnelle de l'homme dans sa
chambre, on ne peut assez s'étonner du mépris dans lequel sont tenus les
rapports que l'on prétendait indissolubles entre la forme et le contenu, et
qui consiste à vouloir couler la réalité amorphe et chaotique de la conscience matinale dans la forme la plus rigide qui soit: celle de l'alexandrin,
tel que l'a légué le XVIIe siècle.

* * *

Au début de ce chapitre j'avais tenté de montrer qu'en matière d'esthétique littéraire, c'était le caractère prémonitoire des réflexions de Valéry qu'il s'agissait de mettre en évidence, les méticuleux préparatifs de cet
admirateur de Moltke en vue d'une campagne qui ne devait jamais avoir
lieu. Dans le domaine particulier de l'esthétique des effets, il nous reste à
traiter de deux notions particulièrement caractéristiques et qui prennent
dans les Cahiers un accent nouveau. L'une, que Valéry a développée en
1926 à propos de Rembrandt, est celle d'*effet latéral;* l'autre, plus fuyante
et disséminée dans les Cahiers, celle de la *phase* de l'écrivain dont le
lecteur et plus encore le critique littéraire doit tenir compte.

Comme il est dit expressément dans son essai sur Rembrandt, Valéry
s'était déjà occupé, bien des années avant son voyage en Hollande, de
cette idée d'«effet latéral». Certains éléments d'une œuvre d'art, avait-il
remarqué, qui pénètrent à son insu et «par la bande» dans le champ de
perception de l'observateur, contribuent souvent plus durablement à l'effet global que ce qu'on en saisit immédiatement, ce que l'on reçoit consciemment comme le «propre» de l'œuvre. Ce que lui avait appris le *Philosophe en méditation* de Rembrandt (ressenti évidemment comme l'allégorie de sa propre situation), il l'avait appliqué à l'effet de la musique de
Wagner, mais en outre il avait cherché s'il en allait de même en littérature,
et il faut entendre: dans une littérature qu'il créerait lui-même *incerto die:*

> Wagner, comme Rembrandt, savait attacher l'âme du patient à quelque
> partie éclatante et principale; et cependant qu'il l'enchaînait et l'entraînait à
> ce développement tout-puissant, il faisait naître dans *l'ombre de l'ouïe,* dans
> les régions distraites et sans défense de l'âme sensitive, — des événements
> lointains et préparatoires, — des pressentiments, des attentes, des ques-
> tions, des énigmes, des commencements indéfinissables...   I, 853

Et chose étonnante, c'est Claudel qui fut conquis par cette idée à
laquelle il fit écho un peu plus tard à sa manière en croyant découvrir les

«perceptions latérales» même dans la *Vénus au joueur d'orgue* de Titien[105].

Que faut-il penser de cette théorie? C'est une manière de voir bien caractéristique par sa dualité où s'équilibrent positif et négatif, conquête et abandon. Elle s'inscrit dans une série de tentatives analogues auxquelles s'est livrée l'époque de l'esthétique de suggestion, le «dialogue au second degré»[106] par exemple que recherchait Maeterlinck ou le rôle dévolu dans les mises en scènes de Stanislawski au «sous-texte», à ce qui est entre les mots. Elle fournit à l'histoire de l'interprétation de Rembrandt une contribution tout à fait singulière qui dépasse souverainement du point de vue artistique la querelle du primat du sujet ou de la forme dans l'art de Rembrandt, cherchant le moment décisif dans la forme, sans cependant ravaler le sujet au rang de prétexte. D'un autre côté, prétendant explorer les zones psychiques périphériques, elle dépasse son propos sur un point essentiel et le met en péril, car elle tend à faire que tout se passe sans l'observateur, pour ne pas dire contre lui, à partir du moment où les dispositifs appropriés sont en place. L'exploration alors ne se fait plus en vue d'un enrichissement ou d'un affinement: le but en est la *domination*. La condition essentielle de toute expérimentation, lit-on dans la suite de l'essai sur Rembrandt, serait celle-ci:

> L'artifice doit échapper au lecteur non prévenu, et l'effet ne pas révéler sa cause.

Un tel lecteur n'existe pas. C'est une figure totalisée, une chimère. Car celui qui est capable de percevoir l'influence subtile des «effets latéraux» — si faiblement, si obscurément que ce soit — les a potentiellement percés à jour, il en a saisi les causes qui devaient pour son bien demeurer cachées. Ce n'est plus qu'affaire de temps. Comment ne pas voir que cette théorie — au moins dans son origine la plus ancienne — est un produit de la peur et de la faiblesse? Elle essaie de renverser la détermination étrangère douloureusement subie pour de son côté déterminer ce qui est étranger. Poussée à l'extrême, elle annonce bien des maux, bien des mauvais tours que joue aujourd'hui la psychologie «appliquée», laquelle, en adoptant le principe: «la victime ne doit s'apercevoir de rien», obéit à des motivations beaucoup plus basses, dont l'inventeur de la théorie latérale se serait détourné avec horreur[107].

Entre ces extrêmes cependant se trouve le domaine artistique sur lequel ni la détresse individuelle au commencement, ni le mauvais usage commercial à la fin ne sauraient sérieusement jeter le discrédit. Voyons comment ce champ se prépare, dans les notes des Cahiers.

> L'art agit par le latéral; ainsi la *proportion*, vieux problème, n'est pas perception directe mais c'est implicite comme un son résultant. Aussi le clair-obscur et les formes des parties illuminées et des obscures qui disent comme à mi-voix (!) autre chose que le spectacle même et une autre chose non autrement dicible — que par à-côté. Rembrandt.

Quelles conséquences pour la construction?   4, 818 (1912)

Tout se présente ici clarifié, sans l'intervention de nécessités autres qu'artistiques. Outre l'intéressant élargissement — plus tard abandonné — du principe latéral à d'autres catégories esthétiques comme la proportion et la perspective, la note contient le point de vue décisif qui justifie en dernier ressort tout le propos: certaines choses qui sont du «contenu», ne peuvent se dire autrement que sous cette forme.

Le texte suivant montre très bien quel mythe personnel Valéry a élaboré à partir de «ses» Rembrandts dont les espaces clos étaient devenus pour lui des allégories de l'espace mental:

> Ph(ilosophe) en méditation.
> C'est une chambre fermée, tout immobilité.
> Quelques quadrupèdes de bois sombre debout et sans tête, quelques carrures dorées mortes aux murs illustrés.
> Seuls mouvements ici compris: un pied solitaire et sa jambe sans bruit oscillent. Une main droite va et vient, attachée à des poils de moustache sèche.
> Par moments une grande pensée inachevée (!) se change en cette chambre; le pied s'arrête et les images des murs croient s'éveiller.   4, 726[108]

Dans un tout autre sens, plus positif, nous avons ici l'origine de la théorie latérale. En effet, à la page suivante — et reliés par le trait qui les encadre au texte précédent sur Rembrandt — Valéry note les deux vers que nous pouvions déjà citer plus haut comme un résumé de ce que nous avions appelé le thème de la citerne:

> Au milieu d'un vacarme je creuse un silence.
> Dans ce silence je mets des bruits, un chant[109].

L'armature technique fait l'objet d'une note difficile à comprendre parce qu' «à usage interne». Elle reprend le couple de notions *formel — significatif* que nous avons brièvement étudié à la fin du précédent chapitre. Valéry range sous le principe «formel» les effets indirects de tous les facteurs, sous le principe «significatif» les effets directs[110]. Selon sa définition, l'œuvre d'art réussie ne fait que réaliser une certaine combinaison ou un certain mélange de ces deux principes d'ordinaire inconciliables, opération qui échappe à une analyse plus précise.

> Ce que j'aime presque exclusivement dans les arts c'est (...) ce mélange de spectacle et d'attention, de conditions presque cachées et de circonstances seulement visibles, de formel enveloppant et pénétrant le significatif sans que l'on sache comment se fait la combinaison nécessaire. Combinaison transcendante [au sens mathématique de «non-algébrique», «irrationnel»] de «points de vue» divers qui ne se transforment pas les uns dans les autres[111].

Justement parce que cette combinaison ne peut s'obtenir par voie de synthèse il est particulièrement important et précieux d'en analyser des exemples dans les arts. A partir de ces exemples on pourra, dit-il, discerner comment la donnée initiale et l'exécution s'interpénètrent, comment la potentialité de l'œuvre commence à s'actualiser pour ainsi dire encore à l'intérieur de ses propres limites:

> *Mélange du moi et du toi,* de la figure et de l'énergie, de la représentation et de ses supports.

Dans l'exemple de Rembrandt:

> Dans le Ph(ilosophe) en méditation ce n'est pas le vieux qui médite — il n'est qu'un accessoire central, un nom, un repère, c'est la forme de la lumière et celle des ombres. Mais on ne le voit pas.   4, 182

Mais l'idéal inaccessible demeure toujours la musique avec ses pouvoirs de transformation:

> Musique: création d'habitudes instantanées. Transformations de joie en grave, en sombre, en interrogation; d'*âmes* en galops, du danseur en philosophe et du philosophe en héros et du héros en alouette.
>
> L'harmonie ou le moyen de faire toutes les transformations sans scandale [!], par de sournoises prédictions, des changements de lumière, des créations d'états douteux, d'instants ambigus — et ce procédé de grossir, d'écarteler, de rendre méconnaissable un dessin arrêté, par les sonorités simultanées qui paraissent d'abord le renforcer puis s'écrasent, ouvrent la perspective de substitutions successives... Usage réglé, savant de la *connaissance latérale*   4,187

L'effet latéral est donc le moyen le plus efficace de produire le *charme,* ce que Claudel nommait de manière sarcastique «la marmite à prestiges»... Certes, sur la manière d'appliquer ces principes à l'art du langage, Valéry reste muet et il serait aussi dangereux qu'arbitraire de vouloir déceler leur action en tel ou tel endroit de ses poèmes. Il nous faut donc nous contenter de savoir que l'art du langage tend à cet égard, dans son intention profonde, vers les arts frères, plus favorisés, qu'il se meut dans leur sillage quand il essaie de charmer le lecteur par des éléments formels, plus vite, plus fort et plus durablement qu'il ne le ferait par le contenu.

* * *

La théorie latérale suit le regard de l'auteur dirigé vers le lecteur. Elle était née de la question: comment le lecteur peut-il être accessible à l'auteur, voire docile à ses desseins? La théorie des *phases* dont il nous faut maintenant parler, suit plutôt la direction inverse, la question qu'elle pose est celle-ci: comment l'auteur peut-il être discerné et connu par le lecteur? Disons-le tout de suite: la réponse est plutôt négative et la théorie semble plutôt faite pour soustraire l'auteur à la connaissance du lecteur. Nous aborderons cet ensemble par un biais, à travers un thème très rarement traité par Valéry, étant tout l'opposé de la volonté tendue vers le *charme* à opérer: le thème du jeu. Selon la définition de Valéry, le jeu est une liberté qui se fixe à elle-même ses limites:

> Tout jeu implique une liberté gênée volontairement et une activité assujettie à cette gêne, de façon que l'état de liberté soit constamment *possible* —

et comme reflétant aisément cette activité — qui soit constamment *disponible et interruptible*.

La limite du jeu, sa destruction, est vite atteinte:

Mais si le jeu me captive, je perds à mesure en *liberté* ce que je gagne en *activité*. L'activité réprime l'ennui et la liberté y aboutit et cherche la gêne. Enchaînement et déchaînement plus ou moins étendu de fonctions disponibles.

Et il précise de manière typique l'idée de limitation *volontaire:*

Le jeu, restriction *volontaire* et instable d'une liberté. Volontaire n'est pas le mot — restriction excitante, désirable et en même temps toujours suspendue au moindre désir de la supprimer.

Il en tire alors une conséquence de valeur générale:

On voit ici combien une définition du jeu serait inexacte qui ne tiendrait compte du changement du joueur le long du jeu. Le joueur peut être de mauvaise humeur, perdre toute liberté — et cependant elle l'enveloppe.

                                                                3,87-8

Encore entouré de cette liberté qu'il s'est lui-même donnée, voilà le joueur lui-même qui la met en danger. Mieux: quelque chose la met en danger chez le joueur, une transformation involontaire qui s'opère en lui, l'équilibre instable entre enchaînement et déchaînement qui caractérisait la *phase de jeu.*

L'importance que prit dans toute la pensée de Valéry la notion de phase dans l'acception que lui donne la thermodynamique — ou par analogie — a été maintes fois soulignée par la critique[112]. Nous ne pouvons ici que l'effleurer brièvement. Tout ce qui se passe dans l'âme est, selon sa conception, un processus cyclique, une succession d'états qui commence à un certain point, passe par certains stades, revient à ce point pour le quitter à nouveau. Il n'est pas possible de sortir du cycle, sinon au péril de sa vie:

Phases — ce sont les modulations de l'onde porteuse vitale.

Les Cahiers emploient souvent le mot de phase, mais ce qu'il recouvre est très divers et quelque peu diffus. Ce qui en fait le centre a été cerné au plus juste par Ned Bastet dans son article *Faust et le Cycle:* le drame de l'esprit qui, bien que par essence n'en faisant pas partie, se trouve entraîné dans ce retour cyclique du même[113].

Dans la mesure où ce cycle de phases est une modalité générale de l'être, il correspond — si on le dépouille de ce qu'il emprunte aux sciences naturelles — au concept ontologique de *Gestimmtsein* chez Heidegger. Mais les phases onto-empiriques qu'il recouvre ne sont pas au premier chef des états d'âme, mais des états de conscience: veille, sommeil, rêve, attention, attente, surprise etc. Mais la peur, la joie, l'amour, la réceptivité en font également partie, de sorte que l'on peut dire que la théorie des phases est une sorte de théorie des états intérieurs. (Theorie der Stimmungen).

Si l'on est préparé à y trouver cette multiplicité l'on est moins surpris par cette note selon laquelle cette théorie ne sortirait plus de la thermodynamique, de Gibbs ou de Carnot, mais — de Wagner:

> Mon idée ou découverte des «phases» dont aucun psychologue ni physiologiste n'a eu conscience, me vient de l'illustration musicale de Wagner.
>
> 17,136

Dans le domaine cognitif la notion de phase prétend prendre en considération un élément déterminant de la connaissance, décisif selon Valéry, mais ordinairement négligé: la modification que les conditions psychiques font subir à la connaissance.

> Essentiellement je cherche l'expression la plus conforme et la plus commode des transformations incessantes de la connaissance. *Tous les résultats, toutes les constructions connues* ne tiennent aucun compte apparent de la durée. Ils impliquent une foule d'axiomes conservatifs. Je tiens à déterminer la situation *vraie* ou *relativement uniforme* de l'ensemble des notions.
>
> 2,102

Cette recherche, avec son psychologisme opiniâtre et même radical, a un ressort profond: la phase est le rythme vital pour Protée!

Appliquée au rapport de l'auteur au lecteur, la notion se ramifie encore en trois directions au moins. Tout d'abord la *phase,* dans un sens très particulier, désigne l'état de contemplation et de concentration, le «monde de l'attention» où doit être plongé le lecteur aux prises avec l'écrit. Là-dessus. W. Ince a dit tout ce qu'il y avait à dire dans le chapitre de son livre qui s'y rapporte et nous ne nous y attarderons pas[114].

Ensuite, dans une note de janvier 1913, le mot *phase* est employé pour les phases du travail, les étapes de la création intellectuelle auxquelles la critique accorderait trop peu d'attention ou une attention trop unilatérale:

> Il est très fréquent de confondre la phase initiale, le travail de mise en train et le travail final de vérification avec le travail intermédiaire de tâtonnement et de construction ou «intuitive» ou analogique   4, 914

Ici déjà l'unité intellectuelle du créateur est mise en question par l'existence ici affirmée de trois phases au cours desquelles le travail est soumis à des impératifs différents et incompatibles. Quant à la troisième et dernière acception du mot *phase* qu'il nous faut citer, elle se propose manifestement de nier totalement cette unité au regard d'un critique, en atomisant le processus de création:

> Les illusions critiques: Ce que l'on prend pour moi, pour X, pour Mallarmé, ce sont les états par où nous avons passé. Et encore ce ne sont même pas ces états (les œuvres), ce sont des états apparents = *virtuels*.   9,154

Et de manière plus explicite encore, plus tard, à propos d'une interprétation de Mallarmé qu'il a lue:

> Tous ces documents, toutes ces analyses professorales si ingénieuses, ou si précises en apparence, ne donnent pas la moindre idée du travail interne des poètes. Ils expliquent souvent ce qu'il ne s'explique pas.

La notion de ce que j'appelle *phase* leur manque. Ce n'est pas une notion simple.

Comment voulez-vous faire un vers de tous ces ingrédients que vous accumulez?

Le comique des explications génétiques de la «Prose pour des Esseintes».

23,172(1940)

Ici donc *phase* s'applique au travail interne de celui qui écrit. Ce n'est certes pas une notion simple. On sait combien de vicissitudes, d'alternances, combien de couples opposés ou de séries d'états successifs elle recouvre: que ce soit la relation du mot et de la pensée, dans laquelle à tour de rôle l'un précède l'autre, l'emporte ou a le dessous; qu'il s'agisse de l'inégal accouplement du vers donné et du vers fabriqué, de la seconde d'inspiration qui précède les années de polissage; ou du va-et-vient entre intentions *formelles* et intentions *significatives,* entre effet *central* et effet *latéral;* ou du travail sur le corps de la langue au cours duquel le *poietes* manie tour à tour la sémantique, l'euphonie, la syntaxe, le rythme; ou enfin de l'attitude envers le lecteur qui passe par des stades d'indifférence, d'angoisse, d'attente extrême — chacune de ces phases enrichit notre connaissance de l'œuvre achevée, totale, nous aide à facetter le monolithe par le recours à la «structure des phases» de l'auteur. Mais chacune de ces phases est caractérisée par le fait qu'elle est formelle, et tous ces *formalia* s'assemblent et s'ajustent comme les pièces d'une cuirasse de conceptualisation à l'abri de laquelle l'identité substantielle de celui qui écrit croit pouvoir se dérober plus sûrement au regard et à l'emprise d'autrui. Ce caractère tragiquement contradictoire de la théorie des phases, élaborée par contrainte et visant la libération, Valéry l'a un jour éclairé dans deux de ces phrases bizarrement comprimées et rhétoriques où «chantent» ses concepts:

N'oublie jamais, ô X, que tu es un point et une variété
ô Spontané! pour toi, je devins calculateur.   3, 14

* * *

N'est-il pas étonnant que le plus grave reproche que fasse Valéry au critique soit qu'il sache trop peu de choses de l'auteur? C'est là justement ce que les Cahiers nous enseignent de neuf et il est indispensable ici de corriger sensiblement l'image courante que l'on s'est faite de Valéry: son dernier mot n'était pas pour détacher l'œuvre de l'auteur, pour rabaisser ou écarter l'homme, mais au contraire pour souhaiter que l'œuvre se définisse par l'auteur (comme plus haut le jeu par le joueur), pour la comprendre comme le point vers lequel marchait l'écrivain — bien sûr en se dépassant:

Il faudrait peut-être définir la Poésie par les poètes, et à partir des poètes; et la Musique par le musicien, et ainsi de tous les arts.

On trouverait alors que la Poésie serait ce qui est cherché par un homme qui... comme on définit le pôle magnétique par les directions de l'aiguille.

23, 172

Ars poetica — ars poeta. La violence du douloureux combat qui se livra pendant les années de silence entre un moi irrésolu et fluctuant, cherchant au milieu de son incertitude l'autoconfirmation, et une œuvre à l'attrait magnétique duquel il devenait de plus en plus difficile d'échapper, est attestée par un texte de juin 1910. Valéry, ce singulier descendant et continuateur de Job le compose comme un psaume et lui donne le numéro 151:

> Une idée juste m'a perdu
> Une vérité m'a égaré...
>
> Qu'importe, pensais-je, l'écrit?
> Vais-je me vider dans la parole?
> Elle est infidèle; elle devient étrangère
> Est-ce le papier qu'il faut mener au parfait?
> Est-ce moi?
> Et le meilleur mis par écrit, il ne me reste que ma sottise.
>
> Vais-je annuler tout ce qui me vient, et qui passe
> Le pouvoir de l'écrire?
> Le plus délicat et le plus profond, le plus unique,
> — Ne dit-on pas *inexprimable?* —
> Le plus fidèle, le plus mobile, le plus vrai, l'instant
> Sont-ils pas muets?
> Tous les livres me semblent *faux* — J'ai une oreille qui entend la voix de l'auteur.
> Je l'entends distincte du livre — elles ne s'unissent jamais.

Et comme pour ne rien s'épargner et faire encore de ce qui lui est le plus authentique un exercice de style, il continue sur la même page dans une prose encore une fois superbe:

> Celui qui tend l'arc de sa pensée jusqu'où sa force le veut — celui-là, en présence du papier et de la plume de son art, ressent, jusqu' à quel point? — certaines limites, et il doit sacrifier ou à son art ou à sa tension.
> Par telle mutilation de moi, dit-il, je pourrai faire une *belle* œuvre, mais ne saurais-je pas toujours ce que j'ai tû? Vais-je me condamner à ne sentir que ce que je sais exprimer? Je ne me reconnais pas dans ce chef-d'œuvre. Je ne l'ai fait que par impuissance. Il n'est si bien mesuré que par ma petitesse. Je ne veux pas écrire ce qui ne m'étonne pas.

4, 452

La deuxième partie de ce livre se propose d'étudier de plus près encore jusqu' où va cette prétendue mutilation de soi. Et l'on reconnaîtra dans *La Jeune Parque,* ce prétendu chef-d'œuvre de l'impuissance, les accents perçus ici:

> Non, vous ne tiendrez pas de moi la vie!

DEUXIÈME PARTIE

CHAPITRE IV

TRANSPARENCE ET CONSISTANCE

Un commentaire de LA JEUNE PARQUE à la lumière des «Cahiers»

«princesse amère de l'écueil»...

Mais autre chose encore me vint travailler et tourmenter. Il arriva que
je ne pus écarter de ce poème un personnage singulier qui était en moi.
J'avais consumé tant d'années, — les
plus ternes, les plus profondes, les
plus égales, les plus autonomes de ma
vie, — dans des recherches obstinées,
dans la poursuite d'un certain système
d'actes intérieurs et des formules de
ce système, qu'il me fut impossible,
créant un être dont je voulais représenter l'intimité avec soi-même, de ne
pas faire participer à cette création
poétique et d'origine quasi musicale,
le solitaire et ses méthodes...
Avant-propos à la traduction italienne
de La Jeune Parque par Aldo Capasso
(1930)

Remarque préliminaire

Il n'existe pas encore de commentaire complet de *La Jeune Parque* à la
lumière des Cahiers. Nous indiquerons à leur place les interprétations

portant sur les passages du poème et qui utilisent systématiquement les Cahiers. Je me suis limité — à quelques exceptions près — aux notes qui précèdent la composition de l'œuvre ou qui lui sont contemporaines. Mon essai d'interprétation se fonde sur les trois chapitres qui forment la première partie de cet ouvrage.

On ne peut attendre d'un commentaire de ce type qu'il passe en revue tous les points de vue sous lesquels on peut imaginer de traiter le texte. Ce qui concerne la mise en forme sonore par exemple est en grande partie laissé de côtée.

Pour échapper à l'interprétation vers par vers dont l'intérêt est douteux, le commentaire s'organise en *aires de signification,* selon la définition donnée au chapitre III[1]. Ces aires coïncident sinon totalement, du moins pour la plus grande partie, avec les divisions du texte indiquées par des majuscules. C'est cette division en paragraphes que, pour la clarté de l'ensemble, reprend le commentaire (I - XVI selon l'édition qu'a donnée Jean Hytier pour la Bibliothèque de la Pléiade).

Là où, avec en arrière-plan l'aire de signification établie, s'offrait l'occasion d'éclaircir un passage difficile, je n'ai pas cru devoir y renoncer.

Le commentaire part de la théorie du «diptyque», c'est-à-dire de la division du poème en deux parties, établie pour la première fois par J. Duchesne-Guillemin et reprise par les critiques presque sans exception: elle distingue deux visions des mêmes phénomènes par la Jeune Parque, l'une plus consciente et distanciée que l'autre. Cette division correspond aux paragraphes I - X (vers 1 - 324) et XI - XVI (vers 325 - 512). Le commentaire utilise cette division fondamentale et la dépasse en traitant ensemble les paragraphes de la première et de la deuxième partie qui se correspondent et qui constituent une aire de signification. Naturellement la symétrie ne saurait être rigide, étant donnée la longueur très inégale des paragraphes et leur nombre différent. Et l'on verra que les paragraphes de la deuxième partie ne correspondent en réalité qu'aux cinq premiers de la première partie (vers 1 - 148), ce qui précise la théorie du diptyque.

J'ai, dans la mesure du possible, évoqué et discuté les interprétations existantes, surtout les travaux de Duchesne-Guillemin, Hytier, Nadal, Noulet et Walzer, afin de montrer en quoi s'en distinguent les résultats de cette nouvelle lecture.

La thèse ici soutenue est la suivante: *La Jeune Parque* n'est pas une genèse poétisée de l'éveil de la conscience, mais une description de l'essence et de la fonction de la conscience en ses phases caractéristiques, reposant sur des analyses et traitée par des moyens poétiques.

Au contraire de beaucoup de commentateurs je ne conçois pas de déroulement temporel dans le poème, mais plutôt un point idéal du temps à partir duquel tous les événements sont vécus *in mente.* En cela je me range à l'avis de J. Robinson qui écrit: «Malgré tous les va-et-vient dans le temps qui caractérisent la structure du poème, la Parque elle-même ne quitte jamais le présent; et c'est dans ce présent si merveilleusement, si physiquement immédiat que son passé et son avenir viennent se rejoindre et se confondre»[2].

Chacune des aires de signification, avec toutes ses couches de sens, est réductible à l'état de conscience qui prévaut en ce point idéal du temps et dont les métamorphoses constituent le temps vécu pur. Nous le démontrerons par la suite dans le détail. «Songez que le sujet véritable du poème est la peinture d'une suite de substitutions psychologiques, et en somme le changement d'une conscience pendant la durée d'une nuit» (I 1613) — E. Noulet a été la première à indiquer que toute interprétation du poème devait s'inspirer de cette phrase. Mais ce fil conducteur ne suffit pas, comme elle le pense, à rendre compte de la construction ingénieuse et surtout de la structure temporelle de l'œuvre, qui est au fond d'une géniale simplicité. Cette phrase peut fournir un cadre qu'il faut veiller à respecter[3].

Du postulat de la réductibilité résulte le problème fondamental de la structure de l'œuvre: le rapport des contenus imagés aux contenus de conscience, ou mieux: des formes imagées aux formes de conscience qu'elles laissent transparaître et qu'on ne peut connaître qu'à travers elles. Les images qui passent de la consistance à la fluidité, mais aussi de la transparence à l'épaisseur, les images qui de prismes deviennent écrans, mais aussi d'interposées se font transitaires, les images tantôt fermées tantôt ouvertes constituent le sujet principal de cette étude, qui évolue de paragraphe en paragraphe.

La Jeune Parque n'est pas une épopée, comme le disait Alain. Il est vrai que la marche de l'héroïne de station en station lui confère un trait épique. Mais les stations en elles-mêmes — et les modulations entre elles — ne sont pas de nature épique. Il est essentiel que l'interprétation discerne et explicite avec précaution les intentions ou allusions dramatiques, les indications scéniques qui se dégagent du texte lyrique. De ce point de vue aussi l'organisation du temps est définie: c'est la transformation dans le présent.

Pour aller jusqu' au bout de mon propos, je ne pouvais me contenter d'exposer ce que m'avaient fourni les Cahiers. Chaque fois que cela pouvait servir à éclairer le sens, j'ai comparé les différentes versions dans les reproductions certes insuffisantes, mais excellemment commentées qu'en a données O. Nadal. Il est question, en quelques endroits du commentaire, de la signification des «modulations» souvent évoquées par Valéry, qui ne sont pas seulement ni même principalement, de nature sonore, mais représentent plutôt des opérations sémantiques indispensables à la liaison des aires de signification. Il arrive en outre que je renvoie parfois à certaines «sources», modèles d'image ou d'expression trouvés chez des prédécesseurs (même dans l'opéra) qui m'ont paru propres à faire comprendre la genèse et la particularité des vues de Valéry et dont, à mon avis, l'on n'a point encore tenu un compte suffisant.

J'espère n'avoir nulle part sous-estimé l'écart entre réflexion et création. L'extraordinaire intérêt de cette confrontation entre des fragments de réflexion et le travail créateur réside bien plutôt, me semble-t-il, dans la multiplicité des transformations possibles et réellement effectuées. Tantôt la distance de l'informe au mis en forme est incommensurable, tantôt s'offrent un ou plusieurs degrés intermédiaires, tantôt l'écart est étonnamment minime. Tantôt le vers reste en deçà de la pensée, tantôt — et c'est le cas le plus fréquent — il lui est de loin supérieur.

L'essentiel du commentaire porte sur les paragraphes III et V. En montrant leur correspondance interne dans l'image de la *marche aux frontières,* j'espère contribuer à une meilleure estimation de l'unité artistique de ce long poème, par une meilleure compréhension du secret de sa forme. Dans la mesure où un commentaire a le droit d'être aussi un plaidoyer, j'aimerais contribuer à ce que s'impose la conviction que *La Jeune Parque* est l'œuvre la plus importante dans la création littéraire de Valéry.

Le dessein

Il est judicieux, avant de commenter une œuvre, d'écouter ce que l'auteur lui-même a à dire de ses intentions et de ses buts. P.O. Walzer par exemple a fait précéder son étude de *La Jeune Parque* en 1953 de tout ce qu'il a pu réunir en fait de déclarations de Valéry sur son œuvre *après* sa parution. Celles qui suivent et qui datent d'*avant* — il y en a sûrement d'autres, mais j'espère que celles-ci sont toutes significatives — parleront donc d'elles-mêmes.

Valéry nourrissait-il pendant les années de silence un dessein précis? Il l'a toujours nié. Depuis que l'on connaît les Cahiers, il faut répondre: non et oui. — Voici d'abord pour le non. En 1913 une «Autopsie» rédigée en style biblique dément encore toute idée d'œuvre:

> Tel Quel.
>
> Mon imagination n'est pas littéraire, mais voici que mes moyens sont littéraires.
>
> Je conçois dans le monde où je n'ai pas d'organes, et je me meus dans celui où je ne vois pas.
>
> Tel, je ne conçois jamais d'*œuvres.*   5, 152

De même en 1916 lorsqu'il revient sur son travail:

> Mon travail.
>
> Est-ce que je me trompe? Me suis-je égaré pendant toute ma vie? Quand je revois ces cahiers, je vois que j'ai cherché indéfiniment sans but, sans livre jamais rêvé, ce que je nomme les *conditions de la pensée.*   6, 108

Ce non est bien connu. Voyons maintenant le oui. En 1903:

> J'ai rêvé jadis quelque œuvre d'art — écrit — où toutes les notions qui y seraient entrées, auraient été épurées, où j'aurais omis tout ce qui dans le sens des mots est surérogatoire — tous les mots entraînent des ombres, tous les jugements évidents ou fictifs et toutes les opérations impossibles, inimaginables.
>
> J'ai écrit même quelques phrases qui se rapprochaient de ce dessein.
>
> Mais quelle bouche penser et quelle voix intérieurement entendre quand on lit ce style? 3, 78

Il n'est pas exclu qu'il soit ici question d'*Agathe,* ce premier embryon de la Jeune Parque.

En 1970 le poème est «là», bien qu'encore derrière une paroi:

> Ce poème (que je n'ai pas pu faire) — il est là, disséminé, dissous, infus, présent et insaisissable, attendant (avec bien d'autres choses) l'appel d'une divine électrolyse, l'opération d'une mystérieuse paroi semi-perméable bonne pour ces osmoses-là... 4, 461

Par quoi fut déclenchée l'électrolyse? — A la même époque, il est arrêté que l'œuvre restera sans suite:

> J'entrevois un livre — à ne pas faire deux fois! Fondé doublement sur le réel de l'esprit et sur la puissance de l'ordre, sur la proportion la plus sévère, sur l'appartenance des choses simultanément à la représentation, au langage, aux groupes et hiérarchies intellectuelles — livre d'un homme ayant dénombré ses fonctions et opérations d'esprit, ses généralisations, ses raccourcis, ses retours, et puissant par cette domination *finie,* livre où la science de la notation, le fini, le complet, l'art de l'interruption, de l'interrogation, le sens des quantités psychiques et intellectuelles, la libre mobilité de chaque objet, ses mille expressions seraient sensibles. 4, 446

Monsieur Teste se met à l'œuvre: infidèle à soi-même, il voudra d'autant mieux apprêter l'arsenal de ses principes et méthodes... Et il prétend entre autres à la totalité dans le contenu comme dans la forme:

> Il faut donner à tout ouvrage la *forme* complète d'une phase humaine complète. (...)
>
> Demande à la plupart, de la fantaisie, de la violence... mais non quatre pages enfermant dans leur prose une *rotation* entière de la pensée.

Une révolution d'une journée sur l'orbite de la pensée, c'est la marche de Leopold Bloom à travers la *Cité Intellectuelle*!

Il faudrait apprendre la chimie des contraires dans la conscience:

> Ce serait une merveilleuse chimie — passionnante! — de savoir composer rêves et veille, lucidité, passion, sentiment et raisonnements avec les mêmes fonctions diversement liées, excitées, combinées. Il n'est pas de jour que je n'y songe, et pas de jour où je n'aie senti l'impossibilité de voir des différents modes aussi voisins que l'alcool l'est du sucre. 4, 103

On pense à faire usage des études de rêves:

> Faire en vers ou du moins suivant une règle et une mesure, un songe, c'est-à-dire un réveil et tout l'arrière, tous les matériaux simplifiés roulant dans cette phase qui fut. 3, 661 (1905)

On entrerait en concurrence avec la musique, surtout avec les in-flexions de la voix:

> Oh! faire une phrase longue en vers avec le modelé de la musique à inflexions suivant à la trace les changements de l'être voilé, sans arrêts du mouvement jusqu'à la fin, comprenant surprises, éveils, retours, reprises — tableau de la pensée même quelque soit l'objet. 5, 59

Le rêve de Mallarmé dans le *Coup de Dés* se réaliserait par des moyens nouveaux. Et à la fin ce sera en dépit de tout la rigueur et la gloire d'un monument:

> Pense maintenant à un écrit bien ordonné que les données initiales, les lois de l'homme lisant et des règles formelles subtilement choisies par l'arbi-traire de l'artiste, feraient semblable à quelque Erechteion littéraire.
>
> Le mouvement de l'œil, de l'ensemble à tout le détail et du détail à l'ensemble, comme il est merveilleusement conduit et reconduit, douce-ment mené dans le toujours nouveau et le toujours familier. 4, 649

Tous ces rêves certes n'engageaient à rien. Mais chacun dut laisser une trace[4].

I (XI)

Comment commence un poème? Il ne se présente pas, il ne s'adresse à personne, il ne dit pas ce qu'il va dire, ni comment il veut le dire, ni comment il en vient à dire quelque chose, ce qu'il y avait avant, ni où il va. Il feint avec plus ou moins d'adresse, comme un enfant commence sans transition à parler, comme une feuille se développe sans césure, de s'insé-rer en quelque sorte immédiatement dans la continuité de la vie, de jaillir du flot de la conscience. Un poème, écrit Valéry en 1907,

> cela commence comme une surprise ou comme un sommeil qui tiendra des rêves, ou encore comme une continuation feinte. 4, 184

Pour le début de la *Jeune Parque,* Valéry choisit, comme il convenait à son dessein, de feindre l'effet de surprise. L'éveil en sursaut, la totale incertitude où l'on se trouve quant à sa propre situation, enserré dans le réseau inextricable que tissent l'esprit, le corps et le monde extérieur — c'est sans aucun doute à chaque fois, dans la journée de la conscience, la forme de surprise la plus accusée, celle qui possède la valeur la plus générale.

J. Robinson a rattaché ces premiers vers au complexe d'idées Corps-Esprit-Monde[5]. Chr. Krauss a utilisé tout ce qui, dans les théories de Valéry sur la surprise, pouvait contribuer à les éclairer[6].

Que la journée de la conscience pût faire le sujet d'un poème, cette idée était déjà présente en 1906:

> Quel poème la journée d'un homme — quel désordre successif, limité, mélange de régulier et d'inattendu, variété sans qu'il s'en doute, traverse des formes et des informes. 4, 163.

Quelle chance un tel sujet recélait, c'est ce que révèle la fameuse idée-force selon laquelle le sujet d'un poème ne serait au fond qu'un mal nécessaire:

> On appelle *sujet* d'un poème l'ensemble des vers les plus mauvais. 6, 185

Avec toute la circonspection nécessaire, il paraît possible, en ce qui concerne ce sujet, de renoncer dans une large mesure à expliquer et à communiquer quoi que ce soit. Si en plus on réduit la journée à un seul instant distingué entre tous, celui de son commencement, ou tout au moins à cette phase de durée indéterminable entre sommeil et veille, il est possible, sans préparation fastidieuse, en s'en tenant strictement à la réalité des seuls faits de conscience, de faire entrer dans cette phase fondamentale autant d'autres phases de la journée que l'on voudra — remémorées, revécues, imaginées, anticipées — de les intégrer à partir de ce point critique de la journée, ce qui présente par-dessus le marché l'avantage qu'on pourra réduire d'autant le nombre des mauvais vers, éléments thématiques du squelette...

La succession des phases évoquées et liées au présent universel ne doit pas contrevenir aux lois de la vraisemblance psychologique, mais de cette manière on peut se dispenser complètement de décrire une suite d'événements qui nécessiterait une extension dans le temps. Cependant il faut encore, pour déterminer l'ordre de succession s'accommoder d'une bonne part de fiction rationaliste, car un texte — quels que soient ses artifices— ne peut pas tout dire en même temps. D'un autre côté, la constitution d'unités de sens distinctes et défilant les unes après les autres permet à certaines d'entre elles, au-delà de la description ou mieux: de l'imitation suggestive d'une phase déterminée — demi-sommeil, rêve, éveil etc.— de se charger d'autres couches de signification, de contenus qui renvoient incontestablement aux problèmes centraux de la conscience, que Valéry pour des raisons tant psychologiques que matérielles ne pouvait introduire qu'en liaison avec les phases formelles, comme greffés sur elles, se développant à partir d'elles avec un art consommé. Tout cela demanda des années...

Comment commence donc une telle journée?

> Je suis réveillé par un bruit. Je suis comme à tâtons dans mon système musculaire et dans mon milieu de localisations, tout collé de sommeil, poissé comme le tigre dans les feuilles mortes engluées — aussi comme doit être un insecte à métamorphoses quand il se retrouve d'autres organes, d'autres lieux; intimement lié à de l'inconnu.
>
> Alors je me redresse, et une sensation sur la joue.   4, 54

«Intimement liée à de l'inconnu», la Jeune Parque l'est aussi: «Liée à ce ciel inconnu» (16) à l'instant où elle se voit arrachée au sommeil par un bruit — ou ce qu'elle prend pour tel —, sent sur sa joue un contact indéfinissable et, semblable à l'insecte métamorphosé qui rappelle étonnamment la célèbre nouvelle de Kafka écrite à la même époque[7], essayant à tâtons d'explorer son système musculaire, passe machinalement sa main glacée sur son visage:

Distraitement docile à quelque fin profonde[8]   5

Bien des années plus tard, un exégète hypothétiquement nommé Faust, commente ainsi ce réveil:

Gémissement dans la nuit   «Qui pleure là...?»
Chat, femme ou brise   (on entend un gémissement)
Faust?

Ou la vie, telle quelle
Gémit avant le jour
D'être ce qu'elle est   25, 107 (1941)

Des gorges rocheuses où la mer que l'on suppose proche fait entendre «une rumeur de plainte et de resserrement», (12) les impressions recueillies par Valéry lors de son séjour sur la côte bretonne de Perros nous ont déjà donné quelque idée[9]. Par un procédé linguistique fortement artificiel, la frontière entre le moi et le monde a été abolie[10]; il en résulte une unité d'atmosphère qui, partant du protagoniste, englobe le décor environnant. A ce propos on fera bien de se souvenir des «travaux préparatoires» de la poésie romantique, des dialogues toujours plus serrés entre la mer et le sujet sentant, par exemple dans le poème de Victor Hugo: *Ce qu'on entend sur la montagne,*[11] sans quoi les condensations linguistiques de Valéry ne sont ni imaginables ni compréhensibles. En ce qui concerne la situation de la Jeune Parque dans le triangle absolu qu'elle forme avec la mer et les étoiles, sans doute faut-il aussi penser à la «complexité marine et stellaire» de Mallarmé, reflétée dans *Igitur* par une horloge scintillante[12], à cette «heure unie» qui concentre en soi le «présent absolu des choses» et que Valéry a déplacé de minuit à l'aube (*Agathe* se passait encore à minuit). La Jeune Parque ressemble à l'«hôte» que l'on dit «dénué de toute signification que de présence».

De même la transcription du battement du cœur au vers 14, qui revient renforcée au vers 376:

Un frémissement fin de feuille, ma présence

renvoie à travers Mallarmé au baromètre de l'existence corporelle en faveur chez les Romantiques.

Mais il faut qu'un H. Fabureau ait été aveugle et sourd pour découvrir l'origine de l'appel aux étoiles (18-24) dans le drame empesé et pathétique de Ponsard sur Galilée. S'il est besoin d'un modèle à la «plongée» des «armes invincibles» (22) c'est plutôt vers *L'Azur* de Mallarmé qu'il faut se tourner:

L'Azur triomphe (...) et traverse
Ta native agonie ainsi qu'un glaive sûr.

C'est le texte suivant qui me paraît en approcher le plus:

Ciel
Je suis le lieu géométrique, le point

> Egalement ignoré de tous ces astres
> Egalement ignorant... Moi et Eux.
> Immense étonnement d'étoiles séparées!
> Explosion fixe, et si la contemplation demandait mille milliards de siècles, explosion vraie, et conséquences.
> Tout cela me regarde, et ne me concerne pas, me regarde et ne me voit pas.
> Mirari. Ouvrir de grands yeux.
> Inutilité, refus de pensée.

L'essentiel est le refus d'*interpréter*. Là-dessus nous en avons dit suffisamment au chapitre II.

★ ★ ★

> Eveillé! c'est-à-dire auquel ne manque qu'un signal qu'un rien ou minimum. Les machines sont construites, montées.
> Mais du fond du sommeil jusqu'à l'acte, jusqu'à l'état de réponse conforme il y a des lieues et des lieues d'un étrange mouvement aveugle, passage du rien au désordre, du désordre à l'ordre. 4, 496

Il nous faut maintenant nous préparer à cette longue marche en aveugle. Celui qui s'éveille, avant de pouvoir mettre les choses en ordre avec les yeux et s'apprêter à agir en conséquence, se trouve pris dans tout un réseau de relations, tissé de souvenirs, de prévision, de nécessité et d'«héritage», dont il ne peut se dégager que peu à peu (l'intérêt de Valéry pour le rêve, si constant et si profond qu'il soit, ne conduit jamais à la rêvasserie et à la paralysie — c'est sans doute un héritage de Mallarmé — mais va à une phase qui se termine toujours par l'*acte*).

> Le jour commence par une lumière plus obscure que toute nuit — je le ressens de mon lit même (...).
> Bientôt, tout ce que je n'ai pas fait et que je ne ferai jamais, se dresse et me retourne dans mes regrets sur ma couche. Cela est fort, tenace comme un rêve, et c'est clair comme la veille. Je sens terriblement le bête et le vrai de mes mouvements. Inutiles, véridiques, sont ces démonstrations fatigantes. Il faut se mettre debout et dehors (...) Laisser même le supplice inachevé. 4, 416 = 11 589

O rude

Réveil d'une victime inachevée... 335 - 336

★ ★ ★

Le paragraphe XI, ouverture du deuxième «acte», se présente comme si, le décor de scène restant le même, l'éclairage avait été modifié par la suppression d'un certain nombre de filtres: «L'ombre qui m'abandonne...» (338). Au lieu des «diamants extrêmes» au vers 2, nous assistons à un «effacement des signes» (329). Ce sont les mêmes étoiles[13]. La Jeune Parque aperçoit son bras levé: c'est le même qu'aux vers 4 et 13: «cette main glacée». Mais la présence d'esprit s'est accrue d'un quantum aussi inexplicable que décisif. La Jeune Parque reconnaît ce bras et l'accepte pour sien. Puis elle se parle à elle-même:

> Regarde: un bras très pur est vu, qui se dénude.
> Je te revois, mon bras... Tu portes l'aube...   333-334[14]

C'est la même vague qui lèche encore les rochers, c'est curieusement la même «houle» au vers 337 comme au vers 9 (bien que le mot soit si «sombre») mais ce qui était «plainte et resserrement» s'est changé en un clapotis caressant: avant «écueil mordu» (25) et gorges rocheuses, maintenant «affleurement d'écueil» et doux seuil:

> et seuil
> Si doux... si clair, que flatte, affleurement d'écueil,
> L'onde basse, et que lave une houle amortie!...   335-337

Mais plus que l'élément visible, c'est la musique qui fait la différence entre les deux paragraphes corrélatifs: c'est le même thème orchestré autrement. Seul un rationaliste à bout de ressources pouvait imaginer qu'un certain temps s'était écoulé, quelques heures durant lesquelles la Jeune Parque se serait rendormie! Le vers 341 nous apprend que l'écume s'efforce maintenant de devenir visible: mais seulement sans doute parce que maintenant les choses deviennent visibles! Et l'on jette un pont entre ce point et la fin du poème où l'écume devient un «monstre de candeur», où les embruns rejaillissent contre le rocher en un «éblouissement d'étincelles glacées», jusqu'à la Parque songeuse dont ils mordent la peau en un «âpre éveil». Faudra-t-il attendre aussi l'apparition d'une tempête pour voir la mer agitée...? La nature, pour convaincante qu'en soit la description, n'a fonction que de sigr   Elle est interprétée et doit se laisser faire.

> Revenir à soi, c'est revenir au reste. Exactement, c'est revenir à ce qui n'est pas soi.
>
> Rentre en toi-même — c'est-à-dire regarde ce qui est, non tes phantasmes! Comme si: soi, toi, était la place d'où le reste est vu.
>
> «Etre hors de soi» signifiant que l'on se voit et non les choses mêmes.
>
> 4, 685

La Jeune Parque est revenue à soi, elle est davantage en soi et ce degré décisif lui permet de se tourner vers le reste du monde. Rentrée en soi-même, elle peut contempler ce qui est: «Là...; Et là...». Cela vaut aussi pour elle-même: seul celui qui est en soi peut parler de son moi, d'un moi mystérieux:

> Mystérieuse Moi, pourtant tu vis encore!   325

Celui qui est «hors de soi» ne voit que soi-même et transparent, harmonieux: l'âpre éveil met fin à l'état de l'Harmonieuse Moi, que nous décrirons plus loin.

> Le matin, j'offre de naïfs sacrifices, Au soleil, j'offre les rêves de la nuit. Sur la pierre du réel, je les consomme. La netteté des corps, la rigueur de leurs ombres, la plénitude de la vue.

Divinités.

Je brûle mes ennemis et mes ennuis. J'honore les belles idées; je me dépouille en esprit de mes erreurs; je juge le jour d'hier; je demande le pouvoir de faire toute chose intéressante.   4, 601

Voici, en vers, le thème du sacrifice:

L'ombre qui m'abandonne, impérissable hostie,
Me découvre vermeille à de nouveaux désirs,
Sur le terrible autel de tous mes souvenirs.   338-340

Puis la prétention et la force de refaire toutes choses intéressantes et attirantes qu'exprime dans les vers une formule précieuse, mais à la fois extraordinairement précise et vaste comme l'univers: «la tombe enthousiaste» d'où la Jeune Parque qui — hors de soi — était en quelque sorte ensevelie en soi, a été rendue au sourire du monde:

Tout va donc accomplir son acte solennel
De toujours reparaître incomparable et chaste,
Et de restituer la tombe enthousiaste
Au gracieux état du rire universel.   344-347[15]

Même la modulation est annoncée qui conduit à l'hymne saluant les îles, ces divinités qui vont maintenant surgir dans toute la dure netteté de leurs contours:

Salut! Divinités par la rose et le sel,
Et les premiers jouets de la jeune lumière,
Iles!...   348-350

La citation suivante nous ramène à la problématique déjà exposée au chapitre II à propos d'*Aurore* et qui sous-tend également — comment pourrait-il en être autrement? — le grand drame matinal qu'est *La Jeune Parque:* la position des objets dans la conscience qui se recueille.

La séparation qui se fait sentir lorsque la conscience commence à se reformer et est croissante — perspective qui se fait alors — et selon laquelle les «objets» prennent une apparente existence propre (telle que le culmen de la conscience n'est que l'apparence de l'indépendance des objets d'avec le moi, l'invariance du monde quant à son soutien).

Séparation qui est l'aboutissement de la *reconnaissance,* l'*achèvement d'un mécanisme* complet, indépendant, formant cycle, réflexe fermé, solide (...)

Cette séparation donc est une sorte de régime, de fonctionnement dont le sentiment est ou détermine le moi, à chaque instant.

Ce moi semble l'identité vide ou *simple* de cette opération sentie et aussi ce qui immédiatement au-dessous ou en deçà de la portion *éclairée* la renouvelle.

Le mécanisme cyclique est reconnu et saisi, comme c'est si souvent le cas, sous l'aspect d'un phénomème physique:

Tu vas te reconnaître au lever de l'aurore
Amèrement la même...   324-325

Et le frisson de froid caractéristique[16] ne se fait pas attendre. Il intervient dès la fin de l'hymne aux îles:

> Mais dans la profondeur, que vos pieds sont glacés!   360

Pour conclure, encore un «Réveil», si parfait qu'on hésite à le raccourcir ou à le paraphraser. Il nous éclairera encore sur l'alternance des phases qui vont suivre et sur leurs possibles motivations psychologiques.

> Celui-ci s'éveille. Le voici lourd, chargé encore d'une masse mystérieuse; éveillé mais non debout, endormi mais non insensible; n'ayant pas la force de dominer, choisir les images, ni plus de pouvoir négatif de les laisser à leur inconsistance par la sienne propre; de céder entièrement aux figures, aux ombres, aux mânes...

Il n'a plus la force — négative — de demeurer «hors de soi».

> Il émerge par les yeux et les oreilles et par les membres: et le rêve, à regret, se retire de lui, avec des retours troubles, par une alternance de contrastes, par une somme décroissante de transgressions amorties et de régressions.

Ce qui s'exprime ici avec la pureté cristalline de l'abstraction, nous allons le vivre poétiquement dans les paragraphes suivants: les «retours troubles» du rêve et des ombres, le passage de la nuit au jour ou du jour à la nuit. Nostalgie, regret, exécration, évocation, oubli, refoulement — la poussée de ces forces mettra en échec (et cela dans les deux volets du diptyque) toute idée de développement linéaire et régulier, car chaque «en soi» de la Jeune Parque, chaque présence (et chaque présent) devra toujours céder à l'assaut de quelque puissance, à un Avant ou un Après, sur le mode indicatif et réel dans la première partie, sur le mode hypothétique et incertain — «O n'aurait-il fallu...» — dans la deuxième.

Ici au paragraphe XI, une fois repoussée la tentation de trouver dans la mer l'oubli complet, donc une fois la crise la plus grave surmontée, les choses semblent se présenter à peu près ainsi:

> Un personnage se conserve au milieu de ce remuement, comme un animal marin qui était dans le flot et que le jusant ne retire. Je le connais à peine: mon rêve l'a employé; mon réveil le regarde. C'est une image. Et maintenant, malgré moi — ou plutôt sans moi [«malgré moi» ne vaudra qu'au vers 508!]
> — cet être plat ou plan, il va falloir que je le pénètre, le déchiffre, l'approfondisse. Son visage d'indifférent me revient avec une précision inexplicable. Il m'obsède et, pour qu'il me laisse quitte, il faut, comme par un instinct, que je fasse vivant cet intrus (...).

Il me faut maintenant donner à cette dépouille qui me vêt une dimension intérieure, et cet être vil se soucie comme d'une guigne de toutes les tentatives de recommencement ou mieux, de total changement de substance par lesquelles je suis passé pendant la nuit.

> Mais il lui suffit de reparaître identique pour abolir mes constructions.
> Je suis en proie à un dualisme, à un genre étrange de cauchemar, simu-

lacre de lutte et apparence de contact où non plus le rêve et le réel [comme dans la phase de rêve], mais le rêve et la veille sont les véritables antagonistes; la victime, moi.   4, 609

O rude

Réveil d'une victime inachevée...

II - IV (XV)

Sur la genèse du paragraphe où apparaît le serpent et où il est congédié, nous possédons deux témoignages de grande importance. L'un se trouve dans les esquisses manuscrites publiées par Nadal, l'autre dans une lettre à Gide.

Tout le développement du Serpent est sorti de la rime à *ordre*. Il s'agit sans aucun doute des rimes *mordre-désordre* qui encadrent la pause entre les paragraphes I et II, et qui n'ont pas varié depuis les esquisses les plus anciennes. De cette constatation, Valéry tire les conclusions suivantes en ce qui concerne le processus poétique:

> Et cela est bien. C'est un procès «naturel» et c'est encore un point par où le vers est tout autre chose que la prose — qui voit où elle va et qui ne possède pas (du moins en principe) ces obstacles et les réactions qu'ils suscitent, et cette situation qui donne lieu à un curieux renversement. C'est l'improbable introduit par la rime qui joue. Il faut que le sujet se prête par son vague à admettre ces idées très éloignées.
>
> A l'identité de sons correspond ainsi la différence imprévisible des idées. On est contraint de trouver de proche en proche[17]

Ce qu'il laisse ici entrevoir, sous une forme authentique, de ses secrets d'atelier, reçoit un complément en forme de contraste dans une déclaration faite à Gide immédiatement après la publication de *La Jeune Parque:*

> Je sens bien que je n'ai allongé et disproportionné l'apostrophe au serpent que par le besoin de parler moi-même...
>
> L'histoire technique de ce fragment est d'ailleurs des plus curieuses. Elle est aussi un raccourci de l'histoire de tout le poème, qui se résume par cette étrange loi: une fabrication artificielle qui a pris une sorte de développement naturel.
>
> Ceci m'entraînerait trop loin. Ces remarques pourtant sont mon petit bénéfice...[18]

Il se pourrait bien qu'on touchât ici au cœur de ce que Valéry a si souvent appelé le bénéfice intérieur de son travail poétique, sans jamais le définir plus précisément. On pourrait dire, en utilisant sa propre terminologie, qu'il consiste à abandonner, avec une négligence préméditée, le domaine du *significatif* aux hasards, aux lois apparentes du *formel* dont émane en retour une force ordonnatrice de nature mystérieuse et quasi magique. C'est installer la tyrannie de l'artificiel pour assurer le développement du «naturel»; puis, le temps aidant et la continuelle estimation des éléments de contenu par rapport aux éléments de forme, le processus de travail aboutit finalement à ce que l'artifice prenne les traits de la nature, à ce que les deux se confondent. Cette manière d'utiliser la contrainte de la rime pour elle-même et d'en faire une règle de l'*ars inveniendi,* trahit la présence et l'intention de l'Heautontimoroumenos. La raison d'être de cet épisode qui a grandi jusqu'à devenir le paragraphe le plus long de l'œuvre, Valéry l'avoue sans détours à son ami: parler moi-même. Le paragraphe serait en outre exemplaire pour la genèse et la nature de l'œuvre[19].

La situation devant laquelle nous nous trouvons est également exemplaire pour l'œuvre tout entière: l'aire de signification du texte est nettement tracée, pourtant tout essai d'interprétation du détail court le risque d'aller contre l'esprit du texte, de faire violence à l'ambiguïté qui lui est constitutive, étant impliquée dans le sujet même. Ce sujet qui par le vague de ses contours ou mieux par son inépuisable richesse en possibles, se prête à ce parcours d'obstacles que Valéry définit comme «trouver de proche en proche», on peut l'indiquer en peu de mots: c'est la scission de la conscience.

Le soir précédent, une fois les lampes éteintes au velours du souffle[20] et la Jeune Parque étendue sur sa couche, son ombre entre au labyrinthe de l'introspection[21]. Le geste de celle qui s'apprête à dormir symbolise d'avance le repli sur soi-même qui maintenant commence et prend une forme absolue. Celle qui entoure ses tempes de ses bras est bientôt «une vierge à soi-même enlacée» (45)[22]. Elle a beau se sentir maîtresse de son corps et croire que le frisson qui le parcourt le durcira en un marbre inattaquable, elle n'en est pas moins immédiatement prisonnière de ses «doux liens». La vision qui s'offre à l'œil intérieur est un effrayant enchevêtrement sans commencement ni fin.

> La vision (subjective) n'est jamais achevée. Plus je *regarde,* plus cela change. Ici regarder c'est voir, et *voir, c'est se voir* (méconnu) car c'est se voir changeant.   4, 622

Telle était dans une note de 1911 la célèbre formule (protéenne) de la contemplation de soi selon Monsieur Teste.

> Je me voyais me voir, sinueuse, et dorais
> De regards en regards, mes profondes forêts.   35-36

Une note de 1913 nous apprend ce que perçoivent ceux qui s'aventurent dans ces profondes forêts:

> Ceux-ci considèrent leur propre être interne, leur monde propre singulier comme une sorte de forêt pleine de rencontres mystérieuses possibles, de surprises inouïes, de hasards, chasses, accidents, découvertes, aventures, jamais mesurée. Parfois un faisan. Parfois un monstre.
> Mais c'est un système combinatoire.
> Tout l'imprévu dont il est capable est borné en quelque manière. 4, 916

Etrange chevalerie: certes les monstres guettent de dessous les feuilles, mais une combinatoire veille à ce que les arbres de Brocéliande ne croissent pas outre mesure!

Ainsi c'est pour ainsi dire du système moteur de celui qui est couché et attend longtemps «les éclairs de son âme» (31) que se dégage le symbole du reptile sinueux avec tous ses attributs, y compris la naïveté qui permet, voire commande de l'envoyer promener tout aussitôt.

Le serpent est ainsi le symbole de l'irréductible ambiguïté et, comme cela arrive si souvent chez Valéry, son statut d'image déjà est ambigu: il est à la fois trop vivant pour une allégorie et trop intellectuel pour un symbole. S'il surgit, c'est du fond des entrailles dont il se nourrit. S'il est renvoyé avec ses naïfs artifices de séduction, s'il est chassé de la scène de l'intellect, c'est parce qu'il est corrupteur non seulement en tant que serpent mais en tant qu'image, comme l'a fait remarquer H.J. Frey dans un article sur le passage qui nous occupe[23]. Ce qu'il y a de moquerie et de dérision dans ce congé ne dissimule qu'imparfaitement la rage de l'impuissance.

Si l'on se souvient de la contrainte du *formel* qui soumet l'acte poétique à des conditions sévères et bien définies dont l'observance décante et apaise (et c'est en quoi réside la grandeur de Valéry), il existe pour cette discipline un paradigme souvent cité que Valéry présente presque triomphalement comme exemple de sa méthode et qui peut apparaître dans notre contexte sous un jour inattendu:

> Le poète cherche un mot qui soit:
> féminin
> de deux syllabes
> contenant p ou f
> terminé par une muette
> et synonyme de brisure, désagrégation
> et pas savant, pas rare —
> 6 conditions — au moins —
> syntaxe, musique, règle de vers, et *tact!*   5, 58

Bien des commentateurs se sont attaqués à cette charade et ont proposé des solutions. J. Hytier a pensé à *rupture, fracture,* W. Ince a trouvé *fêlure*. Rendons hommage à leur sagacité, mais convenons que ces solutions pourraient être venues à l'esprit de celui qui proposa l'énigme. Très certainement le mot cherché était ici secondaire, l'important était l'acte de chercher. Il s'agissait plus de poser des conditions que de résoudre. Le mot cherché doit être précisément un synonyme de «brisure»: est-ce que cela ne mérite pas réflexion? C'est en 1913 que Valéry note le paradigme, donc exactement à l'époque où Valéry, comme il nous en instruit lui-même, travaille à l'épisode du *serpent*[24].

Le mot de l'énigme ne pourrait-il être aussi *vipère*?...

★ ★ ★

Avant de cerner de plus près l'aire de signification de l'épisode par l'examen des notes des Cahiers susceptibles de s'y rapporter, il nous faut encore faire quelques remarques sur la genèse du passage, son insertion temporelle dans le cours du poème et sa relation avec le paragraphe XV qui lui est symétrique dans la deuxième partie et qui décrit l'endormissement. Ce dernier point nous fournira l'occasion d'une courte digression à propos du poème *La fausse morte*.

a. *Genèse*

Tout paraissait déjà dit dès le début avec le mot *désordre* et avec ce vers qui contient toute la fascination et l'ambivalence et glisse comme le reptile lui-même:

> J'y suivais un serpent qui venait de me mordre.

A quoi venait s'ajouter «Quel tourment de trésors, sa traîne» (devenu plus tard «Quel repli de désirs») et la belle formule, la «sombre soif de la limpidité» enserrée par les rimes les plus riches qu'ait jamais trouvées un rhétoriqueur: avidité - limpidité[25]. Le familier de l'œuvre achevée, lorsqu'il apprend pour la première fois chez Nadal que la Jeune Parque dès après cela «inclinait à l'adieu», est envahi d'un sentiment difficilement communicable:

> J'y suivais un serpent qui venait de me mordre
> Quel tourment de trésors, sa traîne, quel désordre
> De trésors, s'arrachant à mon avidité
> Et quelle sombre soif de la limpidité
> Quand tremblante[26] de perdre une douleur divine
> Je baisais sur ma main cette morsure fine.
> Ma présence blessée inclinait à l'adieu[27].

De là on saute donc immédiatement au paragraphe IV dans la version définitive:

> Mais je tremblais de perdre une douleur divine!
> Je baisais sur ma main cette morsure fine,
> Et je ne savais plus de mon antique corps
> Insensible, qu'un feu qui brûlait sur mes bords:
>
> Adieu, pensai-je, MOI, mortelle sœur, mensonge...

La Jeune Parque avait donc suivi le serpent sans résistance, sa seule crainte était de perdre la «douleur divine» de la blessure. «J'en préférais les feux...» lit-on plus loin dans la même esquisse qui se poursuit par fragments, et aussi:

> Adieu pensai-je moi- mortelle adieu!
> Ma présence blessée éclaire le mensonge.

On reconnaît ici des fragments des vers si difficiles de la version définitive.

> O ruse!... A la lueur de la douleur laissée
> Je me sentis connue encor plus que blessée...   41/42

et le «m'éclaire» du vers 44.

A l'instant de la morsure, l'on s'empresse de congédier la «mortelle» (ce n'est naturellement pas encore une «*sœur*» mortelle», puisque l'autre, la «secrète sœur» du vers 48 n'est pas encore née; la contradiction entre la «morsure fine» et la «lourde plaie» où brûle la «secrète sœur» persistera, manifestement elle fait partie du sujet). La «présence» du jour était un leurre que l'on sacrifie sans hésitation à la bienheureuse concentration corporelle, insensible à l'extérieur, qui accompagne l'endormissement, le pré-sommeil avec ses visions.

Si grand était l'attrait de la forêt magique qui s'était ouverte, que, dans la version 4 encore, le quatrième paragraphe commençait sans ce geste de refus que traduit le «mais», c'est-à-dire qu'il ne différait pas du troisième paragraphe définitif:

> Tant de la vision parmi la nuit et l'œil
> Les moindres mouvements caressaient mon orgueil
> Que je tremblais de perdre une douleur divine[28].

Entre la sensation de la morsure (37) et la crainte de perdre l'exquise douleur (97) se développait alors, en un crescendo de soixante vers, le véritable débat avec le serpent. Ainsi s'expliquent aussi, par la genèse de l'œuvre, les déroutantes contradictions qui caractérisent ces paragraphes. C'est courir à une perte certaine que de vouloir saisir le reptile évasif par un point précis et le clouer au sol à l'aide d'un concept unique comme l'animalité, voire la sexualité!

b. *Structure temporelle*

Le moment de ce débat, surtout la grande apostrophe du troisième paragraphe (les signes d'un discours direct ne se trouvent qu'à partir de la version 6), a été fixé par la plupart des commentateurs au soir précédent, à la phase d'endormissement. Une parenthèse au vers 51, tel qu'il se présentait dans la version 5, confirme l'exactitude de cette supposition:

> Va! Je n'ai plus besoin de ta race naïve,
> Cher serpent, (me disai-je), Être vertigineux[29]

Valéry a heureusement supprimé ce «me disai-je», qui ne pouvait faire l'effet que d'une gaucherie[30], et par là ouvert la voie à un effet qui a également été souligné par les commentateurs: l'effet présent de toute l'apostrophe. Tout se passe comme si, à cause du discours direct d'une part, d'autre part à cause de la violence du ton, les paroles faisaient irruption dans le présent du poème, l'état de consience de la Jeune Parque au matin. H.J. Frey en particulier a analysé très finement les motifs de ce passage des temps du passé au présent, qui s'accomplit presque insensible-ment dès le paragraphe III, entre «je me sentis connue» (42) et «une pointe me naît» (43). Il a montré que l'expérience remémorée s'accomplit à nouveau dans le présent de l'action. Certes cette volte-face dans les temps s'observait déjà dans les versions les plus anciennes. «Ma présence blessée éclaire le mensonge», lit-on dans la version originelle précédem-ment citée, dont d'autres parties sont à l'imparfait. Ou dans une autre esquisse:

Et
trop docile à ce ver dont l'émeraude plonge
Au plus traître de l'âme

à côté de:

et docile à ce ver, à ma douleur accrue
Dont la pointe gardait ma[31]

Ce n'est qu'en faisant entrer le présent passé (celui du soir précédent) dans la *forme*[32] du présent subjectif qui englobe tout et recèle en soi toute l'action spirituelle du poème, que l'on peut expliquer que Valéry, au vers 81, ouvre une seconde fois un temps du passé, dans lequel se place le sommeil:

Tu regardais dormir ma belle négligence　　　　　　　　　　81

(ce qui, rapporté strictement au début du passage, serait contradictoire, puisque la Jeune Parque n'était pas encore endormie lors de la rencontre avec le serpent). La même chose vaut pour l'ouverture d'un deuxième présent, à partir du vers 90. Après toute une suite de présents généraux du type: «Tu ne peux rien...», «Je sais...», «Tout peut naître...», commence un autre présent-action: «Je sors...», «Je m'accoude...», qui crée d'abord la confusion, puisque, quant à l'action rapportée, il dit la même chose que le premier présent, le temps principal ou temps de base, tel qu'il s'était instauré dès le début du poème[33]:

Je suis seule avec vous, (...) ayant quitté
Ma couche.　　　　　　　　　　　　　　　　　　　　　　24/25

Cependant il ne coïncide pas avec lui, étant au contraire un présent remémoré.

Puisque nous en sommes aux problèmes de la structure temporelle, il me paraît utile pour l'orientation d'apporter dès maintenant une indication sur la relation temporelle, telle que je l'entends, entre ce paragraphe et le paragraphe V qui le suit. Vers 1911 Valéry note l'analyse d'une expérience qu'il a faite: un jour au réveil il trouva en lui plusieurs images de mémoire simultanées présentant toutes le même contenu de souvenir. Lorsqu'il écrivit ce petit texte, il ne pensait certainement pas à en tirer profit plus tard pour une œuvre poétique. Mais il est si riche d'enseignement pour *La Jeune Parque* et si proche des circonstances du poème qu'il mérite d'être cité.

Au réveil, Valéry se souvient d'un événement de la veille et constate en outre qu'il a, pendant la nuit, rêvé de cet événement et ce faisant l'a altéré. Selon son habitude, il cherche à la situation ainsi créée une analogie dans la physique. Il compare le contenu de l'événement qui continue d'agir dans la mémoire à des rayons lumineux qui une fois frappent directement l'écran de la mémoire présente, une autre fois l'atteignent réfractés par le rêve, déformés comme une anamorphose, une sorte d'illusion d'optique. Le résultat en est deux images-souvenirs dissemblables du même événement. Le passage porte — non sans raisons — le titre *Complexité:*

> *Maintenant* je me rappelle *hier;* je me rappelle aussi tel rêve de la nuit qui *réfractait cet hier.* Ce rêve qui contenait une «anamorphose» de la veille précédente est enfin compris comme souvenir dans la veille actuelle. Là se trouve aussi le souvenir direct.
>
> J'ai donc plusieurs images du même temps, dont l'une conforme et l'autre déformée. 4,542[34]

Cette analyse du «thaumaturgus opticus»[35] serait déjà éclairante en tant que modèle, mais elle paraît aussi précieuse en elle-même. Le paragraphe III contient, dans ce que je considère comme son noyau poétique, une image-souvenir d'un événement (mental) de la veille, la «marche aux frontières». Le paragraphe V ramène le même thème, réfracté par un rêve (c'est-à-dire: à travers un merveilleux spectre coloré), et rendu tout aussi présent, sinon davantage par l'activité de la mémoire. Naturellement il ne peut alors y avoir comparaison entre les deux images-souvenirs, car pour cela il manque à la Jeune Parque de la Première Partie la conscience, mais on peut avancer que le chevauchement de ces images dissemblables provoque la perplexité dans laquelle la Jeune Parque est au début plongée.

Avec la création de ce passé-présent, Valéry a réussi finalement un remarquable tour de force technique, un *incertum quando* toujours changeant, la conquête par fondu enchaîné d'un nouveau degré de temps — on pourrait parler de *tempus vexatorium,* et cela un demi-siècle avant que le Nouveau Roman n'explorât des possibilités de ce genre.

C. *Le paragraphe XV symétrique*

Il faut indiquer ici que la paragraphe XV du poème, la description de l'endormissement, est en rapport très étroit par le contenu et la langue avec le début de l'épisode du serpent et que le même procédé s'y retrouve, sous une forme il est vrai plus aisément discernable. Lors du premier éveil, au niveau de l'activité mémorielle toute d'identification sans réserve, la Jeune Parque se voyait le soir «maîtresse de mes chairs» dont le regard plongeait dans ses «profondes forêts». Plus tard, en les parcourant pour la seconde fois avec plus de circonspection, elle se croit trahie par son corps: «Hier, la chair profonde, hier, la chair maîtresse m'a trahie» (424). La première fois, elle se croyait toute à elle-même dans ses bras: «Toute, mais toute à moi»[36]. La seconde fois, elle voit que dans ses bras elle est devenue une autre: «Au milieu de mes bras, je me suis faite une autre» (437)[37]. Mais surtout le serpent avec tous ses trésors s'est réduit aux dimensions d'un accessoire évocateur: «Abandonne-toi vive aux serpents, aux trésors...» (459)[38].

La volte-face au présent (présent anamorphique) se produit ici aux vers 445 - 447, à l'aide d'une généralisation:

> Ce fut l'heure, peut-être, où la devineresse
> Intérieure s'use et se désintéresse:
> Elle n'est plus la même...

Ainsi, bien que la phase raisonnante de l'éveil ait depuis longtemps commencé, il est cependant possible de suivre la descente dans l'absence souterraine du sommeil comme un vécu immédiat[39].

Pour ce passage, Valéry a un jour noté — comme par mégarde — une réflexion en forme de programme précis, qui s'est égarée dans les esquisses du poème, et, de manière significative, dans une esquisse de l'épisode du serpent. Nous la reproduisons, bien qu'elle ait déjà été transcrite par Nadal, parce qu'elle est du plus grand intérêt et que sa véritable place est dans les Cahiers:

> Peindre dans cet endroit du poème cette mort modulée, par substitutions insensibles, indolores; comme *musicale,* comme un passage du double au simple, un retrait par dessous [cf.: «Le sais-je, quel reflux traître m'a retirée» 441], par voie réversible.
>
> Sans que l'on puisse dire à tel moment il y a quelque chose de changé. — Les sensations se font images, le présent se brouille avec le passé.
>
> Les substitution d'idées se mêlent de variations d'idées, même de leur altération vers l'informe, le non-significatif — le moi-même sans référence — la connaissance fait place à l'existence, l'autre à moi et c'est la mort même.
>
> Devenir chose donc — sentiments, souvenirs, toutes fonctions de l'absence.
>
> Comment particulariser ceci. Remonter de ce que je viens d'écrire à ce que j'ai pensé à l'état brut entre chacune de ces pensées écrites[40].

Il est particulièrement intéressant de voir que Valéry croyait s'approcher davantage par le vers de l'*état brut* de la pensée[41] et que d'un autre côté le vers lui semblait une particularisation par rapport à la prose discursive, tandis que le lecteur qui compare les deux y verrait plutôt une généralisation. Davantage encore peut-être après cette note de 1911:

> Au commencement du sommeil on voit céder progressivement tous les organes qui utilisent la sensibilité [cf.: «Et redemande au loin ses mains abandonnées» 449]. Les liaisons d'apparence rigide, s'amollissent. Les contacts deviennent imparfaits. Surfaces au lieu de points. Les forces reprennent peu à peu leur action de transpositions spontanées. Les correspondances à distance s'effacent ou se brouillent. L'inertie, le désordre ou diffusion l'emportent. Les résistances demandent plus de dépense. Le rendement devient très faible.   4, 501

Comparés à cela, les vers où s'«use» la «devineresse intérieure»[42] sont dans une certaine mesure de la poésie de salon...

Mais quand il s'agit de se laisser glisser dans la sombre matrice du sommeil, le vers redevient inégalable par sa force suggestive:

> La porte basse c'est une bague... où la gaze
> Passe... Tout meurt, tout rit dans la gorge qui jase...   461 - 2

Le texte discursif disait:

> Les substitutions d'idées se mêlent de variations d'idées, même de leur altération vers l'informe, le non-significatif — le moi-même sans référence.

La conscience claire s'amenuise, se déforme, perd la relation, se dissout dans les murmures du rêve. Le texte poétique l'annonce ainsi:

Entre des mots sans fin, sans moi, balbutiés...   456

Dans les mêmes années que ces analyses et ces mises en forme et dans un dessein semblable naquit une autre description célèbre qui suggère la décomposition précédant le sommeil, mais les procédés employés sont ceux, plus massifs, de l'épopée en prose. Leopold Bloom à la fin de son voyage à travers une journée:

The childman weary, the manchild in the womb.
Womb? Weary?
He rests. He has travelled.
With?
Sinbad the Sailor and Tinbad the Tailor and Jimbad the Jailer and Whinbad the Whaler and Ninbad the Nailer and Finbad the Failer and Bindad the Bailer...[43].

D. *Digression sur La fausse morte*

«C' est la mort même», disait la note en forme de programme que nous avons citée plus haut, à propos de l'endormissement. La Jeune Parque était donc déjà comme morte lorsqu'intervint la morsure et instantanément elle se sentit «éclairée», les yeux ouverts sur l'entremonde du rêve éveillé. Je ne peux me défendre de l'impression que c'est là qu'est la clef du poème de «Charmes»: *La fausse morte*. Ou plutôt (car on a trop souvent mésusé de la métaphore de la clef), c'est ici, semble-t-il, dans le grand assemblage combinatoire, que vient s'insérer d'une manière aussi naturelle qu'exacte cette séduisante bergerie. C'est pourquoi nous en proposons ici une interprétation.

La fausse morte passe, depuis Du Bos[44], pour la seule pièce immédiatement sensuelle, ingénument pécheresse, du recueil. *Badinage* légèrement choquant selon Walzer et Duchesne-Guillemin, «un peu trop clair» pour Alain. C'est un plaisir de voir les critiques user de toute leur délicatesse pour donner une interprétation adéquate de la hardiesse de ce sujet des sujets (chez Lawler l'on commence à s'inquiéter lorsque s'ouvre une «parabole concave de l'enchantement»!), et il serait certes bien mesquin d'imiter ici la hargne d'Hephaïstos et de jeter l'acier d'un filet férocement allégorique sur la grâce de ces ébats[45]. Mais cette façon de voir n'est-elle pas — n'en déplaise! — un peu inepte? et n'y a-t-il pas quelque muflerie à supposer que Valéry ait envoyé un poème de ce genre à sa femme?[46] Valéry est-il vraiment l'homme du *badinage pur,* et s'il l'était[47], «Charmes» serait-il le lieu pour cela?

Je propose, pour sortir d'embarras, de comparer les moyens d'expression de *La fausse morte* et la langue des paragraphes de *La Jeune Parque* qui nous occupent ici. La constatation que presque toutes les images du petit poème se retrouvent littéralement ou par synonymes dans le grand, devrait donner à réfléchir. Dans la confrontation qui suit, les vers de *La*

fausse morte sont cités à gauche, à droite ceux des paragraphes II et XV de
La Jeune Parque:

1ʳᵉ strophe

Humblement, tendrement... je meurs	—	Doucement me voici: mon front touche à ce consentement (451/2)
Sur le tombeau charmant	—	Presque tombeau vivant (468)
L'insensible monument	—	Mon antique corps Insensible (99/100)
D'ombres, d'abandons (cf. *La Dormeuse)*	—	Abandonne-toi vive (459)
Je tombe et je m'abats	—	Comme l'oiseau se pose, il fallut m'assoupir (444)
Je cède (première version Lawler 145)	—	Il fallut céder (450)

2ème strophe

Le sépulcre bas	—	La porte basse,... Le noir (461, 464)
Dont la close étendue aux cendres me convie	—	Ce corps, je lui pardonne, et je goûte à la cendre. Je me remets entière au bonheur de descendre (453/4)
Cette morte... rouvre les yeux et enfin:	—	et mes yeux sont ouverts (63, également dans *La Dormeuse)*
M'illumine et me mord	—	m'éclaire (44) (et naturellement:) mordre (37)

On retrouve même la violence de «m'arrache»: «m'arrachant» au vers
39.

L'addition de ces matériaux n'est naturellement pas un argument suffisant dans une langue poétique homogène. Mais si l'on se donne la peine d'aller plus loin et de synthétiser une figure spatiale, il n'y aura plus très loin, à mon avis, jusqu'à la coïncidence complète: compte tenu du penchant permanent chez Valéry à incarner les événements psychiques dans une figure de femme (forme d'allégorie infiniment supérieure à l'allégorie poétologique), on peut concevoir la *grâce fatiguée* du toi auquel on s'adresse ici, comme une extrapolation, tout à fait dans le même sens que la *sœur* de la Jeune Parque. La forme extérieure — comme pour *La Dormeuse* — peut avoir été inspirée par les arts plastiques; quant à fixer l'alternance entre *mort* et *vie* et expliquer abstraitement pourquoi l'une est dite plus précieuse que l'autre, ce pourrait bien être une entreprise aussi vaine que de chercher à définir précisément la nature des deux sœurs, sur laquelle nous aurons à revenir. Le changement de perspective entre l'introspection et la contemplation du dehors (qui est finalement la métaphore la plus évidente pour toute exploration de la conscience) est clairement marqué dans la *Jeune Parque,* par les vers du paragraphe XV:

> Vierge, je fus dans l'ombre une adorable offrande...
> Mais le sommeil s'éprit d'une douceur si grande (...)   432/33

répondent au vers du paragraphe III

> Tu regardais dormir ma belle négligence...
> Mais (...)   81/82

On ne pourra donc supposer que Valéry ici badine avec l'amour. Ce serait faire preuve de naïveté que de ne pas voir que Méphistophélès a voulu faire «un peu trop clair». Disons plutôt que la prédilection pour le siècle de Voltaire doit aller bien loin chez un auteur qui, même face à un thème qui appartient pour lui au *genus sublime,* cherche à garder la liberté du jeu d'esprit. Après tout *Charmes* est aussi le pluriel de *charme*... [48]

★ ★ ★

Mais nous sommes au tréfonds de la Jeune Parque et il nous faut maintenant examiner l'aire de signification proprement dite, telle qu'elle peut apparaître — pour l'assemblage nécessairement fragmentaire des éléments de texte (et des variantes) — dans quelques notes des Cahiers.

Les questions angoissées de la Jeune Parque sur la nature et l'origine de sa souffrance, balbutiées dans la confusion d'un demi-sommeil, semblent annoncées par cette note au commencement abrupt:

> Moi...? — qui moi?
> qui coupable?
> Où commence-t-il? — Cette impulsion à laquelle il n'a pas été résisté, elle a commencé dans tel instant, par tel contact, tel événement extérieur. Et qu'on n'y ait pas résisté, cela a commencé où? Il y a eu un point où l'impulsion et l'idée de la résistance se sont touchées.   4, 877

Si la mystérieuse impulsion qui fait vaciller les frontières est ici venue de l'extérieur, comme le suppose aussi la Jeune Parque tout d'abord («Quel crime par moi-même ou sur moi consommé?»27), le véritable thème, la question de la communication avec soi-même, est traité en détail dans cette note de 1913:

> L'*homme* communique avec *soi* d'une manière un peu différente de celle dont il communique avec les autres, les semblables.

Tant que l'autre peut être perçu, tout un groupe de questions peut aussi trouver réellement sa réponse, certaines connaissances peuvent être considérées comme assurées, certaines transformations comme définitives.

> Mais, en moi, qui parle à qui? qui voit et qui est vu? qui ignore, qui sait, et dans quel milieu? Ou quel intervalle les sépare, les fait s'ignorer, empêche la pensée de se prévoir, l'empêche de ne pas être?

— Et elle peut être refusée.

Qui est le plus mien, le plus moi de ces deux?

Il se parle et il s'entend. Il se fait signe. Il s'apparaît peu à peu, se déchiffre. Ne s'est pas évident, *n'a pas de soi une intuition d'ensemble.*

Entre ces deux pôles, désignés ici provisoirement par *homme* et *soi,* a donc lieu

cette fantastique consommation, qui est tout et faite de tout et qui me semble pourtant une partie, un segment de circuit là ouvert par saccades et se fermant par une tension qui franchit la coupure, quand elle est suffisante.

Ainsi ce qui apparaissait comme un tout tant que les autres, le monde, étaient là, est ressenti maintenant, dans la solitude, comme une polarité, coupure et liaison tout ensemble:

Le poison, mon poison, m'éclaire et se connaît:

Il colore une vierge à soi-même enlacée,

Jalouse... Mais de qui, jalouse et menacée?

Et quel silence parle à mon seul possesseur[49]? 44-47

Dans son analyse, Valéry en tire les conséquences suivantes:

De sorte que: le moi est pluralité. Au mot: moi, correspond cette dualité, cette bouche *et* cette oreille, cette figure, forme et cette extériorité de cette forme. L'extériorité perpétuelle à quelque chose pour que ce quelque chose *soit.*

Mais à l'intérieur, constate-t-il, cette dualité est asymétrique, les pôles ne sont pas interchangeables. Certes l'organe instigateur et l'organe récepteur, la bouche et l'oreille, ont le même statut, pourtant l'«oreille» n'est pas indépendante, elle est toujours pré-informée, pré-déterminée par une liaison secrète avec la bouche. Et maintenant la phrase décisive:

En d'autres termes, la notion de *succession, ici,* et celle de cause, provocation etc. sont *grossières.* 5, 78

Vouloir mettre la main sur un déclencheur, un premier instigateur qui serait l'*agent provocateur* dans ce ténébreux quiproquo de la dualité intérieure, c'est travailler avec des concepts grossiers, chercher refuge dans la logique balourde de l'image, sans laquelle on ne peut se tirer d'affaire. Mais à l'échelle des faits véritables c'est — naïf. Et ceci peut fournir une explication possible — certainement pas la seule — de la rebuffade méprisante essuyée par le reptile qui vient de s'engendrer lui-même:

«Va! je n'ai plus besoin de ta race naïve,

Cher Serpent...» 50/1

Provocation, tentation, morsure: c'est ainsi que les choses se présentent. Mais par qui? La question est sans réponse.

Tu ne peux rien sur moi qui ne soit moins cruel,

Moins désirable... 60/1

que ce qui se joue entre moi et moi, sans intervention extérieure[50].

Dans cette perspective, le serpent est congédié pour les mêmes raisons qui font que Faust laissera derrière soi Méphistophélès pour continuer sa route jusqu'au Solitaire: «Au fond, tu es infiniment simple»[51]. Et un peu plus tard:

> Pendant que tu te reposais ainsi dans la paresse de ton éternité, sur tes procédés de l'An I, l'esprit de l'homme, déniaisé par toi-même! (...) a fini par s'attaquer aux dessous de la Création (...) Figure-toi qu'ils ont retrouvé dans l'intime des corps, et comme en deçà de leur réalité, le vieux CHAOS.

De son côté Méphistophélès concède:

> Après tout, il se peut que je ne serve à rien. Je repose, peut-être, sur une idée fausse (...) que les gens ne sont pas assez... malins pour se perdre tout seuls, par leurs propres moyens[52].

Sans aucun doute la représentation du serpent fait partie des *idola fori,* selon l'appellation de Bacon dans le *Novum Organum,* ces fantômes qui apparaissent dans le commerce avec les hommes et par l'usage incontrôlé de la langue, au nombre desquels celui-ci avait compté aussi l'idée du premier agent (et à plus forte raison sa perversion)[53].

L'interprétation est donc certainement bien fondée, qui voit dans le renvoi méprisant du serpent d'abord l'attitude d'un homme du XXe siècle face à l'agent incurablement arriéré de la Géhenne.

Mais Valéry n'est pas Bacon. Il ne disposait pas non plus, comme Voltaire que d'ailleurs il estime, du don de se débarrasser, par le sarcasme et la «philosophie», de l'idée que toute tentative pour trouver l'origine du bien et du mal dans le monde est vaine. Si par une partie de lui-même (celle qui est tournée vers le dehors) il s'apparente à ces docteurs de l'*understatement* critique, par une autre il appartient au groupe de ceux qui — selon sa propre expression — «en rajoutent»:

> Il y a des tempéraments qui «en rajoutent». Ils renforcent leurs émotions comme s'ils avaient le sentiment qu'elles ne sont pas assez pénibles, assez prolongées.
> Ils ne les peuvent laisser à leur intensité.
> Ce sont des résonnateurs.
> Ils vont à l'exaspération.   5, 110

En outre, le serpent dans ces textes, surtout dans la *Jeune Parque,* n'a repris que quelques-uns des attributs de son ancêtre biblique[54] et il serait donc injustifié de vouloir le considérer purement et simplement comme tel. Le symbole moral est depuis longtemps devenu un symbole existentiel[55].

La sommation faite au reptile de reprendre «du noir retour le fil visqueux», comme il est dit dans le grand style baroque du vers 84, n'entraîne aucune décision d'agir, ne contient aucune prise de position morale. Valéry incline plutôt à se demander ce que peut bien signifier l'acte de sommer, ce qu'il apporte, comment on en arrive là. Comme en passant (mais pourquoi dès 1907?) il réfléchit un jour à la nature de l'impératif:

Si je veux peindre le départ du mobile, au lieu de dire: il va, je dis: Va! et
mon vocatif impératif image le détachement de *moi* de ce corps, ce navire.

4, 223

Cette aire de signification qui peut se définir comme une autosuffisance
négative, n'est donc qu'une partie. Peut-être pourrait-on lui annexer une
autre idée qui dérive aussi de loin de représentations chrétiennes — mais
non plus déjà du mythe biblique — celle de la nature particulière, de la
singularité à l'intérieur de l'espèce, dont Valéry jusqu'à un certain point
— et pour cause — était certainement convaincu. «Devenir autre que les
autres», lisons-nous dans la première série associative de concepts reproduite par Nadal et groupée autour du symbole du serpent[56]. Ce thème
apparaît nettement formulé surtout vers la fin du paragraphe, au moyen
du contraste des yeux ouverts et des yeux clos:

Va chercher des yeux clos pour tes danses massives.
Coule vers d'autres lits tes robes successives,
Couve sur d'autres cœurs les germes de leur mal,
Et que dans les anneaux de ton rêve animal
Halète jusqu'au jour l'innocence anxieuse!...

85-89

La Jeune Parque, elle, veut rester éveillée, les yeux ouverts:

Ma surprise s'abrège (s'achève F 5), et mes yeux sont ouverts.

63[57]

Mais le thème de la différence n'est — c'est bien évident — qu'une extrapolation souhaitée du thème fondamental de la dualité, dont la Jeune
Parque ne peut venir à bout. *Ainsi* et *autrement* font tous deux partie
d'elle. Elle ne peut justement arracher le serpent de sa poitrine — ou
comme il est dit avec un libertinage bien joué: des «rocs charmants»[58] de
son sein. Donc, plutôt qu'un «sermon» méprisant prononcé du haut d'une
supériorité pharisienne, c'est, semble-t-il, dans le ton d'une malédiction
venue du plus profond de l'être qu'il faut percevoir le véritable *ethos* de
cette apostrophe. De ce ton, le texte suivant peut donner une idée:

Tard.
Ce soir, brille plus clairement ce reflet de ma nature: horreur instinctive,
désintéressement de cette vie humaine, drames, comédies, romans même
singuliers, et surtout ceux qu'on trouve «intenses» — Amours, joies, angoisses, tous les sentiments m'épouvantent ou m'ennuient et l'épouvante ne
gêne pas l'ennui. Je frémis avec dégoût, et la plus grande inquiétude peut se
mêler en moi-même à la certitude de sa vanité, de sa sottise — avec la
connaissance d'être dupe et prisonnier de mon tout, d'être enchaîné à ce qui
souffre, espère, implore, se flagelle à côté de mon fragment pur.
Pourquoi me dévores-tu, si j'ai prévu ta dent?

Cette phrase pourrait bien être d'une importance capitale pour toute la
scène du serpent, en tout cas pour le développement hors de toutes proportions — selon Valéry lui-même — de l'épisode. La suite du passage
conduit d'ailleurs à un domaine que nous connaissons bien par la question
de Narcisse en quête de son identité:

> Mon idée la plus intime: «Je suis tel. Etrange chose — moi être telle chose,
> telle figure, telle aventure? Impossible! Tout ce qui est déterminé, tout ce
> qui est fini, cela n'est pas moi. Moi est déjà à l'horizon de ce fini».
> Et mon Moi s'enfuit de ma personnalité que cependant il imprime et dessine
> en la fuyant.   4, 112[59]

Celui qui fuit, nous le savons, c'est Protée. Ce mouvement ambivalent
qui, tout en fuyant, marque encore ce qu'il fuit, a peut-être trouvé un écho
au vers 53:

> Cesse de me prêter ce mélange de nœuds
> Ni ta fidélité qui me fuit et devine...

Plus important encore est le thème-image de l'horizon vers lequel on tend
et que l'on veut dépasser. Nous aurons à l'examiner plus à fond parce qu'il
renvoie très clairement à l'idée des vers 64 et suivants, celle des ««enfers
pensifs» aux limites fuyantes.

«Pourquoi me dévores-tu, si j'ai prévu ta dent?» — si l'on prête une
oreille attentive, on s'aperçoit que ce type de question prédomine dans de
grandes parties de l'épisode du serpent. «Pourquoi..., alors que...»: telle
pourrait être la formule en abrégé. C'est la formule de ceux qui remon-
trent et trouvent à redire, des Jobs, des impénitents en matière de justice
et de raison. Leurs questions ouvrent des gouffres que ne peuvent combler
la plupart du temps que des apparences de solution, des jeux de perspective[60]. A ce propos quelques textes encore:

> Les vraies résistances opposées par le «cœur» à l'évidence même; les vrais
> ordres qu'il donne sont non-motivés (et ne peuvent ne pas l'être).
> Il n'y a rien à craindre, mais j'ai peur.
> Rien à répondre, mais je ne cède, je crie.
> Rien à espérer et j'espère.
> Pourquoi? — Je sais que le pont est solide et je le sens déjà se rompre.
>   4, 723

> L'homme ne résisterait pas à une connaissance extrême de soi.
> Car ce qui veut être et ce qui veut connaître se détruisent mutuellement.
> On a beau dire: mon désespoir n'est... qu'un désespoir. Il est composé de
> telles parties; il a sa recette et son procédé; il s'affaiblit à telle heure...
> L'évidence même de cette analyse est moins forte que la chose même.
> O toute chose! tu n'es qu'un fait.   4, 683

«Pourquoi..., alors que —»? Celui qui interroge ainsi ouvre aussi au ver
rongeur de vastes espaces où se repaître:

> Remords! Tu m'embêtes! Si tu étais quelque chose, tu ne reviendrais pas à
> toutes mes lacunes.
> Tu ne serais l'obsédante chanson.
> Mais je vois ta mécanique. Tu as la niaise puissance. Tu as la fidélité [!] de
> mon ombre. Mon pendule te ramène. Si tu reviens, tu disparais — tu ne
> tiens pas de toi-même. Et tu n'écoutes pas mes raisons, tu n'as pas pitié de
> ma fatigue, tu n'as égard au mal que tu fais, tu n'as pas remords de toi-
> même — ô remords — Bête, bête, aveugle machine ajustée en moi; tu es
> une maladie de mon oubli.   5, 146

— Au lieu d'une ascension continue, nous avons décrit une spirale: un étage plus haut, le monstre plonge de nouveau son regard dans la maison. Le diable était beaucoup moins bête qu'on ne l'avait cru, il s'est raffiné:

> Que le diable est clair, fin! comme il fait subtil! Il rend la victoire amère et la vertu plus empoisonnée que la faiblesse.
>
> Céder, c'était lui. Ne pas céder et s'en repentir, souffrir d'avoir vaincu, c'est mieux que lui-même — au lieu du péché, une fois commis, du crime éteint, c'est un million de péchés, d'étranges remords négatifs, de crimes spirituels, de velléités en tronçons vivants [!], et la sagesse se fait maudire, elle pique comme une sottise.   5, 81

Presque inévitablement, semble-t-il, chaque fois que Valéry note l'irrémédiable confusion intérieure, le constant échange de fonction des deux pôles de sa dualité, son imagination suscite à quelque endroit un reptile.

> Une partie du système nerveux est vouée à l'illimité. Horreur, douleur, anxiété, nausée *infinie,* désirs.

S'il y avait un art de la médecine, il consisterait — continue-t-il, anticipant le développement des psychotropes — à manœuvrer cet étrange système avec les gradations les plus fines:

> Passer entre l'excitation et la réponse, ou entre deux réflexes. Tromper ce trompeur, dont le cerveau, son fils, a fini par se dégoûter, séparer à demi. Quelle situation! Mythe et drames possibles! Le cerveau loyal, nu, pas *profond,* toujours trompé par la clarté, cocufié, mais honnête — enchaîné à ce serpent ou femme nerveuse, qui en sait plus que lui, moins que lui, chacun d'eux y voyant dans un monde inconnu de l'autre, réagissant à sa mode, se jouant les plus mauvais tours nécessairement et pourtant se continuant l'un l'autre, s'alimentant, s'aidant et s'entretuant...   5, 11

Encore une fois, vers la fin d'une analyse d'une extrême raideur scolastique, à propos du statut du moi qui ne peut pas être lui-même, se glisse l'animal que Valéry aurait créé si la Bible ne s'en était déjà chargée:

> Je suis ce que je ne suis pas. Je suis où je ne suis pas. Je suis quand je ne suis pas, — tellement que: ce que j'appelle mon esprit — c'est mon non-moi, le non-moi qui est à moi; et que c'est une négation obligatoire, — fonctionnelle — de tout ce qui est tel qu'il est. (...)
>
> Ce qui est autre que ce qu'il est, — et l'est par destination, est cela même qui nous insuffle [!], nous fait pleins de sa quantité infinie; grands de sa grandeur infinie, composés de quoi que ce soit; et rien qui nous soit propre puisqu'enfin ce qui semble le plus intime ne se connaît pas autrement que le plus étranger. Telle arrière-pensée *ose* à peine se dessiner. — Elle est si loin, si différente des pensées ordinaires, si *étrangère.* Mais à son *contact,* les ordinaires se font extérieures; et cette étrangère, cette dernière née, cette vipère couvée par la cane, semble la plus mienne, la plus mon enfant, la plus authentiquement engendrée.   4, 685

Ce serait une absurdité manifeste que de vouloir déterminer le contenu de ce qui est ici désigné par fini ou infini, définir où est l'étranger et où l'intime, qui est à l'origine de la tentation et qui y cède, quelle clarté se conquiert sur quelle obscurité ou est surprise par elle, ce qu'est finalement le moi et le non-moi.

La seule chose qui ressorte clairement dans cette rotation perpétuelle des contenus, est la passion d'aller aux limites, de centrifuger les substances, d'isoler le *fragment pur*. La seule idée fixe — est une forme[61]: l'infinitisme ou encore l'extrémisme. Le point culminant du paragraphe est la marche aux frontières, ou — comme il est dit — la marche vers ces mirages qui paraissent des frontières à qui recèle en soi des déserts[62].

Mais, à mon avis, ce point culminant est annoncé bien avant, si l'on consent à considérer comme fixe et sûr un autre élément dans la fluctuation générale des pensées, à savoir la grammaire. Le paragraphe II se termine par ces vers difficiles:

> Dieux! Dans ma lourde plaie une secrète sœur
> Brûle, qui se préfère à l'extrême attentive.   48-49

En considérant trop vite que le serpent symbolisait l'entrée en scène ou la conscience de l'animalité (conformément au schéma innocence-chute qui a conduit, surtout dans le paragraphe suivant *Harmonieuse Moi* à des simplifications abusives) on a souvent cru devoir lire le passage comme suit: «Dans ma blessure brûle une secrète sœur qui se préfère à l'autre *extrêmement* attentive»[63]. C'est supposer Valéry capable d'une incorrection. Il semble qu'il soit fait ici violence à un signifiant pour le faire servir à un signifié douteux[64]. Il ressort des esquisses que — comme nous l'avons déjà dit — cette «mortelle sœur» existait la première, ou plus exactement la «mortelle» seule. Comme les «sœurs» sont manifestement nées ensemble (la réminiscence de la *Prose* de Mallarmé est évidente), il est beaucoup plus probable que la «secrète sœur» se distingue de la «mortelle sœur», plutôt que d'une «sœur attentive» qui n'est jamais nommée. C'est la «secrète sœur» qui sera bien plutôt l'attentive et se comporte vis-à-vis de la «mortelle» dont elle prend congé au vers 101, comme l'*Harmonieuse Moi* (102) vis-à-vis de la *Mystérieuse Moi* (325) qui est reconnue, après la nuit, comme vivant encore[65].

Il me paraît beaucoup plus satisfaisant de se tenir à des solutions qui respectent l'usage de la langue et de donner au mot *extrême* tout son poids[66]. Ce qui brûle ici comme une «secrète sœur»[67] veut concentrer toute son attention sur l'extrême, non seulement *extrêmement* attentive, mais attentive à l'extrême.

Un autre argument très important en faveur de cette lecture ressort du fait que, dans la deuxième partie du poème, lors de la rétrospection du vécu, l'expression *à l'extrême* revient avec valeur de substantif. La Jeune Parque se demande si elle n'aurait pas dû se laisser mourir pour demeurer dans l'état précisément où elle s'apprête à entrer au paragraphe III:

> Dans quelle blanche paix cette pourpre la laisse,
> A l'extrême de l'être, et belle de faiblesse!   389/90

Etant donné les très nombreuses reprises de mots-clefs dans la deuxième partie du diptyque, cette répétition peut être considérée comme une indication bienvenue, renforcée par ailleurs par le mot *extrémité* de même teneur, au paragraphe XV:

> Le sais-je, quel reflux traître m'a retirée
> De mon extrémité pure et prématurée.   441/42

Ce que nous pouvions donc, pour les raisons indiquées, entendre comme une annonce, est repris et en quelque sorte accompli dans les vers centraux du paragraphe, où se rencontrent un trait de vision dantesque et le pathos mesuré propre à Racine:

> Je n'attendais pas moins de mes riches déserts
> Qu'un tel enfantement de fureur et de tresse:
> Leurs fonds passionnés brillent de sécheresse
> Si loin que je m'avance et m'altère pour voir
> De mes enfers pensifs les confins sans espoir...
> Je sais...   64-69

On peut vraiment parler chez Valéry d'une poétique de la marche, du franchissement: un mouvement imaginaire, qui est le mouvement de l'esprit, s'oppose, dans sa poésie, à tous les dormants et à tous les gisants[68]. Au paragraphe V nous trouverons cette marche en avant dans toute sa beauté illusoire. Peut-être, en anticipant, peut-on ainsi formuler la différence de perspective entre les deux paragraphes: ici nous assistons à une marche *vers* l'absolu, là à une marche *dans* l'absolu, avec cette réserve que cet absolu reste encore à définir (et à relativiser). Au paragraphe XIII, en rétrospective, il est dit que personne encore ne s'est avancé aussi loin:

> Nulle jamais des dieux plus près aventurée.   366[69]

L'esprit, nous apprend la suite de l'épisode du serpent[70], n'est pas si pur, si satisfait en soi-même qu'il ne se porte à ses propres limites, faisant de soi-même une idole bien proprement «testienne». Les vers qui suivent empruntent incontestablement, dans le choix des images, au Toast funèbre de Mallarmé, tout en changeant de manière caractéristique le thème du tombeau brisé:

> L'esprit n'est pas si pur que jamais idolâtre
> Sa fougue solitaire aux élans de flambeau
> Ne fasse fuir les murs de son morne tombeau.   70-72

Le rapport entre la sœur «attentive à l'extrême» et cette marche aux «confins sans espoir» n'est d'ailleurs pas passé tout à fait inaperçu: il se trouve dans la traduction allemande que Paul Celan a faite du poème et dont on n'a pas encore dit tout le mérite. Paul Celan a rendu ces vers problématiques de la manière suivante:

> In meiner Wunde, Götter, geheim die Schwester brennt,
> die äusserstes Erwarten, die lauter Warten ist[71].

On s'étonnera peut-être qu'il ait si fortement mis l'accent sur l'attente et non sur la veille ou l'attention. Mais en cela il est fidèle à Valéry pour qui les concepts *attention* et *attente* qui ont constamment occupé sa pensée, sont très proches l'un de l'autre. C'est pourquoi d'ailleurs le vers 73:

> Tout peut naître ici-bas d'une attente infinie

que Valéry a laissé dans sa plurivocité sentencieuse de futur «vers célèbre»[72], peut et doit être resserré en vue du sens général du contexte. «Attente infinie» — les versions antérieures le confirment[73] — est ici synonyme d'«attention extrême», d'«élan vers les limites».

Une partie de la Jeune Parque, sa «belle négligence» (81) demeure donc étendue et endormie, continuant à gémir dans «les anneaux du rêve animal». Elle-même, son «fragment pur» (et nous savons que nous ne pouvons savoir ce que c'est) se dresse. «Pâle et prodigieuse»[74] humides des larmes qu'*elle* n'a pas versées (mais l'autre), elle abandonne ses contours mortels qui continuent à se bercer là-bas dans la satisfaction de soi et s'apprête à marcher vers le plus incertain des buts. Après la courte transition du paragraphe IV, c'est sous la forme de son «fragment pur» que nous la retrouverons.

★ ★ ★

Le paragraphe de transition nous ramène à la Jeune Parque couchée et rappelle qu'elle s'est endormie et a oublié son corps, ou plutôt qu'il n'était plus perçu que comme une enveloppe[75]. Citons encore une note à propos de l'endormissement, si irrésistiblement suggéré par le murmure des vers 461-64, à la fin du paragraphe XV, que Valéry a fait imprimer en italique. Ils se trouvent parfaitement décrits — à l'avance, s'entend — dans le Cahier:

> Celui qui s'endort émet seulement de vagues sons enfantins, des mots et des morceaux de mots clairsemés à demi interrogatifs, de moins en moins *articulés,* comme si une molle substance s'interposait de plus en plus entre l'action des choses sur elles-mêmes. La voix passe encore mais la langue s'endort et s'épaissit, la gorge souffle, les muscles des mâchoires se relâchent (....).
>
> Peu à peu ma perception de plus en plus informe *ne se rapporte plus à rien.* Je ne suis plus que possible et ce possible va finalement être assez plastique pour le rêve. 4, 513

«Assez plastique pour le rêve», la Jeune Parque le sera aussi.

Ici aussi au paragraphe IV nous sommes suggestivement, mais encore plus immédiatement attirés à l'intérieur de ce corps, nous vivons donc de nouveau la Jeune Parque du dedans. Bercée dans un état d'autosuffisance? Voilà que l'enveloppe éprouve une chaleur bien singulière...

V (XIII - XIV)

Un des dieux favoris de Valéry était Protée, un de ses idéaux artistiques l'art de la métamorphose et la transformation, un de ses exercices intellectuels préférés. Dans le monde des sens, il arrive déjà souvent à un degré élémentaire que des perceptions différentes éveillent en nous des impressions semblables et nous apparaissent donc convertibles: une détonation est ressentie comme un éclair, une piqûre comme une brûlure, une longue attente comme un fardeau dont le poids va croissant. Que n'invente pas la «conscience» dans l'état de veille comme dans le rêve, pour établir un rapport entre les choses les plus disparates!

Valéry a voulu aller plus loin que les chercheurs de correspondances qui, depuis plusieurs générations, inclinaient tous à tenir l'éclair jailli de leur cerveau pour plus réel que celui de la foudre, et essayer de dépister les rapports non seulement entre différents domaines des sens, mais encore entre des états de conscience complexes, pour les coordonner ou les combiner dans leur intégralité. La conception baudelairienne des correspondances, en tant qu'elle supposait des équivalences «verticales» et la multiplicité sensible d'une unité non-sensible, ne pouvait plus être la sienne. Plus important fut pour lui — comme R.S. Jones l'a montré le premier — la définition des *relations* dans les écrits de Henri Poincaré sur la théorie des sciences[76]. «Le rapprochement du rêve et de l'attention — écrit-il par exemple — est un des sommets à atteindre, chef-d'œuvre d'analyse» (4,492).

C'est à partir de ces données que je voudrais essayer d'interpréter le paragraphe sans doute le plus riche et le plus difficile du poème. Que désigne la formule «HARMONIEUSE MOI», cette apostrophe qui ouvre non seulement une tirade en forme d'aria, mais — si on l'oppose à la «MYSTERIEUSE MOI» du vers 325 — un «acte» tout entier? Que signifie ce séjour en pleine lumière, maintes fois désigné comme la «danse au soleil» de la Jeune Parque et quelle est la nécessité artistique de cette évocation à cet endroit du poème?

Selon Jean Levaillant qui a si clairement analysé la thématique de la lumière chez Valéry, la Jeune Parque évoque ici un «état d'innocence absolue, sans distance et sans faille, qui la faisait vivre dans une totale unité lumineuse»[77]. Le mot *innocence* — si je comprends bien Levaillant — ne désigne ici ni l'innocence du mythe, ni celle de l'enfance retrouvée, encore moins quelque vague innocence pré-pubertaire, mais a une signification plus générale. Il est clair que dans les premiers vers du paragraphe nous assistons à une transfiguration des sensations que laisse un séjour — les yeux fermés — dans l'intense, l'implacable lumière du soleil qui exclut tout le reste: la lumière de midi n'avait que moi pour soutien (108-9)...

A ce sujet, une réflexion préalable tirée du quatrième tome des Cahiers:

> Qu'un sentiment extraordinairement *intense purifie* tout, et tout acte et toute pensée, — cette idée; et puis la sensation solaire, celle d'un état où tout se simplifie, s'épure, consume, éclaire, illumine, perce, destruction et suprême puissance, le plus haut degré, la plus haute température.
> C'est une vieille similitude. Qui sait son âge?   4, 664

Levaillant a excellemment montré que la lumière de midi et la lumière du matin ont, dans la métaphorique solaire de Valéry, des valeurs opposées: «Ce soleil immobile et absolu de midi», écrit-il à propos du *Cimetière marin,* »n'est plus le lieu des possibles: il reste fermé sur lui-même, comme une éternité faite pour toujours. Les opérations vivantes de l'esprit, ces combinaisons innombrables orientées vers le futur créateur dont l'aurore offrait l'intuition sensible, n'ont plus ici de place»[78]. Une autre note des Cahiers montre combien cela est bien vu:

> Il se cache dans sa lumière. Je suis enfermé dans une sphère d'illumination.
> Je ne sais rien au-delà de ce qui est clair.
> Cette transparence me borne, et toute vue fait un voile.   4, 680

Mais que vient faire la lumière de midi à cet endroit du poème? Ma première thèse est que Valéry nous a présenté cet «état solaire», fermé à tout point de vue, dans sa perfection trop achevée, comme une transposition poétique de ses réflexions sur l'état de rêve qui avait sa place à cet endroit du poème. Je ne me dissimule pas tout ce que cette thèse doit à l'intuition, ni qu'elle nécessite chez le lecteur, comme ce fut le cas pour moi-même, un assez long «stage of romance», mais il ne manquera pas de preuves propres à faire passer au «stage of precision»[79]. La principale difficulté en ce qui concerne la compréhension réside en ceci que l'«aria» débute avec la plus grande univocité et pour ainsi dire avec la plus forte valeur lumineuse, qu'elle se charge dans la seconde partie d'équivoques à peine perceptibles et qu'elle ne s'assombrit musicalement de manière sensible que vers la fin. Ce n'est que dans la rétrospection que l'apposition à l'*ego harmoniosa*: «différente d'un songe», se révèle clairement comme une *antiphrase*[80].

Cette forme qui établit le rapport entre les deux états, qui fonde en quelque sorte l'espace où l'un se change en l'autre, c'est la forme symbolique de la sphère. «Je suis enfermé dans une sphère d'illumination», lisait-on dans le Cahier; dans le poème, l'objet qui s'offre par analogie, c'est le fruit:

> Poreuse à l'éternel qui me semblait m'enclore,
> Je m'offrais dans mon fruit de velours qu'il dévore.   113-4

Une forme ronde, limitée et irradiée est le parangon du monde du rêve. Nous y sommes totalement absorbés, dans une communication parfaite avec l'univers (que nous sommes), le ciel s'incurve au-dessus de nous:

> et sur cette gorge de miel,
> Dont la tendre naissance accomplissait le ciel,
> Se venait assoupir la figure du monde.   119-21

Dans cette bulle lumineuse il nous est permis de vagabonder librement, nul objet, nulle pesanteur ne fait obstacle, nous sommes emportés dans une ivresse de mouvement et de couleurs:

> Puis dans le dieu brillant, captive vagabonde,
> Je m'ébranlais brûlante et foulais le sol plein,

> Liant et déliant mes ombres sous le lin.
> Heureuse! (…)
> L'arc de mon brusque corps s'accuse et me prononce,
> Nu sous le voile enflé de vivantes couleurs
> Que dispute ma race aux longs liens de fleurs!   122-32

Comment pouvait-on parler ici d'innocence? C'est un rêve érotique que nous vivons ici. Le thème érotique s'était fait entendre bien avant déjà:

> Femme flexible et ferme…
>   … et par ondes ravis,
> Si loin que le vent vague et velu les achève,
> Longs brins légers qu'au large un vol mêle et soulève   104-6

C'est comme le chant d'adieu de la poésie aux longues ondulations de la chevelure féminine mille fois célébrée depuis Pétrarque, évoquée ici encore une fois par une accumulation de consonnes liquides et de voyelles aux sonorités larges (avant que la mode capillaire ne désamorce le désir en l'exauçant…). Il est vraisemblable aussi que le vers:

> Je ne sacrifiais que mon épaule nue
> A la lumière;   118-9

contient un de ces changements de perspective fréquents chez Valéry, passant de l'intérieur à l'extérieur, et introduit le thème du voyeur, qui est celui de *La Dormeuse:* pour un moment nous voyons la rêveuse ou mieux: nous nous voyons rêver.

> Liant et déliant les ombres sous le lin   124

peint — de quelque façon qu'on le comprenne sémantiquement — un glissement léger, voluptueux, merveilleusement facile. En bref, on peut considérer l'érotisme comme le second médium commun à la «danse au soleil» et au rêve[81]. Mais nous ne sommes encore qu'au début.

Si nous avons trouvé pour le rêve, terme supposé de comparaison, quelque chose comme un *tertium comparationis,* un «tiers aspect fusible», comme l'appelait Mallarmé, nous n'avons pas encore pénétré jusqu'à ce qui est propre à Valéry. Jusqu'ici nous nous mouvons encore à l'intérieur des «conquêtes» du Symbolisme. Un détour par Claudel confirmera que le thème de la «danse en rêve» au moins a été traité par un autre poète. Dans la deuxième partie de *Tête d'or*, la princesse exécute à la demande de son père un intermède shakespearien, en partie mimé, sur le thème de l'*éveil,* qui présente jusque dans le détail d'étonnantes ressemblances avec notre passage:

La princesse s'avance en une sorte de danse rythmique et très lente, toujours les yeux fermés. «Te réveilles-tu?» »Ah doux pays, te quitté-je? — Quel pays? 'Je dors, s'appelle-t-il».

(Deuxième version: «Je ne vis pas, mais je danse en dormant»).

> Quelle disgrâce si douce m'empêche,
> Comme la danseuse qui ne peut quit-
> Ter le tapis de muguet, un charme nuptial appesantit ses chevilles!

Une voix quitte l'air éclatant et les branches antiques:
'O jeune fille!
Viens-t-en, la plus belle fille de rois,
Laisse tes vêtements, mais que la dentelle verte des fougères te fasse une robe!'
Je ne veux pas (Elle ouvre les yeux)[82]

Le tapis de fleurs, les vêtements abandonnés dont la végétation prend la place, la luminosité, l'impuissance voluptueuse des gestes («Quelle disgrâce si douce», avec l'emploi archaïsant de «m'empêche»), le regret enfin — même si l'on tient compte des thèmes favoris du Symbolisme, c'est une concordance qui va très loin.

Cependant la voie de la définition directe, que nous ouvrent les analyses de Valéry à propos du rêve, est plus importante encore.

Un Cahier entier intitulé SOMNIA nous fournit d'abondants matériaux[83]. Dès la première page, Valéry note un rêve — dont le contenu importe peu ici — et y rattache les réflexions suivantes:

Comment se rendre maître de ce gâchis? Trouver qui est réponse, qui est demande (...) Il faudrait aller loin, bien loin pour trouver (...) Aux confins de l'être et du connaître. Ici ils tendent l'un vers l'autre. Ce que je suis s'exprime par ce que je sais — naïvement. Mais ce que je suis ici, en rêve, c'est *l'état instantané.* Au lieu qu'en veille, cette notion est étendue et se dégage de ce que je sais. Je ne sais en veille me réduire au pur étant: et pourtant que suis-je autre chose. Alors cet état instantané en rêve, est en *équilibre réversible* avec ce que je sais à cet instant. Equilibre mobile. Et il n'y a plus de passé positif, de passé lié à des faits.   4, 492

Il serait (comme toujours) inconsidéré de prétendre que Valéry, en composant ce paragraphe, se soit souvenu de cette note ou d'une autre analogue. Mais la définition du rêve, *état instantané,* sans extension (c'est Valéry qui souligne) ne s'exprime-t-elle pas dans les vers 134 à 137 pourtant bien abstraits:

Une avec le désir, je fus l'obéissance
Imminente, attachée à ces genoux polis;
De mouvements si prompts mes vœux étaient remplis
Que je sentais ma cause à peine plus agile!

Par contre il est dit de l'état de veille: «Sentir est en retard sur sa cause et en avance sur l'explication (l'adaptation)» (4,347). Serait-ce trop hardi que d'interpréter l'harmonie du moi évoquée au début comme l'«équilibre réversible» de l'«être» et du «savoir»[84], et donc la «mystérieuse moi» du vers 325 comme la veille, pendant laquelle l'être du moi, pour des raisons que l'intellect ne pénétrera jamais, se détache du savoir du moi?

Un autre texte pourra confirmer cette hypothèse. C'est une définition de l'essence de la sensibilité. Car cette séparation du savoir et de l'être du moi porte communément le nom de sensibilité:

Car c'est par l'introduction de la sensibilité que le nombre des états de l'être s'enrichit. Entre la puissance et l'acte s'interpolent des valeurs telles que:

> être sur le point de..., venir de... — toutes nuances qui marquent une distinction de plus en plus grande avec le simple équilibre instantané — l'obéissance simple au milieu — la fonction continue.
> Dans son principe la sensibilité est une propriété aveugle, fermée — qui ne sert à rien.   4, 349

Le rêve est une fonction continue, «l'obéissance imminente»; la veille est une fonction discontinue. Le rêve, c'est l'état «doré» où l'on est libéré de la sensibilité. Le rêve de l'insensibilité...

On peut citer des définitions encore plus précises:

> Parmi les modifications de l'individu, il en est qui ne peuvent être produites instantanément à partir d'un instant quelconque. Mais elles demandent une sorte de préparation plus ou moins cachée, pendant une phase intermédiaire.
> Je compare cette préparation à un montage de machine (...)
> Une fois la machine montée, les liaisons réalisées, l'instrument accordé, — l'acte peut se produire. J'appelle *acte* la modification qui a demandé un montage.   4, 493

Comment cette «femme flexible et ferme aux silences suivis d'actes purs» ne serait-elle pas une rêveuse et que peut bien être un «acte pur» sinon un acte sans «montage» préalable?

> Celui qui dort (...) ne peut se changer en levier dont partie s'abaisse, d'autre lève. Le point d'appui manque et tout se compose en un seul mouvement de dérive, et des rotations impuissantes.   4, 493

Ne voilà-t-il pas une très exacte — et «poétique» — description de cette impuissance que nous éprouvons en rêve? Sans doute peut-on remuer le bras, le levier, mais on ne peut lui trouver de point d'application[85]. L'«état solaire» aussi évoquait «la sensation d'un état où tout se simplifie (...), destruction et suprême puissance». C'est donc: *summa potentia summa impotentia*. Le mot apparaît au premier vers du troisième (sous) paragraphe:

> Je regrette à demi cette vaine puissance   133

Cette puissance qu'offrait le rêve était vaine, imaginaire, car:

> Tout détour, toute manœuvre indirecte et impliquant perte de liaison ou de contact immédiat entre l'idée et l'acte lui [au rêveur] est interdit. Pas de choix entre les moyens.   4, 494

Telle était donc la nature de cette irrésistible «liberté» dont il est question au vers 128, lorsque la Jeune Parque s'était fougueusement élancée «contre le fil de cette liberté»: non pas libre de choisir, mais libérée du choix. Plus l'on y réfléchit, plus s'impose la désespérance:

> Les actes imaginaires [du rêve] sont les gestes d'une ombre qui touchent tout et ne frappent rien.   4, 494

> Mon ombre! (...) elle glisse et n'irrite
> Nul feuillage, mais passe, et se brise partout...   147

A la fin du passage, l'aspect musical qui, pour un court instant, s'était effacé devant le conceptuel, redevient prédominant. Ce n'était pas à une déduction logique que nous avions à faire, mais bien à une courbe des états psychiques. Objectivement la situation rêvée est toujours la même, mais elle apparaît ici mirée dans une conscience qui s'éveille et doit donc changer de tonalité, descendre de l'exaltation enthousiaste au début à la mélancolie. Les tonalités sombres, encore totalement absentes de la première partie, avaient lentement envahi le second paragraphe, par des tournures ambiguës, tout d'abord en deçà du seuil de perception: *aveuglement dorée, nuit de trésor, ténèbres d'or* (110-112), plus accentuées déjà aux vers 115-117:

> Rien ne me murmurait qu'un désir de mourir
> Dans cette blonde pulpe au soleil pût mûrir:
> Mon amère saveur ne m'était point venue.

Vers qui ne justifient pas cependant, à mon avis, qu'on fasse entrer le thème de la mort en tant que tel dans l'interprétation du passage.

A la fin, après le cri d'adieu à la «splendeur», ce sont ces tonalités sombres qui l'emportent dans le tissu sonore:

> Si ce n'est, ô Splendeur, qu'à mes pieds, l'ennemie,
> Mon ombre! la mobile et la souple momie,
> De mon absence peinte effleurait sans effort
> La terre où je fuyais cette légère mort.
> Entre la rose et moi, je la vois qui s'abrite;
> Sur la poudre qui danse, elle glisse et n'irrite
> Nul feuillage, mais passe, et se brise partout...
> Glisse! Barque funèbre...[86]

Revenons encore une fois aux réflexions de J. Levaillant d'où nous étions partis: il avait placé les vers 110-114 (Quel éclat sur mes cils...) sous le signe du «cogito du regard», de l'aptitude à connaître du regard et de la manière particulière dont s'opère cette connaissance, et il avait ainsi commenté: «Le regard ici ne se distingue plus des autres sens, il a même perdu la place privilégiée que le corps lui impose: le corps tout entier, même aveugle, est devenu un immense regard»[87].

Une autre citation des Cahiers soulignera toute la clairvoyance de cette interprétation, au premier abord surprenante:

> En rêve, la différence du vu et du pensé (ou senti) est infiniment petite.
> Peur et monstre se confondent, s'échangent.   4, 526[88]

Dans le rêve, voir et penser ne font qu'un — comme dans l'état solaire.[89] C'est donc à un rare «chef-d'œuvre d'analyse» que nous aurions à faire — si j'ai réussi à donner quelque crédibilité à ma première hypothèse —, à un chef-d'œuvre de l'art de la métamorphose, à une fête de l'intellect: à l'aide de quelques invariants quant à l'espace, aux mouvements, aux conditions de perception, une transformation était devenue possible, les contraires pouvaient s'assimiler, midi pouvait être mis pour minuit. Avant de tenter l'approche du texte d'un autre côté par une seconde démarche interprétatoire, qu'il nous soit permis encore une fois, au risque de déconcerter le lecteur, de faire un détour par Claudel.

C'est aussi une femme qui danse (Ysé, dans *Partage de Midi)* les cheveux défaits, dans la lumière, mais cette fois dans la lumière de la lune:

> Vois-la maintenant dépliée, ô Mesa, la femme pleine de beauté déployée
> dans la beauté plus grande! (...) vois-moi comme une danseuse écoutante
> Dont les petits pieds jubilants sont cueillis par la mesure irrésistible!
> (...)
> O Mesa, voici le partage de minuit! et me voici, prête à être libérée,
> Le signe pour la dernière fois de ces grands cheveux déchaînés dans le vent
> de la Mort!
> Mesa. — Adieu! je t'ai vue pour la dernière fois!
> (...)
> Souviens-toi, souviens-toi du signe!
> Et le mien, ce n'est pas de vains cheveux dans la tempête, et le petit
> mouchoir un moment,
> Mais, tous voiles dissipés, moi-même, la forte flamme fulminante, le grand
> mâle dans la gloire de Dieu,
> L'homme dans la splendeur de l'août, l'Esprit vainqueur dans la transfiguration de Midi![90]

Faisons intervenir un interlocuteur sceptique:
N'est-il pas absurde de citer ici un tel passage, de confronter l'apothéose claudélienne d'une passion amoureuse purifiée à l'auto-analyse valéryenne invariablement égocentrique?
— Sans doute.
Les jeux de pensées et de sonorités chez Valéry ne risquent-ils pas d'apparaître un peu pâles et trop subtils, confrontés aux éclatantes hymnes bibliques de Claudel?
— C'est à craindre.
La puissance des sonorités est également frappante ici et là:
«femme flexible et ferme» et «forte flamme fulminante»; la symbolique de la chevelure se trouve aussi chez l'un comme chez l'autre. Mais est-ce suffisant pour justifier la comparaison?
— Sûrement pas.
S'agit-il d'opposer le «mystique sans Dieu» au mystique en Dieu, le créateur d'un Tristan chrétien à une sorte de Jean de la Croix athée?
— Cela ne mènerait pas très loin.
Doit-on souligner l'égale exaltation de la conscience de soi chez l'individu qui se sent participer au divin: «Moi-même, la forte flamme fulminante, le grand mâle dans la gloire de Dieu» et «J'étais l'égale et l'épouse du jour...»? Cela vaut évidemment d'être noté, mais nous savons assurément que ce n'était pas plus assuré chez l'un que chez l'autre, pour des raisons différentes.
— C'est exact. Mais nous n'avons pas encore abordé le point décisif.
Reconnaissons aussi que nous avons là un jeu hardi avec les notions de

midi et de minuit. Lorsque Ysé parle de «partage de minuit», c'est par référence au «partage de midi», à l'action amoureuse du premier acte sur l'océan vide, dans la lumière éblouissante. Mesa de son côté, Mesa sauvé, parle de *transfiguration de Midi*. Ce fond de symbolique commune ne fait que mieux apparaître ce que les deux œuvres ont d'incommensurable: ici transfiguration, là transformation. Si la symbolique peut très bien avoir pris naissance dans les mêmes expériences à l'intérieur du monde sensible, l'action de la grâce n'est en rien comparable à une analyse de la consience. En outre, chez Claudel, la mort est plus qu'une modulation.

— Vraisemblablement. L'important tient dans trois mots de Mesa: «tous voiles dissipés». Valéry, on s'en souvient, avait écrit dans une note: «La transparence me borne, et toute vue fait un voile». Le mythe solaire de Claudel connaît une ouverture sans limite, un élargissement, un mouvement ascensionnel vers la vérité. Or pour Valéry la lumière la plus vive est une limitation qui déclenche obscurcissement et déclin. Il y a toujours quelque chose qui le retient. C'est ce qu'explique Calypso, autre femme solaire, dans les *Histoires Brisées*:

> ELLE s'introduisait subtilement au monde visible, s'y risquant peu à peu avec mesure. Par moments et mouvements de fragments admirables, son corps pur et parfait se proposait aux cieux, se déclarant enfin seul objet du soleil.
>
> MAIS jamais elle n'allait si avant dans l'empire, de la pleine lumière que tout son être se détachât du mystère des ombres d'où elle émanait.
>
> ON eût dit qu'une puissance derrière elle la retînt de se livrer tout entière aux libertés de l'espace, et qu'elle dût, sous peine de la vie, demeurer à demi captive de cette force inconcevable, dont sa beauté n'était peut-être qu'une manière de pensée, ou la figure d'une Idée, ou l'entreprise d'un désir, qui s'incarnât dans cette CALYPSO, à la fois son organe et son acte, aventurée.[91]

Mais laissons là le dialogue à propos de Claudel.

★ ★ ★

Nous n'en avons encore pas fini avec le passage. «Durus est hic sermo…» Le lecteur aura remarqué que nous nous sommes contentés de reprendre l'«état solaire» tel que l'avait défini la critique, comme une grandeur connue, un *signifié* sûr, sans nous demander s'il ne renvoyait pas lui-même à autre chose. Comme éblouis, nous ne l'avons considéré que par en dessous. Les vers 107-109 surtout:

> J'étais l'égale et l'épouse du jour
> Seul support souriant que je formais d'amour
> A la toute-puissante altitude adorée…

n'ont pas encore reçu une explication satisfaisante. Et que signifie «la figure du monde»? Quel est l'arrière-plan idéal de ces formules, de ces descriptions qui tiennent indéniablement de l'extase? Encore une fois on ne peut parvenir à une interprétation quelque peu sûre qu'avec l'aide de Valéry lui-même, et cette fois-ci à l'aide d'un texte déjà accessible en 1919, mais que personne encore (à une exception près) n'a jamais cité pour élucider le passage qui nous intéresse, vraisemblablement parce que l'on avait toujours trop soigneusement éloigné la poésie de Valéry de sa prose. Il s'agit de quelques phrases de *Note et Digression*,[92] cet essai que nous avons déjà étudié plus en détail. Il y était question, au stade préalable ou même au stade initial de ce qu'il appelait le *Moi Pur,* d'états étrangement extatiques de l'âme, de *moments-abîmes* qui échappaient au déroulement normal du temps, pendant lesquels la conscience faisait l'expérience, par spasmes, d'une manière d'absolutisation, au-delà de tout rapport aux choses de ce monde. Etats aberrants de l'être qui ne sauraient durer et qui ou bien retombent ou détruisent l'être entier. «Phases inexprimables» où l'isolement est à la fois menace et bonheur, et pour lesquelles, à en croire l'auteur, il n'y aurait pas de mots.

Nous avions annoncé que nous essayerions de démontrer que ces phases ont cependant trouvé leurs mots dans la poésie et ce passage de la *Jeune Parque* présente, à notre avis, des concordances difficilement contestables avec *Note et Digression*. C'est pourquoi nous avons réservé jusqu'à ce moment les descriptions que l'on trouve dans l'essai. On y lisait que ces phases étaient comparables à des espaces

> dans lesquels la continuité, la connexion, la mobilité connues sont altérées; empires où lumière est associée à la douleur; champs de forces où les craintes et les désirs orientés nous assignent d'étranges circuits; matière qui est faite de temps; abîmes littéralement d'horreur, ou d'amour, ou de quiétude; régions bizarrement soudées à elles-mêmes, domaines non-archimédiens qui défient le mouvement; sites perpétuels dans un éclair; surfaces qui se creusent, conjuguées à notre nausée, infléchies sous nos moindres intentions... — L'étonnement, ce n'est pas que les choses soient; c'est qu'elles soient *telles,* et non telles autres. La *figure de ce monde* fait partie d'une famille de figures dont nous possédons sans le savoir tous les éléments du groupe infini. I 1221

Par son étonnement devant la nature comme fortuite des choses et par l'idée que ces choses pourraient subir de considérables transformations sans qu'elle-même en devienne vraiment autre, la conscience s'assure de son existence autonome et salue cette découverte avec transport:

> Retirant de ces remarques exactes et de ces prétentions inévitables une hardiesse périlleuse; forte de cette espèce d'indépendance et d'invariance qu'elle est contrainte de s'accorder, elle se pose enfin comme fille directe et ressemblante de l'être sans visage, sans origine, auquel incombe et se rapporte toute la tentative du cosmos... Encore un peu, et elle ne compterait plus comme existences nécessaires que deux entités essentiellement inconnues: Soi et X. Toutes deux abstraites de tout, impliquées dans tout, impliquant tout. Egales et consubstantielles. I 1222-3

Ce n'est que par la confrontation avec la totalité du monde que la conscience pure, totalisée, s'aperçoit d'elle-même. Un tout affronte ici un autre tout, de même espèce, de même droit, de même substance. Transposés dans la langue poétique, les qualificatifs «égales et consubstantielles» deviennent

> l'égale et l'épouse

par un vague emprunt aux mythèmes de la sœur-épouse égale de Zeus. Peut aussi intervenir comme symbole un rapport père-fille: la conscience se pose elle-même en «fille directe et ressemblante». De là à faire, par une image poétique et plastique, de cette fille de Zeus une cariatide supportant de ciel, il n'y a qu'un pas:

> Seul support souriant que je formais d'amour
> A la toute-puissante altitude adorée   108-109[93]

La dépendance ontologique où est l'être par rapport à la conscience, telle qu'elle apparaît dans cette — trompeuse — expérience, devient, visualisée par la symbolique spatiale, la dépendance du soutenu et du soutien.[94] L'univers, désigné dans le texte en prose par l'«être sans visage» ou simplement par «X», est symbolisé dans le poème par la moins substantielle de toutes les choses de ce monde: la lumière du soleil, perçue les yeux fermés. *Aveuglement* donc au sens le plus vrai du mot. Les mots *jour, altitude, éclat, lumière,* soutenus par le triple oxymoron: «aveuglement dorée», «nuit de trésor» et «ténèbres d'or», orchestrent le thème de la lumière. Mais par métonymie l'«Eternel» apparaît aussi pour le Tout, confronté, de manière toute valéryenne, avec ce que la terre offre de plus matériel, de plus sensuellement gonflé de suc: la rondeur d'un fruit velouté.

> Poreuse à l'éternel qui me semblait m'enclore,
> Je m'offrais dans mon fruit de velours qu'il dévore;   113-4

Il y a comme un préciosité cosmique dans cette image où se renverse le rapport de l'être comme «contenu» à la conscience comme «contenant»: le fruit est vu comme à l'intérieur de la bouche de l'univers qui l'enveloppe de tous côtés.

Dans les vers suivants la sphère se transforme par association en hémisphère:

> Je ne sacrifiais que mon épaule nue
> A la lumière; et sur cette gorge de miel,
> Dont la tendre naissance accomplissait le ciel,
> Se venait assoupir la figure du monde.   118-21

Le fruit se métamorphose en sein, la bouche universelle en hémisphère céleste. Apparemment construit, cette succession d'images est cependant étonnamment proche de l'activité naturelle de l'imagination, donc à plus forte raison de l'enchaînement des images dans un rêve, dans *le* rêve! Mais les moyens linguistiques demeurent toujours d'une grande virtuosité artistique. Le verbe *accomplir* rattache le niveau figuré au niveau abstrait. Seule la forme humaine accomplit, soutient ou porte la forme cosmique (qui dépend d'elle comme l'être dépend de la conscience); cette signification métaphorique du verbe s'appuie sur le jeu de l'étymologie: la forme humaine *comble* la forme cosmique.[95] En plus de la métaphore s'établit donc une contiguïté qui satisfait aussi l'œil, le regard immobile du rêveur. La chaîne associative qui commençait avec la forme ronde s'achève — provisoirement — sur l'image de l'univers s'inclinant sur ce sein pour y trouver le repos («assoupir»)...

On ne s'étonnera plus alors que le texte poétique parle de «figure du monde» là où le texte en prose désignait le vis-à-vis cosmique par «être sans visage», avec cette vague caractérisation supplémentaire: «auquel incombe et se rapporte toute la tentative du cosmos».

Dans le poème, le vis-à-vis cosmique est animé, abstraitement animé — alors que dans la prose, il n'était qu'abstrait. *Figure de ce monde* voulait dire dans la prose *figure mathématique* de ce monde, dans la poésie il s'agit de la *forme* de ce monde. Ne reprochons pas ce jeu de mots à Valéry. Ne serait-ce pas plutôt une nouvelle confirmation de ce que nous avions déjà observé: jeux de mots et analyses de mots sont habituellement chez lui au service de l'animation et de l'anthropomorphisation du monde matériel.[96]

La «figure de ce monde» est une métaphore d'inspiration mathématique, elle équivaut à la courbe fonctionnelle dans laquelle on a fait entrer toutes les données particulières du monde empirique. Cette figure totalisante est vécue, dans l'extase de la conscience, comme variable, ou mieux: comme modifiable, elle est «partie d'une famille de figures» (1221). La «figure-forme de ce monde» est l'équivalent poétique de l'«être sans visage». Le mouvement de ce visage vide qui se penche est sans doute le correspondant gestuel imagé du fait abstrait que le monde est modifiable. Prose et poésie disent la même chose, tantôt de manière sensible, tantôt de manière abstraite, une fois dans le langage de la conscience éveillée, une fois dans celui de la conscience qui rêve.

L'animation du vis-à-vis cosmique dans la poésie ne fait d'ailleurs que répondre à l'animation de la conscience elle-même incarnée dans la figure de la Jeune Parque. Une donnée linguistique, le genre grammatical du mot *conscience* représente, comme le fait remarquer E. Gaède, une des conditions préalables. C'est justement lorsque la conscience du moi se dégage avec la plus grande pureté, écrit-il à propos de la *Note*, que la répétition à longueur de page du sujet «elle» refoule peu à peu à l'arrière-plan le subjet abstrait, en faveur d'une forme de plus en plus tangible qui se dresse finalement «étonnée, nue, infiniment simple» (1230). «Voici que l'idée la plus abstraite, la plus évanescente, se pare enfin de l'apparence de la vie elle-même, et que le moi le plus intérieur se révèle dans ce travestissement délicat qu'est la nudité féminine».[97] Ce qui indique en même temps que la tendance à allégoriser va chez Valéry au-delà du goût de l'époque et répond à de profondes et complexes motivations.[98]

★ ★ ★

Si j'ai quelque peu réussi à démontrer que les passages mentionnés de *Note et Digression* ne se distinguent de l'aria *Harmonieuse Moi* que par des traits stylistiques inhérents au genre et non par le thème, il nous faut maintenant aller plus loin et nous demander ce que ce thème signifie en clair, et comment accorder nos acquisitions avec notre première approche d'interprétation où il s'agissait d'un rêve. Contentons-nous d'abord de regarder de près les textes et les notes de Valéry. Comment se creusent ces moments-abîmes, ces «écarts» sur le parcours de la conscience? Comme nous l'avons déjà souligné plus haut, ce sont les conséquences d'une attention poussée à l'extrême: «Les forces et les finesses de l'attention, la logique la plus exquise, la mystique bien cultivée» (I 1221) peuvent déboucher sur des états extatiques de ce genre. C'est une mystique de l'attention, de l'hyperconcentration, de la focalisation: la plus grande clarté de conscience dans le champ le plus restreint. Et, comme nous l'avons déjà dit dès le début de l'interprétation du paragraphe V, Valéry considérait l'assimilation de l'*attention* (telle qu'il l'entend) et du *rêve,* leur reconduction à des composantes communes, comme un «chef d'œuvre d'analyse»!

Une note de 1913 traite de ce problème: «Combiner l'attention et la marche des rêves — il est difficile de l'exprimer sans contradiction». L'attention signifie que l'on sort de la discontinuité et de l'instabilité de la conscience éveillée pour retrouver en partie la continuité et la fixité du monde du rêve:

> Chercher un objet c'est se placer dans l' état de ne voir que lui, se disposer de façon à ne répondre qu'à lui.

Sans transition, la situation quotidienne de la recherche s'absolutise, dans cette note, en une situation limite, dans laquelle le chercheur - parce que constant — est tout, l' objet cherché — parce que variable — rien:

> Si alors les chose données sont telles que l'on puisse les déformer, qu'elles soient essentiellement déformables, tandis que l'attente est déterminée, il peut se produire une situation objecto-subjective. 5, 106-7

Par situation «objecto-subjective», Valéry désigne un état, certes individuel, mais qui ne peut être influencé par la volonté de l'individu. Les choses «essentiellement déformables» nous sont connues par *Note et Digression.* Quelque peu surprenant, mais point inexplicable, le titre sous lequel Valéry se livre à ces analyses: «Phénomènes religieux». Dans l'esprit de Valéry, ces états «objecto-subjectifs» qu'il décrit ont donc quelque chose à voir avec des expériences religieuses, et pour le lecteur de la *Jeune Parque* se dessine, derrière la façade conventionnelle d'expressions comme la «toute-puissante altitude adorée», l'«éternel» ou le «dieu brillant», comme un arrière-plan de psychologie religieuse.

Si les allusions au phénomène religieux demeurent des cas isolés[99], les remarques issues du domaine psychologique n'en sont que plus nombreuses. Sous le terme générique de *phase,* que nous avons déjà analysé[100], Valéry, bien plus tard encore, met en parallèle le rêve et l'attention:

> Le rêve n'est que sous le sommeil, il est exclu pendant la veille.
>
> Il y a incompatibilité.
>
> De même, l'attention et toutes les modalités conservatives est (sic) incompatible avec l'échange quelconque d'idées[101].

L'analyse de l'état du rêveur pour qui le pensé est toujours en même temps le vu et *existe* en tant qu'il est vu, tout doute cartésien suspendu, cette analyse avait bientôt trouvé à s'appliquer également à la phase d'hyperlucidité d'esprit en état de veille:

> La très grande lucidité d'esprit peut confiner au rêve.
>
> Le rêveur est en équilibre mobile avec ce qu'il voit. Il est, proportionnellement à son aventure. Et en revanche son aventure est exactement réciproque de son état.   6,349

En 1913, six ans avant *Note et Digression,* on trouve cette explication en forme de programme, dont les premiers mots encore une fois étonneront:

> Eh bien, mon objet philosophico-littéraire a été [?] de montrer en jeu et *à la fois,* ces divers ordres qui font la complexité de l'homme, qui font les uns aux autres, ressorts et ressources et qui forment comme objectivement la condition primordiale de la pensée, son élasticité.
>
> C'est pourquoi le rêve est si important, étant un autre mode que la veille de produire ces combinaisons ou de les enregistrer.
>
> C'est pourquoi les états critiques, les «phases» de l'être sont si captivants[102].

Montrer la complexité de l'homme, les divers états de la conscience qui au même instant se combinent et s'interpénètrent, et cela tant dans le rêve que dans les états critiques de transition, captivants et révélateurs au même degré — voilà une note à retenir comme un document important sur l'intention qui préside à *La Jeune Parque.*

Dans le dialogue *Eupalinos* de 1921 Socrate pose à son interlocuteur Phèdre la question suivante: comment se fait-il que — sans qu'aucune violence intervienne — on puisse cesser d'être soi-même et ensuite revenir à soi? Il sait bien, dit-il, que le trop d'amour ou de vin ou l'inhalation des vapeurs pythiques peuvent transporter l'homme hors de soi. Il continue:

> Et je sais mieux encore, par mon expérience très certaine [!], que nos âmes peuvent se former, dans le sein même du temps, des sanctuaires impénétrables à la durée, éternels intérieurement, passagers quant à la nature; où elles sont enfin ce qu'elles connaissent; où elles désirent ce qu'elles sont; où elles se sentent créées par ce qu'elles aiment, et lui rendent lumière pour lumière, et silence pour silence, se donnant et se recevant sans rien emprunter à la matière du monde ni aux Heures. Elles sont alors comme ces calmes étincelants, circonscrits de tempêtes, qui se déplacent sur les mers. Qui

sommes-nous, pendant ces abîmes? Ils supposent la vie qu'ils suspendent[103].

Les concordances entre ces phrases (où Valéry le tempérant célèbre l'extase qui n'a pas besoin de stimulants!) et *Note et Digression* d'une part, notre passage de *La Jeune Parque* d'autre part, sautent aux yeux. Quelques comparaisons, le sanctuaire, l'œil du cyclone[104], sont nouvelles. Tous les autres traits nous sont familiers: coïncidence du désir et du savoir, de la quête et de l'être, état de suspens bien circonscrit et en même temps insondable, irradié, hors du temps.

Enfin nous n'avons pas encore épuisé les indications que peut nous fournir *Note et Digression,* et dont certaines ne sont que maintenant compréhensibles. D'abord on y trouve aussi rêves et extases cités tout d'une haleine:

> Entre la netteté de la vie et la simplicité de la mort, les rêves, les malaises, les extases, tous ces états à demi impossibles (...) placent d'étranges degrés, des variétés et des phases ineffables. (I 1220)

Puis on lit, introduisant la description des *moments-abîmes,* une comparaison assez inextricable par sa surcharge:

> Comme la perfide musique compose les libertés du sommeil avec la suite et l'enchaînement de l'extrême attention, et fait la synthèse d'êtres intimes momentanés, ainsi les fluctuations de l'équilibre psychique donnent à percevoir des modes aberrants de l'existence. (I 1220)

Une comparaison a en général pour objet de faciliter la compréhension d'une pensée inhabituelle en la rapprochant d'une autre, voisine et plus familière. Celle-ci s'acquitte bien mal de sa tâche et c'est bien elle plutôt qui aurait besoin d'un point d'appui dans le connu. Le rapport entre les «libertés du sommeil» — nous pensons là au vers 128: «contre le fil de cette liberté» et nous savons qu'il s'agit de libertés apparentes — et la contrainte de l'enchaînement qui définit l'état d'extrême attention (contrainte librement acceptée) ne nous est plus inconnu. Que la musique puisse créer ce rapport dans une âme réceptive, que sa «perfidie» consiste à susciter pour un instant à l'intérieur de nous un être synthétique, sorte d'homonculus psychique, voilà qui n'est pas immédiatement évident. Il est vrai qu'après tout ce que nous avons déjà appris des facultés d'insinuation de la musique cela ne fait plus guère de difficultés. Pourtant le témoignage d'un poète peut nous aider, qui dans ce domaine éprouvait la même chose. Lisons la description que donne Baudelaire de l'effet produit par le *Prélude de Lohengrin* sur un auditeur (de son espèce) en 1860:

> Je me souviens que, dès les premières mesures, je subis une de ces impressions heureuses que presque tous les hommes imaginatifs ont connues, par le rêve, dans le sommeil. Je me sentis délivré des *liens de la pesanteur,* et je retrouvai par le souvenir l'extraordinaire *volupté* qui circule dans *les lieux hauts.* Ensuite je me peignis involontairement l'état délicieux d'un homme en proie à une grande rêverie dans une solitude absolue, mais une solitude

avec un *immense horizon* et une *large lumière diffuse; l'imensité* sans autre décor qu'elle-même. Bientôt j'éprouvai la sensation d'une *clarté* plus vive, d'une *intensité de lumière* croissant avec une telle rapidité, que les nuances fournies par le dictionnaire ne suffiraient pas à exprimer ce *surcroît toujours renaissant d'ardeur et de blancheur.* Alors je conçus pleinement l'idée d'une âme se mouvant dans un milieu lumineux, d'une extase *faite de volupté et de connaissance,* et planant au-dessus et bien loin du monde naturel[105].

Apesanteur, élargissement de l'horizon, dématérialisation du monde, abolition des frontières du moi en faveur d'un espace intérieur et extérieur tout d'unité et de lumière, «extase de volupté et de connaissance» où l'âme se meut — les composantes de la danse au soleil de la Jeune Parque apparaissent presque comme des lieux communs «symbolistes». Certes à ce niveau une telle constatation n'est nullement dépréciative. La continuité ainsi révélée doit seulement nous faire souvenir que la musique, avec son effet d'induction qui favorise les associations, est à l'arrière-plan de tout le processus de transformation que nous décrivons ici. A ce paragraphe de *La Jeune Parque* tout spécialement on est tenté de donner le sous-titre: «Sous l'influence secrète de la musique».

Cette «composition» du rêve et de l'attention extatique que *Note et Digression* nous présente comme le fait de la musique, peut aussi — nous nous en assurerons — être réalisée sans elle, par la pensée purement scientifique, «à froid», comme dit volontiers Valéry. Ici la notion des *relations,* reprise de Poincaré et déjà évoquée au début, est déterminante. L'explication scientifique, dit l'essai sur Léonard de 1894, consiste «dans l'émission d'une image, d'une relation mentale concrète entre des phénomènes, disons, pour être rigoureux, entre les images des phénomènes». Et dans les notes ajoutées en marge en 1930 on lit, se rapportant à ce passage: «Les variations d'images (...) permettent de rejoindre des *mondes* aussi distincts que ceux du rêve, de l'état mystique, de la déduction par analogie»[106].

★ ★ ★

Il faut ici prendre un peu de recul pour nous assurer que les résultats obtenus par Valéry dans sa persévérante étude de soi ne doivent pas être regardés comme des vues subjectives n'engageant qu'un individu. Bien au contraire ils concordent largement avec ceux de la psychologie descriptive. Valéry était un phénoménologue de haut niveau dont le seul handicap était de ne disposer que d'un sujet d'expérience, son seul et unique cobaye étant lui-même. C'est pourquoi, s'il a rendu compte pour lui-même de la manière la plus exacte de chacune de ses «phases» et nous en a laissé les descriptions les plus pénétrantes, il n'a guère tenté de les comparer aux résultats de la psychopathologie, déjà en plein essor à son époque, ni même d'en utiliser la terminologie. Or tout indique qu'il s'agit, lors de ces *moments-abîmes,* d'une manifestation de ce que la psychologie désigne sous le nom d'expérience d'aliénation ou de dépersonnalisation. La dépersonnalisation dans un sens général se définit comme la perturbation du rapport du moi et du monde extérieur. Ces perturbations peuvent être d'intensité et de durée très différentes et avoir les origines les plus diverses. Elles interviennent chez les psychopathes comme chez les bienportants. Ces derniers en font fréquemment l'expérience sous l'effet du surmenage, il s'agit il est vrai souvent de personnalités instables. On a découvert en littérature de nombreuses descriptions caractéristiques de la dépersonnalisation, par exemple chez Annette Von Droste-Hülshoff, chez Hebbel et également chez Amiel sur lequel nous reviendrons par la suite. Les descriptions des mystiques présentent aussi des ressemblances partielles avec celles des dépersonnalisés. Le corrélatif de la dépersonnalisation est la déréalisation, le retrait du monde des objets qui deviennent irréels. Les deux formes peuvent être ressenties comme menace ou comme bonheur, comme irruption du vide et de la mort ou comme extase et accomplissement. — «Abîmes littéralement d'horreur, ou d'amour, ou de quiétude», écrit aussi Valéry. Il est en outre caractéristique qu'ils s'accompagnent — immédiatement ou secondairement — d'un sentiment d'intemporalité. Valéry parlait d'«instants dérobés à la critique implacable de la durée», de «sites perpétuels dans un éclair», de «sanctuaires impénétrables, formés dans le sein du temps».

Dans une note de Cahier de 1914 Valéry désigne par le mot «possession» un état heureux, où l'on dispose librement de ses actes, dont la description encore une fois correspond en bien des points à notre passage de *La Jeune Parque:*

> Je distingue par le mot de *Possession,* l'état le plus élevé, le plus enviable de l'être. Quand il est entièrement imminent, les fonctions essentielles tout effacées; tout gonflé d'énergie disponible, bien répartie entre les extenseurs et les modérateurs; capable d'agir aussi promptement, aussi lentement qu'il voudra; ayant la double propriété de l'explosif et du réversible; doué d'élasticité, de transparence; apte aux solutions finies (…)
> C'est ce magnifique état que l'on assimile à un état d'équilibre et que l'on cherche à reconquérir, à maintenir, à nourrir indéfiniment. Etat du plus grand luxe physique et psychologique.   5, 285

«Quand l'être est entièrement imminent» devient aux vers 134-5: «je fus l'obéissance / Imminente»; «tout gonflé d'énergie disponible» trouve son expression poétique vers le milieu du passage dans: «je m'ébranlais brûlante» (123) jusqu'à «Nu sous le voile enflé de vivantes couleurs»; «capable d'agir aussi promptement qu'il voudra» se retrouve littéralement au vers 136: «De mouvements si prompts mes vœux étaient remplis / Que je sentais ma cause à peine plus agile»; «doué d'élasticité et de transparence» correspond à «Femme flexible et ferme» (103) et à «Poreuse» (113).

D'autres caractérisations des «phases» par l'équilibre, la réversibilité nous sont maintenant familières. De cette note ressort encore avec une netteté particulière le caractère fascinant, extraordinaire, l'«écart» de la conscience, avec en outre un certain penchant légèrement hystérisé à se rendre heureux soi-même, qui s'exprime dans l'aspiration à retrouver et à conserver cette pure potentialité qui ne connaît pas de résistance.

Dès lors, devant une telle intensification volontaire du bonheur psychophysique, on ne peut se défendre du pressentiment que cette aspiration passionnée ne demeurera pas impunie: les états extatiques se paient cher. Nous verrons dans les paragraphes suivants du poème quel en est le prix[107].

★ ★ ★

Mais laissons le patient pour revenir au phénoménologue. Que la psychologie scientifique confirme en tout point la justesse de l'expérience qui forme le thème de ce paragraphe — l'assimilation dans l'analyse du rêve et de l'attention extrême, cela ne saurait nous surprendre. «Les tableaux d'état les plus différents que l'on a coutume de désigner par *état crépusculaire hystérique,* présentent un grand nombre d'analogies avec les phénomènes du rêve ou de l'hypnose, bien plus, elles leur sont souvent identiques psychologiquement par la forme et le motif. Tous deux représentent des phases circonscrites, des îlots de conscience diminuée, où la réception de nouvelles impressions sensibles, le rapport avec l'environnement réel sont interrompus et mis hors circuit»[108]. L'essentiel avait déjà été formulé par Locke et Leibniz: «Le sommeil est une cessation des sensations, et de cette manière l'Ecstase est un fort profond sommeil dont on a de la peine à être éveillé, qui vient d'une cause interne passagère (...) La vision n'est autre chose qu'un songe qui passe pour une sensation, comme s'il nous apprenait la vérité des objets»[109].

La description que donne Valéry de la «très claire conscience» dans *Note et Digression* s'approche de si près de la «phase-îlot» de Kretschmer que les différences tendent vers zéro:

> Dans une très claire conscience, la mémoire et les phénomènes se trouvent tellement reliés, attendus, répondus; le passé si bien employé; le nouveau si promptement compensé; l'état de relation totale si nettement reconquis [!] que rien ne semble pouvoir commencer, rien se terminer, au sein de cette activité presque pure.   I 1219

Plus de commencement, plus de fin. Passé et futur sont suspendus, intégrés en quelque sorte dans le moment. Cette «activité presque pure», la Jeune Parque la connaît comme *parfaitement* pure: «Femme flexible et ferme aux silences suivis d'actes purs» (103-4). Il faut bien comprendre que la conscience diminuée dont parle Kretschmer signifie cette suspension, qu'elle n'est donc en rien contradictoire avec la «très claire conscience». Par là s'éclaire peut-être une formule que nous avions au début qualifiée d'antiphrase: «Harmonieuse Moi, *différente d'un songe*». Dans la méditation de minuit, à laquelle s'était abandonnée Agathe, cette préfiguration embryonnaire et non différenciée de la Jeune Parque, on retrouve exactement la même expression. Agathe aussi avait arrêté le cours implacable du temps. Elle n'éprouvait plus la «difficulté intérieure». Tout arrivait sans qu'elle s'en étonnât, car le «ressort de la surprise» ne fonctionnait plus. Dérive donc, mais méthodique, rêverie dirigée: «Cette dérive, différente d'un songe, approche tant que je veux des secrets du sommeil. (...) Au milieu de cette extension je gouverne mon esprit vers le hasard, et autre que le dormeur, je m'abandonne clairement»[110]. Comme un dormeur, mais sans dormir, Agathe aussi se croit au sein d'un espace sphérique unidimensionnel, «clos unique», «sphère singulière».

A propos de ce phantasme spatial constant, nous devons à P.O. Walzer une indication du plus haut intérêt. Walzer a trouvé dans le Journal de son compatriote genevois Henri-Frédéric Amiel l'expérience d'une mutation passagère de la conscience, rapportée en des termes qui correspondent aux descriptions données par Valéry dans *Note et Digression* en liaison avec la découverte du *moi pur:*

> Je ne trouve aucune voix pour ce que j'éprouve [rituelle affirmation de l'indicible]... j'entends battre mon cœur et passer ma vie... L'immensité tranquille me pénètre... Je me sens anonyme, impersonnel, l'œil fixe comme un mort, l'esprit vague et universel comme le néant ou l'absolu; je suis en suspens, je suis comme n'étant pas. Dans ces moments, il me semble que ma conscience se retire dans son éternité;... elle s'aperçoit dans sa substance même, supérieure à toute forme, contenant son passé, son présent, son avenir... virtualité d'un monde, qui se dégage de sa propre existence pour se ressaisir dans son intimité pure... Jours vécus, habitudes formées... individualité façonnée, tout s'efface, ... se replonge dans la fluidité originelle, sans figure... C'est l'état sphéroïdal, l'indivise et homogène unité[111].

Les travaux sur la dépersonnalisation ont pu détecter avec certitude dans les descriptions d'Amiel des expériences d'aliénation. D'autre part l'«état sphéroïdal» vers la fin du passage cité témoigne d'une expérience de l'espace identique à l'état de l'*Harmonieuse Moi*. L'expression pourrait être de Valéry et fournirait un excellent titre: «Ego harmoniosa ou l'état sphéroïdal»! Elle nous autorise d'une part à supposer une ressemblance phénoménale entre les expériences d'Amiel et de Valéry et confirment en outre notre thèse, selon laquelle *Note et Digression* et nos vers de *La Jeune Parque* parlent d'une seule et même chose.

Les Cahiers de l'année 1914 s'ouvrent par cette note qui nous montre encore, dans la densité et la multiplicité des idées, l'originalité de Valéry, le plus précis des rêveurs et des visionnaires, et qui mérite notre attention, ne serait-ce parce qu'elle anticipe plusieurs des observations de *Note et Digression* ainsi que d'autres textes.

La note porte en suscription les trois mots-clefs: significatif — attention — visionnaire (5, 178).

L'expérience de la vision, y lit-on, qu'elle soit habituelle ou seulement occasionnelle, se développe pour ainsi dire comme un germe à partir d'une excitation visuelle ou auditive insignifiante qui, si la perception se prolonge, par la fixation du regard par exemple, produit un effet hypnotique. Le «visionnaire» quitte alors le monde ordinaire. Valéry l'exprime spatialement en disant qu'il le quitte «par ce point». Pour ce point, Valéry mathématicien, trouve avec son étonnante intuition une analogie dans la géométrie non-euclidienne: «Comme si ce fût un point de soudure d'une surface de Riemann». — Une surface de Riemann (telle que peuvent se la représenter les non-mathématiciens comme l'auteur) se compose d'un nombre x de surfaces partielles, appelées feuilles. Valéry a manifestement en vue une surface à deux feuilles, donc l'exemple le plus simple. Il faut s'imaginer les deux feuilles — entaillées selon le rayon — engagées l'une dans l'autre, de sorte qu'en franchissant la ligne d'entaille[112] on passe d'une feuille sur l'autre. Le point zéro ou point d'intersection (point de soudure) appartient aux deux feuilles qui tournent autour de lui. Dans la comparaison de Valéry, l'une semble représenter le monde réel, l'autre le monde de la vision.

Et Valéry de poursuivre: il y a de tels points dans le passage de la veille au sommeil. L'ajout entre parenthèses montre clairement qu'après avoir «franchi» ce point, on peut se trouver, d'un point de vue phénoménal, dans le rêve ou dans la vision. J. Robinson indique que Valéry a utilisé plus tard encore un autre type de géométrie pour décrire le monde du rêve, celle qu'on esquisse avec un compas et seulement avec un compas[113].

On se souvient de la description des mondes insondables dans *Note et Digression*:

> Mondes instables et incompatibles avec la plénitude de la vie; mondes inhumains, mondes infirmes et comparables à ces mondes que le géomètre ébauche en jouant sur les axiomes, le physicien en supposant d'autres constantes que celles admises.　　　　　　　　　　　　　　　　I 1220

Que l'on joue un peu avec les axiomes.. et déjà l'on est hors de soi, transporté dans des mondes inconnus. Mais pourquoi circulaires ou sphériques? Ils pourraient aussi par exemple être elliptiques:

> Parmi les autres illusions, celle des figures simples, sphère, cercle etc.
> Elles sont plus simples *pour nous*.
> Il n'est pas interdit d'imaginer des êtres pour lesquels l'ellipse serait plus immédiate que le cercle.　　　　　　　　　　　　　　　　5, 58

Ici encore c'est l'étude de la géométrie qui semble avoir donné le branle à l'imagination spatiale. Il s'agit certainement là des applications les plus originales que l'on ait jamais faites de la mathématique (qui souvent ne sait plus trop ce qui lui arrive).

Valéry continue par l'examen des conditions de perception et de connaissance du monde où il vient de pénétrer. Il constate que les faits perceptibles «ne s'annulent plus dans une moyenne» comme dans l'état normal et qu'ils ne se laissent plus résorber «comme n'ayant nulle signification», mais qu'ils se chargent au contraire de sens. Un pommeau de cuivre que l'on fixe devient le germe et la porte d'un monde nouveau[114]. Au paragraphe suivant Valéry distingue ce phénomène de la réception propre à l'attention normale. Si l'attention normale se porte vers un certain objet, le reste du monde des choses autour de cet objet n'est pas complètement annulé, il est encore inclus jusqu'à un certain point. Mais surtout il faut retenir que l'attention normale connaît un objet. Il n'est est pas de même dans la vision:

> Dans la vision, rien de fixe que l'*appareil même*. Rien qui puisse exister en dehors et par côté. Il y a charme fermé, dévidement naïf, c'est-à-dire à 1 dimension, et corrélativement — production d'un contenu. 5, 178

Le monde de la vision est un monde magique bien clos, unidimensionnel, le «clos unique» d'Agathe, dans lequel l'appareil qui perçoit est tout, le perçu rien. Il faut être reconnaissant à Valéry de faire ici une distinction nette entre cette attention extrême et l'attention normale, celle qui ne connaît qu'*une* chose, car ainsi se dissipe l'obscurité qui enveloppait la formule «rapprocher le rêve et l'attention», comme se dissipent nos doutes quant à la légitimité de notre interprétation d'*attention* par attention extrême[115].

Le «dévidement naïf à une dimension», c'est-à-dire l'activité associative incontrôlée au sein de la sphère magique où tous les contenus sans exception paraissent converger vers le centre de perception, peut être suggéré poétiquement (avec en plus la lumière et un élément corporel) par ces vers:

> Vers mes sens lumineux nageait ma blonde argile,
> Et dans l'ardente paix des songes naturels,
> Tous ces pas infinis me semblaient éternels. 138-40[116]

En même temps que le «naïf dévidement» et en corrélation avec lui se fait, comme l'écrit Valéry, la production du contenu. Le paragraphe suivant développe l'idée de la charge significative:

> Ce contenu est remarquable. Car il est le hasard mental et sensoriel interprété significativement (comme le poète habile tourne à son profit les mots imposés), tellement qu'à la production spontanée s'adjoint une production répondante.

Le visionnaire est pour ainsi dire en proie à une fièvre d'interprétation, à un *delirium interpretandi* qui le fait concevoir comme chargées de sens des excitations fortuites venues des sens ou des impulsions endogènes du cerveau et réagir à cette activité spontanée par une activité répondante. Dans l'état normal nous oublions ou omettons de nous étonner des productions mentales de hasard. Le visionnaire agit comme s'il était étonné et comme si, en y réfléchissant, il augmentait son étonnement.

On ne saurait conclure ce développement sans se souvenir de cette maxime fondamentale de l'éthique individuelle de Valéry qui pourrait s'énoncer ainsi: rien ne doit pouvoir me faire souffrir, à moins que je ne puisse le reproduire. Ainsi envisage-t-il la manière dont pourrait se «fabriquer» un visionnaire, par la raison *à froid:*

> Il suffirait à la rigueur pour faire un visionnaire, d'accroître seulement sa faculté de surprise et de s'étonner de ce qui sort de «soi»...
> Visionnaire, c'est affaire de convergence.

Pour le géomètre de l'âme la vision peut être une question d'optique: comme l'on observe, l'on voit. Que l'on tourne la lentille et le pommeau devient chimère. Certes il s'agit de métaphorique, mais qui vise l'essence de la chose: malgré les quelques hasards auditifs évoqués çà et là, il n'est pas douteux que le véhicule préféré de ce voyage au-delà, le médium distingué entre tous, est pour Valéry l'œil. Ces états interviennent chez Valéry par une application visuelle intensifiée jusqu'à ce qu'il ne soit plus que regard. C'est là le chemin principal, mais il y a d'autres possibilités de pénétrer dans la sphère de l'aliénation. Ce que Levaillant, après Bachelard, a appelé le *Cogito du regard* — je vois, donc je suis — est la plupart du temps décisif pour Valéry, au contraire d'Amiel par exemple chez qui le rapport visuel avec le monde ne joue qu'un rôle secondaire, et il faut encore le particulariser dans le sens évoqué: je suis ce que je vois. Encore plus précisément: je suis *comme* je vois.

Il n'aura pas échappé au lecteur qui nous a suivi jusqu'ici, que la note des Cahiers avec la description de la contrainte interprétative provoquée par le regard anticipe point par point la célèbre relation maintes fois commentée que donne Valéry de son expérience d'absence sur le London-Bridge[117]. Sans entrer dans le détail de ce texte, il nous semble cependant nécessaire de faire quelques remarques à ce sujet à la lumière de ce qui précède.

L'homme qui, debout sur le pont et fixant l'eau, est soudain «saisi par l'absence» se demande comment il peut se faire qu'il tombe à l'improviste d'un monde défini par les *signes* dans un monde tout de *significations*. Cela correspond à ce passage des Cahiers où il était question des stimulations extérieures qui ne se laissent pas annuler dans une moyenne — comme il arrive aux choses à caractère de signe — mais au contraire se chargent de signification. Il n'est pas rare que, dans des états de ce genre, l'on vive le rapport aux choses comme la réalité pure, bien qu'il apparaisse d'un point de vue psychopathologique comme déréalisation. Donc la nouvelle réalité peut être ressentie par celui qui regarde comme la réalité en soi et elle n'est pourtant que sa réalité à lui. Leibniz aussi n'avait-il pas écrit que la vision était un rêve «qui passe pour une sensation, comme s'il nous apprenait la vérité des objets?» Il n'est que trop compréhensible que s'installe chez Valéry un sentiment de *malaise* et de culpabilité face au «comme si» caractéristique du monde précaire de la signification qui dépouille le monde normal de sa résistance substantielle, donc de son caractère de réalité, en le réduisant à un arsenal de symboles, de panneaux, de flèches, de lettres, de *signes* en un mot. Inutile de souligner que l'indication selon laquelle le rêveur seul sur le pont éprouve un mélange de fierté et de peur, entre très exactement dans le psychogramme de la Jeune Parque à l'endroit qui nous occupe. Le Robinson oisif des *Histoires brisées*, tout assuré qu'il soit de son avenir — comme nous l'avons vu plus haut — éprouve lui-aussi une tentation:

«Tentation. Soif du pont de Londres»[118].

En 1936 Valéry écrit un avant-propos à la traduction française d'un livre de Martin Lamm sur Swedenborg. On constatera encore une fois, en lisant ce texte attentivement et en le comparant au livre qu'il introduit, l'étonnante persévérance avec laquelle Valéry poursuit ses idées. Après une nouvelle déclaration d'amour au XVIIIᵉ siècle qui, en dépit ou à cause de son inextinguible soif de savoir, n'hésite pas à explorer la «pénombre intellectuelle» et à côté du scepticisme le plus cynique s'est adonné aux rêveries les plus diverses, pratiquant la mystique à côté du calcul différentiel, il exprime son étonnement devant la richesse insoupçonnée[119] des formes psychiques dont l'auteur, puisant dans les écrits de Swedenborg, expose au lecteur le cheminement. Valéry dit l'avoir suivi avec une sympathie croissante, l'auteur ayant tracé du drame de l'esprit humain une figure unique en son genre. Puis, reconnaissant des suggestions reçues, il se pose la grande question: comment se fait-il qu'un homme aussi expérimenté que Swedenborg dans l'exploration de sa propre pensée n'ait pas vu à quel point sont tributaires de cette pensée les illuminations et vérités que ce visionnaire attribuait à l'influence de puissances supérieures? Cette question — selon moi — n'exprime pas tellement le scepticisme face à ce voyant chrétien et ésotérique comme le pense J. Robinson[120], mais bien plutôt un intérêt brûlant pour le destin de cette «figure singulière» dont il commente la théorie des correspondances spriri* tuelles, les déclarations sur la nature des *signes* perçus et toute l'expérience de passage dans «l'autre monde», allant même jusqu'à les identifier en bien des points à ses propres idées. «D'ailleurs, chez les mystiques, les perceptions des sens elles-mêmes reçoivent des valeurs non moins singulières que celles attribuées aux mots»[121]. Suit l'idée du «point de contact ou de soudure de deux «univers». Si à cet endroit il fait grâce au lecteur de la surface de Riemann, quelques pages plus loin il l'avise que le développement des sciences mathématiques a réduit notre vieille réalité à un simple effet statistique et réclame de notre imagination des performances dont aucun mystique n'aurait rêvé!

Selon son habitude, Valéry met en doute, dans le contenu, la crédibilité du récit de la vision décisive qu'eut Swedenborg à Londres[122]. Pour rapporter un rêve ou une vision il faut être éveillé et se servir du langage. Il y a donc nécessairement transposition du vécu qui est soumis aux conditions de la conscience éveillée et de la structure du langage. Le propre de l'état de conscience chez celui qui rêve est au sens strict du terme inexprimable. On peut cependant s'en faire une idée en prenant le chemin inverse et en modifiant, en état de veille, les conditions de perception:

> Supposons que nous essayions, au contraire, à modifier volontairement nos perceptions et représentations d'homme éveillé de manière à diminuer leur effet significatif, à épuiser leur valeur transitive et conventionnelle (comme il arrive de celle d'un mot que l'on répète jusqu'à ce qu'il perde son sens) nous observons alors quelques traits d'un état dont l'état de rêve serait la limite. Nous l'observons d'ailleurs assez bien quand nous nous sentons l'esprit gagné par le sommeil...

Ceci nous est bien connu[123]. — L'intérêt de Valéry va donc, comme il ne se lasse pas de le souligner, non au jeu, mais aux règles du jeu, à la *forme* du rêve: «Ce qui ne peut être nommé, c'est cela même qu'il nous importerait de saisir, qui nous donnerait quelque idée de ce que peut être la *conscience sous le sommeil*». Les réflexions qui vont suivre éclaireront peut-être les motifs de cet intérêt: si les expériences de vision ou de rêve ne présentent dans leur forme que des variations minimes, leurs contenus paraissent infiniment nombreux, et de plus entièrement soumis au hasard. Il n'était possible que dans très peu de cas d'attribuer une *valeur* à ce contenu de hasard, à condition qu'il correspondît à un idéal supra-individuel reconnu par une communauté culturelle. Avant que l'interprétation des rêves n'apprenne à rapporter le contenu du rêve à l'existence vécue par le rêveur et à en fixer la valeur d'après elle, elle ne pouvait reconnaître aux rêves une signification que si leur contenu était de nature divinatoire ou religieuse en général. Certes pour l'individu un cas aussi remarquable n'était pas l'effet du hasard. Il est hors de doute qu'une longue familiarité avec les idées de la culture en question en était la condition indispensable. Qu'il s'agisse d'élan vers Dieu ou de fuite devant lui — jamais le Christ n'est apparu à un indifférent. Sans l'étude approfondie de la mystique chrétienne et néo-platonicienne, il n'y aurait pas eu à Londres d'expérience swedenborgienne. Incontestablement une disposition neuropathique et des crises psychosomatiques aiguës en sont aussi la condition, l'une comme terrain nourricier, les autres comme déclencheur, mais la grandeur du mystique, comme l'a souligné H. Delacroix par exemple[124], est de purifier ou au moins de dépasser ces origines troubles. L'aspiration à la pureté, si profitable qu'elle soit au bonheur physique de l'individu[125], est orientée selon l'idéologie généralement admise dans le monde où il vit.

L'histoire riche de nuances du rêve au XIXᵉ siècle est l'histoire de l'appréciation de ses contenus. Valéry n'ayant jamais ni pratiqué ni fui le christianisme, on ne pouvait s'attendre de prime abord à ce que son mysticisme prît une coloration chrétienne. Il refusait le point de vue psychologique individuel de Freud: aussi n'y avait-il dans sa pensée aucune place où loger les *contenus* du rêve, parce qu'elle n'avait pour eux aucun système de références. Mais que faire alors de ces déconcertantes expériences nées d'une disposition swedenborgienne? Deux possibilités: les science exactes et la poésie. Il possédait l'exercice des deux — à des degrés différents — , les deux lui permettaient de se rabattre sur la *forme* des expériences psychiques et, par approximation, à l'aide d'analogies dans un cas, d'allégories, de mimétismes linguistiques et de divers instruments dans l'autre, de les concrétiser dans un énoncé, de leur trouver un équivalent qui satisfasse au moins le goût de la pureté, quand bien même il n'atteignait qu'à une universalité restreinte. On peut donc dire que la forme devient pour lui le contenu et qu'aux grands maîtres de la forme, Poincaré d'une part et Mallarmé d'autre part, revient le rôle d'initiateurs qu'ont joué pour Swedenborg Plotin peut-être et d'autres.

Dans l'essai sur Léonard de 1894, il avait établi sous l'influence de Poincaré le primat de l'œil, l'effet de persévérance du regard, le «cogito du regard» (et cela avant les expérience radicales):

> L'observateur est pris dans une sphère qui ne se brise jamais; où il y a des différences qui seront les mouvements et les objets, et dont la surface se conserve close, bien que toutes les portions s'en renouvellent et s'y déplacent. L'observateur n'est d'abord que la condition de cet espace fini: à chaque instant il est cet espace fini. Nul souvenir, aucun pouvoir ne le trouble tant qu'il s'égale à ce qu'il regarde. Et pour peu que je puisse le concevoir durant ainsi, je concevrai que ses impressions diffèrent le moins du monde de celles qu'il recevrait dans un rêve.   I 1167

Comment saisir cette fixité «oneiroïde» de l'œil, devenue plus fréquente et plus pressante, et comment la mettre sous les yeux d'autrui, elle dont la nature est par définition «indicible»? N'oublions pas que, selon Valéry, le rêve est continu, mais le langage discontinu. En essayant le moyen d'un langage largement (mais non totalement) dépouillé de sa fonction de communication, tel qu'il est en poésie, Valéry prouve sa relative confiance en ce langage. Il n'avait pas hérité la confiance de Mallarmé qui alla s'amplifiant toute sa vie jusqu'à l'absolu. Mais c'est à Mallarmé qu'il doit la chance de toujours refaire crédit au langage pour des tâches bien délimitées. Et justement avec ce passage de *La Jeune Parque* où l'état «sphéroïdal» est devenu le thème, désigné même expressément par le mot «absence», nous nous trouvons devant un passage à la tournure typiquement mallarméenne. La transition de la lumière à l'ombre qui maintenant s'installe définitivement, commence ainsi:

> Si ce n'est, ô Splendeur, qu'à mes pieds l'ennemie,
> Mon ombre! la mobile et la souple momie,
> De mon absence peinte effleurait sans effort
> La terre où je fuyais cette légère mort.   141 - 44

Le «si ce n'est...», étonnamment prosaïque dans la langue symboliste pauvre en conjonctions[126] et ennemie des articulations, se trouve bien en vue dans le *Toast funèbre* de Mallarmé à Gautier, avec le même effet de signal[127]. Il a l'air d'un argument, mais il est musique. Le renversement n'est pas motivé, mais au contraire suggéré, parce que rêve et vision ne connaissent ni motivation, ni articulation ni prise de distance, mais seulement l'enchaînement le plus rigoureux de l'incohérent. L'ombre, la «mort légère» est introduite en outre par un paradoxe bien mallarméen: c'est l'absence qui la jette (De mon absence peinte). L'état de transparence est un état d'impuissance. Aucune intervention consciente de la volonté ne peut empêcher le glissement d'un «abîme d'amour» dans un «abîme d'horreur».

★ ★ ★

Cet état de transparence — soulignons-le encore une fois pour conclure — n'est pas un état de longue durée. Il s'agit d'une phase qui ne persiste pas plus qu'un rêve. Comme elle coïncide aussi en grande partie avec le rêve dans les formes qu'elle revêt, Valéry pouvait se proposer une synthèse poétique des deux, une approximation allant jusqu'à l'identification ou une superposition où se confondent indissolublement les deux contenus de signification normalement distincts. Le seul à citer *Note et Digression* pour éclairer ce paragraphe V, fut J. Duchesne-Guillemin: «Quelle merveilleuse promenade, écrit-il, songe de lumière et de ténèbres, se déroule dans cette prose, avec des moments de langueur et d'orgueil, semblables à ceux de la Jeune Parque!»[128]. On ne peut que lui donner raison. Pourtant il a, me semble-t-il, refermé un peu trop vite ce texte si richement, si mystérieusement intriqué. Il a choisi le passage où il est dit:

> L'intelligence ignore d'être née, comme elle ignore qu'elle périra (...) Elle se croirait, très aisément, inamissible et inaltérable, si ce n'était qu'elle a reconnu par ses expériences, un jour ou l'autre, diverses possibilités funestes, et l'existence d'une pente qui mène plus bas que tout.   I 1218

Tirer de cette définition de l'«intelligence», de la conscience pure, la conclusion que c'est là le «stade initial» dans l'ontogénèse de la Jeune Parque, c'est à mon avis dénaturer l'idée de conscience pure en lui imposant dans un esprit janséniste le schéma du paradis et de la chute, de l'harmonie et de la cassure («une rupture a eu lieu»). A d'innombrables reprises Valéry a décrit l'état idéal où l'esprit dispose souverainement de la matière comme le *but* le plus élevé, le plus digne des efforts de l'homme, de l'homme-Léonard: «Acquérir le plus de liberté, à moi possible, de combinaison et de dissociation» lit-on dans la lettre à Coste de 1915, citée par Duchesne-Guillemin[129]. J'ai essayé d'exposer au premier chapitre comment ce but a pu se dégager et quelles forces ont déterminé Valéry à y tendre: rien ne pouvait laisser supposer qu'il pût s'agir là d'un stade initial[130]. Et qui admettrait qu'un morceau de prose pût contenir toute la vérité de la pensée valéryenne et servir de pivot à l'explication de la poésie? La vérité de l'interprétation fondée sur des «passages parallèles» ne peut avoir qu'un caractère de vraisemblance statistique. Aussi ce n'est pas à mon avis la précarité menacée et la rupture d'une éternité qui ressort du passage cité par Duchesne-Guillemin, mais plutôt l'éternelle fragilité d'un état toujours menacé et jamais réellement atteint, si ce n'est dans l'extase du rêve précisément, état de totale harmonie de la conscience, de parfaite coordination de ses contenus («l'état de relation totale si nettement reconquis» I 1219). Ici je voudrais me ranger à l'avis de Duchesne-Guillemin qui met en parallèle le «si ce n'était que» de la *Note* avec la coupure qu'opère le «Si ce n'est qu'à mes pieds l'Ennemie» du vers 141 et dans la perspective des paragraphes suivants du poème recueillir l'indication d'une «pente qui mène plus bas que tout» où glisse irrésistiblement la conscience, exaltée tout à l'heure, maintenant sans défense, «obscurcie de mille impuretés psychologiques» jusqu'à ce qu'«étouffe ce chaos dans la nullité».

H. Anton a donné, à partir de Hegel et Schelling, un variante idéaliste de la thèse de l'histoire de la conscience: «Le modèle idéaliste de la conscience en devenir est aussi à la base de *La Jeune Parque,* quand la nymphe perd l'adéquation originelle de la conscience à elle-même et la reconquiert au niveau réfléchi de la transparence intellectuelle à soi-même»[131]. Mais cette forme de pensée est foncièrement étrangère à Valéry. Certaines formules hégéliennes, par exemple «l'indifférente et morne innocence», conviendraient à merveille à ce dont il est ici question (ou encore «l'indolence de l'état primitif» de Rousseau), mais il s'agit non de dialectique mais de description, non de reconquête spéculative mais d'un déroulement fonctionnel qu'on peut, si l'on veut, appeler matérialiste.

Platon avait placé le mythe de la transparence souveraine, dégagée du temps, dans une patrie céleste perdue, Rousseau dans une enfance terrestre perdue, Valéry le transfère — le décor restant le même — dans un rêve qui peut se perdre à tout moment. Le rêve de l'état solaire est rendu au REVE.

* * *

Que s'était-il donc passé?

Après s'être éveillée inquiète, après avoir reconnu dans son désarroi le triangle que forment avec son corps la mer et les étoiles, la Jeune Parque avait de nouveau si totalement subi l'emprise de son rêve qu'elle ne demeurait plus que nominalement dans le présent. Pour elle-même, pour la réalité de sa conscience, elle s'absorbait de nouveau complètement dans les expériences de la nuit, où nous avons distingué — conformément aux deux paragraphes III et V — deux événements nettement séparés, mais tout aussi nettement relatifs l'un à l'autre: l'entrée dans le sommeil, phase préparatoire qu'on pouvait désigner comme la «marche vers l'absolu» et la phase de rêve proprement dite qui nous apparaît sous la forme d'une «marche dans l'absolu».

Ajoutons encore un autre élément essentiel qui relie les deux paragraphes: le statut des mouvements. Cette question fut toujours au centre de la pensée de Valéry, ce qui justifie aussi l'expression de «marche» que j'ai employée. Ce statut avait déjà été très exactement défini au paragraphe

III, stade préparatoire. La Jeune Parque se dresse sur sa couche, appuyée sur un coude, «inquiète et pourtant souveraine» (94):

> Tant de mes visions parmi la nuit et l'œil
> Les moindres mouvements consultent mon orgueil.   95-96

Tout mouvement, tout acte aura à se soumettre au contrôle de l'«orgueil», c'est-à-dire que rien ne devrait pouvoir se produire sans l'agrément de la conscience. Au paragraphe V (la Jeune Parque est maintenant debout) cet état de contrôle total est réalisé, le royaume de rêve de Sémiramis est instauré. *Etait* instauré...

Nous avons essayé de montrer la multiplicité des thèmes ici réunis, et combien il était difficile de dénouer l'écheveau où s'entremêlent vécu psychique, analyse intellectuelle indépendante et représentations héritées, empirisme, théorie et tradition[132]. Quel prix il fallut payer pour cette absolutisation, quelle menace pour la vie elle contenait et quelle tentation des abîmes en résultait, c'est dans les paragraphes symétriques XIII et XIV de la seconde partie «réfléchissante» qu'on en trouvera le meilleur commentaire, avec un plus faible écho dans le chant d'adieu du paragraphe XVI. Non pas bien sûr un commentaire au sens «objectif», mais lié à une certaine disposition empirique, caractérisée par le fait que la guérison apparaît comme un relâchement, le salut comme une perte et le retour au quotidien comme une lâche trahison. Malgré l'éclatante fascination de l'«état solaire», il ne peut plus y avoir de doute: la marche aux frontières était une marche à la mort, l'abandon volontaire du domaine où ont cours les conditions de l'existence humaine, une aspiration à la mort qui ne peut renier ce qu'elle doit d'une part à Wagner, d'autre part à Mallarmé et qui plus tard — si l'on en croit les rapports de ses proches, et pourquoi ne les croirait-on pas? — dans les dernières années de Valéry a pris une importance insoupçonnée et sans doute à jamais incompréhensible. —

La rayonnante apparition des îles divinement jeunes au paragraphe XII, avec lesquelles la Jeune Parque se sentait sympathiquement liée[133], a causé chez elle, par le contraste entre cette sérénité et les frayeurs de la nuit — «à peine intimidées» (353), «Mères vierges toujours, même portant ces marques» (356) — un moment de suspens troublé: elle se demande si «De l'âme les apprêts sous la tempe calmée» (allusion au geste du bras, au vers 30, inspiré de Corot), la «mort», sa mort secrètement grandie au plus profond d'elle-même et déjà si forte, le dégoût qui lui fit repousser le terrestre, le chaste, l'ascétique éloignement du chemin que lui a fixé le sort[134] — si toute cette ferveur mise à poursuivre son dessein n'avait été qu'une noble velléité, une «phase». Pourtant jamais mortelle ne s'était aventurée plus loin, plus près du souffle brûlant des dieux[135], nulle encore n'avait désiré l'épaisseur impénétrable de la nuit et volontairement («par la lèvre») appelé de ses vœux l'ultime balbutiement. — Silencieuse et ivre de sa propre splendeur, le corps nu tendu en avant (modification dramatique de «l'arc de mon brusque corps» au vers 130), dans l'abandon de l'extase — elle avait «soutenu l'éclat de la mort toute pure», comme «telle», c'est-à-dire comme celle qui avait aussi alors servi de «support souriant» (108) au soleil[136]

Prête à laisser s'éteindre tout souvenir d'elle-même, à «s'évanouir de sa propre mémoire», elle avait, remplie d'espoir, voulu toujours plus fortement se réduire à sa pure présence, même le battement de son cœur — dont elle guette anxieusement la ruine[137] — ne devait plus être que l'effet de la «complaisance» de sa volonté, de même qu'au vers 96 le moindre de ses mouvements devait attendre l'ordre de son «orgueil»[138].

A la prise de conscience qui lui révèle la vraie nature de son entreprise, succèdent au paragraphe XIV le chagrin et le regret d'avoir été trop faible pour aller jusqu'au bout. Vers la fin du paragraphe elle va même jusqu'à se reprocher de plus en plus violemment de s'être lâchement cramponnée à l'animalité, alors que le paragraphe XIII déjà se terminait en manière de transition par l'exclamation presque sarcastique: qui pleure devant son miroir pour s'attendrir n'est pas fait pour une telle mort.

N'aurait-il pas fallu qu'elle appliquât toutes ses forces à subir le martyre d'élire pour sa destinée hors du commun le mépris clairvoyant des changeantes nuances du sort? Ces trois vers particulièrement beaux (381-3) expriment encore une fois avec la plus grande clarté la tentation mortelle qui naît de l'illusion d'échapper au destin au-delà des frontières.

Elle n'aurait pu trouver une mort plus claire, plus «transparente», que cette auto-immolation, cette lente hémorragie: La métaphorique du sacrifice qui est reprise ici (384 et s.) nous est familière depuis le chapitre sur l'Heautontimoroumenos[139]. Elle aurait pu de cette manière s'établir à cet «extrême de l'être» auquel elle aspirait, elle n'aurait pas craint les affres de l'agonie empirique («moment souverain»), tant le corps vidé de son sang aurait mis de ferveur à enlacer la source sombre...: le vers 393 a le caractère sonore du poème de Narcisse.

Remarquons en outre que dans ces vers le moi de la Jeune Parque ne s'identifie plus avec la victime, mais s'en détache insensiblement:

«*Elle* [la victime] se fait toujours plus seule (...) et *moi,* d'un tel dessein toujours plus près»[140].

Les vers suivants (397-405) conservent le thème d'Iphigénie. Mais l'accent se déplace du saignement mortel sur l'offrande d'un sacrifice, en une triple variation et dans un rapport d'analogie avec la comparaison du vers 114: «Je m'offrais dans mon fruit de velours qu'il dévore». C'est d'abord un sacrifice par le feu, puis — par un rapide enchaînement d'associations — un arbre qui flambe vers le ciel, c'est-à-dire le cyprès déjà nommé au vers 396, et enfin l'encens dont s'élèvent les fumées. Dans cette variation extraordinairement riche autour du mouvement ascensionnel de la substance qui se volatilise sont contenues les essences de plusieurs autres poèmes de Valéry:

> Vers un aromatique avenir de fumée,
> Je me sentais conduite, offerte et consumée 397-8

reparaît, comme on l'a maintes fois fait remarquer, dans la cinquième strophe du *Cimetière marin:* «Je hume ici ma future fumée». Mais déjà le vers précédent:

> Mon cortège, en esprit, se berçait de cyprès... 396

qui a posé bien des problèmes aux traducteurs, rappelle le ton très particulier et ennemi du pathos, la raillerie mordante sous la forme sublime et le cynisme dédaigneux face à la mort, qui caractérisent ce poème. Ce qui ne peut signifier, par allusion à l'arbre des cimetières méditerranéens, que: j'imaginais déjà mes restes mortels sur le chemin de la tombe, c'est-à-dire je me berçais déjà de l'illusion que la mort physique était proche. — L'alliance de la fumée du bûcher (euphémisme pour incinération) et du fruit qui fond se retrouve également à la cinquième strophe du *Cimetière marin*[141].

L'«arbre vaporeux» au vers 400 rappelle les arbres qui brûlent dans *La Fileuse et Été*.

Enfin les vers suivants:

> ...de mon cœur divin
> L'encens qui brûle expire une forme sans fin... 403-4

sont une version en raccourci du sonnet *La Dormeuse* qui commence ainsi:

> Quels secrets dans son cœur brûle ma jeune amie?

et qui dans le dernier tercet évoque la forme qui perdure:

> ...malgré l'âme absente, occupée aux enfers,
> Ta forme au ventre pur qu'un bras fluide drape,
> Veille; ta forme veille, et mes yeux sont ouverts.

En ce qui concerne l'ordonnance temporelle du passage, remarquons avec quelle adresse Valéry réussit à faire surgir à l'improviste de cette débauche d'images qui expriment l'évanouissement, l'évanescence, un court intervalle d'identification à l'imaginé. Et c'est avec la seconde image, celle de l'arbre à l'abandon voluptueux (et ce n'est pas par hasard!), que l'ivresse un instant submerge la conscience: «L'être immense me gagne...» (403). Il se produit exactement ce que nous avions déjà constaté au vers 445 en rapport avec le paragraphe III et que nous avions désigné par «retour au présent anamorphique»[142]. Dans le court élan extatique: «Tous les corps radieux tremblent dans mon essence!...» (405) surgit encore une fois comme un éclair la vision de l'unité rayonnante et de la plénitude souveraine, de sorte que rien ne saurait sonner plus juste et plus vraisemblable que le cri nostalgique de la Jeune Parque au vers suivant, suppliant qu'on «n'irrite» plus cette réminiscence. Car ce n'était guère plus qu'une triste allusion des cieux, et elle-même, «sombre lys», n'avait pu malgré son élan briser et abandonner son corps, ce vaisseau pourtant précieux[143].

Alors qu'elle était cependant si proche de l'ultime, de l'extrême instant...

Le paragraphe se termine par une rageuse sommation à soi-même: si elle n'a pas été capable de tenir cette position exposée, au moins faudrait-il savoir comment elle est revenue en arrière, essayer de saisir le fil des instincts obscurs, qui lui a fait retrouver le domaine du tiède, de l'humide, de l'aromatique, qui l'a inéluctablement rendue aux odeurs, aux vapeurs, aux fumées. Pitoyable entreprise, contradictoire et sans issue, comme fut hâtive, prétentieuse, bâclée toute cette tentative de prendre en main le fil de son destin: trop immature pour être Parque...[144]

* * *

Après la description de l'endormissement (seule «explication» qu'ait pu trouver la Jeune Parque) commence avec le paragraphe XVI le chant d'adieu.

Un examen rapide de ce paragraphe final s'impose ici, car il est clair que presque toutes les formulations (à l'exception de l'hymne à la mer) y font allusion à quelque trait du thème principal, tel que nous l'avons vu présenté de manière immédiate ou médiate dans les paragraphes que nous avons déjà commentés. A ceci près que maintenant tout le vécu apparaît dans une lumière plus claire qui tout d'abord, dans la première partie (465-80) dissipe encore les illusions, mais en même temps stabilise.

Fatiguée de l'état absolu («lasse femme absolue» 477), la Jeune Parque avait dû regagner la couche où elle voulait «noyer» les battements de son cœur (467 en liaison avec 376), où elle devait devenir à elle-même sa propre tombe (468 et 492 en liaison avec 346), où l'éternité penchée sur elle s'écoutait (469, en liaison avec 113). Celle qui croyait toute s'apparte-nir (32), était là tout à fait captive (470); sa forme n'était plus répandue (comme au vers 404), mais il lui fallait au contraire, revenant à elle (472 en liaison avec 422) en découvrir le creux et la chaleur (471 en liaison avec 100), avec cependant des larmes dans les yeux (477 en liaison avec 91); le corps l'avait affaiblie dans sa détermination mortelle à se perdre. La pire illusion avait été de croire que la vision nocturne était «différente d'un songe» (102): tout son orgueil (473 en liaison avec 96) devait finalement consentir à descendre aux tréfonds confus du rêve.

L'ethos de ces vers est encore l'amertume, mais ce n'est plus le morne désespoir; à la plainte impuissante et à l'accusation se mêle un ton plus âpre, une trace de révolte et d'affirmation de soi: finalement c'était ainsi et point autrement. Les monstres commencent à battre en retraite, on s'apprête à leur faire face et c'est un regard plutôt sceptique qu'on leur jette d'une distance qui va grandissant. Les événements s'accélèrent: très vite la Jeune Parque se voit délogée de cette position, comme aspirée par la puissance du jour qui se lève. La mystérieuse arche du corps qui la nuit aurait pu dériver mais s'était seulement laissé bercer en gémissant (483 en liaison avec 92) lui apparaît tout à coup très proche, inondée de lumière et pleine de possibles «créations». A son propre étonnenment elle voit avec indifférence s'éteindre la dernière étoile, les rayons de soleil qui maintenant l'inondent font incompréhensiblement s'évanouir tout regret et toute amertume, rejettent les tourments dans un passé immémorial et transforment en une «chère substance» ce qui était déjà matière pour la tombe. Tout l'obscur se dissipe, tout s'illumine, se décante, s'allège, les derniers voiles disparaissent. A peine réchapée des profondeurs, la Jeune Parque se voit soulevée au-dessus d'elle-même, un point zéro est passé, sans intervention de sa part le scepticisme s'est changé en espoir (mais non en volonté d'agir!), l'obscurcissement de l'esprit en légèreté! Car l'affirmation:

> Je suis toujours celle que tu respires,
> Mon voile évaporé me fuit vers tes empires...   494-95

est une allusion d'une grande hardiesse (et d'une totale évidence) à l'état solaire. Elle concorde en même temps très exactement dans les termes avec les vers d'*Aurore:*

> Et sur l'échelon tremblant
> De mon échelle dorée,
> Ma prudence évaporée
> Déjà pose son pied blanc.

Ici se termine, d'un point de vue chronologique, le grand poème nocturne, ici commencera plus tard le poème du matin (auquel Valéry pensait déjà pendant qu'il travaillait à *La Jeune Parque*) qui décrira la phase suivante, l'insouciance matinale, l'entrée heureuse dans le monde terrestre, les mains qui se tendent vers lui, jusqu'au refroidissement qui dégrise, comme nous avons essayé de le montrer au chapitre II. La Jeune Parque quitte la scène avant, au sommet d'un élan dirigé maintenant vers l'extérieur, toute tournée vers le monde, un monde, il est vrai, d'une pureté encore mythique, élémentaire, qui ne connaît encore ni les fils, ni les berceaux, encore moins les épines d'*Aurore,* sans autre contenu que la mer et le soleil. Elle se rend à l'évidence qui lui dit que ses cris d'adieu étaient vains et inutiles puisqu'enfin elle vit (496). Les étincelles glacées de l'écume, ce «monstre de candeur», qui lui giclent au visage et lui mordent la peau, la plongent dans une dithyrambique ivresse de vie qui transforme la résurrection du matin dans le grondement du vent et du ressac en une naissance de Vénus pleine de délices[145], et «vierge toujours» (comme les îles 357) elle va au devant du soleil, non plus vidée de son sang, mais avec tout son corps: nous tenons de la plume de Valéry lui-même la confirmation que la formule finale aux multiples facettes scintillantes: «Sous les espèces d'or d'un sein reconnaissant» se rapporte encore au passage *Harmonieuse Moi*[146].

VI

Au moment où la menace se faisait la plus imminente, le rêve s'était interrompu. L'éveil en tant que tel est un événement dont on ne peut définir ni le moment précis, ni la durée, ni la nature. Il se place donc, de manière toute mallarméenne, dans la pause, dans le «blanc» qui coupe le vers. Cette pause interviendrait à l'intérieur de la septième syllabe de l'alexandrin brisé, entre un «e muet» et la nouvelle voyelle de «Et moi», ce qui, dans une diction étendue dans le temps concret, est irréalisable — donc un procédé pour marquer ce qui est en dehors du temps. Ce procédé a aussi valeur musicale: l'aposiopèse correspond à une cadence suspendue, comme les aimait la musique dynamique impressionniste. La modulation juste ici est l'absence de toute modulation.

L'éveil[147] — sémantiquement double: sortie du rêve et de l'extase — n'apporte alors ni apaisement ni espoir. Au contraire: c'est l'instant de la plus froide neutralité, tous liens rompus, l'instant où le néant des imaginations nocturnes, des peurs et des délices, apparaît à la conscience qui vient de reprendre son activité et qui, en proie à la confusion et au désarroi, perçoit la résistance d'un corps, comme une froide forme de marbre sous les doigts. A cette approche tâtonnante du présent, à cet inventaire étonné à partir d'un point zéro d'existence correspond la série d'exclamations sans verbe:

> Et moi vive, debout,
> Dure, et de mon néant secrètement armée,   148/9

Rappelons-nous *Note et Digression:* la conscience dans son état extrême de détachement, la «conscience accomplie», avait épuisé toutes ses possibilités et était donc «différente du néant d'aussi peu que l'on voudra» (I 1224). Ici paradoxalement la certitude de ce néant est l'unique protection lors du réveil, comme si elle recélait secrètement une raison de vivre. Comme par ironie la joue qui avait pressé l'oreiller est rougie, le parfum des orangers qu'apporte l'air matinal ne peut à ce moment qu'aiguiser le sentiment d'impuissance et d'étrangeté face au corps et au monde[148]. La première lumière fait courir sur le corps un frisson involontaire (158)[149], le regard ne peut pas encore se tourner avec sympathie vers le monde car les «infernales demeures» le retiennent encore en deçà du seuil (161), fasciné, tourné vers le dedans. Pour le vers: «Mon œil noir est le seuil d'infernales demeures» il existe - hors de tout contexte - une ébauche de 1908:

> Et ses yeux sont au seuil de noirs palais vivant[150].

D'autre part la perplexité étonnée de la Jeune Parque devant la réalité et la consistance du corps, le «regard disparu» (160) et le besoin de destruction qui la saisit alors et la fait se confondre avec la figure de la Pythie rappellent presque point par point ce «bulletin» d'une crise nerveuse que nous avons déjà cité:

> Parfois je me tâte ou plutôt me contracte, ressentant à l'extrême, l'invraisemblance de mon existence, de mon histoire, de mon présent [le temps et le souvenir vont être thématisés dans les paragraphes suivants]. Je regarde toute chose d'un œil qui se sent étrange. J'use du mouvement de mes yeux comme pour la dernière fois. J'ébranle le tout. L'univers est remis en ques-

tion dans ce regard. Je réalise celui qui voulait que le monde n'eût qu'une
seule tête pour la trancher d'un coup.   4, 692

Sur son écueil illuminé, à la frontière entre l'univers de la lumière et les
profondeurs de l'Achéron (remarquons encore une fois la coïncidence
parfaitement suggérée entre le paysage psychique et le décor), la Jeune
Parque réfléchit aux expériences décrites dans ce texte, elle pense, dans
une formulation poétique:

> A ce goût de périr qui prend la Pythonisse
> En qui mugit l'espoir que le monde finisse.   165/6

Les vers suivants amènent par une très habile transition le thème du
dégoût devant l'éternel retour du même qui succède à l'aliénation de la
Pythie, tout en poursuivant encore le thème pythique:[151]

> Je renouvelle en moi mes énigmes, mes dieux,
> Mes pas interrompus de paroles aux cieux,
> Mes pauses, sur le pied portant la rêverie,   167-69

Des années auparavant déjà Valéry avait déploré en termes tout à fait
semblables l'inconstance d'un Apollon intérieur (très peu apollinien) que
rien ne pouvait influencer:

> Il y a en moi quelque chose non moi — et cela parle, presse, oblige — mais
> défaille, trahit, se tait etc. Inconstance du dieu. Cela plus fort ou plus faible
> que moi.   4, 255[152]

La «rêverie» qui suit à propos de l'oiseau qui joue avec le néant est un des
rares passages qui, par leur langue, méritent l'épithète d'hermétique. Les
expressions «au miroir d'aile» et «au sombre but de mon marbre béant»
surtout sont énigmatiques[153]. La comparaison des versions d'après Nadal
permet quelques précisions, mais, s'il est possible d'aller plus loin, ce ne
peut être qu'à l'aide des Cahiers. Le vers 170 (Qui suit au miroir d'aile un
oiseau qui varie) qui apparaît pour la première fois dans la version 2 et
demeure inchangé par la suite, est manifestement un cadeau des Muses,
un «vers trouvé». La rime béant/néant ne subit également aucun changement (elle est simplement permutée à partir de la version 5). Voilà pour
les données stables. Voyons maintenant les étapes du travail:

> Et brûle, à l'opposé du visage béant,
> Dont l'œil fixe au zénith sa tache de néant. V2
> … Ile vive que brûle un visage béant   V3
> Et brûle… à l'opposé du blanc marbre béant
> Dont l'œil fixe au zénith sa tache de néant. V4
> Vers les purs environs de l'être et du néant
> Et brûle, au sombre but de mon marbre béant.   V 5[154]

On peut en tirer les conclusions suivantes:

1. Le «marbre béant» désigne le visage (et non le sexe comme, on l'a
supposé)[155] en particulier l'œil ouvert et fixe (*marbre* répond au *marbre* de
la statue aux vers 158/9, de même que *néant* au *néant* du vers 149 et l'œil
fixe au *regard disparu* du vers 160).

2. Le «sombre but» pourrait bien être une contraction des représentations «tache de néant» et «à l'opposé», «au zénith»: le sombre vis-à-vis.

3. Le verbe intransitif «brûle» (l'oiseau... brûle) pourrait bien avoir un sens passif: l'oiseau est brûlé par la fixité du regard qui s'attache à lui (littéralement même en V 3: «que brûle un visage béant»).

Ce qui nous donnerait pour cette suite d'images le sens intégralisé suivant: fasciné, docile, aboulique, l'œil rêveur suit le vol de l'oiseau, il n'est plus l'organe de perception mobile et efficace, mais rien qu'une entaille béante dans le marbre.

La valeur sensorielle particulière de ce phantasme corporel aussi singulier qu'impressionnant (que la rime *béant* pourrait bien avoir contribué à faire naître) ressort beaucoup plus clairement de cette note du second volume des Cahiers:

> A la fenêtre, mon âme reflète la traversée du soleil par les oiseaux. Mon âme? Je veux dire que j'ai connaissance de cette rapidité et ils passent si vite qu'un vol me prend; — plus profondément que dans les yeux — mais dans le centre des mouvements. 2, 504

Nous y trouvons exactement le phantasme de l'élimination des yeux qui paraît être à la base des versions du poème. Si donc — pour résumer — le moi rêveur suit «au miroir d'aile» l'incessant va-et-vient de l'oiseau, on pourrait comprendre: il suit avec une sympathie anxieuse qui va jusqu'à l'identification, partant à la suppression du moi, le battement d'aile de l'oiseau qui symbolise le séjour dangereux au-dessus d'un «néant» insondable (par quoi avait déjà commencé le paragraphe VI)[156].

On pourrait, à propos de l'oiseau, constituer chez Valéry une petite anthologie qui ajouterait un superbe et curieux spécimen à la troupe ailée du XIXe siècle. Voici un des plus beaux passages:

> L'oiseau, son activité folle me grise. Hirondelles ultra-sensibles, ultra-rapides, ultra-virantes. J'envie cette mobilité à un point fou.
>
> Après tout, les sensations de ces oiseaux, l'ordinaire de leurs exercices et chasses représentent les plus grandes délices concevables;
>
> doivent donner les images les plus approchées des propriétés fabuleuses de «l'esprit» — quelles intuitions de dynamique! et mélanges de force, d'inertie, d'accélérations, de donner et de retenir, ressentis, — quelle brillante approximation de la décision rapide avec l'acte de tout le corps —, ce qui chez l'homme est restreint au coup d'œil: le geste est déjà lent. Ce mouvement entier horriblement lent, chez nous. (...)
>
> Si le corps obéissait cent mille fois plus aux impulsions, s'il avait des modèles de mouvements et des mouvements pour autant de problèmes et de contrastes et d'incitations de transformations que les sens lui en proposent, — que serait l'esprit? Rien. 5, 631[157]

Remarquons rétrospectivement la constance de l'idée d'«obéissance immanente» — la véritable idée du paradis pour Valéry! — qui s'exprime ici encore si clairement. L'«esprit» — cet outil de fortune, ce relais paresseux et insuffisant — ici déconnecté, dépassé, vaincu...

A supposer que nous ayons réussi à cerner comme il convient l'intention du passage, il est permis de douter que la version poétique telle qu'elle se présente à nous arrive à la hauteur des notes en prose. Même si la coque hermétique se laisse forcer, il ne nous est pas donné de jouir pleinement de l'image.

La chose vue est-elle la proie du voyant ou inversement? L'incertitude continue à planer, exprimée par l'exclamation:

> O dangereusement de son regard la proie!

qui résume le paragraphe VI et ouvre le paragraphe VII.

VII

Ce dieu intérieur, énigmatique commande de l'énergie au sein du végétatif, ici dans une phase de poussée, de régénération tonique («parle, presse, oblige»[158]), est aussi l'interlocuteur A du petit *Colloque dans un être*. Ce dialogue intérieur commence par une autocitation, tirée de *La Jeune Parque:*

> L'aube me dévoilait tout le jour ennemi   179

Le vers est emprunté au paragraphe VII et le dialogue fait par là figure de commentaire rédigé par Valéry — sous une forme éloignée de tout pédantisme — à cause peut-être de l'incompréhension qu'avait rencontrée son grand poème auprès du public. Cependant, pour autant que je sache, les commentateurs n'en ont pas, par la suite, tiré tout le profit possible. «Je te presserai de te reconstruire», dit l'impitoyable A à B qui s'éveille et qui, totalement défait, se sent incapable du moindre effort:

> Il n'y a pas de liens en moi entre *ce qui voit, ce qui veut, ce qui dure, ce qui change, ce qui sait et ce qui ferait...* Je ne distingue pas qui je fus, qui je suis, qui je puis être... Bourreau que tu es, tu m'obliges à te répondre, et je le trouve si pénible que je me sens venir aux yeux des larmes d'impuissance et de refus...   I 361

Toute une série de formules à propos de l'état que vient de quitter le dormeur B paraissent d'ailleurs comme faites exprès pour renforcer notre interprétation du paragraphe V: «Allons... Sors de l'instant», enjoint A à B qui implore pitié. Ou: «Pleure, mais vis! Sors de l'état de larve». De la lumière il est dit qu'elle détruit, à l'instant où elle fait surgir les premiers contours vagues des choses, la «solennelle unité de la nuit». Se dressant sur un coude, B constate:

> Hélas... Oui, je m'éveille... Je ne suis plus comme en équilibre entre le tout et le zéro: un rien m'eût rejeté dans le néant de mon sommeil; un rien m'eût fait surgir, édifié en force, prêt à vivre...   I 363

A se sert d'une image pour expliquer l'inexplicable différence entre le «néant» du sommeil et la disposition à vivre de l'éveil. C'est une seule et même corde, d'abord relâchée, maintenant tendue. Cette disposition à vivre est justement, à l'instant où s'achève l'heureux sommeil, l'enjeu du combat. «Démêle-moi» ordonne encore A, le dieu,

> ce misérable mélange de sensations équivalentes, de souvenirs sans em-
> ploi, de songes sans crédit, de prévisions sans consistance.   I 361

Souvenirs, rêveries, prévisions — telle sont aussi les puissances dont la Jeune Parque doit encore subir l'assaut, dont elle ne peut se délivrer, qui lui interdisent toute disposition à la vie. Seul l'ordre est différent dans le poème: il s'agit au paragraphe VII des «prévisions» auxquelles le dieu du *Colloque* dénie toute consistance, alors que pour la Jeune Parque le jour naissant ne peut se révéler autrement qu'hostile. Quand dans les paragraphes suivants viendront s'ajouter les «souvenirs» (VIII) et les «songes» (IX), les effets sur la volonté de vivre de la Jeune Parque seront encore plus dévastateurs. Le reproche que fait B, mis à la torture par les exhortations de A dans le *Colloque:* «Distingues-tu si tu me ressuscites ou si tu m'assassines?» (I 362) correspond dans *La Jeune Parque* à l'état intérieur qui se fait sentir au moins jusqu'à la fin de la première partie.

Pourquoi ressusciter? La question de B fait écho au paragraphe VII où nous sommes, «pourquoi me rendre au soleil connu et au *Même* trop connu» (I 364), alors que je me croyais déjà presque mort, que je croyais être délivré de la contrainte du recommencement, à laquelle sont soumis les mortels:

> J'étais à demi morte; et peut-être, à demi
> Immortelle...   180-1

Et B dans le *Colloque:*

> «Tu me contrains de mesurer la peine immense qu'il faut que l'on se
> donne pour cesser d'être à moitié mort» (I 362).

Dans son excellente contribution «Faust et le Cycle», N. Bastet a signalé dans les notes pour Faust un écho à ces vers: «Ne suis-je pas le seul vivant que des circonstances absurdes aient mis dans cette condition d'être comme mort et comme immortel?». Il a indiqué le lien qui existe entre la figure de Faust et le mythe de Sisyphe et le dessein de Valéry, lisible dans la suite des Cahiers, de faire un Faust «victime du retour éternel, châtié d'avoir voulu recommencer»[159]. Mais il existe dès 1906 une note de Cahier qui dit l'«Etre-en-avant-de-soi» décrit par Heidegger, tourment de la prévision et de la prescience, avec la même acuité existentielle qui ressort des accents dramatiques de notre «aria de l'ennui»:

> Le savoir qui aboutit au prévoir sera une source de misère mentale et
> d'exaspération. Car prévoir et devoir subir le prévu, ou bien prévoir et
> attendre le prévu, ce sont des supplices. La prévision est incompatible avec
> la vie. Personne ne veut prévoir et n'use de prévision raisonnable qu'avec
> modération. Vivre d'avance dévore. L'avenir est un poison.   4, 113

La note se termine sur l'impatience typique d'un «et caetera», objet déjà de discussion avec Mallarmé qui n'aimait pas cette expression. Il faut tenir compte de cet «et caetera» presque de répugnance si l'on veut placer dans sa juste perspective ce qu'affirmera plus tard Valéry: le contenu de *La Jeune Parque* ne serait fait que de lieux communs[160].

Les cinq vers suivants qui constituent la transition en forme de récitatif «Osera-t-il, le Temps...» regardent en arrière sur l'axe du temps déjà ouvert. La conception dramatique à l'arrière-plan, c'est-à-dire l'intention de *mimer* une action scénique, s'incarnerait dans le mouvement de la Jeune Parque qui, bouleversée par ce qu'elle aperçoit de l'avenir, se retourne vers un arrière où l'assaillent des frayeurs pires. Ce serait là un effet chorégraphique, et d'ailleurs le déroulement par phases du poème ne semble-t-il pas toujours appeler l'explicitation par les moyens de la danse d'expression? On peut, on doit s'imaginer *La Jeune Parque* comme un poème dansé (par Isadora Duncan?), le rôle du langage étant repris par de la musique...[161]

Dans l'idée cette volte-face ne saurait nous surprendre: rappelons-nous les «souvenirs sans emploi» du *Colloque,* à quoi répond littéralement le passé «bien employé» de l'état solaire dans *Note:*

> Dans une très claire conscience, la mémoire et les phénomènes se trouvent tellement reliés, attendus, répondus; le passé si bien employé; le nouveau si promptement compensé (...) que rien ne semble pouvoir commencer, rien se terminer, au sein de cette activité presque pure.   I 1219

Effrayée de quitter ce qu'elle croit l'intemporel, la Jeune Parque s'aperçoit avec angoisse de l'existence du temps dont elle ressent l'effet comme un «affront»[162].

Une interprétation du paragraphe V dans le sens de «l'innocence d'un paradis enfantin» ne se serait-elle pas forcément heurtée à des difficultés? La question se pose face au chant qui maintenant commence et rappelle avec honte un souvenir du temps de la «docile enfance» (188, les versions antérieures donnent même «facile»). Souvenir opiniâtrement ranimé — bien que multiplement enfoui («mes diverses tombes») — par le temps qui pourtant d'ordinaire produit l'effet inverse.

Quand apparaît le motif de la rougeur, c'est une technique «symboliste» de transposition qui est utilisée:[163] un lambeau de nuage rougi par le soleil du soir reçoit le «reflet de rougeur» et l'emporte à l'infini par-dessus les années, tandis que la couleur s'approfondit[164], jusqu'à ce que (après un vers magistralement ralenti et le suspens menaçant de la rime *honte* 189) le «bûcher du souvenir» s'y embrase et rougisse à nouveau le visage de la victime de son haleine enflammée[165].

VIII

Il est à peine besoin de mentionner tout ce que le début du nouveau paragraphe doit au Faune de Mallarmé, de même que l'apostrophe au bûcher d'*Hérodiade*[166].

A propos de la puissance implacable de la honte, de sa «mécanique» inexorable qui tend à la conscience, à des intervalles irréguliers et incontrôlables, un miroir intérieur, puis l'escamote à nouveau, on trouve en 1906 une véritable «Pré-Parque», anticipation de tout le paragraphe VIII:

> Si tu rougis encore à la pensée d'une telle aventure âgée de vingt ans, de trente ans — si tu rougis maintenant d'avoir été jadis quelque sot, impudique, brutal ou faible — et que tu ne puisses te regarder sous ce jour, qui te présente ce miroir détestablement conservé? Quelle mécanique? Et qui le repousse? Et cette force de honte préservée si exactement!
>
> 4, 85

Il n'est pas invraisemblable qu'un parallèle si direct entre *vita* et *ars* fasse naître des scrupules, que plus d'un lecteur même se sente par là provoqué. Pourtant, à mon avis, le premier devoir de l'observateur critique est de procéder à titre d'expérience à ces confrontations telles qu'elles ressortent des matériaux dont il dispose, sans se soucier du reproche de biographisme qu'il peut encourir. La vérité du texte, de ce texte, est aussi — certes non exclusivement — la vérité de celui qui l'a écrit. Si le scripteur, comme il l'a si souvent assuré, voulait ces vérités distinctes l'une de l'autre, il avait pour cela ses raisons. Mais elles ne peuvent être celles du critique. Celui-ci s'expose bien plutôt au reproche de crédulité et de dogmatisme lorsqu'il tient pour exacte en soi cette exigence de séparation et veut la faire sienne — ce qui est bien souvent arrivé et arrive de plus en plus souvent aujourd'hui chez les tenants de l'«écriture textuelle». Sa recherche n'exige-t-elle pas au contraire qu'il mesure pour chaque cas la distance à partir du matériau brut fait des pensées et des sentiments du scripteur, dans la mesure où l'on peut disposer de ces matériaux, jusqu'au texte écrit, qu'il saisisse le processus de transformation aussi tôt et qu'il le suive aussi loin que possible? Et grâce à Valéry scripteur ceci est possible sur une distance d'une longueur inhabituelle. Essayons donc pour ce passage aussi — avec la claire conscience de ce que de telles tentative ont d'hypothétique et de simplificateur — de distinguer de possibles stades intermédiaires, tels que Valéry les voyait et tels qu'ils purent déterminer son œuvre. Qu'il soit bien clair sur le plan général que la genèse du poème en tant qu'objet esthétique représente un indiscutable changement qualitatif et j'espère ne pas donner l'impression de vouloir escamoter ce saut qualitatif, ni d'en réduire l'importance, en produisant des successions quantitatives de stades antérieurs. Jamais encore l'autonomie de l'œuvre d'art n'a vraiment souffert d'être rattachée à son terrain nourricier, par contre elle court le risque de se figer en dogme si l'on néglige délibérément de procéder à ce rattachement.

Sur les thèmes passé — souvenir — émotion on lit vers 1914 la note suivante:

> Paresse émotive. Vergogne de souvenir.
> Ces choses existent, ces bêtises révélatrices.
> Avoir honte d'une fausse démarche sans conséquences, il y a 20 ans. Ou paresse, — ne pouvoir mouvoir le petit membre du cerveau [le spleen physiologique de Baudelaire] qui ferait vibrer tel timbre depuis l'enfance inentendu[167]. Je pressens qu'un ennui bien passé reprendrait quelque vigueur.

Suit, avec cette progression par bonds typique de Valéry, cette question, mi-plaintive, mi-railleuse: «Alors, qu'est-ce le passé?», et quelques subtiles considérations sur la manière de fragmenter au mieux les dangereux souvenirs qui affleurent, de faire jouer ces fragments les uns contre les autres de sorte à ce qu'ils se retiennent mutuellement dans le «non-présent»...

Qu'est-ce que le passé et pourquoi Valéry ne l'aimait-il pas? A cette question, un critique a, il y a quelques années, donné la réponse suivante:

> Paul Valéry n'aimait pas le passé, peut-être parce qu'il le savait source d'émotions faciles et qu'il a toujours écarté de son inspiration la facilité de l'émoi[168].

Les Cahiers nous permettent — nous forcent à corriger cette hypothèse. Pour Valéry, ce n'est pas comme une source toujours prête à débiter les émotions à bon marché que le passé est suspect; il le hait au contraire comme l'eau croupie de sa citerne qu'il ne peut empêcher de s'infiltrer.

Mais ce n'est pas ce fait, familier désormais, qui nous importe ici, mais plutôt de décrire la transformation de la «force de honte» du texte en prose de 1905 jusqu'au «long rose de honte» du poème dix ans plus tard, la transformation du mode d'être du langage.

L'interrogation citée au début sur la mécanique de la honte visait à une première généralisation à partir d'une expérience particulière effectivement vécue. Le second texte avec la question: «Qu'est-ce que le passé?» avait déjà élevé la réflexion à un degré supérieur de généralité. Le processus de transformation pourrait donc être compris comme un processus de généralisation.

Le texte suivant permet de gravir un troisième échelon:

> La sensibilité, le présent sont presque la même chose. Si l'on perçoit *musicalement* un cri significatif de douleur on le perçoit comme le reproduisant sans douleur, sans cause actuelle; et donc pouvant être *indéfiniment reproduit*.
>
> [Dans une note qui s'y rapporte on lit: «Reproduire indéfiniment l'état exceptionnel, la chance. Cf. relation avec la mémoire. Le vers».]
>
> Et plus loin: On le saisit dans sa figure, non dans sa cause, c.-à-d. dans la structure ou machine qui permettrait de le réitérer ad libitum, c.-à-d. encore, sans attachement à un présent, et réversible. On imagine non pas ce que ressent un être, et le cri comme conséquence, mais ce qu'il fait *seulement* pour obtenir le cri.
>
> Voilà deux modes de saisir, de remplacer ce cri par des modifications qui m'appartiennent. 5, 784

Comme la sensibilité coïncide avec le présent, il faut ôter son caractère présent à tout ce qui doit être tenu éloigné de la sensibilité. Si le passé s'intensifie jusqu'à une actualité douloureuse, on peut exorciser cette actualité en en considérant la cause comme reproductible à l'infini. Une telle manière de considérer est dite, dans le texte, «musicale». Mais en même temps il indique par là comme une ligne de démarcation entre le domaine de l'éthique ou mieux: de l'existentiel (honte, *remords,* etc.) et le domaine de l'esthétique.

Dans l'échelle de la généralité, le prochain échelon ne peut plus être que le texte poétique lui-même, car lui seul possède le degré de généralité qui permet de reproduire à l'infini l'unicité du fait.

Texte poétique: il va de soi qu'il s'agissait encore une fois d'une abstraction, du texte en soi, indépendamment de ses différents stades de composition, y compris de la version finale que nous connaissons. Si l'on examine la suite des versions on constate une genèse extraordinairement fluctuante, même pour notre poème, et surtout pour les vers 190 à 196 si difficiles dont certaines composantes ont fait l'objet de V 1 à V 6 d'innombrables et confondantes combinaisons. Aussi non seulement l'expression «version définitive» est-elle plus douteuse que jamais, mais c'est encore une prudence accrue qu'exige l'essai d'une interprétation «littérale». Outre le thème fondamental, le souvenir d'une très violente expérience sensuelle, le seul élément demeuré constant à travers les variantes successives semble être le contraste de la pâleur et de la rougeur, symboliquement renforcé par les couleurs azur et pourpre, adouci en «tendre lueur» vers la fin du paragraphe, uni avec une docile complaisance à la couleur violette du soir. En particulier les tentatives souvent bien apodictiques et contradictoires pour interpréter le passage encore une fois comme une ontogenèse mythique de l'héroïne, paraissent plus discutables encore depuis les publications de Nadal. M. Tutino par exemple se demande si le «refus» marqué par la rougeur (qui envahit le masque pâle du visage 191) se rapporte à l'expérience que la Jeune Parque veut extirper de sa mémoire ou au temps antérieur de la pureté enfantine. Il arrive à la conclusion — d'accord avec quelques commentaires, mais en opposition avec beaucoup d'autres — que c'est l'époque d'azur intangible que maudit la Jeune Parque (il identifie *insensible iris* 195 à *altitude* 109), qu'elle aspire donc à la joie des sens. Outre qu'une telle conception, au regard du déroulement total du poème, est à peine plausible pour ce paragraphe du début, rien dans les versions antérieures n'autorise une telle conclusion, pas plus du reste que la conclusion contraire. Tout, au contraire, indiquerait que la question est mal posée. On lit en V 5:

> Imprègne-moi, mon sang, la pâle circonstance,
> Si j'en baigne de feux le don décoloré,
> Consumerai-je enfin le mal que j'adorai?

Ce qui devient en V 6:

> Si je veux consumer le temps que j'abhorrai,
> Ravives-en d'abord le don décoloré.

La «pâle circonstance» et le «don décoloré» semblent tous deux désigner la même chose: le souvenir effacé. Il faut le raviver. Dans quel but? Apparemment pour l'anéantir par le feu. Ou l'objet abhorré est-il le temps d'avant? Dans la version finale la «pâle circonstance» est définie plus précisément:

> Qu'ennoblissait l'azur de la sainte distance,
> Et l'insensible iris du temps que j'adorai!	194-5

Après cela il est douteux que «pâle circonstance» désigne réellement le souvenir effacé. En V 6 il est question du *refus*

> D'être moi-même en flamme une autre que je fus
> Qu'ennoblissait l'azur de la sainte distance.

Le refus s'adresserait donc plutôt à la contrainte de devenir dans une flambée des sens une autre que celle qui vivait dans la «sainte distance». Mais en quoi cet état d'insensibité est-il un «don décoloré»? Il ne paraît guère possible d'arriver à une solution satisfaisante par la voie d'une coordination sémantique directe, d'un transcodage mot à mot.

L'imbroglio ne se démêle que si on l'aborde d'un autre côté, si l'on ne se demande plus: de quoi se souvient la Jeune Parque et comment réagit-elle à ce souvenir?, mais pourquoi se souvient-elle et comment fonctionne cette activité de mémoire? Pour qui connaît ne serait-ce que superficiellement les analyses qu'a faites Valéry de la mémoire, il est évident qu'il ne faut pas s'attendre ici non plus à apprendre quelque chose sur le contenu et l'effet d'un souvenir, mais qu'il convient au contraire de chercher la forme particulière que pourraient avoir prise ici la nature et la structure de la mémoire, donc exactement comme pour le rêve, de ne pas chercher *un* souvenir, mais *le* souvenir. En V 5 déjà quelque chose indiquait qu'il fallait abstraire, peu de chose il est vrai, un lapsus, une rupture de perspective involontaire mais digne de réflexion:

> Souffle au masque la pourpre imprégnant le refus
> D'être *soi*-même en flamme une autre que je fus...

On aurait dû avoir: «un autre que l'*on* fut». Serait-ce le squelette allégorique qui trahit ici sa présence? C'est certainement plus que cela. Mais d'un autre côté il est tout aussi certain que de toute la masse de matériaux analytiques, seuls quelques traits de valeur très générale ont trouvé place dans les vers du paragraphe VIII, de sorte que nous pouvons nous limiter ici à confronter un petit nombre de notes des Cahiers[169].

Tout d'abord ce qui a trait à l'importance absolument fondamentale de la mémoire pour la constitution du moi. Le moi est un *factum memoriae*, et pourtant autre chose aussi:

> Je suis moi-même à chaque instant un énorme fait de mémoire, le plus général qui soit possible; il me souvient d'être, et d'être moi; et je me reperds et je me retrouve le même, quoique je ne le sois pas, mais un autre. Sans ce souvenir inexact, pas de moi. Toutes les fois qu'il y a souvenir, il y a illusion de conservation d'un soi.	7, 513

La présence et l'activité de la mémoire posent donc avec insistance la question de l'identité:

> Le problème de la mémoire contient celui de l'identité en psychologie:
> Qu'est-ce que le même? — Ce qui est soustrait à des circonstances.   4, 76[170]

C'est par la mémoire, lit-on ailleurs, que le système psychique se distingue le plus nettement d'un système mécanique qui à tout instant est totalement fermé sur soi:

> Sans mémoire, sans présence du non-présent, sans la notion confuse imminente d'être autre chose, sans le refus à demi implicite de se définir tout entier par le moment et les états actuels, — sans l'attente qui se rattache à cette propriété — sans l'impossibilité d'écrire un équation finie de soi, la conscience serait un chaos, un douleur inexplicable, un éternel commencement.

Nous ne pouvons considérer aucun moment comme un tout, ni revendiquer aucun moment comme nous appartenant totalement — et pourtant dans certaines circonstances particulières nous avons tendance à nous dissoudre dans l'instant, sans réserve, sans mémoire. Pour cela Valéry dispose encore d'une de ses analogies particulières et pénétrantes, empruntée cette fois à la cartographie:

> Chaque instant est métamorphose — ou plutôt forme dans un système de formes. Mais chaque forme peut comporter une partie qui s'interprète elle-même comme autres formes. Suivant le grossissement adopté, suivant le degré de conscience, cette image-reste est plus ou moins voisine de l'image totale instantanée, et il y a plus ou moins de continuité. Je voyage et j'ai avec moi une carte — ou je fais la carte en même temps.   5, 115

Voici qui pourrait convaincre: la marche au soleil du rêve était un voyage sans carte (ou avec une carte à l'échelle un sur un), le pied qui avait foulé le «sol plein» (123) se traçait à lui-même le chemin et il n'y avait de chemin que là où il se posait; mais immanquablement réapparaissent ces «images-restes» qui renvoient à autre chose. La belle boucle apparemment bien fermée de la plénitude significative immédiate, qui n'était pourtant qu'un système mécanique, un chaos finalement inexplicable, une rotation à vide, redevient le monde de la sémiotique quotidienne, le monde limité qu'il faut laborieusement constituer morceau par morceau, le monde qui demande explication. La rougeur du sang qui monte au visage comme le signe d'un souvenir dont on a honte, doit d'abord être comprise — c'est en cela qu'il s'agit d'un supplément poétique, «symboliste» — comme le signe du souvenir tout court, elle dénonce sur un plan qui est celui de l'ontologie existentielle le permanent affront que fait la mémoire à la conscience, qui se veut *être-en-soi*. Le souvenir est un brasier qui, conformément au déroulement particulier que Valéry analyse, s'allume sans doute quelque part dans le passé, mais dont le souffle brûlant pénètre le présent, qui à proprement parler ne s'attise que dans le présent:

> Le passé est la notion que certains faits actuels ne jouissent pas de leur complexité de production. (...) Mais c'est ce mot de passé qu'il faut éliminer. C'est là le but précis d'une théorie de la mémoire. Tout se passe comme si un *passé* existait *maintenant*.   7, 557

Souvenir, vain bûcher, dont le vent d'or m'affronte... (190 en V 5)

Cependant même si l'on réussissait à éviter dans une large mesure la notion de passé, il subsisterait une difficulté plus grande encore: quel est donc le statut des contenus de mémoire, des souvenirs mobilisables, dans le temps où ils dorment, qu'en est-il de l'*intervalle* entre le vécu — plus exactement: l'oubli réversible du vécu — et le revécu?

> Ce gros problème noir — des «choses» qui ne sous semblent *être,* que quand elles sont *présentes;* — desquelles cet attribut synthétique *être présentes* semble précéder le sujet, l'existence — ces choses mentales — nous sommes obligés d'autre part de considérer qu'elles *attendent en nous*! — qu'elles sortent et rentrent, — qu'elles peuvent subsister latentes pendant des années d'oubli. (...) On a beau réduire à je ne sais quel minimum ce qui se conserve, reporter sur le présent le plus possible de souvenir — l'énigme n'est pas diminuée. (...)
>
> Quel est l'être de ces idées pendant ces intervalles où elles ne sont pas?
> Mais on peut poser une question hardie — Cet intervalle a-t-il un sens?
> — ou: ce que nous pensons et apprécions comme *intervalle* est-ce un intervalle? Y a-t-il intervalle (autre que par figure) quand rien ne peut embrasser les deux lèvres de cet hiatus?   5, 280-81

Cette méditation sur la réalité de l'intervalle que doit enjamber la mémoire, dont d'elle-même, par elle-même, elle connaît aussi peu l'étendue temporelle que par exemple l'espace qui sépare l'endormissement de l'éveil, peut, me semble-t-il, éclairer les difficultés des vers 194 et suivants, «la pâle circonstance Qu'ennoblissait l'azur de la sainte distance, Et l'insensible iris du temps que j'adorai». Cet espace où la mémoire pâlissait et devenait latente, où elle n'affectait plus la sensibilité tout en y demeurant présente, de sorte qu'on ne s'explique pas comment ni par quoi cet espace pouvait être enjambé, c'est pour cette raison justement un temps *mythique,* une «sainte distance» (non une distance spatiale au sens de *ciel*), dont le commencement et la fin sont aussi évidents et aussi peu déterminables que les extrémités de l'arc-en-ciel; en tout cas le plus court chemin qui les relie n'est pas une droite...

Toujours derrière les analyses perce le vœu secret de dépouiller le passé de sa valeur de réalité en se concentrant sur l'acte mental de mémoire. Ici encore Valéry applique son concept binaire: demande et réponse, ou mieux: stimulus et satisfaction:

> Mémoire: relation actuelle, instantanée entre une réponse psychique et une demande. Cette modification là, qui se fait — je la désigne sous le nom: ma jeunesse, telle époque.   5, 296.

La *représentation* du passé, c'est le rêve que l'acte de rendre présent soit en même temps anéantissement, et cela d'autant plus que la représentation est forte. C'est un exorcisme: on évoque pour chasser, on focalise la lumière pour détruire par le feu.

> Viens que je reconnaisse et que je les haïsse... 197[171]

Quant au processus de remémorisation, Valéry le décrit de manière frappante comme allant du formel au significatif, de ce qui au début est dépourvu de sens, perçu chaotiquement, vers ce qui est partiellement ou totalement investi de sens:

> La production du souvenir se fait en allant du formel au significatif, de la tache à l'image, de l'image à la notion, du son au sens, du son aux syllabes, des syllabes aux mots et aux sens.

La comparaison qu'emploie Valéry anticipe certaines trouvailles cinématographiques, le symbolisme d'Ingmar Bergman par exemple:

> Comme l'image photographique se développe en des points disséminés et des taches passe aux formes, le souvenir se construit dans un ordre *local*, indépendant du résultat final: la reconnaissance. Et aussi, le souvenir auquel une suite est essentielle, dont l'ordre fait partie de la nature reconnaissable (comme la mélodie) — cette suite se constitue linéairement, fidèlement, sans *idée* préalable de la suite ou de sa loi, mais à partir de la note numéro 1 et de proche en proche.

Et plus précisément encore:

> En quelque sorte, le souvenir ne devient pas intelligence immédiatement. Sa matière le précède.
> D'ailleurs il arrive qu'il n'est pas besoin de le laisser s'achever. Il s'arrête de lui-même dès que ses effets sont *devinés*.   5, 304-5

Le déroulement du paragraphe VIII semble librement calqué sur ce modèle: la rougeur, indice vague, pré-signe, puis l'«ombrageuse enfant», le «silence complice» (199), le «trouble transparent» qui envahit les bois, la gorge serrée qui ne s'arrache un cri qu'à grand-peine, la nuque mince renversée vers la lune...[172] composent par touches successives une image partielle qui n'a évidemment pas besoin d'être complétée, mais qui peut au contraire s'effacer dès que les suggestions sont suffisantes. L'ajustement d'éléments «de proche en proche», donc la *contiguïté* comme principe organisateur du souvenir, se poursuit dans la partie finale du paragraphe[173] Après l'interrogation répétée sur l'identité — «Etait-ce moi qui fus si près de faiblir?» et «Etait-ce encore moi qui m'ensevelis dans l'arrière-jouissance?» — qui trouvait l'oubli avec l'affaiblissement de la sensation sur laquelle se fermèrent les «longs cils», «riant de vos menaces» (parce que protégée par l'oubli) — ces menaces sont encore une fois remémorées et savourées, ces vrilles séductrices qui caressaient les joues (la joue est indice et support sensible du souvenir), «ou toi», tendre lumière du soir, toute parcourue de ces vrilles, de ces «fluides fûts», mêlée aussi (par une extrême préciosité optique) aux longs cils, ces cils qui déclenchent le passage de maintenant à autrefois ou transportent le frisson d'alors dans le présent[174].

IX - X

Avec ses majuscules le souhait de la Jeune Parque qui réclame la déification et une place parmi les étoiles, a le caractère solennel d'une inscription sur une pierre tombale. Curieuse variante, à cette époque si inventive en tout ce qui touche à la symbolique de la mort, que ce désir de mourir en forme d'inscription funéraire. Plus encore: c'est un appel à la délivrance — perpétué dans le marbre, stylisé dans le geste augural d'un mythe sacrificiel.

Cet appel, ce cri est d'une importance décisive pour le déroulement des paragraphes suivants. Si l'on se reporte — et on ne saurait ici s'en dispenser — à la configuration formelle de la macro-structure du poème, on constate effectivement que l'irruption du souvenir équivaut à une catastrophe dont l'effet retentit sur toute la suite jusqu'à la fin de la première partie (vers 324). Pendant ce temps la Jeune Parque est complètement rejetée en elle-même, coupée de tous les éléments du monde extérieur, eau, rochers, étoiles[175]. C'est un autre «temps sans ressources», vécu non plus en rêve, mais en pleine conscience, un événement purement intérieur à l'âme, psycho-logique, *passio pura,* dans un isolement plus complet encore que lors des autres phases antérieures ou postérieures, au cours desquelles — la phase inconsciente du rêve mise à part — certains stimuli venus de la réalité opèrent à chaque fois un effet spécifique. Ce n'est que tout à la fin — après la psychomachie de l'amour et de la mort (209-257), le refus de procréer (258-278) et la conjuration des larmes (280-297) — que la Jeune Parque au fond du désespoir est obligée de risquer le contact avec la terre: signe que sont à l'œuvre une volonté constructrice extraordinairement claire et un don dramatique très singulier. C'est sans doute dans cette centaine de vers, aux paragrahes IX ET X, que la Jeune Parque se rapproche le plus de la description «traditionnelle» de la passion chez la femme, que le tragique d'Ariane, de Didon, de Phèdre ou d'Alceste est le plus sensible dans la tessiture et dans la gestuelle. La «scène» la plus convaincante à ce point de vue me semble se situer autour du vers 279, lorsque la Jeune Parque, épuisée et désespérée après l'extrême tension qui accompagne la malédiction de la fertilité, s'effondre et «éclate en pleurs»:

Grands Dieux! Je perds en vous mes pas déconcertés!

Tel semble être en tout cas le modèle gestuel qui sous-tend le passage et qui à cet endroit devient particulièrement manifeste. Le pleur lui-même demeurera dans une sage «imminence», hautement précieuse, soulignant aussitôt la distance par rapport au drame qu'entend garder notre «méta-drame».

Cette relative proximité du «naturel»[176] — extraordinairement grande dans les proportions de l'ensemble — explique sans doute pourquoi relativement peu d'éléments analytiques ont trouvé place dans ces paragraphes. A la seule, mais importante, exception des vers 258-278, il n'y a pas de domaines de signification surajoutés, dans l'ensemble l'écart entre image et sens est moindre, les aires de signification sont de prime abord plus nettement délimitées. Il n'y a donc pas vraiment de «passages difficiles».

Mais il demeure au niveau de la macro-structure bien des problèmes qui jusqu'ici n'ont guère été abordés par la critique.

Le sommet psycho-physiologique de l'expérience de mémoire, était le cri. L'étude des versions antérieures montre que ce cri avait à l'origine une importance plus grande que celle qu'il semble avoir dans la version finale. Plus exactement: dans la version finale, l'effet du cri semble atténué, et sa fonction dans la composition ne ressort plus aussi clairement. Pourtant elle demeure efficace.

En V 2 le cri avait une forme explicite et formait un thème indépendant:

> ... sans défense
> Contre tout le trésor des timbres de l'enfance,
> Ma voix de chair sonore inouïe à l'aigu
> Ile vive jaillie à l'azur ambigu
> M'a surprise, brisée, exaltée, éblouie
> Ma cause m'a portée au plus haut de l'ouïe
> Et je me suis ravie et je me suis souri[177]
> Sur les bords déchirés de mon extrême cri!

V 3 souligne encore l'effet physique du choc:

> Encore dans mes os vibre la violence
> Du cri que m'arracha l'excès de mon silence
> Pour me désobéir une dernière fois...

Dans la version finale le thème est réparti sur plusieurs passages et par là comme laissé en blanc. Il n'est d'abord question que de la voix qui éclate à nouveau:

> Et de mon sein glacé rejaillisse la voix

mais elle n'a plus la saisissante immédiateté physique (rappelant Claudel) de V 2:

> Ma voix de chair sonore inouïe à l'aigu (...) jaillie.

Le cri lui-même n'est plus dit, mais transformé et exorcisé, stylisé dans les majuscules des vers 209-210[178].

Les rimes défense/enfance et aigu/ambigu ne se retrouvent qu'au début du paragraphe X (245-6 et 251-2) avec quelques autres fragments repris des premières versions comme «terreurs», «l'air me brise» et les «cris d'enfance/Inouïs», d'où l'on peut conclure qu'à l'origine les blocs VIII et X[179] formaient un tout et furent séparés par le développement irrésistible de l'éveil du printemps ou «Renaissance» au paragraphe IX. Il est frappant que le cri de l'enfance au vers 245 ne soit plus directement perceptible mais qu'il émane maintenant d'un oiseau:

> L'oiseau perce de cris d'enfance
> Inouïs... l'ombre même où se serre mon cœur.

Il n'est peut-être pas totalement erroné de supposer qu'ici un élément de souvenir présent depuis les plus anciennes versions a vu tempérer de quelques degrés au moins sa trop grande intensité par détournement et «généralisation»[180].

Mais même dans la version finale le cri garde nettement une fonction d'articulation dans la mise en forme temporelle des événements. Au paragraphe VIII le souvenir de l'événement d'autrefois a été actualisé, certes sur le mode de la malédiction, mais non sans une certaine et dangereuse complaisance. Le cri était le point extrême du souvenir. Avec lui, par lui l'événement s'actualise. Il était trop terrible pour qu'on pût longtemps le savourer complaisamment. Tant d'énergie se libère dans l'effort pour l'exorciser que pour un assez long espace tous les faits dynamiques, animés de cette impulsion, se déroulent dans le présent immédiat, le temps zéro de la Jeune Parque. Nous retrouvons donc ce changement de temps, le «retournement», et très nettement marqué (trop peut-être pour de la poésie «pure») entre les vers 211 et 212:

> Criaient de tout mon corps la pierre et la pâleur...
> La terre ne m'est plus qu'un bandeau de couleur,

mais au lieu du présent «anamorphique», du revécu déguisé, c'est à un nouveau vécu de fait que nous assistons.

La pensée de la mort — une mort qui pourrait être volontaire — était en V 2 et V 3 apparue encore dans l'«Alors»:

> Alors j'ai vu l'exil achevant l'existence
> la violence   V2
>
> Du cri que m'arracha l'excès de mon silence
> Pour me désobéir une dernière fois...   V3[181]

Ce n'est que très tard, au cours du grand élargissement des paragraphes IX et X, que le thème de la mort, encore indécelable en V5 et 6 selon Nadal, fut de manière conséquente (sûrement aussi pour contrebalancer l'hypertrophie du passage de la *Renaissance)* introduit dans le présent. Dans l'ivresse extrême du trouble sensuel les formes et les couleurs du monde environnant s'effacent (on pense invinciblement à une scène célèbre du film *Quand passent les cigognes),* le monde visible reflue, la mort entre en scène (parée de traits légèrement baroques), à sa grimace répond même un instant, avec la tonalité sarcastique, le cliquetis d'os du *Cimetière marin,* le vers:

> Que si ma tendre odeur grise ta tête creuse ... 218

Pour qui s'y attarde et les reçoit «musicalement», ces vers adressés à la mort sont d'une inimitable densité et diversité dans leur ton dramatique; tour à tour solennelle, extatique, railleuse, séductrice, enthousiaste, abattue, désespérée, la Jeune Parque implore la mort de l'appeler, de la délivrer d'elle-même. Le dithyrambe du printemps qui vient à la suite n'est que la dernière menace: ne tarde plus, la vie va te ravir ta proie!

On sait que toute la *primavera,* comme l'appelait Valéry, n'est apparue que fort tard:

> J'ai été forcé, écrit-il à Albert Mockel, pour *attendrir* un peu le poème, d'y introduire des morceaux non prévus et faits après
> coup. Tout ce qui est sexuel est surajouté. Tel, le passage central sur le Printemps qui semble maintenant d'importance essentielle.[182]

Quelle est la fonction de cet épisode dans la composition? Quelle est son importance, sa signification, sa place dans le poème? La question n'est pas facile à régler. La genèse du thème a été étudiée très à fond par Octave Nadal[183]. Le travail du poète sur le matériel linguistique, l'essai des valences métaphoriques, la refonte du poème *Renaissance* d'abord indépendant, le progressif rapprochement du domaine psychique d'avec le tellurique — tout cela, Nadal l'a retracé et décrit de la manière la plus convaincante. Mais il ne dit rien des rapports entre le passage et ce qui précède ou ce qui suit. Même dans la partie de son essai intitulée «articulations et raccords»[184] il ne va pas au-delà des premiers et des derniers vers du passage. Ces rapports pour lui allaient peut-être de soi, cependant en deux points sa lecture implicite contredit l'évidence. Tout d'abord Nadal évoque à plusieurs reprises le rapport entre la nature qui s'éveille et la Jeune Parque comme une «figure parallèle»[185], une évolution parallèle dans le même sens. Ensuite il rapporte la grande apostrophe du vers 236: «O sourde!...» à la Jeune Parque elle-même—détail qui paraît évoqué pour soutenir, selon le cercle herméneutique, l'idée globale du parallèle[186].

Pourtant il ne saurait y avoir de doute: l'exclamation s'adresse à la mort. Elle est nettement incluse dans l'apostrophe que constitue tout le paragraphe:

> Ecoute... N'attends plus..   222
> N'entends-tu pas frémir ces noms aériens,
> O Sourde!...   235-6
> ..., ô Mort,...   242

Pas plus que le reproche de surdité au sens de résistance stérile ne peut s'adresser à la Jeune Parque, on ne saurait parler de coïncidence entre l'état de conscience chez la Jeune Parque et le réveil de la Nature. Certes Nadal a raison de voir par exemple dans la rime «entrailles» (229) un point où se coupent les lignes de la gestation individuelle et de la gestation cosmique. Mais quelle que soit la force suggestive, il ne faut pas perdre de vue que la Jeune Parque ne joint pas sa voix au dithyrambe. Cette hypothèse à son tour dérive en dernière instance de la conception «évolutionniste» de l'œuvre. Selon la théorie de la genèse de la conscience, la Jeune Parque ferait à cet endroit l'expérience de la sexualité et y répondrait, pour le moment au moins, positivement. Par là le thème du sexe — il n'en va pas autrement du thème de la mort — prend le caractère d'un noumène clos, irréductible: leur enchaînement, même considéré dans sa juste articulation[187], ne devrait avoir artistiquement aucun caractère obligatoire.

Mais mort et sexualité ne figurent pas là pour elles-mêmes. Elles aussi renvoient à quelque chose, elles aussi doivent être «lues». Elles ne sont pas elles-mêmes la pensée lyrique, mais le médium à travers elle transparaît. L'art du poète consiste en un jeu alterné de *transparence* et de *consistance,* dont il s'agissait, de paragraphe en paragraphe, de dégager la relation constamment changeante. L'interprétation qui ne perçoit plus la transparence a forcément fait fausse route. La consistance de la couche imagée dans la psychomachie des paragraphes IX et X est si forte qu'elle risque d'arrêter passagèrement le regard et de l'empêcher de pénétrer jusqu'à l'événement psychique qui est le véritable thème. C'est que la pure émotionalité ne se décrit pas, il faudrait qu'elle demeurât immobile parce qu'aucun principe de transformation n'est compatible avec elle.

D'autre part l'indispensable porteur du sens, l'image, tendra d'autant plus à obscurcir le sens et à se mettre à sa place qu'il est plus proche des fins dernières, des questions ultimes de l'existence. Le défi artistique consiste à nous contraindre à conserver le statut de la transparence en dépit de la présence de ces ultimes contenus. C'est pourquoi il paraît erroné, du moins en principe, de vouloir définir cette mort. S'agit-il de la mort physique, du dépérissement ou de l'étouffement de la vie affective ou du «mourir à soi-même» (E. Noulet) sur le plan spirituel? Les critères nous manquent pour en décider et l'on ne saurait donc trancher entre les conceptions divergentes des critiques. Si grand que soit le poids spécifique des deux thèmes — l'idée de la mort comme celle de la sexualité, cette autre forme d'aliénation de l'individu, ne sont pour la conscience de la Jeune Parque que des manifestations plus concrètes, plus effrayantes de son implication dans le temporel qui s'était ouvert à elle d'abord comme une vague prescience à partir du paragraphe VII, puis était devenu dans le retour en arrière tâtonnant de la mémoire un choc violent aux effets persistants.

Dans l'aria du *Renouveau* la consistance est certes particulièrement forte, comme doublée par la superposition, à la couche imagée de la sexualité, de l'allégorie de la nature qui s'éveille. Pendant un moment l'allégorie de la nature recouvre même entièrement cette couche, l'aspire en elle — du vers 224 au vers 242 il n'est pas question de la Jeune Parque, ce n'est que rétrospectivement que les allusions deviennent compréhensibles, lorsque reparaît au début du paragraphe X le «propos», le thème de la sexualité («Quelle résisterait, mortelle, à ces remous?»), qui n'est donc toujours que le propos provisoire. Jeu artistique très osé qui met à rude épreuve la charpente structurelle du poème. Comme Valéry lui-même le constatait, ce qui paraît être le morceau central ne l'est pas.

Habilement introduite dans les transitions, («La renaissante année...» au deuxième hémistiche 222), magistralement orchestrée, cette incursion hors du déroulement de la journée dans celui de la saison, réussit à nous aveugler sur le fait qu'il ne s'agit, d'un point de vue formel, que d'un séduisant corps étranger[188]!

Le «propos», le thème propre, le non-allégorique, l'indicible au sens strict, que nous avons à discerner, le *designatum* intentionnel dans le domaine psychique qui est au fond de cette phase du psychogramme matinal, Valéry l'expose à nouveau aux yeux du lecteur par trois vers qui, à mon sentiment, comptent parmi les plus réussis du poème:

> Oh! parmi mes cheveux pèse d'un poids d'abeille,
> Plongeant toujours plus ivre au baiser plus aigu,
> Le point délicieux de mon jour ambigu.. 250-2

Ces vers expriment au mieux l'état qui règne: une nervosité aiguë, stridente, un éréthisme au dernier degré. Et cela avec la plus grande simplicité, le plus merveilleux naturel: qui n'a connu la folle panique que cause une abeille prise dans les cheveux? Et cependant cette comparaison du rayon de soleil avec la piqûre d'une abeille atteint une déconcrétisation presque complète, un art souverain de la langue en ôte en quelque sorte l'aiguillon matériel, la couche allégorique se réduit à presque rien, au strict nécessaire (l'aiguillon n'est pas nommé, mais il est là dans le «point du jour», le poids d'abeille n'est pas un poids, la piqûre n'a pas lieu, seule l'attente de la douleur est paroxystique), la transparence est presque identité avec le propos. En modifiant le modèle linguistique de la glossématique, on pourrait dire que la forme du contenu (l'énoncé structuré en images) est si fortement modifiée, «allégée» par la forme particulière de l'expression (par la déconcrétisation linguistique des images) qu'on croit voir apparaître à sa place la substance du contenu (la réalité si difficilement «saisissable» du sentiment) — c'est l'idéal de la poésie symboliste. En même temps la substance de l'expression, donc ici la sonorité des vers, prend une importance qu'elle a rarement: en effet, le travail des sonorités paraît ici particulièrement réussi, «motivé», nécessaire. On ne poussera pas le fétichisme du son, au sens où nous en avons parlé au chapitre III[189], jusqu'à vouloir découvrir un rapport d'imitation entre action et sonorité et percevoir l'irritant bourdonnement des abeilles dans l'accumulation des p, des s sonores et des j. Pourtant ces sonorités sont très certainement, pour employer les termes de Jean-Louis Barrault, un excellent «piment», un assaisonnement dont on dirait qu'il pourrait prendre la place du mets. Dans la mesure où la forme de l'expression et la forme du contenu s'allègent, la substance de l'expression gagne en poids et entre en rapport direct — apparemment bien sûr — avec la substance du contenu.

Malgré toute l'intensité sensuelle qui règne sur le plan des images, l'action demeure donc purement intérieure. L'indication du point du jour «ambigu» a une fonction de grande importance à l'intérieur de la psychomachie, de la dualité des instincts d'Eros et de Thanatos: la situation temporelle s'en trouve rappelée, la succession des phases éclairée, et assurée la liaison des aires de signification fortement agrandies avec l'action fondamentale. Naturellement la comparaison de l'abeille n'a pas qu'un rôle structurel, mais aussi une fonction dynamique. Elle résume l'effet de la psychomachie arrivée à cette étape, le renforce en en décuplant l'intensité et le transmet à ce qui va venir. Valéry aurait dit peut-être qu'elle remplit une fonction de relais d'un point de vue vectoriel autant qu'énergétique...

*　*　*

On n'a pas suffisamment prêté attention, à mon avis, aux vingt vers de l'*exsecratio parturitionis* qui suit. Qu'on me permette d'abord quelques remarques apologétiques. Est-ce la crainte, l'embarras ou un manque d'empathie qui fait que les critiques passent à côté de ces vers sans en voir la grandeur? Jean Hytier par exemple, dans son commentaire par ailleurs excellent, ne trouve, pour l'image des enfants non nés qui se pressent vers la vie («Peuple altéré de moi» 270) comme pour celle des mânes impuissants, que le qualificatif de «bizarre». Pourquoi personne n'a-t-il entendu dans ces vers un écho de l'horreur du monde souterrain chez Virgile:

quae lucis miseris tam dira cupido?

Et dans le cri:

Non! l'horreur m'illumine, exécrable harmonie!　　　　　　　265

la rauque fureur de Phèdre soumise au joug de sa nature? On perçoit aussi des accents de Vigny dans le refus:

Non, vous ne tiendrez pas de moi la vie　　　　　　　271

qui reprend la malédiction de la Nature dans *La Maison du Berger:* «Non, vous n'aurez pas un cri d'amour de moi»[190]. Et enfin le *non* qui répond au sifflement des ancêtres dans *Igitur* de Mallarmé.

Pris à la lettre, le passage a une immédiateté, une spontanéité singulièrement dures; à côté les strophes villonisantes du *Cimetière marin* (XV à XVII) semblent un pâle exercice dans le style historisant. Au contraire de la conjuration des larmes qui suit immédiatement et qui est un morceau d'apparat maniériste, ce passage ne présente presque aucune préciosité. La périphrase d'une retenue toute classique, allusive par métaphore («ces plis et ces calices» 261) prend ici de manière difficilement explicable — sans doute en rapport avec le fait que les choses sexuelles ne s'expriment ordinairement qu'en métaphores — le caractère des choses mêmes.

Ne supporterions-nous pas qu'une femme se refuse si catégoriquement à sa fonction naturelle? Nous est-il pénible de devoir nous souvenir que chacun de nous en tant qu'individu expérimente du fait de la procréation l'aliénation la plus profonde, lorsque le flot des générations se fraye sa route à travers lui aussi — expérience que notre siècle refoule peut-être plus fortement que ne l'ont fait d'autres époques, d'un côté en exaltant le principe de plaisir et d'un autre en réservant l'aliénation au domaine économique? Ou bien sommes-nous choqués que cette prêtresse de la stérilité n'ait rien de commun dans son apparence avec les créatures liliaques ni avec les guivres constellées de gemmes de la littérature Fin de Siècle, mais se présente à nous dans toute la splendeur de sa maturité physique[191]?

Quoi qu'il en soit, l'opposition irréconciliable entre les exigences de l'autopréservation et de la perpétuation de l'espèce s'exprime très clairement en rapport avec le sein (désigné il est vrai par une bien précieuse périphrase au vers 256) et ceci déjà au vers final du sous-paragraphe précédent, au vers 257, qui représente donc en même temps une *modulation* particulièrement réussie:

Dur en moi... mais si doux à la bouche infinie[192]!...

S'il est permis de considérer ce sens existentiel comme le sens littéral des vers, il nous faut cependant nous demander si le passage est bien à prendre à la lettre? Ou mieux: si, outre le sens littéral, il y a lieu d'en supposer un autre — tropologique, allégorique, anagogique...?

Pour ce qui est du *designatum* au niveau de l'état général de la Jeune Parque, il est aisé à nommer. Par rapport aux passages précédents l'agitation qui s'était emparée de la Jeune Parque s'est encore accrue. Son état a en quelque sorte progressé de la nervosité à l'hystérie, s'il est permis d'employer ce terme dans le sens de la médecine ancienne qui désignait par là le spasme des organes génitaux.

D'autre part la thématique déjà étudiée de la peur de l'incarnation, du besoin de demeurer dans le non-avenu, est ici trop nettement présente pour qu'on puisse l'ignorer. Le vers 275 où tout se cristallise:

Je garde loin de vous l'esprit sinistre et clair[193]

quelle interprétation exige-t-il, laquelle autorise-t-il?

Le texte suivant rappellera encore une fois très nettement ce thème dans sa signification générale:

Sagesse.
L'homme voudrait rester dans le réversible, et maître, et jouir
sans payer. Grandir sans vieillir.
Agir par des actes non irrémédiables. C'est l'esprit!
C'est là le sens profond du prix attaché jadis à la chasteté, à la
virginité. Ne pas se réveiller défrisé, en sueur, auprès d'une
«outre gonflée de pus».
Que devenir? La sottise faite vous vomit comme la mer et l'épave
se tâte, bête.

6, 506

Mais il existe encore un objet très particulier de refus, une raison particulière qui fait que la conscience prise de peur se cabre devant le tourbillon qui veut l'aspirer. Rien ne le dit, ni en clair, ni par allusion, et pourtant je suis convaincu qu'il en est question: du refus de la création poétique. Utilisant le champ de la métaphore traditionnelle du «fruit de l'esprit», revalorisée par le *Don du Poème* de Mallarmé, Valéry semble avoir confié ici aux formes de ses vers — dans un langage soigneusement chiffré — un contenu qui le touche de très près et qui nous a déjà occupé au chapitre III comme objet de ses débats intérieurs: la peur du poète devant le lecteur. Je reconnais n'avoir été conduit moi-même à cette hypothèse que par une page bien précise des Cahiers qui — à cause notamment du trouble inhabituel et de l'agitation qui s'y lisent et contredisent aux règles de style d'un «log-book» — apporta d'un coup la certitude, si certitude il peut y avoir. Ce texte de 1908 commence par s'enquérir d'un *ennemi,* d'un adversaire réel avec qui il vaudrait la peine de lutter, qu'il ne s'agirait pas simplement de foudroyer, d'aveugler par l'éclat de la parole. Qui est cet ennemi? Ce ne peut être un *autre,* un *toi,* ce ne peut être que *personne,* un innommable, au plus profond un *moi-même* seulement. Le *toi,* l'*autre,* est méprisable:

Toi, l'autrui, non ne mérites cette colère dorée, cette furie ou
ire de feu — non, non, non, non. Toi ne vaux que lucidité, froide
justesse.
Je ne danserai pas devant ton arche[194], autrui, autre que moi;
je ne te ferai pas croire des merveilles, je ne simulerai pas
plus de force ni de profondeur ni de grâce, pour toi; je ne ferai
pas celui qui sait, ni celui qui devine, commande, ni qui crée
— non, non.
Je n'accorderai pas la lumière à des ombres,
Je garde loin de vous, l'esprit sinistre et clair...
Non! vous ne tiendrez pas de mes lèvres l'éclair!...   274-6
ô littérature, je ne m'abaisserai pas devant toi (...) Que m'importe cette comédie. C'est moi-même qu'il faut séduire, apprivoiser, capter, éprendre.
C'est ce *moi* jamais enlacé et qui rien n'a de personnel (...) et
que rien ne trompe.
Là est mon difficile — ce qui me rend furieusement léger, terriblement lourd, divinement indifférent et d'une passion inachevable.
Cet exigeant être ne se paye que du plus réel. Il est prose, étant
lui et seule étant la signification dernière — le vers étant intermédiaire (...)
Il est le présent dont tout ce beau (des vers) n'est que la promesse,
la forme future.

Et je ne puis plus écrire de vers ni former des histoires fausses,
à cause de cela — c'est que je ne puis m'arrêter à la surface merveilleuse.

Après un violent éclat désespéré contre l'inaccessible puissance de la musique [195] le texte se termine dans la plus extrême exaspération: «Guerre! Guerre — sottises —», commme si quelqu'un ici s'effondrait.

L'horreur qu'engendre l'idée de danser devant autrui, de montrer la belle façade, l'idée de la beauté qu'on exploite: nul doute que ce ne soit là l'origine du thème d'Hélène que Nadal a défini comme le thème générateur de *La Jeune Parque:*

Helene Idée Beau pour les autres Hasard
Suis-je quelque chose

> Moi qui ne me connais que dans votre vertige
> De vos désirs faite[196]

Et dans une très ancienne esquisse écrite au crayon:

> Hélène belle pour les autres
> (…)
> Que me font ces cheveux je ne cherche que la nuit
> Je ne suis admirée que pour mon parfum
> Etre belle pour soi. Que me font ces regards, ces soupirs, désirs
> (…)
> Mais plus belle on me trouve en larmes et on m'arrache
> On me fait souffrir pour les faire couler
> Qui pleure?
> Qui[197]…

Ce thème d'Hélène a disparu au cours du travail, en V 6 il n'est toujours pas perceptible — ce que Nadal a sans doute trop peu pris en considération. Mais tout indique qu'il a retrouvé sa place dans la version finale. L'aspect romantique de l'idée d'Hélène pouvait disparaître, le «belle pour les autres» s'exprimer dans une forme plus large, plus mûre, en faisant voir dans Hélène la femme qui demande si elle est au monde:

> Pour que la vie embrasse un autel de délices 262

La formule: «Que me font ces regards, ces soupirs, désirs» est conservée textuellement:

> Non, souffles! Non, regards, tendresses… mes convives,
> Peuple altéré de moi suppliant que tu vives,
> Non, vous ne tiendrez pas de moi la vie!… Allez,
> Spectres, soupirs la nuit vainement exhalés (…) 269-72.

Ainsi le thème de la création poétique, cette poétique immanente qu'on a si souvent avec une naïveté crédule glissée dans la poésie de Valéry dont elle serait le saint des saints, aurait tout de même réussi à s'introduire dans le poème, par la petite porte du diable il est vrai. Autrement dit: le peintre se serait représenté lui-même à un endroit inattendu du tableau — maudissant avec une grimace tragique son œuvre et plus encore celui qui la regarde.

★ ★ ★

«… et sous forme de larme, il refuse d'y penser»[198].

La conjuration des larmes si délicatement contournée, rappelant la manière conceptiste espagnole, a été si abondamment et si complètement étudiée par O. Nadal et d'autres commentateurs[199] que nous nous bornerons ici à citer un fragment de prose, un produit poétique «semi-fini» encore une fois qui renferme déjà quelques-unes des tournures et des comparaisons du poème:

> Larmes qui distillent, sourdent, et tombent
> Se séparant d'une masse cachée

> Par une tension perceptible
> Comme le trop plein de l'impuissance
> Equilibre de l'inavouable
> Et de l'ineffable traversant
> Malgré moi, malgré
> l'absence d'appareils pour lui (...)   3,772

Il est difficile de dire quelle formulation l'on préfère, de:

> Equilibre de l'inavouable
> Et de l'ineffable

Ou de:

> Qui vient sacrifier mes ombres sur mes yeux,
> Tendre libation d'une arrière-pensée!   288-9

* * *

Si l'on pouvait se figurer la conjuration des larmes prononcée à genoux (naturellement l'indication n'en est que très vague), c'est une marche tâtonnante, hésitante, l'image d'une main tendue en avant dans un geste d'exploration — ou mieux: de défense — que suggèrent les 25 derniers vers de la Première Partie.

>   ... ce corps froid,
> Aveugle aux doigts ouverts évitant l'espérance!   300-1

Les doigts écartés pour éviter l'espoir lui-même: nous avons déjà dit plus haut qu'à cet endroit la Jeune Parque entre à nouveau en contact avec le monde extérieur. Dans cet état de total désespoir, elle est contrainte de s'en remettre à la réalité en dehors d'elle (certes cette réalité a un caractère particulier qu'il s'agit de déterminer). C'est le premier mouvement de déambulation depuis la danse au soleil ou la «marche dans l'absolu». Mouvement automatique, involontaire qui fait donc apparaître un peu arbitraire l'avis couramment émis jusque-là par les commentateurs, selon lesquels la Jeune Parque se mettrait en marche pour tenter de se donner la mort. Certes il est question au vers 322 de la trace de son pied nu, la seule qui demeurera, mais il est sans doute plus juste d'y voir la profonde conviction chez la Jeune Parque que le terme de cette marche sera funeste. La pensée du suicide n'est exprimée qu'une fois au vers 314 (au fond, évidemment, tout y invite), à propos du rocher glissant d'algues qui est dit «propice à fuir».

L'expression «tenter de» est beaucoup trop concrète, et donc égarante parce qu'elle suppose un acte et la volonté de cet acte (sans doute s'est-on laissé entraîner par l'expression «sombres essais» 299, qui ne peut avoir qu'une signification beaucoup plus générale puisqu'elle se rapporte sans équivoque à ce qui s'est passé précédemment).

Le véritable thème du passage est, me semble-t-il, — après les multiples phases de la honte, du regret, de l'ivresse, de la nervosité etc. — la plus intense de toutes, l'*angoisse*, sous la forme que lui donne d'une part le rapport particulier du moi et du monde dans lequel la Jeune Parque est ici placée, d'autre part un certain nombre de vers d'une extraordinaire expressivité (surtout 316 - 321). La perte, le néant, l'«oubli vorace» sont, selon une expression des Cahiers, au seuil de l'angoisse:

> Angoisse, et seuil de l'angoisse, néant.
> Cette angoisse ou hâte finit dans le voile
> Une opacité croissante (plus ou moins rapide)
> Noir et néant précédés souvent par une prodigieuse
> accélération psychique. Théorie de cette accélération.
> Vitesse qui tend à la vitesse de la mémoire.
> Parfois sorte de lucidité — et parfois avec cette
> lucidité une sorte d'indifférence à soi, d'objectivité
> étrange.   4,912

> Porte doucement moi...   305

semble vouloir rendre cette étrange objectivité indifférente au sein de l'extrême angoisse. C'est la plus noire angoisse face au monde, à l'instant où la part physique de l'être se porte automatiquement au devant du jour:

> Où va-t-il, sans répondre à sa propre ignorance,
> Ce corps dans la nuit noire étonné de sa foi?   302-3[200]

L'assurance, la foi en la solidité du sol porteur est refusée à la Jeune Parque, la certitude du «sol plein» du vers 123 inaccessible, entre-temps la terre a opéré une révolution. Le «sentiment du sol», la «dureté précieuse» est un des plus beaux et un des plus authentiques symboles que Valéry, promeneur méditatif, ait créés, les vers:

> ... Dureté précieuse... O sentiment du sol,
> Mon pas fondait sur toi l'assurance sacrée!   308-9

sont, selon moi, parmi les exemples les plus accomplis de cette forme qu'il a trouvée et qui n'était possible qu'à lui, qu'on pourrait appeler *élégie analytique*. Ici les concepts *chantent*. Dans la prose ils se présentaient ainsi:

> La vue des objets les plus stables n'est pas elle-même chose
> simple, et pour que (...) ces objets ne tournent pas misérablement,
> pour que le sol ne soit pas un terrible traître, il faut que des
> fonctions s'y emploient secrètement et me fassent croire à la fer-
> meté du sol et à l'immobilité des corps. Ces qualités sont des con-
> quêtes. Et rien ne semble plus primitif! La connaissance est posté-
> rieure à ces substructions nécessaires qui permettent d'être.   4, 131

C'est cette «substruction» d'une nécessité vitale qui semble se retirer à la Jeune Parque à l'instant même où le poids terrestre de son corps l'oblige à s'abandonner à elle[201].

La dialectique du sol et du pied indiquée dans les vers 310 à 312 est plus compliquée, mais les Cahiers aident à y voir un peu plus clair. Il est dit avec une pointe de Fichteanisme que le pied «tâte» la terre et «la crée». Semblablement en prose:

> Mon mouvement [le déplacement à pied ou autrement] donne un ordre
> à un ensemble de points du sol.   4, 494

Une autre note examine les conditions particulières de la marche *mentale*:

> Si j'*imagine* une action, je suis conduit à déterminer par des
> efforts *sensibles* les éléments de cette action qui seraient,
> dans sa réalité, insensibles. Je fournis et je *paye* la résistance
> du sol sur lequel je songe que je marche.   4, 508[202]

Il semble y avoir le même rapport de dépendance ontologique entre le
contenu des vers 311 et 31, en particulier les verbes «toucher» et «atteindre». Le verbe «toucher» n'a sans doute pas le sens de «palper»
(M. Tutino), mais d'«atteindre, arriver au point où...», comme dans l'expression «toucher à son terme», comme en V6, se rapportant au cygne:

> Traîne, cygne blessé! Touche au suprême vol!

Toucher au vers 311 et *atteindre* au vers 312 sont synonymes et interchangeables. On pourrait donc paraphraser ainsi: au moment où le pied de la
Jeune Parque parvient à renouveler son «pacte natal», à rétablir la pesanteur terrestre, cette terre si solide, prétendument, touche aussi à son
piédestal jusque-là assuré. — Est impliqué aussi le contraste métaphorique du vivant («pied vivant») et de la statue («piédestal») qui se trouvait
déjà avant dans le poème. D'où aussi la formule générale «sous le pied»
au sens de «au contact, au moment du contact»[203].
Les vers 314 à 316 présentent une grande difficulté, en particulier la
parenthèse;

> L'insensible rocher, glissant d'algues, propice
> A fuir, (comme en soi-même ineffablement seul),
> Commence...

La question décisive doit être ainsi posée: quel *degré de réalité* faut-il
attribuer au rocher glissant d'algues? La parenthèse au vers 315: «comme
en soi-même ineffablement seul», occupe par rapport à cette question une
position clef. S'agit-il d'une comparaison entre le rocher et l'état de la
Jeune Parque, auquel cas le rocher aurait une réalité symbolique et serait
aussi indiciblement seul que la Jeune Parque? C'est ce qu'il semble. Et
presque tous les traducteurs ont compris le passage ainsi. M. Tutino commente explicitement: indifférence, nature figée, extrême solitude à la limite de la terre (la vie) et de la mer (le néant), telle serait la «suggestione
dello scoglio, *ineffablement seul*».
Mais bien des choses vont à l'encontre de cette interprétation. Et tout
d'abord des objections de nature plutôt extérieure: la Jeune Parque n'est
pas indifférente, le rocher ne veut pas fuir, il est peut-être solitaire, mais
point «en soi-même» (l'identification avec l'étant-en-soi inanimé fut toujours pour la Jeune Parque une tentation, mais n'a jamais inspiré ni
frayeur, ni idée de fuite). Ensuite et surtout les versions antérieures:

> L'invisible rocher glissant d'algues, propice
> A ne vouloir pas même éviter le trépas

> A ne laisser de soi qu'un souvenir de cri...   V 4[204]

Tout particulièrement en V 5:

> L'invisible rocher glissant d'algues, propice
> A fuir! comme en soi-même ineffable, sans cri...
> Commence...

(Le dernier cri de mort — le cri tardif V 4 — est donc à cet endroit d'abord nié, puis éliminé). Il en résulte une interprétation plus satisfaisante: le rocher favorise la fuite, «comme à l'intérieur de soi-même, où l'on est ineffablement seul, où l'on est en fait ineffable» — c'est-à-dire la fuite devant le jour parce qu'on en a peur.

Dans les premières rédactions le rocher est «invisible» — ce qui était peut-être un peu déroutant mais autorise à supposer que l'adjectif «insensible» dans la version définitive n'a pas — ou pas uniquement — le sens de «dépourvu de sensibilité», mais celui d'«imperceptible», donc que cette phrase à la forte hyperbate: «L'insensible rocher... commence» peut aussi se lire comme: «Le rocher, insensiblement, commence...»[205]

Le rocher n'est donc pas seulement utilisé comme symbole, dématérialisé jusqu'au degré symbolique, mais davantage encore soustrait à l'appréhension. Une réflexion qui s'étend à la structure d'ensemble pourra éclairer ceci:

Nous savons par V4 que la fin de la première partie, le tête-à-tête avec la mer et le désespoir devant le néant, devait, pendant une certaine phase du travail, former la conclusion de l'œuvre tout entière, et que l'angoissant murmure des flots ne figurait pas encore dans le premier paragraphe du poème, où il occupe dans la version définitive les vers 9 à 12. On lisait en V 4 vers la fin:

> Terre trouble et mêlée à l'algue, porte-moi!
> Porte doucement moi; ma faiblesse de neige
> Marchera-t-elle tant qu'elle trouve son piège
> Ce manque sous le corps bu par le cri tardif
>
> Houle qui me murmure une ombre de reproche
> Et retire ta soif en tes gorges de roche
> Prompte elle-même bue en ce resserrement
> Comme chose déçue et bue amèrement[206]

Nous avions plus haut fait remarquer[207] que l'abolition des frontières entre le moi et le monde, l'anthropomorphisation de la nature («chose déçue») à quoi tendent les procédés linguistiques, n'était pas imaginable sans les précédents de l'époque romantique. Mais elle va au-delà d'eux. Et considérer le rocher comme un objet du monde réel, puis lui prêter — comme dans une parabole — des traits symboliques comme la solitude et l'insensibilité («comme en soi-même ineffablement seul») — cela reviendrait à lire ces vers comme s'ils étaient de Victor Hugo.

* * *

Remarque finale

> Per correr migliori acque alza le vele
> omai la navicella del mio ingegno,
> che lascia dietro a sé mar si crudele.

Peut-être ne semblera-t-il pas totalement aberrant de rappeler, à l'entrée de cette nouvelle région de la conscience, en gravissant ce nouveau degré, les premiers vers du deuxième chant de Dante. Dans la partie médiane, la conscience éveillée entièrement rejetée sur elle-même, coupée du monde, sans rien à quoi se retenir, avait dû entreprendre une descente aux enfers qui l'entraînait toujours plus profond à travers les stations de «purs» états passionnels. Voilà qu'elle débouche maintenant sans trop savoir comment dans la lumière encore tremblante d'un matin plus serein où elle vivra le Purgatoire dans la progressive montée du jour. (Le Paradis n'avait-il pas été traversé dans la première partie...?).

> Lo bel pianeta che d'amar conforta
> faceva tutto rider l'oriente...
> Et sur la lèvre, un sourire d'hier
> Qu'annonce avec ennui l'effacement des signes,
> Glace dans l'orient déjà les pâles lignes
> De lumière et de pierre, et la pleine prison
> Où flottera l'anneau de l'unique horizon...   328-332

Ce ne sont certes encore que couleurs sourdes, ombre d'espoir, lignes pâles dont le sourire à peine aperçu se fige à nouveau dans le cercle carcéral de «l'unique horizon»[208]. Mais dans la gamme des affects accessibles à un moderne — gamme sûrement très réduite par rapport à Dante — ce ton occupe proportionnellement la même place.

Il ne s'agit naturellement pas de modèle, pas même de tradition inconsciente. On ne saurait méconnaître cependant cette tripartition de l'œuvre ni l'étonnant degré d'architectonique, d'organisation par l'imagination spatiale que Valéry impose au *stream of consciousness*.

Il existe pour la technique des scènes un modèle beaucoup plus proche qu'il nous faut mentionner. C'est une indication scénique de *Tannhäuser* au début de la scène 3 du premier acte, donc après le Vénusberg. «Tannhäuser, sans changer de position, se trouve soudain transporté dans une belle vallée. Ciel bleu, lumière sereine. A droite au fond, la Wartburg». Il est tout à fait possible que Valéry ait eu présent à l'esprit ce type de changement de décor dans l'opéra romantique et l'ait pris pour modèle, en le spiritualisant par le traitement symbolique, pour rendre sensible la présence de la conscience, tout au moins d'un noyau difficilement saisissable à l'intérieur de cette conscience, qui persiste alors que le décor — qu'elle a elle-même créé — subit autour d'elle des modifications inexplicables.

Ainsi, le thème infini a dû se plier à une solution finie, la houle éternelle de l'âme a rejeté un produit, une concrétion calcaire où l'on pourrait voir le résultat d'une volonté ordonnatrice et constructrice, n'était l'infinie régularité du réseau de veines, n'était l'imperceptible spirale ascensionnelle dans la forme d'ensemble qui découragent toutes les tentatives de l'intelligence pour lui imposer, dans ce qu'elle appelle «l'acte d'interpréter», le code rationnel auquel sont soumis les produits de l'art...

A l'issue du tunnel*
L'esprit est sorti de la bouteille:

> Je suis dans l'état si remarquable de l'efrit dont enfin le pêcheur ouvrit la bouteille. J'ai dégagé ma fumée, et maintenant je veux décapiter le pêcheur.
> L'efrit c'est mon ouvrage. Et le pêcheur, moi.
>
> 6, 509 (3 Juin '17)

La création? Une transformation inconsciente:

> Notre esprit n'est capable que de transformations.
> Il semble pourtant enfanter des nouveautés (...)
> Les étapes de la transformation sont généralement cachées (...)
> Le danseur éperdu. On s'étonne d'avoir bondi si haut, tourné si vite. Mais je ne suis pas dans mes muscles. Je les ai livrés à eux-mêmes et je me suis livré à eux.
> Je *trouve* ensuite ce que j'ai fait, et comme je suis le seul à le savoir, j'en suis l'auteur. Si quelqu'un voyait dans mon esprit pendant sa propre furie et son agitation, il serait autant que moi, l'auteur de l'œuvre que j'en tire. En vérité: auteur, tu n'es que l'unique témoin (...) des actes d'un système isolé, isolable pendant une certaine durée — très intéressante. L'isolement du système, sa décharge, sa dissipation d'énergie — c'est là tout, comme dans la phase de l'amour.
>
> 6, 490

Obscurité:

> L'arbre s'inquiète-t-il de savoir si ses fruits seront comestibles?
> N'est-ce pas à l'homme de trouver le moyen de s'en servir?
> Faites cuire.
>
> 6, 489

Falsification:

> La suite réelle a été a b c d e f g . L'œuvre réelle frivole sera b e d g par exemple, qui en est déduite. d n'a pu naître que de a b c mais cette genèse est supprimée.
> Il y a toujours falsification. Il n'y a pas moyen d'y échapper. Et il n'y a aucun intérêt à vouloir s'y soustraire. Toute notation aussi fidèle qu'on croirait faire de la suite réelle est elle-même fausse.
>
> 6,496

---

*Notes du printemps 1917. L'impression de *La Jeune Parque* a été achevée le 30 avril 1917.

Sacrifice:

> Ce qui fait le poète, c'est, après tout, le sentiment d'un
> certain «degré de liberté», par lequel seulement il peut tourner
> à bien les difficultés de son art, en jouant de quelques *variables,*
> dont, l'œuvre faite, le lecteur ne se doutera pas. Ce qui pa-
> raîtra le principal de son intention aura été l'accessoire. Ce
> qu'il aura voulu, il l'aura sacrifié à ce qu'il aura trouvé, et
> le crime bien caché. Sans cette liberté à l'égard de ce qu'il
> croyait d'abord vouloir, il n'est pas. Il n'est possible que par une habile
> inconséquence; et en préférant toujours à la volonté
> particulière de faire telle chose, sa volonté générale de faire
> une belle chose.
> Ne pas en tirer argument. On se tromperait de beaucoup.

6, 489

Le but demeure:

> Le but.
> Je ne considère pas, je ne puis pas considérer impossible à
> atteindre, le but qui a été de tout temps promis à mon intelli-
> gence, quoique il se soit incessamment refusé à mon pouvoir, —
> ce but, de parvenir jusqu'à l'exécution d'une œuvre *par le désir,*
> en pleine lumière, désir reconnu et regardé à l'extrême, conservé
> et précisé de proche en proche et formant peu à peu ou par bonds
> son objet — et toutes les solutions intermédiaires.

6, 547

Un projet:

> Protée. Choisir m fragments. Sage est le Protée...
> La suite formera 24 heures.
> Eveil. Attention. Acte. Fatigue. Angoisse. Amour. Dieu. Assoupisse-
> ment. Sommeil, Rêve. Mort
> travail
> vouloir Sottises
> Midi
> Orgueil
> Moi

6, 650

(Donc une journée avec 24 heures, parmi lesquelles *midi:* est-ce l'annonce du *Cimetière marin?*)

Et une mise au point qui conclut et laisse tout ouvert:

> Mon but n'a jamais été d'être un poète; ni de faire des vers
> comme action ou fonction principales de ma destination.
> Mais j'ai aimé de faire comme si je le fusse, et aussi bien que
> possible, en y appliquant quelquefois toute l'attention et les
> pouvoirs de combinaison et d'analyse à mon service; de manière
> à pénétrer dans l'état de poète et dans ce qu'il a de plus pur,
> sans y demeurer —, comme preuve, comme moyen, comme exercice,
> comme remède, comme sacrifice à certaines divinités.

6, 568

La recherche continue.

> La phrase
> Toujours poursuivi par l'Idée de cette phrase musicale — parlée —
> en vers que je veux insatiablement faire...
> Seule phrase — un seul jet ou dessin, sans nulle fatigue...
> Comme je comprends *souvent* qu'un artiste puisse toute sa vie
> refaire, recommencer la même figure, chercher la même figure
> toujours plus approchée... *de quoi?*

6, 663

Schéma de la structure temporelle dans
LA JEUNE PARQUE

I	Qui pleure là	Ouverture: *temps zéro*
II	Quel repli de désirs	
III	«Va! je n'ai plus besoin...»	La marche
IV	Mais je tremblais	nocturne aux frontières:
V	HARMONIEUSE MOI	**revécu immédiat**
VI	Et moi vive, debout	Retour
VII	O dangereusement	à la temporalité
VIII	Souvenir, ô bûcher	
IX	QUE DANS LE CIEL PLACÉS	
X	Quelle résisterait, mortelle	
XI	MYSTERIEUSE MOI	
XII	Salut! Divinités	
XIII	De l'âme les apprêts	La marche
XIV	O N'AURAIT-il fallu	nocturne aux frontières:
		revécu médiat
XV	Hier la chair profonde	
XVI	DELICIEUX LINCEULS	

Trois digressions sur le *Cimetière marin*

Le poème *Intérieur*

A. La métaphore du fruit à la strophe V
(voir p 247)

Comme le fruit se fond en jouissance,
Comme en délice il change son absence
Dans une bouche où sa forme se meurt,
Je hume ici ma future fumée,
Et le ciel chante à l'âme consumée
Le changement des rives en rumeur.

Jusqu'à présent aucun commentaire de ce passage n'a expliqué de manière satisfaisante la signification de la belle métaphore du fruit. La métaphore restait obscure dans sa *fonction,* parce que sa constitution n'était pas claire. Et cela parce que son élément constitutif le plus important, le mot *absence,* n'était pas élucidé. Que signifie *absence?* Un très beau texte des Cahiers peut ici nous aider:

> Au moment de la jouissance, de l'entrée en possession/ in bonis;
> à la mort du désir; et quand s'ouvre la succession de l'idéal, se
> fait une oscillation, une balance entre le plaisir de mettre la
> main sur le réel et le déplaisir de trouver ce réel moins réel
> qu'on le faisait et moins délicieux que sa figure.
> Je dispose de ce bien, et il est comme je pensais. Mais il y
> manque pourtant quelque chose. Son absence. Cette force de se faire
> imaginer. 4,617

Au moment où l'on se dispose à s'approprier un bien désiré, où l'attente va être comblée, s'installe un état d'indécision: quelle aura été la plus grande ou la véritable jouissance, celle in *potentia* ou celle *in actu?* Et ce texte (qui entre dans le cadre plus vaste de la théorie valéryenne de l'attente) répond: tout existant est moins délicieux que sa «figure», que l'idée, la préfiguration que l'on s'en est faite. Au vers 2 de la strophe citée, l'expression «son absence» a manifestement aussi le sens de: l'attente que le fruit nourrissait. Le mot «forme» au vers 3 pourrait — outre son sens concret naturellement — avoir la même signification que le mot «figure» dans le texte de prose que nous avons cité.

A ces vers on ne connaît pas de variantes ou seulement d'insignifiantes. Valéry aurait déclaré que les trois premiers étaient les plus réussis qu'il eût jamais faits[1].

Voilà qui devrait donner à penser et qui est singulier dans la mesure où l'idée d'absence apparaît ici enchâssée dans une comparaison et avec le raccourci d'un langage chiffré, sans souci ou presque d'intelligibilité. Comment est construite la comparaison?

Le fruit que l'on consomme se transforme en jouissance, mais celle-ci est brève, elle s'épuise aussi vite que meurt le bruit en quoi se «change» la vague qui se brise sur la plage, elle s'enfuit aussi vite que la «fumée» qui sera un jour tout ce qui reste de «moi»[2]. Donc bruit, fumée — et jouissance! Les trois sont mis en parallèle et rapportés ensemble à «mon offrande suprême» (la dernière / la plus haute), qui — comme le dit la strophe précédente — est présentée à l'altitude avec un dédain égal à celui de la mer qui scintille indifférente. C'est une apostrophe hautaine, presque un sarcasme jeté au «beau ciel, vrai ciel» de la strophe 6, l'avertissement de ne point trop attendre de la disparition du mortel.

B. Genèse de la strophe VIII
(voir p. 24)

«Cette terrible strophe VIII!» (Jean Pommier). — D'abord une seule strophe dans la version originelle A, puis deux (avec d'innombrables états intermédiaires et variantes), puis dans la version définitive D de nouveau une seule strophe d'où la mer, comme l'a constaté L.J. Austin, semble être bannie: «Au cours de ces métamorphoses, l'image essentielle est devenue tout intérieure» (MF 608). D VIII était en A la troisième strophe et commençait ainsi:

> C'est une coupe auprès de moi posée.
> Toute ma soif y place une rosée[3].

Selon Austin, les premières strophes introduisent le thème de la mer et celui de l'inspiration qu'y puise le poète, «mais après l'y avoir versée d'abord lui-même» (MF 583). Comment cela peut-il être et pourquoi bannir ensuite la «source d'inspiration»? N'est-ce pas un abus métaphorique? La pénétrante interprétation de K. Wais qui soulignait l'homogénéité poétique de la version originelle (et ne se lassait pas de mettre en garde contre la recherche, toujours et partout, des seules allégories de l'inspiration et de l'*ars poetica*), a ici montré la voie. A propos de la strophe A II = D III qui selon Austin (MF 597) était destinée à évoquer l'analogie entre la mer et l'âme du poète (ce qui, comme l'observe K. Wais, est déjà fait à la strophe I avec «palpite»), sans qu'il apparaisse clairement de quelle sorte est cette analogie ni quel en est le sens, Wais écrit:

L'âme du poète avait «concentré toutes ses attentes sur les secrets salvateurs qui sommeillent sous la mer» (*Mare Nostrum* 366). C'est là le point décisif. Nulle part en A il n'est expressément dit que l'attente ait été comblée. Il n'est question que de soif. Et d'inquiétude: «Si je la fuis...» (A III 3). S'intensifiant encore en B: «Le cœur me bat devant ta plénitude; Ce cœur fermé qui vit d'inquiétude». En C la coupe du salut s'est même éloignée: «Lointaine coupe auprès de moi posée, Ma soif secrète place une rosée, Mon goût de fuir y forme ses desseins...» — Ah! si je l'avais toute pour moi seul, en moi! La prétendue «analogie» entre mer et moi est très nettement en A l'aspiration du non-comblé à la plénitude, de l'inquiet au repos. A II surtout (= D III) parle clair: l'inquiétude voit devant elle la «stable beauté», la «masse de calme», le «temple simple». Mais mon repos («O mon silence») n'est qu'un «édifice» de mon âme, un château de désir (point du tout le *castillo interior* des Espagnols, mais seulement une «citerne intérieure»!). La «visible réserve» ne vient pas combler le manque dans la citerne, c'est bien plutôt une retenue. Et l'«eau sourcilleuse» — préciosité qui procède à reculons du mot «œil» — n'est là que pour exprimer le fait devant lequel il faudrait fermer les yeux: cette eau est orgueilleuse, elle repousse, l'«œil» n'est pas un œil ouvert, ni généreux, il recèle «tant de sommeil» sous son scintillement («Œil qui gardes en toi Tant de sommeil sous un voile de flamme»). — «La fraîcheur pure y forme ses dessins» (B) — ce qui seul pourrait rafraîchir y trace (sur la surface de la mer) de froides et régulières lignes ornementales. Valéry doit avoir été dans son élément en fabriquant à partir de là par homophonie un autre vers en C, qui dit pourtant presque la même chose: «Mon goût de fuir y forme ses desseins» — là aussi cela fuit, de même que je fuis toujours. Ici Valéry pouvait s'observer au travail et tirer de lui-même ces enseignements, souvent mentionnés et jamais expliqués, que lui aurait suggérés la puissance de la rime sur le sens...

> Ainsi le travail du poète, le poème m'intéresse moins que les
> subtilités et les lumières acquises dans ce travail. Et c'est
> pourquoi il faut *travailler* son poème, c'est-à-dire se travailler.
> Le poème sera pour les autres, c'est-à-dire pour la superficie, le
> premier choc, l'effet, la dépense, cependant que le travail sera
> pour moi, c'est-à-dire pour la durée, la suite, la recette, le
> progrès.   5, 26

C'est par là peut-être que peut s'éclairer l'obscurité qui entoure cette question: comment comprendre cet effort de tant d'années non seulement pour retravailler cette strophe VIII, mais encore pour élargir l'ensemble qui de 7 passe à 24 strophes? Lors de la réduction des nombreuses variantes à D VIII ce n'est pas seulement la mer qui se trouve (apparemment) bannie, mais aussi l'inquiétude, les idées de fuite, la soif et la coupe, l'anxieux battement du cœur qui avait même en B jeté des pierres dans la citerne. Et pourquoi, après tout le travail sur D VIII, Valéry n'était-il toujours pas satisfait, pourquoi aurait-il souhaité supprimer les strophes D VI à VIII et même D III[4], et gémissait-il — faiblement — de la cruauté de Jacques Rivière qui lui aurait arraché le poème des mains? Sans doute en partie parce que ces strophes étaient encore trop personnelles ou plus exactement: parce qu'elles contenaient des éléments personnels appartenant à une époque révolue. Que l'on lise par exemple les strophes qui encadrent D III, II et IV donc, qui sont parmi les dernières qu'il inclut dans le poème (Austin 596) et l'on mesurera la différence avec le début, l'on percevra quelle tonalité Valéry voulait voir retenue comme définitive:

> Quel pur travail de fins éclairs consume
> Maint diamant d'imperceptible écume,
> Et quelle paix semble se concevoir!   Str. II

et

> Temple du Temps, qu'un seul soupir résume,
> (C: que je suis dans l'espace),
> A ce point pur je monte et m'accoutume,
> Tout entouré de mon regard marin;   Str. IV
> Tout ce qui m'entoure est assujetti à mon «regard marin»[5]...

Pour finir, le titre même du poème subit une transformation. «Mare Nostrum» pour Valéry devait avoir une triple fonction: d'abord c'était un mot étranger comme «thermométrie» ou «consciousness», ensuite il évoquait une attitude d'imperator romain, enfin il signifiait bien sûr: ma mer, et par là cette attitude — qu'on le veuille ou non — rappelle un autre visiteur de cimetière qui, quatre-vingt-dix ans plus tôt, se proposait, devant la mer des toits à ses pieds, de conquérir Paris.

Pour en revenir à la signification d'«événement pur», origine de cette digression, la comparaison des versions vient-elle finalement confirmer notre interprétation selon laquelle l'«événement pur» serait l'arrivée de la voix?

Retenons tout d'abord que l'image de la citerne, du creux intérieur et de l'espace virtuel de résonance persiste depuis le début. Le «creux toujours futur» du vers final a donc toujours invariablement déterminé la rime du vers 3. «Evénement pur», encore absent de A, ne variera plus à partir de la première dichotomie de la strophe (Austin 604 sq.). Il se borne à entrer dans diverses combinaisons qui toutes ont à faire avec le battement du cœur, jusqu'à ce que ce dernier soit éliminé:

> A verso: Ma vie oscille avec l'inquiétude Entre le songe
> [et l'événement pur.

Variante supprimée pour «le songe»: «la vie».
B1: Heurtant le vide ou l'événement pur.
Variantes pour «le vide»: «monde», puis «mon être».
Ici même une variante pour «l'événement pur»: «et
revenant plus dur»
B2: Qui frappe au vide un événement pur
Finalement C: Et ce cœur dur qui bat d'inquiétude
Entre ma vie et l'événement pur,
T'écoute rendre une grandeur interne.

Voilà un résultat qui n'est pas des plus nets! Il n'autorise qu'une conclusion: l'interprétation généralement répandue d'«événement pur» comme création en devient extrêmement douteuse, tout au plus est-elle secondaire. Austin lui-même a souligné que la formule trompeuse «aux sources
du poème» de D était encore dans la version de la NRF: «Auprès d'un
cœur dont je suis le poème», ce qui n'était sans doute pas une tournure
très heureuse, mais assignait à «poème» le sens figuré de *drame* et non
celui d'*ars poetica*. Mais dans quelques combinaisons, si on les considère
isolément, «événement pur» paraît prendre le sens de «mort», surtout en
B1, peut-être aussi en C. Bernhard Weinberg par exemple (*Limits of
Symbolism*) y voit la mort — mais sans fonder davantage son interprétation. L'usage symboliste de la langue peut autoriser cette interprétation,
mais que vient faire la mort à cet endroit du poème qui ailleurs parle tant
de morts? Et s'agit-il de certitude de la mort, d'expérience ou de peur de
la mort? Il faudrait pouvoir éclaircir ce point, mais on ne le peut. Enfin les
nombreuses variantes qui ne permettent pas l'interprétation «mort», ne
peuvent que nous incliner au scepticisme. Tout ce que l'on peut retenir,
c'est que l'«événement pur» doit être un événement attendu dans
l'angoisse.

On ne peut en vouloir au lecteur qui se sentirait ici gagné par l'impatience: faut-il donc que la poésie «signifie» toujours? André Breton ne
nous a-t-il pas inculqué que le poète ne veut rien «signifier» qu'il n'ait dit?
C'est une leçon qui vaut qu'on l'écoute. Si elle ne nous éclaire guère, elle
nous rend plus sages. Elle nous enseigne à prendre les choses telles qu'elles sont, lorsque autour de «coupe», «soif» et «rosée», à côté d'«inquiétude», de «vie» et «fuite», de «vide», de «sombre amertume» et de «creux
toujours futur», il est question d'un «événement pur». Que l'on remplace
par «voix» (d'ailleurs «boire» une voix, quoi de plus clair?) ou que, comme Lawler qui me convainc ici totalement, l'on parle de «l'existence ramenée à la seule affectivité», de «pure potentialité» (*Lecture,* p. 212) — cela
revient au même: toute l'attente du poète est «concentrée sur les secrets
salvateurs qui sommeillent sous la mer» (K. Wais). Cela, il est vrai, la
comparaison des versions ne peut seule nous l'apprendre.

C. Le thème de l'imperfection du parfait aux strophes XIII - XIV
(voir p. 120)

Dans une réflexion d'une rare acuité Valéry pousse un jour jusqu'à l'absurde l'idée de l'existence d'un *ens perfectissimum:*

> La connaissance du type humain est d'espèce plus élevée et de degré moins élevé que la connaissance d'un être auquel rien n'échapperait (de notre monde donné) mais qui par là même coïnciderait si exactement avec le système réciproque de ce monde que ni souvenirs, ni prévisions, ni lois, ni raccourcis, ni similitudes, ni invariants ne seraient — ne pourraient être, car toutes ces choses supposent une liberté par ignorance.

Les constituants de la connaissance humaine qui lui procurent une liberté relative dans son imperfection, lois, invariants, analogies etc. qui représentent pour ainsi dire l'économie de la connaissance, sont abrogés par un être dont la connaissance est parfaite. Valéry emploie encore une autre comparaison:

> Si je faisais le portrait d'un homme au moyen d'un automate absolument identique au modèle, toutefois il manquerait à mon art tout puissant la grandeur singulière qui consiste dans la suppléance du tout par des parties.

La grandeur de la connaissance humaine consiste à édifier des systèmes de lois — systèmes imparfaits — qui remplacent la simple cumulation. Et il en tire les conclusions suivantes: «La science idéale manque, par définition, de l'idéal de la Science». La science portée à la perfection abolit ce qui fait l'essence et la grandeur de la science même.

> L'idéal manque de l'idéal même. L'inexistence comme attribut nécessaire du Parfait.   5, 153

Le cours de ces réflexions transparaît, à mon avis, derrière ces vers des strophes XIII et XIV du *Cimetière marin* qui s'adressent à la perfection de midi:

> Midi là-haut, Midi sans mouvement
> En soi se pense et convient à soi même...
> Tête complète et parfait diadème
> Je suis en toi le secret changement.
>
> Tu n'as que moi pour contenir tes craintes!
> Mes repentirs, mes doutes, mes contraintes
> Sont le défaut de ton grand diamant...

Repentirs, doutes, contraintes peuvent être compris comme un sous-ensemble ou simplement comme la formule négative de ce que le Cahier désigne par *souvenirs, prévisions, lois* etc.

Le passage rappelle d'ailleurs étonnamment la fin du *Désastre de Lisbonne* de Voltaire, où un calife mourant s'adresse à son dieu:

> «Je t'apporte, ô seul roi, seul être illimité
> Tout ce que tu n'as pas dans ton immensité,

Les défauts, les regrets, les maux et l'ignorance».

Mais selon Voltaire, le calife devrait encore ajouter l'*espérance*.

INTÉRIEUR

Aux «annonces» d'une œuvre littéraire d'une espèce particulière que nous avons rassemblées au début du commentaire de *La Jeune Parque* (cf. p. 192) il faut ajouter encore une note importante dont je voudrais traiter en post-scriptum, tout d'abord parce que sa forme extérieure la rend difficilement lisible, ensuite parce que, me semble-t-il, elle a eu des suites poétiques teintées d'humour. En août 1912, sous le titre prometteur: «Le voici, le but» et sous la forme d'une longue phrase imbriquée, Valéry note une manière de programme. La phrase a pour noyau: «Saisir, faire sentir... quelque principale pensée... qui...». Saisir une pensée centrale, s'en rendre maître, la rendre perceptible aux autres et cela de manière que toutes sortes de phénomènes à la frontière du physique et du psychique viennent jouer autour de cette pensée centrale et l'interrompre, poussière phosphorescente de contenus de mémoire qui font monter de l'intérieur de l'âme mots et images: timbre de l'horloge qui sonne les heures ou phrase perçue quelques minutes auparavant, sensation de froid au lobe de l'oreille qui aide une idée à naître, mais à demi seulement etc. Mais ces épiphénomènes doivent être aussi la matière dont est faite la phrase et qui en détermine la forme. La pensée centrale courrait à travers tout cela, semblant se perdre, émergeant à nouveau, enrichie de ce qui s'est produit dans l'intervalle, mais elle devrait avoir aussi une signification, par le fait qu'elle relie entre elles les parties d'un moi et en assure la continuité. Voici le texte tel qu'il se présente jusqu'ici:

Le voici, le but
Saisir, faire sentir [au moyen, parmi, avec comme matière et comme
trame, structure fine (des phénomènes élémentaires demi-psychiques,
demi-physiques, quasi chimiques — durées de phosphorescences mémo-
riales, au travers desquelles d'autres choses, paroles internes,
images, — puis reprises, l'heure ou une phrase entendue (il y a
cinq minutes) durant encore, ou un frais de doigt au lobe de
l'oreille et un passage de demi-idées, de choses capables de se
développer jusqu'à des idées et des nettetés, mais cette fois non,
un rappel etc.]
quelque principale pensée — qui—
(1) traverse, se perd, renaît, profite de cette absence et de ce
qui l'a emplie, s'en nourrit — qui — (2) signifie, me renoue et
affirme.

Puis dans une syntaxe plus fluide d'autres définitions importantes du rapport entre hasard et conduite qui préside à un tel produit, ainsi que de l'agencement des étapes temporelles à l'intérieur:

A la fois, hasard et conduite; ou: hasard et pourtant s'aidant
des hasards, les absorbant. — Etant à chaque tâtonnement et tournant de route, un changement d'un avenir. Cet avenir bizarrement
mêlé à oubli, et la marche reprise à l'aide du récent passé qui
cesse d'être oublié, masqué, mais se déclare révolu et devant
être répudié clairement — Que sais-je! Quelle musique!   4, 800

Il s'agit donc manifestement d'une découverte enthousiaste qui ne peut
nier du reste ce qu'elle doit, sur le plan formel, au *Coup de Dés* de
Mallarmé. Le développement continue à la page suivante du Cahier, mais
tout d'abord intervient une surprenante révélation quant au déclencheur
de cette découverte:

Bénie soit ma cuisinière Charlotte qui, venue me dire d'inutiles
paroles, laisse dans mon oreille un bout de phrase indigeste qui
me fait penser à tout ceci. J'ai entrevu assez nettement ma propre
intention, à cette occasion demi-lumineuse.

C'est précisément dans ces circonstances qui ne lui sont qu'à demi
claires que lui serait apparue en pleine clarté la nature sensible de la
pensée.

La pensée intellectuelle grossie a la structure d'une sensibilité.
Elle est toute sensations infiniment déliées et mêlées, entremêlées,
et de résidus sensibles, diminutions de mouvements et de lueurs
et de sons, excessivement divisés, mais surtout ne se référant pas
directement au monde sensible — au contraire, le recomposant quand
il y a lieu par des synthèses originales, imprévues — comme avec
une terre on peut modeler un visage, un être de chair, mais d'une
sorte bien plus complexe.   4, 801

Dans quelle mesure est-il justifié de voir un programme formel dans
ces réflexions qui naturellement visent aussi peu un poème concret que les
autres citées plus haut? C'est assez évident après tout ce qui a été dit dans
le commentaire: si la pensée a la structure de la sensibilité (mais beaucoup
plus réduite, accélérée et d'un bien plus haut degré de complexité), alors il
sera possible et licite de reproduire adéquatement la pensée (avec le gros-
sissement correspondant) par le médium de la poésie, le plus pur véhicule
de la sensibilité.

Est-ce se fourvoyer que de supposer qu'*Intérieur* doit son existence à
cet événement ou à un autre semblable, qu'il garde en miniature le souvenir d'une intervention du monde quotidien, qui à demi perçue, se trans-
mua jusqu'à mettre en branle la pensée et qui justifie, sur un ton au début
anecdotique et plein d'humour, l'allusion au quotidien? Comment ne pas
entendre l'espièglerie dans les trois premiers vers:

Une esclave aux longs yeux chargés de molles chaînes,
Change l'eau de mes fleurs, plonge aux glaces prochaines,
Au lit mystérieux prodigue ses doigts purs;

Changer l'eau, astiquer les miroirs, remettre de l'ordre dans les draps —
et une esclave par-dessus le marché? On a sans doute trop innocemment

cherché ici «l'essence de la féminité à l'intérieur de la méditation du poète» (J. Lawler) et la discrète et bienfaisante activité d'une épouse aurait trouvé dans ces vers une expression bien pompeuse, si on leur attribuait un caractère absolument sérieux. Valéry — comme nous avons pu à maintes reprises le constater (cf. p. 327, note 104) — n'est pas un poète d'intérieur, aussi ces yeux d'esclave aux langueurs orientales, sur lesquels pèsent de molles chaînes (vraisemblablement les cils) pourraient bien être une parodie subtilement camouflée: «J'aime de vos longs yeux la lumière verdâtre», écrivait Baudelaire à Marie Daubrun (*Chant d'Automne* II); *Intérieur* est le titre d'un des plus beaux poèmes décadentistes de Verlaine («A grands plis sombres une ample tapisserie De haute lice...»); la disposition sonore et les «allitérations sémantiques», au vers 2 surtout, semblent bien le fait de quelqu'un qui se persifle lui-même le plus aimablement du monde...

Sans doute aucun le jeu bien plus important avec le mot-titre qui signifie bien aussi l'espace intérieur de la méditation, ainsi que la belle image du verre qui passe à travers le soleil, annonçant la «demoiselle de cristal» de *Mon Faust*, sont à nouveau du plus authentique Valéry (mais point, il est vrai, la «raison pure» au dernier vers, qui n'est jamais d'habitude nommée avec une aussi prosaïque absence de détours).

Valéry — il ne faudrait surtout jamais l'oublier — avoue son goût pour la «blague», et sur un ton aussi convaincant que sympathique, à la manière d'Horace:

> De la blague...
> Ceux qui redoutent la blague n'ont pas grande confiance dans la réalité de leur force. Ce sont des Hercules qui craignent les chatouilles.
> Ceux qui parlent d'«ironie dissolvante» doivent se sentir singulièrement solubles. Ce sont des rochers de sucre.
> La chose qui ne résiste pas à un rapprochement juste et inattendu, à une présence actuelle, à un éclairage net, à une expression d'elle-même insolite et familière, n'a pas bonne conscience. Les spirites ne travaillent pas au soleil.
> La liberté de l'esprit et de la langue jouant le rôle de justicier, de conscience—
> 6,487

Pour fournir une preuve a contrario, c'est-à-dire pour montrer comment Valéry aurait peut-être traité le thème que la critique a cru voir jusqu'ici dans *Intérieur*, thème de la fine amour en quelque sorte, citons encore un texte plus tardif:

> Rêve.
>
> Une jeune fille majestueuse, haute et couleur d'amore passe dans la forêt des idées, traverse la pensée appliquée, illumine sa trace d'une lumière étrangère qui semble plus précieuse que la lumière propre de ce silence intelligent chargé de volonté de lumière.

Elle est aussi comme un chant qui s'élève dans le désordre. Elle
n'est pas ce qu'attendait le moment et l'attente sensible et définie; mais ce qu'attend éternellement ce qui est caché et ignoré —
car il est des choses que nous ne savons que nous attendions que
dès qu'elles paraissent. Elle circule sans te voir dans l'intimité
de ton absence personnelle — et va, faisant pâlir au passage les
idoles ordinaires.
— traverse le système des obligations et conventions de la vie
relative...   12, 740 (1927)

On voit que la hauteur de cette figure de Béatrice qui n'était pas
étrangère à Valéry (mais pas à l'époque de «Charmes») s'accorde mal au
genus gracile ac facetum de notre poème.

NOTES

Introduction

1. Il y manque aussi les données bibliographiques. Seule la critique de langue française des années 1890-1927 a fait l'objet d'un recensement complet et critique dans l'excellent ouvrage de l'Américain A.J. Arnold, qui comprend 1969 titres.

2. Jean Paulhan, *L'illusion de l'exercice et le mythe du versificateur*. Dans: Œuvres complètes, III, Paris 1967, 213. L'image est de Valéry: I 1205.

Chapitre I

1. Un thème, selon J.P. Richard, est «un principe concret d'organisation, un schème ou un objet fixe, autour duquel aurait tendance à se constituer et à se déployer un monde. L'essentiel, en lui, c'est (...) cette identité cachée qu'il s'agira de déceler sous les enveloppes les plus diverses». (*L'univers imaginaire de Mallarmé* p. 24).

2. Gilberte Aigrisse, dans sa *Psychanalyse de Valéry*, a attiré l'attention sur l'importance de la voix maternelle. Certes la part de l'hypothèse demeure chez elle exagérément grande, au contraire de l'étude de Judith Robinson sur Valéry, «The anxious intellectual» (AJFS VIII 1971), une des plus pénétrantes analyses psychologiques de Valéry.

En ce qui concerne la «psychocritique» de Charles Mauron, sa méthode qui consiste à mettre à jour des réseaux d'associations par «superposition» de textes, est si fortement entachée d'arbitraire dans le choix même des textes à superposer, qu'il n'est que rarement possible, même avec la meilleure volonté, de prendre position. Dans un examen des fondements de cette méthode, G. Genette — tout en saluant sa visée structuraliste — a souligné tout ce qu'elle comporte de foi aveugle dans le caractère de fait de ces prétendus matériaux de base (*Figures* I, Paris 1966, 133 sq. Cf. aussi J. Mehlmann, *Entre psychanalyse et psychocritique*, Poétiques 3, Sept. 1970). Là où Mauron s'affranchit de sa méthode de superposition, il réussit des interprétations d'une remarquable homogénéité poétique, se plaçant alors face à son objet dans une «relation critique» d'un type très particulier, déployant dans la re-création une activité d'imagination très spécifique.

3. André Caspard-Michel qui avait pris contact avec Valéry en 1912 en vue d'une édition de luxe des vers de ce dernier, a publié en 1930 un recueil de poèmes sous le titre *Divinité du Styx*.

4. Dans: *Hier régnant désert*, Paris 1958.

5. Nous le savons de la fille de Valéry qui le raconta il y a quelques années lors d'une conférence à Oxford: «... le Songe d'Athalie qu'il m'avait appris avant mon premier lustre» (FS 23, 1969, 391). Cette conférence allie inimitablement la grâce espiègle du premier lustre à la dignité de l'âge mûr, le tout à la manière aussi spirituelle que modeste du père.

6. Les meilleurs exposés généraux sur l'importance de Racine pour Valéry se trouvent chez M. Bémol, *Paul Valéry* 229 sq. et chez O. Nadal, *La Jeune Parque* 166. Cf. aussi K. Maurer, *Späte Lyrik* 150 sq.

7. II 495; dans *Jugurtha* XI, 7.

8. O.V. de Lubicz-Milosz, Œuvres complètes, t. II, Paris 1960, 114-5. *Adramandoni* est paru en 1918. Le poème auquel pense Valéry porte pour titre la lettre *H*.

9. Idem. Inédits, Paris 1959, 71 (fac-similé), souligné dans l'original.

10. Pour une discussion plus approfondie de cette strophe, voir Appendice.

11. Douze jours avant sa mort il écrivait: «'Cœur', c'est mal nommé. Je voudrais au moins trouver le vrai nom de ce terrible résonateur» (29, 908-9).

12. Avec une restriction il est vrai: «La poésie elle-même essayait d'être nette et sans sottise; mais c'est une impossibilité: elle ne parvint qu'à s'amaigrir» (I 513).

13. A propos de Swedenborg (1936) on lit: «Il y a de la magie et du calcul différentiel; autant d'athées que de mystiques; les plus cyniques des cyniques et les plus bizarres des rêveurs» (I 867). A coup sûr un siècle au goût de Valéry!

14. Un de ces rites inviolables consistait à s'interdire de saluer avant midi une dame de connaissance que l'on rencontrait dans la rue…!

15. I 51. Cf. aussi LQ 166 et le texte apparemment froid mais très profondément ressenti sur une vieille dame 6, 491 = II 697.

16. Cf. Pl I 70 sq.; J. Robinson, *Valéry, the anxious intellectual* 123.

17. Peu de temps après la mort de Valéry, Nathalie Sarraute a joué le rôle de l'éléphant dans la boutique de ceux qui prétendaient vendre Valéry comme de la porcelaine. Même Valéry ne fut pas épargné, dans la mesure où il s'y était prêté. On a qualifié sa critique d'«ignoble» — elle ne l'est pas. Nathalie Sarraute — exactement comme Claude Roy — a cherché dans Valéry l'incontrôlé, le naturel. Quel admirateur n'en a pas fait autant? Et éprouvé du soulagement à la découverte par exemple des poèmes en prose? Cependant sa critique est injuste et pour certains vers souvent peu convaincante. Ainsi le remaniement de *Narcisse parle* qui lui paraît poétiquement réussi, en *Fragments de Narcisse*, serait selon elle un désastre et elle cite ces vers du premier poème: «Ou puisèrent mes yeux dans un mortel azur Mon image de fleurs humides couronnée!» (16/17), sans doute plus simples, comparés à la version postérieure, mais aussi bien insignifiants.

18. Cf. J. Lawler, *Etude* 96/97.

19. Parmi les nombreuses études consacrées au mythe de Narcisse chez Valéry, cf. P. Albouÿ, Mythes et Mythologies dans la littérature française, 1969.

20. J. Lawler (*Lecture* 11) dit avoir trouvé deux quatrains du sonnet *César* dans l'un des quatre cahiers inédits contenant des esquisses pour «Charmes». Mais le ton et le contenu laissent à penser que le poème (publié en 1926) est beaucoup plus ancien. Ch. G. Whiting (*Valéry jeune poète* 115) le date de 1893, Ch. Mauron de 1889, Ch. Krauss se range à l'avis de Lawler, H.A. Grubbs penche également pour la fin des années 90 (FS XIV 1960, 228).

21. «Tacite est un grandissime écrivain (…) Comme historien, je pense qu'il devait mentir avec beaucoup d'entrain, exagérer, charger au gré de ses antipathies et des effets de langage» (LQ 78).

22. LQ 95; cf. I 352 et 692. La formule «le bourreau de soi» se trouve en 8, 797.

23. Qu'on pense à Apollinaire, à Giraud.

24. Cf. Les Nouvelles Littéraires, 5, 19 et 26 Nov. 1959 — Une lettre à Gide (CG 160) parle aussi d'une tentation de suicide, éprouvée à deux ou trois reprises.

25. Ces évanouissements semblent d'ailleurs aussi un héritage maternel. Cf. H. Mondor, *Précocité* 42.

26. Selon II 609, en style mathématisant: le suicide serait une «solution grossière», approximative. — Ned Bastet a exposé dans sa pénétrante étude *Faust et le cycle* ce que Valéry appelait, encore à la fin de sa vie, son «caligulisme intellectuel». Il écrit dans les esquisses inédites pour *Mon Faust:* «Le Solitaire, c'est le suicide».

27. I 358 = 5, 848.

28. Dans H. Poincaré, *La Valeur de la science,* Paris 1905, chap. VIII, p. 180 sq. Cf. W. Ince FS 1956, 43 sq.

29. Je ne voudrais pas que les éléments biographiques concrets auxquels je me réfère ici comme en d'autres passages soient interprétés comme simple «anecdote».

J. Lawler voit dans le poème du vin un «moment parfait de l'esprit créateur» dans lequel celui-ci ressent «l'inspiration comme une surprise qu'il se fait à lui-même». C'est sans doute cohérent dans le cadre général de son interprétation de «Charmes», «ordered portrayal of ideal moments of the mind's activities», comme il le dit ailleurs (FS 14, 1960, 348). Cependant Lawler n'entend généralement activité de l'esprit que comme création artistique, ce qui à mon avis est trop étroit. C'est cette divergence fondamentale qui fait que je ne puis que rarement me ranger à ses interprétations de détail.

30. Pour la poésie des nuages voir aussi chap. II, note 86.

31. 3, 439; calligraphié encore en 4, 358 et repris en 1925 dans le cycle-Teste comme «Extrait du log-book de Monsieur Teste» (II 40).

32. Heureux qui peut oublier le passé et le futur! On lit dans une lettre à A. Lebey de 1907 (LQ 81): «C'est à lui que rit le pouvoir, la popularité, la richesse. Sans souci de ce terrible et ridicule refrain de l'Histoire, il va». — Il faut avoir présentes à l'esprit ces phrases écrites par Valéry dans les années de crise pour mesurer à quel point sa constitution psychique le disposait à l'idée de pouvoir dictatorial. Il est remarquable qu' il n'y ait jamais plus nettement succombé. On lui a beaucoup reproché les visites qu'il fit par la suite au Portugal de Salazar, chez Mussolini, chez Horthy, ainsi que son amitié avec d'Annunzio. Mais par rapport à d'autres son texte sur l'idée de dictature est modéré, presque neutre, trop neutre sans doute — pour son époque comme pour la nôtre. Ou est-ce parce que Mussolini ne pouvait renoncer aux oripeaux historiques que Valéry l'a dit «moyen»?

33. 3, 474, calligraphié et développé, fignolé même: 4, 367.

34. Le poème *Sinistre,* produit du plus sombre désespoir, est daté par Valéry dans l'avant-propos à «Mélange» des années 90 (cf. I 285). Il aurait dit d'autre part à J.P. Monod, son ami et secrétaire de longue date, qu'il était de 1909 (cf. J. Duchesne-Guillemin, *Etudes* 222). Aucune des deux indications n'est certaine, les deux sont possibles, le ton fortement rimbaldien (de même le fragment *Job,* cf. Lawler 11) rend la première plus vraisemblable.

35. Ici encore apparaît voilée la métaphore de la guillotine. Inutile de dire que la date indiquée pour cette brusque révélation n'est pas exacte. La note date de 1939.

36. II 1481-2. De «Ton simultané…» jusqu'à «gênant» d'après 5, 765.

37. C'est peut-être aujourd'hui le rêve éveillé de plus d'un lycéen, mais nous sommes en 1915! — On trouve en 5, 738 une tentative pour appliquer le principe de relativité à l'étude du système nerveux.

38. J. Robinson, *Analyse* 41 sq. Cf. aussi P. Laurette, *L'arbre* 129 sq.

39. M. J. Guyau, *Les problèmes de l'esthétique contemporaine,* Paris 1884, 163 et 164.

40. Paul Bourget, Œuvres complètes, *Etudes et Portraits,* Paris 1900, 161.

41. 3, 779, bien avant qu'il ne s'exprime dans le même sens avec Lefèvre; cf. *Entretiens avec Lefèvre* 130.

42. Dans son étude du thème de la Pythie, M. Maka de Schepper s'est courageusement efforcée de sauver ce bric-à-brac pour la poésie sans toutefois réussir à délivrer tout à fait le poème du reproche de syncrétisme mythique, c'est-à-dire sans faire apparaître clairement la fonctionnalité des divers «mythèmes». Autant était justifiée l'étude du thème de la Pythie dans la poésie de Valéry, autant il faut être d'accord avec une constatation comme celle-ci: «Chez Valéry, les thèmes les plus personnels et les plus brûlants se lisent encore dans leurs transformations dernières» (p. 56), autant l'affirmation suivante paraît peu convaincante: «Trop d'apprêts dans le décor, trop de 'vapeurs' nous eussent semblé artificiels. Il en reste, mais c'étaient les détails exigés par la coutume poétique» (p. 32). Ce serait faire bien peu de cas de la liberté du poète! Peut-on nier que ces 23 strophes ne contiennent que très peu de beaux vers valéryens comme celui-ci: «Epais troupeau des épouvantes» (Maka de Schepper le relève), que bien des tournures sont à la limite du supportable? L'expression d'«académis-

me glacial» que Nathalie Sarraute applique au poème du serpent et qui — comme je voudrais le montrer — ne lui convient pas, me paraîtrait ici tout à fait appropriée.

43. II 651; cf. II 1425.

44. On ne pourra traiter qu'au chapitre III du rapport de ces éléments entre eux.

45. Les mots sur lesquels se termine la *Note;* «Lionardo mio, o Lionardo che tanto penate» se trouvent dans un Cahier de 1913 (5, 33). L'ajout marginal de 1930: *«Ces mots tracés par qui? On peut lire* pensate *ou* penate. *Quelle intimité... Il a donc fallu qu'une main étrangère mît sur ces feuillets savants une tendre inscription»* est d'une délicieuse ambiguïté: on trouve effectivement, au Codex Atlanticus (71a; no. 1555 A dans l'édition des *Literary Writings* dû à J. P. Richter), cette phrase: «Oh Lionardo, perchè tanto penate?», écrite par une main qui n'est pas celle de Léonard. Toutefois, la main qui a tracé, sous une forme légèrement modifiée, ces mots dans le Cahier de 1913 n'est pas non plus celle de Valéry, mais bien celle de Catherine Pozzi qui a dû les y mettre en 1920. C'est elle d'ailleurs qui écrit *pensate* au lieu de *penate*. Toute la phrase du Cahier est biffée de la main de Valéry.

46. «Comme une foi, l'orgueil participe de l'élastique de la vie. Cet anneau insécable de fumée» (4, 669). Encore une fois dans l'intervalle: l'anneau de fumée, «image de système nerveux entièrement fermé qui se croit infrangible — la conscience. Equilibre mobile» (6, 611).

47. I 1228. La même comparaison se trouve déjà en 5, 115 et 5, 770, également dans une lettre à A. Coste de 1915 (LQ 109 = VV 271), dont Valéry a copié en 5, 783 quelques phrases.

48. Cf. entre autres: M. Raymond, *Tentation* 44 sq.; M. Bémol, *Paul Valéry*, p. 100 et 270-74; P.O. Walzer, *Poésie* 142 sq.; H. Laitenberger, Begriff der «absence» 121 et passim; P. Bürger, *Funktion des Stolzes,* 160; W. Ince, *Inspiration and Technique*, 125; J. Levaillant, *Soirée*, 246.

49. Mais ce ton se fait de nouveau entendre en 1917 et avec une chaleur encore inconnue: «Note harmonique de l'humain. Une note si grave, si profonde qu'elle semble toucher le centre de la vie. Cela fait vibrer très au fond, irrésistiblement, et tient à la joie ruisselante, à la douleur, à l'inconnu de l'être. *Cela* ne peut se classer dans aucune notion, cela vous possède et vous épuise, et vous sentez que *cela* fait de vous ce qu'il veut. Pas de lutte possible». 6, 506.

Le niveau monte dans la citerne!

50. Acte II, sc. 5, II 322; première partie de la citation I 1223.

51. Ibidem.

52. I 396, reproduit dans *Propos me concernant* de 1944 (II 1511) immédiatement après une évocation de Monsieur Teste, ce qui brouille les pistes et «télescope» les stades d'évolution.

53. Cf. aussi L.J. Austin, *Paul Valéry, «Teste» ou «Faust»?*, CAIEF 17, 1965, 245 sq.

54. 4. 217; cf. plus haut p.38-39.

55. I 1295. — Ne perdons jamais de vue le point de départ: «Mon idéal n'a pas été de présenter une explication du monde, mais d'accroître les pouvoirs, le dressage du système humain; particulièrement de le préparer *contre* ses sentiments et ses pensées, ses émotions, en essayant d'adjoindre à ces fluctuations la notion de la relativité de leur valeur et de l'indétermination de leur *signification»* (5, 169).

56. Voir plus loin, commentaire des vers 102 sq (Chap. IV, p.227 sq.)

57. Il n'est pas exclu que la date ne figure que parce que l'auteur commence un nouveau cahier. Quoi qu'il en soit, l'indication est la bienvenue.

58. Le passage a été maintes fois cité, par Laurette 48, Couffignal 235, Lawler 161. Il procède très vraisemblablement d'*Axel* de Villiers de L'Isle-Adam: «La terre est gonflée comme une bulle brillante, de misères et de mensonges, et, fille du néant originel, crève au moindre souffle de ceux qui s'en approchent!» (Paris 1960, 250).

59. L'*Ebauche* commence ainsi: «Parmi l'arbre, la brise berce La vipère que je vêtis». Dans *Mon Faust,* acte II, sc. 6, Méphistophélès glisse de l'arbre sous l'aspect d'un serpent vert.

60. Si l'on considère que le serpent de son côté prétend laisser la ciguë loin derrière:
Bête je suis, mais bête aiguë,
De qui le venin quoique vil
Laisse loin la sage ciguë (Str. I)
nous avons là une belle *Légende des Siècles* valéryenne...

61. Valéry a toujours affirmé que ses écrits en prose avaient été des œuvres de commande. Cela ne saurait valoir pour *Note et Digression*.

62. C'est la question que pose Schelling, et que reprend Heidegger: «Warum ist überhaupt etwas, warum ist nicht nichts?» (Sämtliche Werke, vol. 13, p. 7) — Pourquoi y a-t-il quelque chose et non pas rien?

63. C'est aussi l'écrit dans lequel Valéry part le plus violemment en guerre contre le principe «l'homme et l'œuvre». On connaît la phrase célèbre: «Accumulez tous les détails que vous pourrez sur la vie de Racine, vous n'en tirerez pas l'art de faire ses vers» (I 1231). Si j'y oppose un peu brutalement la citation qui suit, ce n'est pas pour prendre Valéry au piège de ses contradictions, mais pour ébranler ceux qui croient par commodité que plus on cite cette phrase, plus elle devient vraie. — «Dites-moi, Critique, savez-vous quelle était la sensualité de (Racine etc.)? S'il aimait les parfums, les cheveux soyeux, les jambes pures et quel morceau il préférait de la bête — Et si vous l'ignorez, et vous l'ignorez, que me parlez-vous de Phèdre?» (23, 180). — Racine et le rumsteck...

64. 4, 479. Repris dans le *Logbook de Monsieur Teste,* II 45, avec un paragraphe supplémentaire qui vient de 4, 484 («Si nous savions...»). — En 1914 Valéry note d'assez cyniques réflexions sur le comportement d'un trio d'amis: *A*lceste, *B*asile, *C*éphas (5, 64). *B* a les traits de l'auteur, les deux autres pourraient être Gide et Louÿs.

En juin 1917, quelques semaines donc après l'achèvement de *La Jeune Parque,* Valéry note de nouveau le projet d'écrire un dialogue sur Protée. Cf. à ce sujet chap. IV, p. 280

65. Dans l'esquisse d'une *lettre-préface* pour un recueil de vers de Pierre Louÿs, l'amitié et l'amour sont d'autant plus nettement séparés: «L'amour c'est de pouvoir être bêtes ensemble, l'amitié bien plus difficile est de pouvoir être intelligents ensemble». Pourtant même ici l'amitié est tout de suite célébrée dans sa manifestation limite:
«Elle donne l'idée quelquefois de la société de l'homme avec soi-même ayant pour limite le monologue intérieur» (6, 477). Il est déconcertant de constater que la déception en amitié, dans une amitié — Valéry lui-même le reconnaît lucidement — où il s'était engagé avec des attentes exorbitantes, s'exprime dès 1900 dans des lettres à Gustave Fourment:
«J'aurais voulu trouver qui eût été avec moi comme je suis avec moi», écrit-il, et il reconnaît en même temps avoir poussé si loin sa propre singularité que la communication n'est plus guère possible (CF 158).

66. De même à propos de Pierre Louÿs: «Sans l'ami qui l'exhortait, l'excitait, le réconfortait, eût-il jamais mené à sa fin cette œuvre difficile, *exercice* conçu par analogie à l'image d'une composition musicale *à plusieurs parties?*» (I 1619).

La *Jeune Parque* est donc un chant d'amitié à plusieurs voix! Au quatrième volume des Cahiers se trouve une autre (très longue) méditation sur l'effort désespéré qu'il faudrait pour abattre les murs qui se glissent toujours entre deux êtres pensants. Les écrivains, selon lui (4, 653-4) auraient échoué (veut-il dire: dans la pratique ou dans l'écriture?). «Tout se dire» — il faut bien croire que ce rêve ne s'est pas réalisé même avec un André Gide. De nouveau on se voit forcé de supposer que la poésie ici a fourni un ersatz d'accomplissement. Tandis qu'un Montaigne en écrivant ravive et approfondit dans le chagrin une amitié certes perdue, mais qui fut réelle et heureuse, Valéry s'écrit de beaux substituts à une aspiration inassouvie et sans doute inassouvissable.

67. Cf. plus loin chap. IV. p. 252
Le dialogue de Valéry où s'exprime le mieux cette «divine inimitié», ce jeu cruel de poursuite réciproque jusqu'à l'essoufflement, ce croisement de fleurets virtuose et impitoyable entre deux escrimeurs aux réflexes également rapides, à l'œil pareillement aiguisé, c'est l'*Idée fixe,* qui me paraît être à bien des égards le plus authentique, le plus personnel de tous

ses écrits publiés. Mais l'interlocuteur y est un médecin et le contenu — inavoué —, l'idée fixe, l'échec d'une relation avec une femme.

68. Que Valéry ait eu cependant un vif intérêt pour «les drames», c'est ce que montrent les travaux de N. Bastet et de H. Laurenti.

69. Quand Mallarmé emploie cette même formule: «un calme narcotique de *moi* pur longtemps rêvé» (*Igitur,* O.C. p. 435), cette question ne se pose guère.

70. Husserl, *Méditations cartésiennes,* trad, G. Pfeiffer et E. Levinas, Paris 1947, p. 134. — Cf. mon article: *Valéry et Husserl,* Actes du Colloque Paul Valéry de Kiel.

71. Cf. p.181 sq.
On sait avec quel entêtement Valéry défend son probabilisme: «Le premier principe est la variation propre, la *self-variance.* Il est incroyable que les philosophes n'en aient jamais parlé. Tout le reste n'est qu'infraction à ce principe» (6, 635).

72. Allusion, comme l'a vu M. Bémol, au livre d'Adrien Baillet, *Une vie de Descartes,* que Valéry a consulté.

73. Remarquons qu'en cela Valéry n'est pas très éloigné de la critique de Descartes par Vico: Vico avait interprété le cogito comme une certitude de la *conscientia,* non comme une vérité de la *scientia* (*Opere,* ed. F. Nicolini, p. 258).
Pour l'identification de Valéry à Descartes voir aussi Y. Clogenson, *Entretiens de Cerisy,* 229 sq.

74. Dans la *Lettre de Madame Emilie Teste* (parue en 1924) Teste aussi devient protéen: «Les visages de Monsieur votre mari sont innombrables», dit l'abbé à Madame Teste (II 33).

75. Que l'on compare par exemple avec *Ce qu'on entend sur la montagne* (Les Feuilles d'Automne).

76. J. Duchesne-Guillemin (Etude de «Charmes» 119) pense que le paysage breton a pu susciter l'hymne aux îles dans la *Jeune Parque* (v. 348 sq.) Cf. aussi O. Nadal, *La Jeune Parque* 385. A Perros nous devons aussi une inoubliable comparaison: le rêve comme un bloc de lave brute se dressant au milieu d'un jardin soigné: «Au réveil, ce cauchemar (...), ce morceau de sauvage, cette coulée refroidie, effrayante trachyte, bloc au milieu des jardins cultivés. Oui, revoir maintenant, au moment du jour, ce cauchemar, une dernière fois...
Le jardin de la villa à Perros avec ses allées et ses bandes d'iris, coupées brusquement d'une échine de roche brute. Voilà comme ce jardin peut ressembler à un réveil après un rêve» (5, 109).

77. Au temps de la *Soirée* Valéry avait toujours présenté Monsieur Teste de dos ou le visage dans l'ombre.

78. Cette autoprojection, si caractéristique qu'elle soit (Descartes aussi est Protée...) ne résume cependant pas les rapports de Valéry avec Goethe. Cf. entre autres les travaux de M. Bémol, K. Wais, P. Laurette.

79. On sait qu'il a étudié la scolastique de manière assez approfondie. G. Cattaui dans son essai *L'Univers de Valéry* (Eigeldinger p. 139) est d'avis qu'il est plus proche de Bonaventure que de Thomas. La *Métaphysique* d'Aristote figurait dans la bibliothèque de Valéry.

80. Aristote, *Métaphysique,* 1048 b.

81. Cité d'après L. Schütz, *Thomas-Lexikon,* Stuttgart, nouvelle édition 1958, art *potentia* et *actus.* — *Actus* est, en outre, non seulement le contraire de *potentia,* mais aussi celui de *habitus* = qualité d'état, disposition durable d'une chose. Est-ce un hasard si Valéry — sauf erreur de ma part — ne commence que tardivement à réfléchir sur *habitude?*

82. *Théodicée* § 215. Cité d'après *Die Philosophischen Schriften,* ed. C.J. Gerhardt, vol. 6, Berlin 1885, p. 252.

83. Le texte suivant de Milosz occupe une position intermédiaire entre ces extrêmes; en outre on y entend très nettement l'écho de Fichte chez les poètes symbolistes:
«Immense, éternelle, effrayante Réalité. C'était toi, de toutes les possibilités, toi la plus extraordinaire. Car tu n'es pas en moi, et cependant je suis ton lieu; je passerai, et tu demeureras; et pourtant, nous deux, nous sommes inséparables; mon amour t'embrasse, et c'est là ton unique borne, ô Illimité!» (O.V. de Milosz, *La Confession de Lémuel,* 1921. Œuvres complètes II 162).

84. Pour la définition qui en découle: «C'est l'exécution du poème qui fait le poème» cf. chap. III p. 173.

85. A ce propos un détail philologique peut encore nous renseigner quelque peu sur Valéry lecteur: *Cahier* 5, 132 on lit, tracée d'une grande écriture quasi triomphale, cette citation au premier abord énigmatique:

«Notre vie est la mort des âmes et la mort des âmes est notre vie. Héraclite. L'âme sèche est très sage Hér. Cité par Porphyre, Antre des Nymphes».

Si l'on cherche le passage (Valéry cite très rarement) on constate que dans le récit de Porphyre, l'*Antre des Nymphes* (allégorèse de *Odyssée* XIII sq.) les deux citations d'Héraclite disent que les âmes, en entrant dans un corps mortel, meurent ou se mouillent: l'âme la plus sage est celle qui ne se mouille pas, donc qui se refuse! —

Mais cette analogie ne vaut que sur le moment. G. Cattaui s'engage peut-être beaucoup lorsqu'il parle d'un illuministe néopythagoricien.

86. I 288, voir plus haut p. 63. Cf. aussi l'interprétation à rebours d'Harpagon, II 885.

87. Doch mit dem Hort / denk ich dann Wunder zu wirken: / die ganze Welt / gewinn ich mit ihm mir zu eigen. — «Du monde entier j'aurai grâce à lui l'héritage», dans la traduction de l'*Or du Rhin* par Alfred Ernst (Sc. 3).

Chapitre II

1. LQ 61.

2. Pour le passage dont il est ainsi fait l'éloge voir p.302 note 46.

3. Plus tard encore il polémique contre Rousseau: II 603.

4. Agathe Rouart-Valéry, *Valéry vu par sa fille*, FS 1969, p. 390. L'animosité envers les beaux sites (qui n'est nullement originale) se trouve déjà dans l'essai sur Léonard de 1895, cf. I 1165.

5. Cf. I 900.

6. H. Blumenberg, *Sokrates und das «objet ambigu»*.

7. Très expressément: CG 452-3.

8. Cf. plus haut p. 64.

9. Cf. aussi I 1468.

10. «Etre et savoir sont étrangers l'un à l'autre lorsque l'être n'est pas seulement conscience» (K. Löwith, *Paul Valéry* 15). On peut dire que c'est là définir une des conditions fondamentales de la poésie. C'est par là qu'elle devient nécessaire, c'est par là qu'elle devient possible. La poésie fait toujours ressortir l'étrangeté de l'être — pour l'atténuer.

11. 3, 364. — Cf. aussi la lettre à Madeleine Gide: «L'informe est ma partie» (CG 402). — Dans sa remarquable contribution au colloque de Cerisy W. Ince a rassemblé un assez grand nombre de notes de teneur analogue datant des dernières années (*Entretiens* 207 sq.).

12. Pour «significatif» cf. 5, 198 et p. 120.

13. Trente ans plus tard un écho dans l'essai sur Degas: «Je pensais parfois à l'*informe*… Dire que ce sont des choses informes, c'est dire, non qu'elles n'ont point de *formes,* mais que leurs formes ne trouvent en nous rien qui permette de les remplacer par un acte de tracement ou de reconnaissance nets. Et, en effet, les formes informes ne laissent d'autre souvenir que celui d'une possibilité» (II 1194).

14. 4, 505 — Sur le problème de Zénon cf. les travaux de E. Gaède et J. Schmidt-Radefeldt.

15. VV 162.

16. VV 163. — Je veux donc dire: l'on n'a encore rien fait en mettant en évidence les étymologies chez Valéry, tant qu'on ne peut en faire autant pour l'«étymologie» poétique, la véritable origine personnelle. (cf. p. 134 et p.195).

17. Voici comment Valéry note la vue de la Seine à Suresnes le 11 Mai 1912: «L'eau hésite, balbutie, s'excuse à mes pieds, se rengorge» (4, 693 = II 604). Le jeu bien connu *contempler-considérer* de l'essai sur Pascal (I 466) se trouve déjà en 4, 129.

18. I 36.

19. Volume C. Cf. I 1566.

20. Nadal, p. 358 et fac-similé VII 59. Une autre fois en 1918 dans une ébauche de *Au Platane:* «Tu n'iras pas plus loin que Cybèle ne veut (...) Tu n'iras pas plus loin, ô semblable à la mer» (cité par Lawler, *Etude* 43).

21. Job 38, 11: «Usque huc venies, et non procedes amplius» (Vulg.). L'utilisation de la citation témoigne encore une fois de l'attentive lecture de la Bible dont il est question en LQ 40 («On trouve dans la Bible réponse à tout et des ouvertures effrayantes sur le puits intérieur du rêve» 1890), car dans la conscience commune la phrase n'est plus du tout, comme dans le Livre de Job, reliée à la mer à laquelle Jéhovah assigne ses limites. Voltaire, à la fin de la quinzième des *Lettres Philosophiques* la cite sous la forme suivante: «Procedes huc, et non ibis amplius», et l'applique aux limites du connaissable. Dans ce sens d'ailleurs ce «jusque là et pas plus loin» s'est depuis la Renaissance confondu avec le *nec plus ultra* des colonnes d'Hercule, semblable par le sens, qui remonte à Pindare et s'est, à travers la figure d'Ulysse chez Dante, métaphoriquement étendu au domaine de la connaissance. Le «Plus ultra» du blason espagnol ornait aussi les frontispices des œuvres de Bacon. «Más allá» subit plus tard un étonnant avatar — proche de Valéry — dans le poème d'ouverture du *Cantico* de Guillén qui l'applique à l'ordre des objets. Etonnant parallèle: biblique, humaniste, symboliste.

22. «Et de moi en moi», comme ajoutent — sans nécessité — des versions postérieures. (Cf. II 668 et II 1425).

23. *Les moyens du mystère chez Mallarmé et Valéry,* CAIEF 15, 1963, p. 111 sq.

24. Paul Valéry, *Etudes,* p. 60.

25. *Commentaire de Charme,* ad locum.

26. *Paul Valéry,* 176.

27. *The heritage of Symbolism,* Oxford 1943, p. 38, cit. d'après Austin.

28. *Poésie de P. Valéry, 322.*

29. *Tentation,* 91.

30. *Poésie de P. Valéry, 349.*

31. RHLF 55 1955, p. 527.

32. Voir infra.

33. I 626.

34. I 470; Maurer p. 35, 36.

35. P. 50/51.

36. Mallarmé O.C. 1213.

37. *Lecture* 230.

38. French Studies, 1967, p. 357. Pour la citation des Cahiers voir p. 90-91.

39. L'«*Ode secrète*» de Paul Valéry, p. 96.

40. *Paul Valéry,* 1923, p. 63 sq. Curieusement Austin passe Thibaudet complètement sous silence.

41. Dans un essai sur le problème de la *profondeur* le psychologue Raymond Ruyer évoque aussi notre poème. Cf. *Le relief axiologique et le sentiment de la profondeur,* Revue de Métaphysique et de Morale 61 1956, p. 251.

42. A propos du front cf.: Sur le front d'un jour gracieux, I 159. A propos de: N'avait la victoire fêté (au lieu de: fêtée) cf. Walzer p. 468.

43. Pour la source chez Hugo cf. plus loin p.305, note 87.

44. I 1676.

45. Il est assez courant que Valéry associe l'idée de réalité pure, libre de signification, au ciel étoilé: «Le réel pur ne signifie rien, ne profère rien. *Coeli non enarrant quidquam. Ce qui est n'a rien à dire*». (In: *Concerto pour cerveau seul,* 18, 505, de 1935; repris dans: *Propos me concernant,* II 1520).

46. Revenons brièvement sur le texte cité au début, qui n'est pas sans intérêt pour la connaissance de Valéry lecteur. (Cf. *Œuvres de Francis Vielé-Griffin* Paris 1927, vol. III, p. 23 sq.). Tout d'abord le déplacement de l'intérêt mérite qu'on s'y arrête: de l'action de la

pièce (qui fut grandement surestimée, cf. H.M. Bloch, *Mallarmé and the Symbolist Drama*, p. 117), assez pauvre en soi, concentrée sur le combat qui se livre dans l'âme de Phocas, il se porte sur le tableau statique qui ouvre la pièce et sur lequel le commun des lecteurs passe sans s'arrêter. Puis l'atmosphère lyrique de ce tableau: le soir, le travail quotidien accompli, la fatigue, la plénitude. Le temps suspendu magistralement suggéré par le paradoxe de l'eau qui s'écoule régulièrement («Et l'heure, tantôt lourde, au sillon lent, Glisse, Avec l'eau...»). En plus une technique symboliste d'«entrelacs» d'une grande virtuosité: «La gourde... Tisse, Là-haut, Des fraîcheurs d'entrelacs... Mêlant des transparences vert-lilas Au grand jour blanc Du solstice...» marquera encore le goût de Valéry dans les années qui suivent. Mais c'est sans doute le début du poème qui a trouvé en lui la plus forte résonance: «Ce figuier simple aux mille mains propices...». Ne peut-on y reconnaître le «simple» qui archétypise le monde dans le premier vers de *La Jeune Parque;* la silhouette de l'arbre interprétée comme un geste de don dans le poème *Palme;* enfin le savant déséquilibre du décasyllabe, tel que Valéry le manie dans le *Cimetière marin?*

47. J. Onimus aussi a fait à ce propos des observations très justes.

48. Cf. pour cette utilisation de «sans ressource» la définition suivante de la conscience de rêve:»... la conscience sous le sommeil, la production et la substitution de quasi-phénomènes, le perpétuel état naissant d'une vie mentale sans retour, essentiellement instantanée» (I 881). Voir aussi plus loin à propos des vers 102 et suivants de *La Jeune Parque*.

49. De manière très significative Valéry établit bien plus tard un rapport d'analogie entre effet de l'art et effet de la nature: au plus haut point du «charme» qu'exerce sur lui une œuvre, s'impose souvent irrésistiblement le sentiment du caractère fortuit de ce qui l'a captivé, exactement comme les beautés naturelles ne représentent à proprement parler «que des accidents géologiques et les variations du ciel le soir, «de passagères combinaisons de lumière et de vapeur» (cf. I 1351).

50. Valéry se serait-il souvenu de Voltaire? «Il ne peut y avoir que des espèces de philosophes qui aient remarqué le cours des astres, les aient fait admirer, et les aient fait adorer; mais des cultivateurs simples et sans aucune lumière n'en savaient pas assez pour embrasser une erreur si noble» (Dict. Phil. Art. *Religion*, ed. Benda — Naves, p. 361).

51. Voir plus haut p. 31 et 51.

52. Orgueil du poète chez Hölderlin ou Schiller *(An Herkules; Das Ideal und das Leben);* Horace touchera du front les étoiles pour peu que Mécène le compte au nombre des poètes lyriques *(Odes* I, 1). Coluccio Salutati, à la fin de ses *Travaux d'Hercule*, veut «che agli umini fortissimi, poichè hanno vinto le mostruose fatiche della terra, debitamente sieno date le stelle» (Filippo Villano, *Vies de Florentins illustres*). Valéry est-il poète classique? — La thèse du poète fier de ses œuvres, si toutefois on la considère comme digne d'examen (et non comme un regrettable manque de discernement) est difficilement plausible, au moins si l'on pense à l'automne 1918: *La Jeune Parque* est achevée depuis un an et demi; «Charmes», surtout le *Cimetière marin* sont par contre en cours de composition, le dialogue en projet sur Protée n'est pas commencé, en revanche paraît en 1919 la très problématique *Note et Digression*. Pour ne rien dire de plans plus ambitieux encore concernant une œuvre engendrée en pleine lumière (cf. p. 280).

53. Oralement, avec autant d'éloquence que d'amabilité.

54. I 41.

55. 24, 65, cf. J. Duchesne-Guillemin, French Studies 1967, p. 358.

56. I 1169.

57. serviras? L's semble ajouté après coup, à moins que ce ne soit une virgule.

58. Cf. I 589 et 6, 717 (aussi Fabureau 122). Ces deux vers ont été popularisés par le livre de Malraux évoquant sa dernière conversation avec De Gaulle.

59. Même rime chez Henri de Régnier, *Le bûcher d'Hercule*, in: *Les médailles d'Argile* (1900).

60. Il s'en courrouça, tourna son arc vers Hélios qui, parce qu'il admirait son courage, mit à sa disposition la coupe d'or grâce à laquelle il put faire sortir les bœufs de Geryon de l'île

d'Erytheia. — L'épisode est raconté par Apollodore (II, 5, 10) à propos de l'érection des deux colonnes.

61. I 1169; cf. plus haut p. 92.

62. *Valéry jeune poète*, p. 124.

63. «Ce qu'on appelle espace n'est qu'un mode de cet achèvement imaginaire de la vue». Telle avait été la conclusion du texte de Granville (4, 820, cf. plus haut p.82).

64. Cf. plus haut p.82.

65. Cf. aussi le poème *Silence*: «La puissance du soir à la fin s'est montrée, Un grand silence touche à plus d'une contrée» II 1624.

66. D'après J. Lawler, *Lecture* 85.

76. *Paul Valéry*, p. 170.

68. *Lecture* 86.

69. *Lecture* 86.

70. Victor Hugo aurait-il inspiré le programme de ces deux poèmes? On le croirait à lire la fin de *Soleils couchants* I dans *Les Feuilles d'Automne*: «L'hiver quand ils (les voiles du ciel) sont noirs comme un linceul, l'été, quand la nuit les brode d'étoiles». «Suave linceul» me paraît d'ailleurs provenir plus directement de Baudelaire (*Recueillement*) que de Mallarmé, comme le pense J. Lawler. Il est vrai que Mallarmé utilise par deux fois la rime *linceul/seul* (ou inversement), mais dans les deux cas *linceul* n'a rien à voir avec le sombre plafond des nuages. — Je ne vois pas de rapport entre *linceul* ici et les «délicieux linceuls», J.P. 465 (Noulet p. 170).

71. I 1662.

72. 12, 282. La dernière phrase fait allusion aux vers de l'avant-dernière partie du fragment III: «L'arbre aveugle vers l'arbre étend ses membres sombres, Et cherche affreusement l'arbre qui disparaît...»

73. Cette partie de l'ébauche avait en fait trouvé ailleurs son aboutissement: «Mon âme ainsi se perd dans sa propre forêt Où la puissance échappe à ses formes suprêmes... L'âme (...) se fait immense et ne rencontre rien...» C'est l'effet de cet élargissement de l'âme à l'infini que décrit la fin de *l'Ode secrète!* Certes l'*Ode* voile au moins autant qu'elle décrit. Si Valéry croyait ne jamais venir à bout de ses poèmes, le mystère dont il les enveloppe n'en est-il pas aussi responsable?

74. I 1662.

75. Chez E.M. Gerstel 33. — Gerstel cherche longuement les raisons de la modification de «Leur ennemi dans l'azur traînant ses yeux funèbres», sans penser à la plus évidente: l'hypermètre.

76. Elle concorde en tout cas très exactement avec l'esquisse d'une septième strophe communiquée par Lawler: «Il n'est de tête qui ne plie Et mortelle (futile) ne se connaisse D'avoir là-haut non accomplie Vu l'incommensurable aînesse» (*Lecture* 231). L'inaccompli est sans doute une allusion aux «grands actes». Pas trace de triomphe donc.

77. A propos du sujet et de l'attribut en général cf. J. Schmidt-Radefeldt, *Valéry linguiste* 149 sq. Pour ce passage en particulier Jürgen Schmidt-Radefeldt attire aimablement mon attention sur la définition suivante: «Si l'attribut n'est pas une des valeurs du sujet, il y a déformation du sujet — donc «figure».

Une figure est la relation d'expression qui contraint le résolvant (l'esprit soumis à comprendre) à une production-substitution qui modifie le terme-sujet. 17, 602

(Les réflexions de Valéry se fondent en grande partie sur la logique des prédicats de Leibniz, qu'il a connue par l'ouvrage de Louis Couturat, *La logique de Leibniz*, Paris 1901. Cf. aussi J. Robinson, *Analyse* 29).

Vaste idée qui conduira à un renouvellement de la notion de figure (cf. plus loin, chap. III).Nous en tirons pour notre propos les conclusions suivantes: les sujets nommés ne sont susceptibles d'aucun prédicat qui soit déjà contenu en eux, comme dans l'énoncé habituel («Le ciel est bleu»). C'est-à-dire que sur ces phénomènes il n'y a, au sens strict, pas d'énoncé possible. La figure pure est pour Valéry identique à la poésie pure. D'où il ressort que ces phénomènes peuvent fournir à sa poésie les sujets les plus appropriés.

78. Et sa fille écrit qu'il a supporté son pessimisme «à la manière des habitants des contrées du sud qui se sentent toujours si vulnérables à la chute du soleil, pris dans le contraste trop absolu entre l'éclat de leur astre fidèle et l'immense néant indéchiffrable de la nuit» (*P.V. vu par sa fille*, p. 390).

79. V. Hugo, *Œuvres poétiques*, Ed. de la Pléiade, t. I, p. 786.

80. Cf. K. Wais, *Mallarmé*, 2ᵉ dition, p. 596.

81. *Drame solaire*, p. 83.

82. «I silently laugh at my own cenotaph» (*The Cloud*). Cf.Synthèses, Déc. 1968, p. 49. — L'image des tentures de catafalque est déjà chez Baudelaire: «Les lourdes draperies qu'une main invisible attire des profondeurs de l'Orient» (*Le crépuscule du soir*, O.C., p. 263).

83. K. Wais, *Mallarmé*, p. 600; 1ʳᵉ édition p. 435.

84. Personne ne s'étonnera que l'idée des transpositions se trouve également déjà chez Baudelaire, formulée par un beau paradoxe: «Les lueurs roses qui traînent (...), les lourdes draperies (...) imitent tous les sentiments compliqués qui luttent dans le cœur de l'homme aux heures solennelles de la vie». (O.C., p. 263). Sous cette forme générale c'est un lieu commun symboliste.

85. Si l'on incline à voir dans la décapitation un acte d'agression contre le père, on obtient encore un autre parallèle. A la différence de la première strophe du poème de Merlin chez Apollinaire où le rouge du soleil est avec crainte et dégoût associé à la mère.

86. A moins que pour de tels passages on ne remonte (comme l'a fait Maeterlinck au début de la *Princesse Maleine*) jusqu'à Shakespeare, vis-à-vis duquel le voltairien Valéry se montrait réservé: dans *Henri IV*, le prince de Galles répond à Falstaff ivre qui lui demande l'heure, que celui-ci voit sans doute même le soleil blessé comme une «fair hot wench in flame-colour'd taffeta» (1ʳᵉ Partie, 1, 2).

La déroutante poésie des nuages prend en outre chez Shakespeare la forme la plus impénétrable, archétypale en un certain sens, lorsque Hamlet montre à Polonius des formes animales dans les nuages: chameau, belette, baleine, et se sent mystifié lorsque celui-ci semble le prendre au sérieux: «They fool me at the top of my bent» (III, 2, 391 sq.). — On comprend mal que Valéry ait prêté si peu d'attention à Hamlet alors que Mallarmé, l'interprétant comme l'unique *dramatis persona*, avait fait de lui le prototype du «théâtre de l'esprit» symboliste. Valéry sur Shakespeare: 6, 230, 11 893 et 895.

Goethe renvoie lui-même à Shakespeare dans le commentaire de la deuxième strophe de *Howards Ehrengedächtnis* où il évoque la fonction de l'imagination humaine «qui suivant son instinct inné tend toujours à donner à tout accident informe quelque forme nécessaire, ce que l'on reconnaît à ce qu'elle se figure volontiers les nuages comme des animaux, des armées en guerre, des forteresses et autres choses de ce genre» (Ed. de Hambourg I 408). Quatre fois un rapport très intime au même thème: sous une forme inquiétante chez Shakespeare, secrète chez Valéry, suggestive chez Mallarmé, ouverte chez Goethe (et il ne faut pas oublier les romantiques anglais; cf. aussi K. Badt, *Wolkenbilder und Wolkengedichte der Romantik*, Berlin, 1960).

87. Impossible de ne pas citer à ce propos le vers 180 dans *Ce que dit la bouche d'ombre* de Hugo:

Là, sombre et s'engloutit, dans des flots de désastres
L'hydre Univers tordant son corps écaillé d'astres.

Même image encore dans la *Légende des Siècles*, Vingtième siècle, *Plein ciel*, (éd. de la Pléiade, p. 724). Source pour Mallarmé *et* pour l'hydre de l'*Ode secrète* de Valéry! C'est quasiment démontrable dans le cas de Valéry, le même poème contenant six vers plus loin un des vers qu'il cite volontiers: cf. chap. III p. 149.

88. A propos de ces deux derniers thèmes que l'on compare aussi avec la conclusion du poème en prose de Baudelaire, *Le Crépuscule du soir*: «On dirait une de ces robes étranges de danseuses, où une gaze transparente et sombre laisse entrevoir les splendeurs amorties d'une jupe éclatante (...); et les étoiles vacillantes d'or et d'argent, dont elle est semée, représentent ces feux de la fantaisie qui ne s'allument bien que sous le deuil profond de la Nuit» (O.C., p. 263).

Il est en outre toujours étonnant de trouver ce type de fantastique précis, tel qu'il apparaît dans la deuxième strophe d'*Ode secrète,* préfiguré chez Hugo. La coordination métaphorique des «étincelles d'été» et des gouttes de sueur au «front» du ciel ne présente plus de difficultés si l'on se rappelle certains passages comme celui-ci dans *Mazeppa* (1828!):

Dans la nuit orageuse ou la nuit étoilée,
Sa chevelure, aux crins des comètes mêlée,
Flamboie au front du ciel.

89. O.C. 263. Déjà dans la version de 1855, O.C. 1607.

90. Ainsi dans la *Divine Comédie* (Purgatoire, début du huitième chant):

Era già l'ora che volge il disio
ai navicanti e'intenerisce il core
lo di c'han detto ai dolci amici addio;
e che lo novo peregrin d'amore
punge, se ode squilla di lontano
che paia il giorno pianger che si more.

91. Souvenons-nous que le dialogue rêvé avec le «semblable très semblable» devait avoir lieu un «soir favorable» (cf. plus haut p. 59). Et effectivement cet auto-isolement du soir ne connaît qu'une seule et émouvante exception où s'ouvre la voie de la compréhension, la dimension d'autrui. Une seule fois, plus tard, dans un des dialogues apparaît un personnage avec lequel s'instaure quelque chose comme une entente: c'est le docteur dans l'*Idée fixe!* Dans ce dialogue apparemment tout d'esprit, tout a une signification émotionnelle et surtout l'adieu, banal en surface, de l'interlocuteur à la tombée de la nuit. C'est tout d'abord un coucher de soleil décrit avec un enthousiasme auquel on ne s'attendrait pas ici: «Le soleil bas a l'air placé sur une colonne de feu, et le reste de la mer est perle (...) J'ai les yeux tout éblouis par ce feu, et hantés d'un bleu-vert superbe» (II 271). A quoi le docteur riposte par une rebuffade: «C'est une bonne réponse rétinienne». Puis la réponse frappante: «C'est un peu comme... une idée fixe». Tout le thème du dialogue avec sa charge émotionnelle surgit ici encore une fois. Tout à la fin ce docteur aux commentaires si prosaïques, cet observateur circonspect, a ces paroles étonnantes: «Voyez-vous, je suis un être moral. Je ne vous lâche pas, avec toutes vos complications». Il passera la soirée avec son interlocuteur et patient: «Je vous dis que je ne vous lâche pas... Un homme seul est toujours en mauvaise compagnie».

92. Deux grands oiseaux prennent au soir leur vol: l'un, silencieux, semble ne songer qu'à gagner de l'altitude, l'autre écoute le battement de ses ailes dont il éprouve le mécanisme...

93. I 967.

94. «In principio erat verbum. Au commencement était la Fable. Au commencement était la ... blague! Mais nous ne sommes plus au commencement» 4,204.

95. Cf. aussi le «mythe» de l'attente d'un événement inconnu, 11 662. — A propos des mythes de l'Orient, de «notre» Orient, cf. *Orientem versus.* On y lit: «Si la Fable n'est pas la Vie, la génération de la Fable est l'un des actes de la Vie qui en démontrent le plus fortement la puissance» II 1044.

96. O.C. p. 544.

97. O.C. p. 545.

98. Cf.: «Une représentation (...) de la pièce écrite au folio du ciel et mimée avec le geste de ses passions par l'Homme». O.C. p. 294.

99. «... à soi fondant ce que ces deux [musique et théâtre] isolent de vague et de brutal, l'Ode». O.C. 335.

100. Après que Victor Hugo eut fait éclater l'ode française traditionnelle, dans sa forme comme dans son contenu (cf. les préfaces à *Odes et Ballades* de 1823 et 1826), le titre se trouvait disponible pour des conceptions de plus en plus hardies. En 1885 Mallarmé utilise encore une fois le terme *Ode* dans son *Autobiographie* (O.C. p. 663) et en 1887 dans la fantaisie sur le *Forgeron* de Banville, qui venait de paraître (*Solennité,* O.C. p. 335). Dans *Le Forgeron* même le mot est employé par deux fois pour désigner la grande poésie: «Ils se traînent [les hommes du siècle de l'utilitarisme], pareils à la bête assouvie, Ayant oublié l'ode et les nobles travaux» — «Ils avaient [dit Jupiter] comme nous la Guerre et son délire, Et

l'Ode avec ses chants et le Sceptre et la Lyre» (Œuvres, Paris 1889, p. 221 et 223). Claudel aussi emploie le mot de manière toute subjective dans les *Cinq Grandes Odes,* sans — ou presque sans — référence à une forme de l'histoire des genres, comme expression d'un projet sublime, aussi peu purement littéraire que chez Valéry. — Comme on sait, Valéry a publié en 1920 trois de ses poèmes qui utilisent la strophe de l'ode de Malherbe (ou de Hugo comme il le disait) sous le titre «Odes» (Pour le traitement de la forme traditionnelle de l'ode chez Valéry, cf. P.O. Walzer, *Poésie* 242 sq.).

101. Hérodote, *Histoires* VII, 31 (cf. aussi Lope de Vega, *Peribanez* II 18).

102. Il s'agit du sien! «Si je fronce les sourcils, elle les fronce aussi, Agathe. Par quelle suite mêlée d'images et de contacts inconnus, imite-t-elle moi? se fait-elle miroir de déformation et de mouvements»? (4, 135).

103. Valéry fait remarquer à plusieurs reprises que celui qui répond à une grimace ou à une injure de la même manière, ne répond pas à proprement parler, mais imite l'autre, cède à la contrainte qu'il exerce. Singer, mais aussi parodier, c'est imiter de force. Pour le côté littéraire, comparer les remarques de Proust sur le pastiche.

104. A l'exception de quelques passages dans la *Pythie.*

105. CG 264.

106. O.C. 365.

107. Le «faire frémir» est aussi le moment décisif dans *La Ceinture:* «Cette ceinture (…) Fait (…) Frémir le suprême lien De mon silence avec ce monde...».

108. L'ornementation de beaucoup d'œuvres de style 1900, où formes humaines et formes végétales se confondent, en offre une correspondance visuelle.

109. Peut-être transparaissent ici des vers de *La Dryade* de Vigny:
Et si de quelque amour, pour nous mystérieuse,
Le charme te liait à quelque jeune yeuse,
Que ses bras délicats et ses feuillages verts
A tes bras amoureux se mêlent dans les airs!

110. Remarquons que nulle part dans la poésie de Valéry un poète n'est nommé expressément, sinon dans *Profusion du Soir.*

111. Cf. *Notes d'aurore:* «Voici la plus récente édition du vieux texte du Jour: le verbe Soleil (ce verbe Etre par excellence) développe les conjugaisons de couleur qui lui appartiennent; il commente toutes ses proportions variées de lumière et d'ombre dont se fait le discours du temps et du lieu» (II 859).

112. Cf. II 186.

113. P.O. Walzer a essayé d'affiner la thèse de l'*ars poetica* dans le sens d'une «poésie de l'art poétique» et l'a poussée sans doute aussi loin que possible compte tenu des textes disponibles lors de la parution de son ouvrage. Cependant cet «essai de psychologie génétique de la création poétique» demeure insatisfaisant. Je ne peux le suivre lorsqu'il dit que *Aurore* apporterait des connaissances nouvelles sur le «fonctionnement mental d'un esprit poétique» et observe que «les mots et les symboles sont premiers dans l'esprit et qu'ils y précèdent les idées» (p. 251). S'efforçant de ne négliger aucun aspect de l'activité poétique supposée, il aboutit à un catalogue quelque peu formel de mots, d'images, de métaphores etc. auxquels viendraient s'ajouter en fin de compte des données sensuelles. — Il faut absolument tenir compte du fait qu'avant la publication des Cahiers il semblait que Valéry ne se fût occupé que du «fonctionnement de l'esprit poétique». Ce n'est qu'après qu'on put s'apercevoir que le «fonctionnement de l'esprit» en général lui était un thème beaucoup plus fondamental et somme toute aussi plus poétique.

114. C'est dans ce même sens qu'est employé «similitude» dans *Colloque dans un être:* «L'ensemble des similitudes, l'espace des résonances, la quantité des possibilités, infuses dans ce que tu es» (I 362). Tout ce que doit activer celui qui s'éveille.

115. Personne ne sera assez vétilleux pour lui tenir rigueur de «prémisses» au lieu de «prémices»...

116. Cf. *La Ceinture* et *Au Platane.* Valéry chérit par ailleurs ce mot.

Par le ton d'ensemble et bon nombre de détails, *Aurore* rappelle l'invocation aux îles dans

La Jeune Parque (348-360): le salut aux premiers objets, jouets de la jeune lumière, tangibles et cependant encore futurs, le bourdonnement des essaims d'insectes (et d'idées). Tout ceci a été maintes fois relevé. Mais la fin aussi est la même: «Mais, dans la profondeur, que vos pieds sont glacés»!

Le décor d'*Aurore* peut apparaître aussi en bien des points comme un avatar très particulier, un peu idéalisé, de la première scène de l'*Or du Rhin* qu'on peut considérer avec les yeux de Valéry comme une allégorie de l'éveil. Pour de plus amples détails, je prie le lecteur de se reporter à mon article *Valéry et Wagner,* Actes du Colloque Paul Valéry d'Edimbourg, éd. par C. Barbier.

117. Ce n'est pas par hasard que Valéry nourrissait une prédilection pour Claude Lorrain, le peintre des matins et des soirs. Cf. des œuvres comme *La répudiation d'Hagar, Hagar et Ismaël dans le désert, Paysage idyllique au soleil couchant.*

118. Paraphrase négative de la Genèse, 2, 20 (Couffignal, *Paraphrase*... ne mentionne pas le passage). Que l'on compare avec le credo poétique de Claudel dans *Cinq Grandes Odes,* qui s'approprie positivement le passage: «Ainsi quand tu parles, ô poète, dans une énumération délectable...». L'image de l'«échelle dorée» à la strophe II est d'ailleurs aussi un écho profane: pour son origine et sa signification chez Dante, cf. G. Rabuse, *Die goldene Leiter in Dantes Saturnhimmel,* Krefeld 1972.

119. Comme dans ce passage de *Poésie et pensée abstraite:* «Je dis que je regarde en moi ce qui se passe quand j'essaie de remplacer les formules verbales par des valeurs et des significations non verbales, qui soient indépendantes du langage adopté. J'y trouve des impulsions et des images naïves, des produits bruts de mes besoins et de mes expériences personnelles» (I 1318/19).

120. Rien n'oblige à prendre «chant» comme «voix» à la strophe III littéralement, c'est-à-dire comme synonyme de poésie.

121. Je n'ai pu établir la date de composition de ce texte.

122. Est-il absurde de souhaiter que Valéry ait une fois fait place dans ses vers à quelqu'un de ces «moindres objets», un mur par exemple qui, comme il l'a dit lui-même, vaudrait autant qu'un Parthénon?

123. VV 275.

124. Sorte d'antonomasie du type: «Voici mon Tusculum».
Prises au sens concrète, les «vignes ombreuses» n'entreraient pas dans le cadre de l'atmosphère matinale, puisqu'à cette heure l'on n'a pas besoin d'elles.

125. Remanié II 658. — On sait combien de fois par la suite Valéry écrivit dans le même sens (heureux qui peut se répéter!). Un des plus beaux textes date de 1916:
INTELLECTUS. Le lever de l'astre.
La première gamme sur toute l'étendue du clavier jouée libre lumineuse devant l'assistance muette encore, le premier coup d'œil d'ensemble du général et du soleil, à la fraîcheur immobile; le dictionnaire total frémit(!), le cadavre s'étire, jusqu'au bout des doigts. La prodigieuse facilité parcourt sa définition, son bonheur, avant qu'elle aille éveiller les impossibles, les ardus, les hasards, les lacunes, les résistances, les contreparties. Mais pour le moment tout est loisible (...) La façade de toutes choses est dorée (...) Il y a une création sans aucune peine. L'univers ressenti à demi imaginé est là, comme un repas sur une belle nappe présente (...)   6, 200
Cf. aussi 7, 554 entre d'autres.

126. Ce délicat jeu de langage n'est à manier qu'avec les plus grandes précautions...

127. «Amour» chez Valéry a souvent le sens de jouissance rêveuse de soi. Ainsi dans la strophe supprimée de 1920, à laquelle j'ai fait allusion: «Dans la vibrante demeure Il n'est de souffle qui meure Sans avoir semé l'amour». Il n'est peut-être pas mal venu de proposer une interprétation plus différenciée après tout ce que la critique a accumulé de symbolique sexuelle à propos de la piqûre d'abeille et de la «vibrante demeure».

128. Archétype de tout entrelacement de l'intellectuel et du végétal!

129. Ou encore d'Alberich!

130. Ce pouvoir de disposer de l'étant, la reine de la grouillante Babylone le revendique

aussi: l'*Air de Sémiramis* (paru en 1920, vraisemblablement après remaniement d'une première version inconnue, d'abord dans *Album*, puis dans *Charmes*, puis de nouveau dans
Album) chante les songes matinaux d'une magicienne, despote et architecte dotée de la
«nécessité» divine:

Ces fourmis sont à moi! Ces villes sont mes choses,
Ces chemins sont les traits de mon autorité.   (Str. X.).
Je vois un monument de masse triomphante
Joindre dans mes regards l'ombre de mes desseins.   (XXV).

Le thème rappelle *Aurore*, on sent dans presque toutes les parties déjà une main ex-
périmentée (les strophes XII-XIV me paraissent les plus réussies), mais la pièce ne parvient
pas à l'unité. Les emprunts à des œuvres plus anciennes sont trop apparents. Sémiramis
chante: «C'est une vaste peau fauve que mon royaume», mais ce n'est pas celle du gibier
abattu, plutôt un assemblage de morceaux choisis (on peut se passer de le démontrer en
détail; pour le mélodrame de 1934 quelques passages en furent encore utilisés). Quand on
compare sans idée préconçue Valéry à Valéry, il faut bien constater que l'œuvre ne fait pas le
poids: en ce sens on peut parler de kitsch.

131. *Begriff des Zufalls*, p. 25 sq. («Chaque chose est plusieurs choses» 5, 228).

132. Pour CORPS, ESPRIT et MONDE, en abrégé CEM, cf. (outre J. Robinson, *Analyse*, chap. IV). K. Löwith, *Paul Valéry*, p. 59 sq. (aussi I 1323).

133. La célèbre description que fait Rousseau de sa reprise de conscience après la chute
de Ménilmontant (2e *Promenade*) est par instants identique: «J'aperçus le ciel, quelques
étoiles, et un peu de verdure. Cette première sensation fut un moment délicieux. Je ne me
sentais encore que par là. Je naissais dans cet instant à la vie, et il me semblait que je
remplissais de ma légère existence tous les objets que j'apercevais». Naturellement Valéry
efface tout le caractère unique, anecdotique de l'expérience.

134. Je m'insurge encore une fois contre la conception selon laquelle le cou qui divise les
vagues à la strophe IX serait une figure allégorique de la poésie parfaite. La signification de
cette image (dont on ne saurait nier le caractère *modern style*) est à chercher dans le cadre du
poème. Valéry l'utilise d'ailleurs avec le même sens dans *L'âme et la danse* où il est dit de
l'Athikté qui marche: «La cime adorable de sa tête trace dans l'éternel présent, le front d'une
vague ondulée» (II 157).

135. Pour *être* et *connaître* cf. W. Ince, Entretiens de Cerisy 221. Pour *formel* et *significatif* cf. 4 177 et la note suivante: «Trouver dans la pensée, dans la suite des pensées, ce qui est
comparable, semblable à un comportement d'un système physique. C'est ce que j'ai appelé
jadis *formel* et *accidentel*.

Le reste est le *significatif* et il détache, s'élimine de la suite, de l'ordre donné, décompose les
séquences et représente le monde, étant le connaître.

Ces notions, je les ai introduites pour me rendre compte des *modulations*. Passage des états
— comme de veille au sommeil».   7, 670.

La relation *continu* et *discontinu* fait l'objet d'une autre note qui témoigne en même temps
de l'étourdissant jeu de définitions auquel Valéry se livrait avec ses concepts: «L'être ne nous
est *connu* que par les perturbations du *connaître*. Le connaître comprend donc des variétés
qui sont toujours ou des discontinuités ou des inégalités ou des divisions singulières (...) En
général ce qui ne se peut représenter par une pure suite représentable par une ligne.
Nous définissons l'être comme infraction à cette absorption. La connaissance est le chef-
d'œuvre de je ne sais quoi. Les défauts de ce chef-d'œuvre s'appellent être, son imperfection.
Je n'apparais qu'aux fissures et lacunes d'un système». 6, 193. Pour la retombée de ces
méditations dans les strophes XIII et XIV du *Cimetière marin* cf. Digression III.

136. 3, 725; — Cf. plus loin chap. IV note 132. Pour l'importance de la combinaison des
principes pour la contemplation de l'œuvre d'art, voir plus loin chap. III, p. 180.

137. Cf. W. Ehrenstein, *Probleme der ganzheitspsychologischen Wahrnehmungslehre*, 3e
éd., Leipzig 1954, chap. VI: Figur und Grund, p. 282 sq. — W. Ince aussi (*Entretiens de
Cerisy*, p. 221) a souligné la concordance des vues de Valéry avec celles de la Gestaltpsychologie, pour laquelle le problème des figures stellaires présentait aussi le plus grand intérêt.

Ince cite encore de Valéry (Cahier 7, 245) l'exemple des trois taches sur le mur. Mais lorsqu'il évoque la tentative de Valéry pour définir l'acte par lequel on attribue un sens à un objet, comme l'adjonction de systèmes de classification toujours plus vastes (dont le dernier serait le temps), on sort de la Gestaltpsychologie, pour entrer dans la théorie de la connaissance. Ce n'est au fond rien d'autre que la forme de l'intuition transcendentale de Kant. — Les taches sur le mur n'ont pas occupé le seul Valéry. Nous retrouvons encore Goethe dans *Howards Ehrengedächtnis:* «Nous nous livrons assez souvent à la même opération sur les taches des murs ou des cloisons et croyons percevoir çà et là sinon des formes régulières du moins des figures capricieuses». Goethe comme Valéry part d'un passage du traité de Léonard sur la peinture que l'histoire de l'art n'a fait du reste que confirmer. Léonard conseille au peintre de ne pas négliger d'observer le banal et l'informe pour stimuler l'imagination; dans les murs lépreux, les bigarrures des pierres, la braise mourante, les nuages, l'argile, on peut découvrir les plus riches paysages, des batailles, des visages, des vêtements et bien d'autres choses encore, de même que dans le son des cloches on peut entendre tous les mots et noms possibles: «nelle cose confuse l'ingenio si desta a nove inventioni» (Codex Urbinas 127, 35 v, ed. A. McMahon, *Treatise on Painting,* Princeton 1956). Qu'on pense à la table de marbre de Paul Klee, aux frottages de Max Ernst, à la «période Denfert» de Vasarely, à l'origine de laquelle se trouvent les craquelures dans la céramique d'une station de métro parisienne.

138. Les perceptions trompeuses de Platon dans le *Philebos* sont parmi les références classiques pour le problème de l'anthropomorphisme: un homme au lieu d'un buisson; également l'appendice à la première partie de l'*Ethique* de Spinoza; enfin Vico: «La mente umana, per la sua indiffinita natura, ove si rovesci nell'ignoranza, essa fa sé regola dell'universo d'intorno a tutto quello che ignora» (*Scienza Nuova,* chap. 181). Vico caractérise le contraste en question par les notions «metafisica ragionata» et «metafisica fantasticata» et jette les fondements d'une théorie de l'«imagination corporelle» (à l'œuvre justement dans l'invention de la métaphore): «La métaphysique raisonnée enseigne 'homo intelligendo fit omnia', la métaphysique fantastique enseigne 'homo *non* intelligendo fit omnia'» (ibidem, 405). Pour Valéry le *non intelligendo* représente toujours une défaite.

139. Il est typique que le fait de percevoir une langue sans qu'intervienne la signification, à l'occasion d'un séjour en Bretagne (Perros-Guirec!), prenne pour lui valeur existentielle: «J'ai écouté attentivement le sermon en breton. Bien plus attentivement que s'il eût été en langage connu.
C'est bien là de l'attitude 'objective'. Si j'eusse compris, le son et le ton m'auraient échappé. L'attitude objective tend à tout mettre sur le même plan. En fait de purs phénomènes, il n'y a pas de rang d'importance. Que l'importance, le rang, les suppressions, les raccourcis, l'essentiel ne soient introduits qu'après — avec l'homme et ses moyens ou besoins».
Entre Montesquieu et Bloomfield...

Chapitre III

1. Adaptant une notion de Umberto Eco.
2. «J'aime la forme pour autant qu'elle se fait. Les œuvres de l'homme me paraissent des excréments, des résidus d'actes. Je ne les aime que pour imaginer les actes formateurs» (6, 18).
3. La deuxième partie de l'article de Bastet, c'est-à-dire ses développements sur «l'œuvre fermée», ne me paraît donc pas aussi convaincante. La théorie des *Harmoniques,* élaborée plus tard par Valéry, n'a abouti à aucune œuvre achevée (je fais en outre des réserves sur son application rétroactive à *La Jeune Parque*). Lorsque G. Genette prétend (Le Monde, supplément spécial Valéry, 29 Ot. 1971, p. 20) qu'avec ses œuvres publiées Valéry n'a donné qu'une «démonstration ridicule» de ses véritables capacités créatrices, c'est sans doute plutôt l'expression du discrédit général où est pour l'instant tombée la grande œuvre achevée

auprès de bien des critiques, dédain auquel Valéry lui-même a certainement beaucoup contribué, mais dans lequel il serait faux de vouloir le fixer.

4. Pour l'exemple analogue du vers: «Et de ma queue Eternellement le bout mordre», qui provient des esquisses pour la *Jeune Parque* et constitue — comme le suppose J. Lawler — le noyau d'*Ebauche d'un Serpent* (*Lecture* 152), il n'en serait pas autrement, même si quelques esquisses du poème terminé en 1920 remontent à 1915. — Au sujet de langage intérieur, cf. l'article de M. Lechantre, *Valéry bouchoreille*.

5. L'image des toiles de l'instinct se retrouve dans la *Jeune Parque:* «Souviens-toi de toi-même et retire à l'instinct Ce fil...». (415/16).

6. Avec toute la prudence qui s'impose lorsqu'on établit des parallèles entre art et technique, on peut y voir comme le reflet des transformations qu'ont subies dans notre siècle les procédés industriels de production. Reflet multiplement brisé et de plus très précoce, anticipation plutôt. Il ne faut peut-être pas écarter une analogie entre le rêve de Valéry de stocker et de dominer les matériaux poétiques, et le progrès du pouvoir de disposition sur les matériaux industriels dont les qualités (depuis l'acier jusqu'aux matières synthétiques polymères) sont devenues de plus en plus prédéterminables.

7. «Hors Rimbaud» — nous y reviendrons plus loin.

8. Dont il lisait la correspondance! (cf. 3, 98).

9. Valéry ne fut sans doute pas peu étonné de la répartie de son fils qui se permit la réflexion suivante: «Clodo demande — que fait papa? — il travaille — y fait des mots, papa...» (3, 724).

10. *Novum Organum,* lib. I, 129. — Pour Valéry et Bacon cf. aussi p. 213.

11. 4, 418 = II 590. (cf. aussi la lettre à L. Clédat II 1264).

12. Les deux termes découverte et potentialité (ou réversibilité) constituent l'armature conceptuelle du sonnet *Les Grenades,* le plus fortement emblématique des poèmes de Valéry. J. Lawler — s'appuyant surtout sur 6, 818 — en a donné une bonne interprétation (à l'exception des amusantes associations avec la ville de Grenade et des inévitables «inférences sexuelles latentes»), éclipsée cependant par l'essai de W. Ince paru à la même époque. — A propos d'une erreur sur le mot «rupture» au vers 12 du sonnet cf. p. 203 note 24.

13. Opere, ed. F. Nicolini, Milan 1953, p. 745.

14. Autre petite farandole, le Psaume S: «Au commencement fut la Surprise, Et ensuite vint le Contraste; Après lui parut l'Oscillation; Avec elle, la Distribution, Et ensuite la Pureté Qui est la Fin» (I 337).

15. Je dois me limiter ici à un petit nombre de points et renvoie surtout à l'ouvrage de J. Schmidt-Radefeldt.

16. En quel sens il convient de restreindre cette constatation d'un point de vue philologique, c'est ce qu'explique A. Rey dans l'article qu'il consacre à Schmidt-Radefeldt, *Littérature,* 4, 1971, P. 124.

Je ne veux pas m'étendre ici sur le rôle du dictionnaire étymologique car on a déjà beaucoup écrit là-dessus. On peut dire que le dictionnaire étymologique (dont il ne faut pas surestimer l'importance pour la signification de l'œuvre poétique de Valéry) lui sert d'arme dans le combat qu'il mène — contre le dictionnaire et sa rigidité (cf. p. 80 et p. 196).

17. Cf. 4, 871. A propos de *Bouvard et Pécuchet:* «Il fallait prendre, non un couple d'imbéciles, mais faire voir la bêtise des plus grands, la bêtise de Pascal, de Kant sur leur propre théâtre», 5, 659. Contre Flaubert, quoique avec plus de retenue, en 1889 déjà: cf. I 1786.

18. Un tel tableau, liste de mots qui montre comment Valéry découvrait le concret dans l'étymologie des notions abstraites («calcul — cailloux; cogitare ressemble à cogere — contraindre; simuler — similis simia», ce qui est faux et se lit déjà comme jeu de mots chez Ennius) se trouve en I, 493.

19. V. Erlich, *Russischer Formalismus,* Munich 1964. La notion d'*écart* est aussi au centre de *Structure du langage* poétique de J. Cohen (Paris 1966). V. Erlich et E. Coseriu ont à juste titre critiqué le caractère limité et purement négatif de cette notion dans la mesure où elle prétend à une valeur historique générale. C'est effectivement une déplorable réduction que

de ne considérer les poètes que comme des «déviationnistes» par rapport à la norme linguistique du temps (la pensée de Valéry — par sa non-historicité justement — est ici bien de son époque). Pourtant, d'un pur point de vue systématique, cette notion me paraît indispensable: pour Schelling la condition de l'œuvre poétique est «l'écart du discours dans lequel s'exprime l'œuvre artistique, par rapport à la totalité de la langue» (*Philosophie der Kunst* 635); Dante était convaincu, rapporte-t-on, qu'il «... spesse volte facea i vocaboli dire nelle sue rime altro che quello che erano appo li altri dicitori usati di esprimere» (Andrea Lancia, *Ottimo Commento*), pour ne citer que deux avis indépendants.

20. Citons seulement un exemple dont la motivation n'est pas sans intérêt: la peur de la fixation.
«La littérature considérée comme à l'opposé de la pensée creusée, calculée, transformée en elle-même.
Mon esprit, théâtre mais coulisse, et le livre, genre de théâtre — et théâtre, soit empêchement de se retourner, point de vue assigné». (4, 906). — Si l'on y regarde bien, l'opposition n'est point entre penser et écrire, mais entre achevé-arrêté et inachevé-prolongeable.

21. La valeur du vers, certes, est à chercher ailleurs (cf. p. 250). Et l'or un peu trop généreusement prodigué dans les vers de Valéry n'y ajoute pas grand-chose.

22. La comparaison de quelques phrases tirées de la prose de Mallarmé avec les vitraux d'une cathédrale, n'est guère instructive, toute belle qu'elle soit.

23. Charles Du Bos, Journal 1921-1923, Paris 1946, p. 227.

24. Que Valéry ait donné à *déterrer* un sens péjoratif — si tant est qu'il ait vraiment employé l'expression — cela paraît douteux. Un exemple plus loin (cf. p.319) montrera que Du Bos inclinait à rendre les propos de Valéry sur Mallarmé plus négatifs qu'ils ne voulaient être. (Dans les phrases citées ici on éprouve déjà un certain malaise à lire une opinion de Valéry sans les mots de Valéry).

25. *Crise de Vers,* O.C., p. 365/6.

26. Ibidem, p. 368.

27. Le vers, pour lui, ne supprime pas l'isolement du mot, mais au contraire le parachève: cf. O.C. 368, en outre *Toast funèbre* v. 47, *Prose* str. VII.

28. 3, 93, cf. plus haut p. 141.

29. Ce qu'a bien vu — comme tant d'autres choses — J. Hytier. Cf. *Poétique* p. 1 95 sq.

30. II 1572.

31. *Manuel classique pour l'étude des tropes* de 1821, complété en 1827 par *Les Figures autres que tropes,* les deux aujourd'hui réunis et introduits par Gérard Genette (Paris 1968) qui a intitulé également *Figures* ses trois volumes d'essais. Dans celui consacré à Valéry, *La Littérature comme telle* (vol. I, p. 264 sq.) Genette cite cette phrase de Valéry tirée de *Propos me concernant* (1914): «Je *savais* que l'essentiel était *figure*» (II 1 532) et la met en relation — sûrement à juste titre — avec les thèmes fondamentaux d'autres théoriciens considérés comme des précurseurs du «structuralisme». Genette ne dissimule pas non plus que Valéry lui-même a traité ironiquement de *parti pris* ce «savoir». Je ne peux que souligner (dans le sens de la tendance d'ensemble de ce livre) que la «figure totale» ne fut heureusement — jamais vraiment un *savoir* pour Valéry, mais seulement un rêve (et dans cette mesure extraordinairement proche du «concept pur» de Mallarmé dans la direction diamétralement opposée). Il faut mettre en garde contre l'annexion de Valéry à un structuralisme purement formaliste, qui tomberait dans la stérilité. Ce n'est pas celui de Gérard Genette. Pourtant même chez lui, il nous faut faire des réserves lorsqu' il croit, un peu à la légère, pouvoir préciser le prétendu mépris de Valéry pour le contenu à l'aide de la distinction hjelmslevienne entre *substance du contenu* (référence extralinguistique, donc ici matière brute: *vita, mors, amor, societas*) et *forme du contenu* (thème, intrigue, analogue au *signifié* intralinguistique). En matière littéraire, Valéry n'a justement pas fait cette distinction (mais seulement dans sa théorie purement linguistique du signe), il n'a en fait jamais voulu *distinguer,* mais *séparer.* Erreur fructueuse, peut-on dire, dont se nourrit — sa poésie.

32. Cf. la fin du texte cité.

33. A Georges Duhamel I 1627/8. Là aussi dé-temporalisation du poème: il aurait aussi bien pu être écrit en 1868 ou 1898.

34. *L'Homme de verre,* conte analytique d'un type particulier, qui a été recueilli dans le log-book de Monsieur Teste (II 44), provient de 3, 440 (recopié en 4, 360). Là on lisait encore: «si maladivement pure ma connaissance», plus tard: «si maladroitement complète».
— Valéry connaissait-il le *Licencié Vidriera* de Calderón? Je ne saurais le dire.

35. Pour employer un langage moderne et descriptif il faudrait dire: les limitations sélectives du verbe ne sont pas prises en considération. La phrase est correcte en ce qui concerne la structure de ses constituants, elle est cependant agrammaticale et cela principalement parce que le verbe *électriser* demande normalement un complément concret, dénombrable et (la plupart du temps) animé, alors que *incompatibilité* est abstrait, non dénombrable et inanimé. La transformation des divers constituants qui se produit ensuite afin d'attribuer le sens, doit avoir pour principe de respecter à nouveau toutes les limitations sélectives.

36. Pour le dernier exemple: «Je suis si près de toi que je pourrais te boire. / O visage... Ma soif est un esclave nu» (*Fragments du Narcisse,* V. 132-5), la remontée pourrait être celle-ci:

a. Ce dont j'ai soif m'est livré sans défense.

b. Mon image au miroir est à portée de main, mais si je voulais la saisir...

37. Cette symétrie structure de la pensée et structure de l'œuvre se retrouve sous une forme affaiblie dans le *Cours de Poétique:* la multiplicité des effets «légitimes» d'une œuvre correspond à l'atmosphère d'indétermination plus ou moins sensible qui entoure tout acte de pensée (cf. I 1350).

38. Cf. chap. II, p. 100.

39. Au sens strict le cas est d'ailleurs très rare même dans le surréalisme. La réalité raisonnable ne lâche pas si vite ses enfants: «l'espace a un parfum vertical», «l'éléphant est amoureux du millimètre», «la terre est bleue comme une orange» conservent des restes de relations. Ces figures-troncs se veulent justement ironiques.

40. Quel autre auteur a jamais fourni deux fois, à quarante ans d'intervalle, titre et devise à une revue d'avant-garde (*Littérature* 1919 et *Tel Quel* 1960) pour entendre déclarer par les dits avant-gardistes au bout de quelques années que son seul mérite consistait justement à avoir fourni le titre? (Philippe Sollers dans *Le Monde* du 29 octobre 1971, p. 20.).

41. Cité d'après: *Théorie de la littérature,* Textes des formalistes russes, réunis, présentés et traduits par T. Todorov, Ed. du Seuil, 1965, p. 83.

42. I 1740 CF. J. Schmidt-Radefeldt, *Valéry linguiste* p. 84.

43. Cf. plus loin à propos de *La Jeune Parque* v. 64 sq. p. 217.

44. Jusqu'à (+) cité d'après 5, 698, le reste d'après II 557. Le vers de Vigny est à la strophe 46 de *La Maison du berger;* le vers de Hugo: *Ce que dit la bouche d'ombre,* v. 186. A ce propos plus tard et quelque peu dédaigneusement: 21, 529. Sur Hugo encore: 5, 210; 5, 635; 17, 66; 19, 250; 23, 131.

45. En deux endroits de *La Jeune Parque* on perçoit l'indéniable écho de *La Maison du berger* (cf. chap. IV note 146).
C'est bien sûr jusqu'à un certain point une illusion comparable à ce que Jean Paulhan appelle l'«erreur du traducteur» qui consiste à imputer à une expression langagière donnée une intention consciente que rien ne justifie, comme si quelqu'un traduisait l'espagnol *ojo de agua,* qui signifie *source,* par «œil d'eau» (Jean Paulhan, Œuvres complètes, t. III, 295). Mais Valéry n'est pas allé jusqu'à prétendre que Vigny ou Hugo aient mis dans leurs vers autant de rhétorique, de conscience linguistique qu'il y en trouve lui-même.

46. La pensée est excellente, l'expression «allitérations d'impressions» l'est moins, car des sons peuvent aussi être des «impressions». On pourrait parler d'allitérations sémantiques. Le même point de vue qui s'efforce de voir le niveau du son et celui du sens dans un strict parallélisme se révèle dans la question provocante: «Qu'y a-t-il de plus dans une métaphore que dans une rime»? (5, 122).

47. Peut-être ce ravissement du côté français s'explique-t-il par le besoin de rattraper dans un domaine que la tempête des renouvellements romantiques avait fait négliger. Pierre

Fontanier, dans son ouvrage déjà cité sur les figures de rhétorique que Gérard Genette considère comme le point culminant et ultime de la rhétorique française, avait en 1827 expressément mis en garde au nom du bon goût contre l'emploi excessif des allitérations («Mais, prodiguée avec une sorte d'affectation, quel mauvais effet ne produirait-elle pas dans le style»! O.c., p. 346), sans qu'à ma connaissance une voix se fût élevée pour protester.

Peut-on dire avec J. Pommier (Dialogue 216) que Valéry tient de Poe son goût pour l'allitération? Cela ne me semble pas certain. La fascination exercée par Wagner me paraît plus vraisemblable (au chapitre des sirènes dans *Ulysse,* Joyce, sous l'effet de la même fascination, est allé encore beaucoup plus loin). L'idéal de Valéry n'était-il pas plus proche du superbe équilibre du vers chez le Mallarmé du *Toast funèbre:* «J'offre ma coupe vide où souffre un monstre d'or»? On sait combien Valéry admirait ce poème (cf. L.J. Austin, MF 1953, 606 et VV 72). — Quant à *Ebauche d'un serpent,* poème où les jeux de sonorités foisonnent particulièrement, on s'accorde maintenant à y reconnaître une intention parodique.

48. Paris 1961; dirigé, pour Valéry, principalement contre H. Soerensen, dans la mesure où il était trop redevable à la symbolique sonore de Grammont. Pour la critique théorique de cette symbolique, domaine dans lequel Delbouille a incontestablement dépassé son but, cf. M. Wandruszka, Romanistisches Jahrbuch XVI 1965, 34 sq. Pour la théorie de la symbolique sonore en général, cf. entre autres E. Coseriu, *Teoria del lenguaje,* Madrid 1969, 205 et H.M Gauger, *Wort und Sprache,* Tübingen 1970, 108 sq.

49. *Paul Valéry et le mythe des sonorités.*

50. Pas plus que pour des linguistes comme Ch. Bally. Mais les travaux de Bergeron et de Soerensen sur lesquels je reviendrai montrent que, pour avoir placé cette vérité au début de tout examen, l'on n'est cependant pas à l'abri de l'erreur qui consiste à surestimer les sonorités.

51. Dans la pratique de la composition il en va plutôt ainsi: «Le poète se dit — forcément: quel dommage que ce mot si *vocal* ne signifie pas ce qu'il me faudrait»! (3, 657; cf. aussi 6, 122). C'est alors le droit le plus strict de tout artiste du langage, et même de tout utilisateur, que de dire: tant pis pour le sens. Aucun spécialiste du langage ne saurait le lui contester.

52. *Poésie et sonorités,* 201.

53. Nous y reviendrons plus en détail à la fin de ce chapitre.

54. I 1334.

55. *Poésie et sonorités* 157, pour Soerensen 255.

56. Th. Elwert, *Zur Charakterisierung der italienischen Barocklyrik* RJ III 1950, 469 sq.

57. «Une accumulation, supérieure à la fréquence moyenne, d'une certaine classe de phonèmes, ou l'assemblage contrastant de deux classes opposées, dans la texture phonique d'un vers, d'une strophe, d'un poème, joue le rôle d'un «courant sous-jacent de signification» pour reprendre la pittoresque expression de Poe» (R. Jakobson, *Essais de linguistique générale,* Paris 1963, 241).

58. Cité par J. Marouzeau, *Précis de stylistique française,* 46.

59. Ibidem p. 51.

60. Moyens donc moins phon-esthétiques que cinesthétiques. Les deux sont réunis dans un passage comparable de Camõens:
No mais interno fundo das profundas
Cavernas altas, onde o mar se esconde,
Là donde as ondas saem furibondas
Quando àsiras do vento o mar responde...   (Lusiades, VI 8).
Dans la poésie moderne du mot pour le mot, l'abandon de cette imitation physico-motrice de la réalité est sûrement un appauvrissement, un plaisir perdu. Il est vrai que la tradition elle-même et plus encore les exégèses scolaires auxquelles on s'est livré sur elle à satiété, ont arraché ce moyen des mains des poètes.

(Diderot se livre à un essai d'interprétation cinesthétique à propos du vers de Racine qui décrit l'abattement des chevaux d'Hippolyte sortant de Trézène: «L'œil morne maintenant et la tête baissée», qu'il commente ainsi: «La nutation de tête d'un cheval qui chemine attristé, n'est-elle pas imitée dans une certaine nutation syllabique du vers»? — Œuvres compl. éd. J. Assézat, I 383).

61. Lorsque Aragon, dans un esprit polémique, assimile Valéry à l'abbé Delille, il fait preuve d'un regrettable manque de discernement. Cependant il faut tenir compte du contexte exact et des circonstances dans lesquelles est né le texte: *La Leçon de Ribérac* (Juin 1941; cf. appendice à *Les yeux d'Elsa*, 1942). Il est néanmoins un peu déroutant que ce texte porte aux nues un poète comme Arnaut Daniel.

62. Symposium XXIII, 26.

63. *Hygiène des Lettres IV, Poètes ou faiseurs?* Paris 1966.

64. Les vues de Spire sur la poésie comme plaisir palatal et musculaire avaient déjà été justement critiquées par Delbouille (p. 57 sp.). Cela n'empêche pas Etiemble de fournir encore quelques impardonnables échantillons de cette évaluation sonore de parti pris. Dans les vers de Supervielle: «Alors l'oiseau de son bec / Coupe net le fil du songe», les mots brefs et la dureté des occlusives créeraient un «mouvement de rupture». Soit. Mais: «La rupture accomplie, Supervielle introduit aussitôt deux liquides, que prolongent des consonnes tenues: *le fil du songe*». — Sans savoir encore ce que ce que peut bien couper le bec de l'oiseau, le lecteur est censé admirer déjà les liquides dans l'article (!) et dans *fil*, et l'allongement des consonnes du rêve est rêveuse! — Dans *songe* le lecteur devrait éprouver la sonorité comme significative; dans un autre vers, cette fois-ci d'André Spire (cité par Etiemble à la même page 249), il faut au contraire qu'il s'en garde, sinon l'«effet» serait compromis: «La mésange craque son cri sec». Comme il est contrariant que la sonorité du mot *mésange* s'accorde si mal au cri sec de l'oiseau! (Est-ce exact d'ailleurs? Le gazouillis de mots d'un Jean Richepin: «La mésange qui doucement zinzilule» semble plus convaincant). Qu'a fait ici Etiemble de son «hygiène des lettres» par ailleurs si salubre?

— Récemment encore Georges Mounin, dans un jugement très sévère, a regretté que Valéry n'eût pas mieux suivi son compatriote montpelliérain Grammont. Ses arguments ne sauraient convaincre.

— On trouve dans le livre d'Ivan Fónagy, *Die Metaphern in der Phonetik*, La Haye, 1963, une critique très suggestive des métaphores utilisées en phonétique.

65. I 1334.

66. *Mythe des sonorités*, 136.

67. Il faut d'abord ouvrir *Poésie et sonorité* pour s'apercevoir que Delbouille lui-même n'était pas du tout de cet avis.

68. Intéressant renversement du point de vue dans la réflexion sur le rythme (dernière phrase de la citation): Valéry hésite entre la division d'un tout en actes et la constitution d'un tout par les actes. Sa pensée va donc d'abord de l'essence au devenir, puis inversement, sans doute parce qu'il veut toujours que l'essence du vers soit comprise comme un acte.

69. «Il y a des vers qui sont des traductions rythmiques d'autres vers et faits par une mémoire de ces derniers servant de modèles. Tous les mots sont autres et c'est le même vers» (4, 905, de 1913, c'est-à-dire trois ans avant que Valéry n'ait commencé à travailler au *Cimetière marin!*

70. Pour ce type de relation analogue Tzvetan Todorov propose l'expression *diagrammatique*, qu'il reprend de Jakobson et Pierce. — L'essai de Todorov, *Le sens des sons* (Poétique 3, 1972, 446-459) est très riche de matériaux et d'une remarquable clarté théorique, mais d'un autre côté sa neutralité, pour ne pas dire son aveuglement, en matière de valeur surprend désagréablement. C'est ainsi qu'il donne comme exemple de configuration diagrammatique les «anagrammes» français recueillis par J. Starobinski en relation avec les études de Saussure sur les anagrammes latins, des phrases de Chateaubriand, de Baudelaire et même de Valéry (cf. Starobinski, *Les mots sous les mots*, Paris 1971, 158), sans se soucier le moins du monde (tout comme Starobinski) de savoir si le prétendu morcellement du mot *hystérie* par exemple et sa répartition sur des éléments de phrase antérieurs peut être perçu, consciemment ou inconsciemment, par un lecteur. Outre le fait que le nombre des exemples cités par Starobinski est insuffisant pour être démonstratif (et c'est à peine si l'on aurait pu l'augmenter), il paraît peu probable que même l'oreille de l'anagrammatiste le plus exercé

puisse jamais percevoir au fil de la parole ces mystérieux «mots sous les mots». Mais tout le reste demeure travail de sourcier; cette manière d'envisager les choses reste en tout cas en arrière des acquisitions de la phénoménologie.

71. Nulle part à cette époque il n'est fait mention de Verlaine pour lequel Valéry entre 15 et 20 ans s'est enthousiasmé jusqu'à l'imiter (par exemple *La suave agonie* I 1581 qu'il désignera plus tard en riant à H. Charpentier comme «mon éternel opprobre»).

72. Cf. I, 679: «Les tons en littérature. Peu réglés ou oubliés aujourd'hui. En arriver au mélange savant». — Sur le ton polémique 6, 202: «Les règles classiques (...) très propres à rendre ridicule, à soumettre l'homme qui chante à l'homme qui sait compter jusqu'à 12».

C'est la plainte habituelle, de Banville à Claudel en passant par Gustave Kahn et d'autres. — Pour la musicalité de la langue, cf. en outre T.S. Eliot: «The music of Verse is inseparable from the meanings and association fo words» (*The music of poetry*).

73. Ce qu'il déclarera 23 ans plus tard à des élèves comédiens à propos de la diction des vers de Racine est — pour des raisons pédagogiques? — exagéré dans le sens de la pure harmonie sonore et passablement déroutant. Exprimer la violence ou la tendresse d'abord uniquement «à travers la musique» et n'introduire le sens qu'à la fin, lorsqu'il ne peut plus nuire à la musique (cf. II 1258) — l'idée est certes suggestive, mais comme indication de diction elle est inutilisable. La passion du paradoxe l'a entraîné ici bien plus loin que Grammont. Le seul qui puisse vraisemblablement se permettre de glorifier le son sans réserves, c'est le comédien lui-même. Jean-Louis Barrault, dans une étude sur Racine d'une rare précision, rend certes aussi hommage à l'étude de Valéry sur Bajazet et emboîte le pas à Grammont: «Neuf fois sur dix, la bouche retrace *plastiquement* l'action que les mots représentent». Si cette assertion paraît exagérée jusqu'à l'absurdité, la suivante est irréfutable: «Il y a dans *Phèdre* beaucoup d'endroits où voyelles et consonnes peuvent «pimenter» le sens de la phrase» (*Mise en scène et commentaire de Phèdre*, Paris 1946, p. 56). La métaphore culinaire est excellente (et bien dans le sens de la théorie «diagrammatique»): la sonorité est l'assaisonnement du sens. L'assaisonnement ne nourrit pas, il ne se consomme pas indépendamment du mets, de nature il n'a pas été créé pour le mets, pourtant l'habitude ou le talent du cuisinier nous font croire qu'il en est ainsi (tout ceci ne veut être qu'une métaphore et n'a rien de commun avec le «plaisir musculaire»).

74. Ce qui extérieurement est une réminiscence littérale de Hugo:
Hélas! hélas! dit le poète,
J'ai l'amour des eaux et des bois;
Ma meilleure pensée est faite
De ce que murmure leur voix.
V.H., *Fonction du poète, Les Rayons et les Ombres,* Œuvres poétiques, éd. P. Albouy, p. 1024.

75. *Begriff des «Hasard»* 137.

76. Cf. 4, 838.

77. 4, 648 = II 682 (avec de légères variantes). Cf. K. Wais, *Mallarmé,* 2ᵉ d., 249 et E. Noulet dans la revue Synthèses 258/259, Déc. 1968, p. 90.

78. Cf. chap. I, p. 19

On trouve réunies d'autres réflexions de Valéry sur la voix — plus tardives en majorité — dans un bel essai de W. Ince (Revue des Sciences humaines 1968). Lui aussi se voit finalement amené par cette problématique à la frontière de l'autobiographie et met très fortement l'accent sur la réponse que donne Valéry à la question: «Qu'est-ce que chanter?» — «C'est devenir d'accord avec soi-même» (7, 784; Ince 39). Cf. aussi l'excellent article de Ned Bastet, *Valéry et la voix poétique.*

79. Ce point sera développé par la suite. — «Maturare» était bien déjà une devise de Monsieur Teste, mais employé transitivement: «Mûrir ses inventions (...) pour en faire ses instincts»! (II 17/18).

80. Journal 1921-23, p. 108. La théorie du premier vers donné par les dieux est également prêtée plus tard à Baudelaire: cf. II 556, et II 551; pour la «tentation immédiate» après la trouvaille d'un diamant: I 1 490. Il en est encore question en 26, 408. Problème souvent

débattu, par exemple par G. Picon dans: *Histoire des Littératures,* st. III, Bibl. de la Pléiade, p. 1147; W. Ince, *Poetic Theory* 150.

81. K. Wais, dans son essai sur Faust, a bien dégagé l'importance de l'idée de «plénitude». — Pour *continu* et *discontinu* cf. encore 4, 362: «L'homme n'a qu'un moyen de donner de l'unité à un ouvrage: l'interrompre et revenir»; voir aussi l'essai de E. Gaède.

82. Le célèbre «Rougir d'être la Pythie» est de 1904: 3, 447, développé 4, 368, puis II 550.

83. 6, 508. Cf. I 1622.

84. *Poésie* 171.

85. *Le thème de l'arbre* 53.

86. Cf. Laurette ibidem. — Laurette indique au passage le rapport entre le thème de la patience à la strophe VIII et les anlyses valéryennes de *l'attente* dans les Cahiers (surtout 4, 739-770). Je ne suis pas certain qu'on puisse s'en tenir à cette simple indication. Il aurait au moins fallu mentionner que les analyses traitent de l'attente à l'intérieur de l'unité de la conscience, donc d'attentes brèves, alors que *Palme* évoque le cas particulier d'une attente de longue durée. — A propos de la théorie de l'attente brève, cf. de l'auteur: *Valérys Gedicht Les Pas* dans: Französische Lyrik, ed. H. Hinterhäuser, vol. II, Düsseldorf 1975, p. 234-245.

87. Voir les textes cités à la fin du chap. IV.
Une psychologie de l'impatience se trouve en 4, 382.

88. «L'évolution qui dans la nature se déroule sans effort est pour l'esprit un combat continuel et acharné contre soi-même». (Hegel, *Vorlesungen über die Philosophie der Geschichte,* Frankfurt 1970, p. 76.)

89. Y aurait-il une réminiscence du *Don du Poème* de Mallarmé? Certains échos dans les mots et les images y feraient penser («angélique», «berceuse», le thème du fruit).

90. C'est bien là que l'arbre devrait dire: *Non!* comme il le fait dans *Au Platane.* Rappelons que dans un autre passage Valéry voulait charger une machine de l'«accroissement de moi-même» (voir plus haut p. 131).

Il est à noter que le groupe Tel Quel dans ses travaux actuels prend face à cette position extrême — la «production pour l'accroissement de soi-même» — une contre-position tout aussi extrême. Ainsi Jean Ricardou voit dans les œuvres de Philippe Sollers une permanente expropriation du propre à soi et appelle à: «produire sans s'approprier» (*Pour une théorie du Nouveau Roman,* Paris 1971, p. 250).

91. Cela rappelle encore une fois étrangement le «sourire ennemi» de Mallarmé dans *Don du Poème.* — Sur le thème de l'arbre dans la poésie du XXe siècle on trouvera d'autres indications dans le livre très riche de W. Raible, *Moderne Lyrik in Frankreich* (Stuttgart 1972, 45 sq.).

92. Pas plus qu'il ne choisit la fraternisation avec les *hypocrites* parmi ses lecteurs...

93. Dans des notes de ce genre il ne faut jamais oublier la part du plaisir à expérimenter. Valéry note en marge: «Novum». Mais la plupart du temps l'on n'expérimente qu'avec ce que l'on a déjà.

94. L'*opération magique* par laquelle un Antonin Artaud veut atteindre au plus profond l'âme de son spectateur (Œuvres complètes II, 28) n'est pas très différente par le but qu'elle se propose, seuls les moyens sont plus grossiers.

95. H. Peyre, *Literature and Sincerity,* New Haven 1963, 265 sq.

96. «D'ailleurs, on s'en fout»... *Antimémoires* 1967, 13.

97. Cf. aussi M. Raymond, *Jacques Rivière et l'idée de sincérité.* Dans: *Mouvements premiers,* Etudes critiques offertes à G. Poulet, Paris 1972, 252 sq.

98. II 494, Peyre 267.

99. Jean Paulhan, *Un rhétoriqueur à l'état sauvage: Paul Valéry.* In: Œuvres complètes, vol. 3, Paris 1967, 193 sq.

100. Cf. H. Friedrich, *Montaigne,* 2e éd. Berne 1967, 151.

101. Que l'on compare encore avec ceci: «La 'simplicité du coeur' conduit au besoin atroce de 'vérité', qui conduit à la *critique des textes,* qui exclut la simplicité du 'cœur'. (4, 488)».

102. Cf. p. 68.

103. Nous avons donc là une première version de «La marquise sortit à cinq heures» sur quoi Claude Mauriac écrivit plus tard un roman de l'a-littérature (1961).

104. Saint-Pol Roux, *Le style c'est la vie*.

105. *Le poète et le shamisen* (Œuvres en prose, Ed. de la Pléiade 825), paru en juin 1926, trois mois seulement après l'essai de Valéry.

106. Cf. *Le trésor des humbles* 243.

107. Lorsque Valéry plus tard dans son essai sur Degas de 1936 met en garde contre l'*intoxication* croissante par l'art de l'effet chez les modernes, on dirait qu'il s'effraie des démons qu'il a lui-même conjurés:
«L'art moderne tend à exploiter presque exclusivement la sensibilité *sensorielle*, aux dépens de la sensibilité générale ou affective» (II 1220).

108. Je n'ai pu malheureusement établir de quel tableau il s'agit. En tout cas ce n'est pas le *Savant dans la pièce à l'escalier en colimaçon*. Le titre «Ph. en méditation» est de la main de Valéry, mais l'écriture diffère de celle du texte.

109. Cf. chap. I, p. 27.

110. Cf. par exemple 5, 146.

Ici encore la ressemblance avec les formalistes s'impose. Ce que Propp par exemple dégagea dans les contes russes, c'étaient justement les trames fondamentales, inaperçues mais néanmoins efficaces, et que l'on qualifia alors de *formelles*. Dans toutes ces études il s'agissait essentiellement de dépister la suggestion, et l'esthétique de la suggestion recélait déjà en elle l'interrogation structuraliste. Mais les résultats furent d'abord le fait de la science critique et non de l'activité créatrice. Ce n'est qu'à notre époque que la création littéraire se voit de plus en plus (sans doute aussi sous l'influence de cette critique) confrontée à l'exigence de faire paraître ses propres *formalia* et *lateralia*. Le commandement de sincérité a pris par la une tournure surprenante et infiniment plus contraignante. Est-ce toujours pour le bien du lecteur? Le danger de l'illusion, aussi et surtout de l'illusion sur soi-même, n'est certainement pas devenu moindre dans cette littérature de l'âge scientifique; les exigences quant à l'effort de déchiffrement demandé ont crû de manière consternante. L'expression de soi est rendue plus difficile, la jouissance encore moins possible et pour encore moins de lecteurs. En dépit du commandement de sincérité et presque comme pour se moquer de la liberté promise, l'art se voit ramené à évoquer par force une réalité écrasante sur les murs de sa caverne — ce qui n'est pas sa faute, mais plutôt son devoir.
Valéry a vécu de manière exemplaire sur le mode de la pensée cette action de la critique scientifique et formalisante (désanthropomorphisante) sur l'objet de connaissance, l'immixtion du connu dans le devenir de ce qui est encore à connaître, des appareils de mesure sur la chose à mesurer, ainsi que la nécessité qui en résulte d'une métacritique qui prenne ses distances par rapport à l'ensemble du processus; mais tout ceci, chez lui, se passe comme à huis clos: l'appareil analytique esquissé par lui, il ne toléra jamais qu'un «critique» autre que lui-même vînt l'appliquer à son propre cas.

111. Cf. aussi le «latéral» de l'odeur: 5, 307.

112. Cf. J. Robinson, *Analyse* 64, 66; P. Laurette, *Le thème de l'arbre* 127; C. Crow, *Consciousness and Nature* passim; A.E. Mackay, *The Universal Self* 114.

113. Entretiens de Cerisy 115 sq.

114. W. Ince, *Poetic Theory* 56, 78, 86.

2e Partie

Chapitre IV

1. Cf. plus haut p. 145.

2. *Analyse* 145.

3. On trouvera une vue d'ensemble de mon interprétation du traitement temporel à la p. 281.

4. Une autre préfiguration sera traitée dans la digression II.

5. *Analyse* 123.

6. *Begriff des Hasard* 83 sq.

7. Cf.: «Le scarabée sur le dos posé, je fais d'étranges efforts. Evertue, balbutie des pattes, embrouillamini. Ainsi en rêve. Ainsi mêmement quelqu'un qui est replacé dans son passé, à un autre âge, avec d'autres intentions, d'autres habitudes». (4,497).

8. La main attend le pleur: M. Tutino — qui s'appuie sur le facs. V/32 chez Nadal — a vu très justement que «le plus pur» au vers 8 se rapporte au pleur.
Gérald Antoine, au colloque Valéry de Strasbourg, a dégagé les grandes lignes du «Traité de la main» esquissé par Valéry.

9. Cf. chap. I, p.65.

10. Encore une fois, le recours à l'étymologie dans l'expression «chose déçue» (11) sert l'anthropomorphisation (cf. chap. II p.80).

11. Là aussi les côtes bretonnes: «Et là, penché sur l'onde et sur l'immensité, Calme et silencieux, avez-vous écouté? (...)
J'écoutai, j'entendis, et jamais voix pareille Ne sortit d'une bouche et n'émut une oreille».
A moins qu'on ne veuille remonter jusqu'au *concetto* baroque. Ainsi Gracián écrit dans le Criticón: «Era para mi un repetido tormento el confuso ruido de esos mares, cuyas olas más rompian en mi corazón que en estas penas» (Obras Completas, Madrid 1967, 526).

12. Cf. K. Wais, *Mallarmé* 1938, p. 131. Valéry lut *Igitur* pour la première fois en 1904 (cf. 129).

13. A propos de «ces dernières étoiles» on peut penser à un latinisme, mais ce n'est pas indispensable. La longue querelle à ce sujet me paraît quelque peu oiseuse, car au début du poème la signification: «étoiles extrêmement éloignées» me paraît beaucoup plus évidente.

14. J. Robinson (*Analyse* 124) voit s'effectuer la transformation de «cette main» en «ma main» dès le vers 98: «Je baisais sur ma main cette morsure fine». Je ne saurais partager ce point de vue car le vers 98 est situé dans un tout autre temps, ce que je tenterai de démontrer plus loin.

15. Cf. pour ce passage chap. III, p.144 et 150.

16. Cf. chap. II, p.113.

17. Nadal, Facs. VI 44.

18. CG 448.

19. On voit dans quelle mesure et dans quel sens il faut modifier la transcription que donne Du Bos dans son Journal d'une conversation entre Valéry et lui-même: Mallarmé, selon Valéry, aurait écrit tous ses poèmes comme des bouts-rimés, ce qui lui était à lui-même impossible. (*Journal* 1921-1923, Paris 1946, 226). Non seulement Du Bos a pris au pied de la lettre les propos fortement exagérés de Valéry, mais encore les «dessous» de ses propres réserves vis-à-vis de Mallarmé s'en sont trouvés éclairés. Sans doute n'a-t-il pas compris que Valéry parlait très vraisemblablement de son idéal à lui, forgé par lui-même mais attribué à Mallarmé dans un geste de vénération, et qu'il n'avait nullement l'intention de faire de Mallarmé un Parnassien.

20. Sans l'intention symbolique qu'on trouve dans *Igitur*:
«Souffle la bougie de l'être, par quoi tout a été» (O.C. 434).

21. Ce que Jean-Paul appelle «la brûlante heure iconologique avant le sommeil», le «charivari d'idées, dernier écho en nous du jour qui se termine», «l'heure du berger la plus féconde en produits idéaux». Cf. H. Köhler, *La conception du rêve chez Jean-Paul et chez Valéry* (sous presse).

22. «J'ai de mes bras épais environné mes tempes» (30) — c'est le geste classique, en peinture, de la femme allongée, mais il rappelle tout spécialement, si l'on ajoute le décor, la *Bacchante au bord de la mer* de Corot (1865). Ce tableau représente un nu couché au bord de la mer, le corps de la femme repose sur une fourrure, les hanches tournées de côté, la droite

se découpant sur la mer; la tête et la nuque s'appuient sur une légère élévation, le regard pensif est tourné vers la mer. Le bras gauche potelé entoure la tête à la hauteur des tempes dans une attitude nonchalante (il en est assez souvent ainsi chez Corot: *La Nymphe de la Seine* 1837, *La Nymphe couchée* 1885, *La Bacchante au paysage marin* 1865).

Le tableau fut exposé en 1895 au musée Galliera pour le centenaire de Corot. En 1897 il fut vendu par la galerie Georges Petit et partit pour New York (cf. *French Paintings, A Catalogue of the Collection of the Metropolitan Museum of Art,* II, XIXth Century, New York 1966, p. 59). Il est donc tout à fait possible que Valéry — dont on connaît le goût pour Corot — ait connu ce tableau.

Pour l'expression de l'éveil dans la peinture, cf. le tableau du Finlandais Axel Gallén, *L'homme qui s'éveille* (1893). *La Jeune Parque* de son côté a donné lieu à des illustrations: celle de Guido et Gio Colucci, Paris 1931, celle de Ch. de Menten de Horne, 16 gravures en couleur, Paris 1935 (toutes les deux aujourd'hui au *Valeryanum* de la bibliothèque Jacques Doucet). Ni l'une ni l'autre n'ont d'importance artistique. Quant aux eaux-fortes que *La Jeune Parque* a inspirées à Mme Liliane Marco-Lengrand, je n'ai malheureusement pas pu les voir encore.

23. H.J.Frey, *Die Parze und die Bilder.*

24. Cf. 6,508; reproduit incomplètement (les lignes qui relient les thèmes aux dates sont omises) en II 1615. L'hypothèse jusque-la fréquemment admise d'un rapport entre le passage du Cahier 5,58 (=11 676) et le dernier tercet des *Grenades* est donc caduque. L'idée apparaît en même temps chez J. Hytier (*Poétique* 221) et P.O. Walzer (*Poésie* 463). W. Ince tenta de l'étayer chronologiquement, (*«Les Grenades»* 202), mais — fait exceptionnel — ne trouva pas le passage des Cahiers. Il est suivi par R. Gibson (*Modern French Poets* 253). Pour H. Lausberg, dont le livre sur *Les Grenades* accuse un étonnant manque de solidité philologique, la date de 1917 n'admet pas de discussion (*«les Grenades»* 105).

25. Plus aisément compréhensible dans ces vers:
Sa traîne, long trésor éclairant mon désordre
Ne laissait de sa fuite [au lieu de: s'arrachant] à mon avidité
Qu' une plus sombre soif de la limpidité
(Facs. II 17)

26. Le e de «tremblante» a été aussitôt barré.

27. Facs. III 21. Le dernier vers est barré, au-dessus de «à l'adieu» on lit le mot «mensonge», rime du futur vers 101.

28. Nadal, p. 248, vers 47-49 (correspondant aux vers 95/96 et 97 de la version définitive).

29. Nadal, 259.

30. Remplacé sans beaucoup de bonheur par «Je m'enlace» qui ne fait que répéter «vierge à soi-même enlacée» (45).

31. Nadal, Facs. II 17.

32. «Le Présent est de la nature d'une *forme;* il est ce que conservent toutes les substitutions possibles, le système des conditions d'un équilibre mobile. Ce système ou cette forme se perçoit plus ou moins elle-même. Voilà cette intensité. De plus, toute perception n'existe en réalité que *dans* cette forme, et par conséquent, accompagnée d'un reste. Il n'y a pas de sensation isolée absolument. Pas d'île de plaisir ou de douleur parfaite». (5,757). Cette dernière remarque est de grande importance dans la perspective du paragraphe V. J. Robinson n'a pas manqué de souligner que l'idée du présent de l'esprit était un thème central de *La Jeune Parque.* Cf. *Analyse* chap. VI, surtout p. 145.

33. Et ne sera de nouveau atteint pour quelques instants qu'au vers 133 («Je regrette...»).

34. Plus simplement chez Monsieur Teste: «Souvent je ne distingue plus ma pensée d'avant le sommeil. Je ne sais pas si j'ai dormi» (11 24).

35. Ainsi appelait-on le mathématicien Jean-François Niceron (1613-1646) qui avait étudie les problèmes géométriques des anamorphoses.

36. Vers 32. Le point d'interrogation à la place de la virgule ne se trouve qu'à partir de V 6, sans doute pour allonger la liste des questions inquiètes.

37. De même 435 «nouée à moi-même» et 455 «Les bras suppliciés». La rime «qui se

vautre» (438) est d'ailleurs une fausse note soufflée par Méphistophélès.

38. Sommée de tirer au clair ce qui lui est arrivé (ou au moins de s'en fabriquer une version mensongère: «Mens/Mais sache!») la Jeune Parque, dans la transition qui amène le paragraphe XV, est apostrophée avec mépris: «Par quel retour sur toi, reptile, as-tu repris Tes parfums de caverne et tes tristes esprits?» (422/23). Ici le motif du serpent n'est déjà plus qu'un faible écho, non plus une image, mais seulement une figure de pensée qui dérive à la manière conceptiste de l'introduction de la phrase: Par quel retour sur toi — d'où: «reptile». La même chose vaut pour la première annonce du motif au vers 35: «Je me voyais me voir» — d'où: «sinueuse». Remarquable symétrie. Il est inutile de souligner tout ce que ces vers doivent à *Hérodiade* de Mallarmé. Le célèbre passage: «Pour, le soir, retirée en ma couche, reptile/ Inviolée sentir en la chair inutile...» figure dans l'extrait dont Pierre Louÿs avait, en septembre 1890, envoyé une copie à Valéry.

39. Cf. J. Hytier, *Questions* 37.

40. Nadal Facs. 11 17 = p. 197.

41. Comme Mallarmé dans le *Coup de Dés:* «Cet emploi à nu de la pensée avec retraits prolongements, fuites, ou son dessin même» (Avant-propos).

42. Pour le prétendu bergsonisme de «se désintéresse», cf. A. Thibaudet 118 et J. Robinson CAIEF 17 1965, 205.

43. Fin du chapitre «Ithaca» dans *Ulysse* de James Joyce (Londres 1968, p. 870/1).

44. Journal 1921-23, 224.

45. Walzer a la sagesse de dire que l'on peut y voir davantage si l'on veut. Et Lawler y a vu le poète qui découvre «un ordre au-delà de la vie et encore plus précieux». «Par un échange de fonctions celui qui dominait la forme inanimée est à présent dominé par elle» (*Etudes* 146). Ainsi on avait autrefois moralisé Ovide.... D'un strict point de vue sexologique — tout *badinage* mis à part! — l'Américain Ch. Whiting (PMLA) diagnostique: manque de contact entre les partenaires et agressivité du côté de la femme. Suum cuique.

46. Cf. I 41.

47. Il reconnaît *blaguer,* non *badiner* (cf. Digression II).

48. J. Thomas a essayé de prouver que *La Fausse Morte* était une sorte de parodie d'une stance de Mathurin Régnier (Attribuée jusqu'en 1930 à Théophile de Viau): «O mourir agréable...», gauloiserie raffinée donc, dans l'atmosphère de l'ami Pierre Louÿs (RHLF 61, 1961, 238). «Source» séduisante certes, mais interprétation irrecevable. Tout aussi peu satisfaisant le fade allégorisme de l'œuvre inachevée qui inciterait au recommencement perpétuel (E. Noulet, *Paul Valéry 58)*. S'il faut une source à la «mort érotique», c'est plutôt chez Mallarmé qu'il faudrait la chercher (cf. J. P. Richard, *L'univers imaginaire de Mallarmé* 202).

49. «Noir possesseur» dans beaucoup d'esquisses. Remarquons qu'un texte connu du log-book de Monsieur Teste, qui parle de duplicité et de jalousie, remonte à 1913: «Il est impossible de recevoir la vérité de soi-même. Quand on la sent se former, on forme du même coup un autre soi inaccoutumé, dont on est fier, dont on est jaloux (c'est un comble de politique interne). Entre Moi clair et Moi trouble, entre Moi juste et Moi coupable, il y a de vieilles haines...» etc. (5, 74= 11 39).

50. La plus intéressante des esquisses pour ce passage qu'a transcrites Nadal est le numéro V;

Dialogues? (...)

A pique B B réagit — douleur

Poison d' A change B au plus intime [cf. «au plus traître de l'âme» 43].

Et voici le mot-clef: *Coupure.*

Envahissement. Tentation.

Production de visions — qui fascinent (A) (...) On ne sait plus qui a commencé. Orgueil croissant. Refus de ses dons — lucidité.

Je ne sais plus s'il est né de mon sein. (p. 195).

L'idée du *refus* apparaît relativement tard dans la genèse de l'œuvre.

51. II 295. Il ne prend le rôle du grand persifleur que dans *Ebauche d'un Serpent.* Cf. à ce

propos les deux esquisses 5, 674 et 676, et R. Couffignal, *Paraphrase* 235.

52. II 300 et 304.

53. Il est curieux qu'aucun commentateur — pas même J. Robinson — ne mentionne, à propos de la destruction des idoles ou de la critique du langage par Valéry, le nom de Bacon. Il me paraît pourtant quasi certain que Valéry se réfère à lui, sinon en vertu d'une lecture approfondie (qui semble cependant très vraisemblable pour le *Novum Organum*, cf. plus haut p.131 et 6, 230 ainsi que 7, 618, également 1 994), du moins dans certaines expressions-clefs, comme l'a fait Brecht par ailleurs d'une autre façon avec son *Petit Organon pour le théâtre*. — «Organon pour l'étude de l'activité de l'esprit» n'aurait pas été un mauvais titre pour l'édition de ses pensées que Valéry n'a jamais réalisée. Que de fois n'a-t-il pas écrit comme ici: «Je veux faire pour l'esprit une arme, un instrument, un outil» (4,426) — Valéry armurier, «organisateur» de l'esprit!

La manière dont Voltaire présentait Bacon dans la douzième *Lettre Philosophique* était d'ailleurs bien de nature à éveiller l'intérêt de Valéry pour le *Novum Organum*.

54. N'oublions pas que l'origine du motif de la blessure («ma lourde plaie») est à chercher ailleurs, dans le *merveilleux féerique* de Richard Wagner! Que l'on se souvienne du roi Amfortas «que torture une plaie équivoque, mystérieusement infligée par la volupté à son âme, à sa chair, indivisément punies» (II 1315). Tout ce que le langage a de calculé ne doit pas faire oublier la brume de mystère wagnérien qui enveloppe aussi la thématique de ces passages (et pas seulement en tant que «musicalité»). Cf. chap. II note 116.

L'influence de la *Bacchante* de M. de Guérin qu'on a voulu voir ici, reste bien chimérique, presque autant que celle de la *Sorcière* de Michelet *(Entretiens de Cerisy* 146).

55. Cf. 12, 123: Tentation ou les réponses d'Adam.

Et eritis sicut Dii—

Je n'y tiens pas le moins du monde, dear Serpent.

Bonum malumque scientes...

J'aimerais mieux savoir autre chose.

Le concept chrétien de tentation intéresse Valéry de tout autre façon: «Profondeur catholi-que. — Attacher l'idée de «tentation» à la conscience d'un désir: accrocher à la complaisance boule de neige de l'excitation, de la cupidité sensorielle, cette notion d'être pris, *possédé*, jouet, marionnette. C'est en vérité une grande invention, qui tend à donner de la profon-deur, de l'étendue, à créer un individu subjectif *plus grand que nature* ou que la somme de ses moments.»

Cf. aussi le fascinant essai sur le *Saint Antoine* de Flaubert I 613.

56. A côté de *tentation, hallucination, lucidité, visions-orgueil, intellectuelle.* Nadal 190.

57. Le même contraste entre une sphère close — «naïve chaleur» — et des yeux ouverts détermine le sonnet *La Dormeuse,* dont le dernier vers contient un parfait décasyllabe sur le modèle du *Cimetière marin:* «Ta forme veille, et mes yeux sont ouverts». La poétique du regard, l'alternance de *vue* et *vision* qu'a étudiée Jean Mouton chez un certain nombre d'écrivains dans son livre *Les intermittences du regard chez l'écrivain* (1973), devrait, pour Valéry, se concentrer surtout sur ce contraste. Il s'exprime très clairement dans l'essai sur Huysmans de 1898, où l'obscurité d'une cathédrale se change en espace mental élargi, les vitraux en visions lumineuses imaginées ou encore en excitations rétiniennes:

«Tout ce qui est là, ressemble au noir et aux couleurs de l'esprit qui s'interroge. Des taches colorées singulières palpitent, des lunules précieuses se forment; on croit avoir fermé les yeux pour réfléchir à quelque chose. Mais à quoi? Et on n'a pas fermé les yeux. L'église, artificieusement, vous a abaissé les paupières; elle construit l'ombre intime. Puis, les vitraux éclatent comme des visions qu'on aurait trouvées» (1 751).

Même «abaissement artificieux» des paupières dans la dernière strophe du *Rameur:* «L'âme baisse sous eux [les ponts de pierre] Ses sensibles soleils et ses promptes paupières». Dans *La Jeune Parque* et dans la *Dormeuse* c'est au contraire une «ouverture artificieuse», une illumination intérieure.

L'origine de ces images pourrait se trouver — aussi pour Valéry — dans le *Cantique des*

Cantiques: «Ego dormio et cor meum vigilat» (5,2), vers qui a inspiré déjà la mystique du sommeil des Provençaux.

58. Il faudrait se garder d'assimiler trop docilement l'image du «bras de pierreries Qui menace d'amour mon sort spirituel» à un symbole phallique. *Amour* pourrait bien ici, comme c'est souvent le cas, avoir les sens de jouissance rêveuse de soi, d'auto-absorption impure.

59. Le texte se trouve poli et calligraphié en 4, 392 et fut prématurément publié avec le *Cahier B* (cf. 11 572) — en conservant sa spontanéité devenue fictive: «Tard ce soir...»! Il a déjà été question de narcissisme: en voici un trait pour moi particulièrement déconcertant. Mais quel écrivain n'a jamais déconcerté ses plus fervents partisans?

60. Il n'était pas donné à Job, comme on sait, de trouver son bonheur dans la méditation intérieure. — Aussi la digression à l'intérieur de l'essai sur Berthe Morisot pourrait bien appartenir à ce contexte: quelqu'un qui parle manifestement en connaissance de cause y met en garde contre l'illusion qui consiste à se croire à l'abri des tentations lorque toutes les excitations des sens sont écartées: «Je ne suis pas si sûr que la méditation scellée et l'écart intérieur soient toujours innocents, ni que l'isolé en soi-même s'approfondisse toujours en pureté. Si quelque appétit par mégarde se trouve enfermé avec l'âme dans les retraites mentales, il arrive qu'il s'y développe comme en serre chaude, dans un luxe et une rage incomparables» (II 1305). L'intime rapport à Job est encore un élément qui relie Valéry à Voltaire. Cf. aussi le poème *Job* écrit aux temps de crise (communiqué par Lawler, *Etude* 11), mais qui rappelle aussi le *Guignon* de Mallarmé.

61. La ressemblance est étonnante entre ce passage et la position de départ du dialogue *L'idée fixe.* Poursuivi par des pensées qui le tourmentent (leur contenu n'est jamais nommé) le protagoniste marche vers la mer. «Quoi de plus inventif qu'une idée incarnée et envenimée dont l'aiguillon pousse la vie contre la vie hors de la vie? (...) Je marchais, je marchais; et je sentais bien que cet emportement par l'âme exaspérée n'inquiétait pas l'atroce insecte qui entretenait dans la chair de mon esprit une brûlure indivisible de mon existence. L'ardente pointe abolissait toute valeur de chose visible (...) Je ne pouvais fixer que la terre ou le ciel» (II 198). — *Brûlure, pointe,* évanouissement du monde des choses, absolutisation de l'intérêt fixé sur le ciel et la terre — tout cela se trouve aussi dans la *Jeune Parque*.
Valéry a placé en tête de son dialoque le célèbre vers «cultéraniste» de Góngora: «En roscas de cristal, serpiente breve» (vers initial de la *Canción de la toma de Larache*). Sous la forme étonnamment défigurée, il est vrai, de *roccas* (qui se trouve déjà dans l'édition Gallimard de 1933 et fut reprise sans changement jusque dans l'édition de la Pléiade; l'édition originale de 1932 ne portait encore pas d'exergue). On peut supposer que Valéry, qui n'avait qu'une connaissance superficielle de l'espagnol, a lu *roc(c)as* et interprété le vers à sa façon (au lieu de: «méandres», dans des *rocs* de cristal le preste serpent»...).

62. Qu'on se souvienne de la formule de Villiers citée plus haut(chap. III, p.149):«Clarté déserte».

63. Alain 66; H. Soerensen, *Poésie* 82, 137, 165 et passim; J. Hytier *Questions* 18; H. J. Frey 49 lisent ainsi sans plus de discussion. De même P. Guiraud qui fait du mot un féminin (Index, s.v. *extrême*). H. Gmelin, *Kleines Wörterbuch* 756, cite le passage sans prendre parti dans un sens ni dans l'autre. A. Henry écrit sans ambiguïté qu' *extrême* est employé «en fonction d'adverbe» *(Langage et poésie 131).*
Seul J. Duchesne-Guillemin exprime ouvertement ses doutes et opte «après beaucoup de tâtonnements» *(Essai 55)* pour la valeur adverbiale d' *extrême.* Il commente: «Brûle, c'est-à-dire vit d'une vie ardente, en regard du moi qui connaît, qui est attentif. Il faut donc comprendre «qui se préfère à celle qui est extrêmement attentive», et non «qui se veut attentive à l'extrême». *(Essai 78).* Mais pourquoi faut-il absolument opposer «brûle» et «ardente» à «attentive»? On est ici victime d'un cliché. Ce sont justement les «apprêts» de l'âme qui se prépare pour la marche aux extrêmes, aux frontières, que la Jeune Parque appelle plus tard «ferveur»:
De l'âme les apprêts (...)
Ne fûtes-vous, ferveur, qu'une noble durée?

C'est le vocabulaire de Racine, mais animé d'une autre passion.

64. Je ne vois pas comment l'on peut justifier l'adverbialisation. Il n'existe en français que le type de phrase: «Une maison toute fraîche bâtie»; «Je soignais les grands brûlés» (M. Grevisse, *Le bon usage*, par. 385). Mais il s'agit là exclusivement de participes et le groupe des adjectifs susceptibles d'emploi adverbial (frais, grand, etc.) est en outre très restreint. Il ne resterait comme adjectif-adverbe que *tout* et comme hypothétique modèle de phrase: «elle se préfère à la tout attentive». Si l'on essaie de remplacer *tout (e)* par *entière*, on mesurera ce qu'il y aurait de hardiesse à vouloir lire «l'extrême (ment) attentive». On ne trouve rien de tel ni chez Mallarmé (W. Naumann, *Sprachgebrauch;* J. Schérer, *L'expression littéraire*) ni dans le Symbolisme (L. Spitzer, *Errungenschaften*). Le seul exemple comparable cité par Grevisse: «connaissances *pures* livresques» date du Moyen Age. Mais *La Jeune Parque* suit le canon classique!
Il reste cependant une ombre de doute. Si la lecture avec adverbialisation ne résiste pas à une analyse grammaticale, il faut que quelque démon de l'ambiguïté s'en soit mêlé pour que cette lecture *paraisse* pourtant possible (du fait certainement que *extrême* aussi bien qu'*attentive* ne se donnent pas nettement au premier abord pour des substantifs ou des adjectifs). On peut se demander si tout cela était entièrement voulu; et en outre s'il était nécessaire de construire *préférer à...* en voulant pourtant dire *préférer... attentive*. Tout lecteur ne pouvait d'abord que tomber dans le piège préparé. En tout cas le vers n'a pas la simplicité de la langue classique.

65. L'exposé des motifs se trouvera au par. V.

66. On pourrait envisager d'interpréter «à l'extrême» comme une expression adverbiale et lire: «qui se préfère *extrêmement* attentive», mais l'emploi de cette expression en liaison avec un adjectif serait étrange. Mieux vaut donc considérer *extrême* comme un véritable substantif et construire «attentif à...». On comparera avec «Toute l'âme s'appareille A l'extrême du désir» *(Aurore)*. Valéry aimait ce substantif (comment pouvait-il en être autrement?). Il écrit une fois: «Tout le toc de l'homme à l'extrême» (=in extremis, II 1573). L'inversion du complément prépositionnel (à l'extrême/attentif) correspond à l'usage de la langue poétique: C'est Vénus tout entière...» Et enfin, *attentive* est à la rime!

67. Valéry a longtemps cherché l'adjectif *secrète*. Il n'apparaît qu'à partir de V 5. Auparavant il essaya: «une sorte de sœur», «une vibrante sœur», «plus sainte, plus ardente et plus impérieuse». «Ma plaie n'est-elle pas une vivante sœur» (Nadal 193, 194, 195).
Le vers 245: «Moi si pure, mes genoux Pressent les terreurs de genoux sans défense...» se présentait encore en V 5 sous cette forme:...«pressent les genoux d'une sœur sans défense». Heureusement la *sœur* a été ici éliminée, sans doute afin d'éviter la confusion.

68. En liaison naturelle avec le contraste des yeux (grands) ouverts et fermés, auquel il a déjà été fait allusion (p. 214 et note 57). Notons que la célèbre définition du log-book de Monsieur Teste: «Homme toujours debout sur le cap Pensée, à s'écarquiller les yeux sur les limites ou des choses ou de la vue...», date de 1913 (5,7 = 11 39).
On retrouve au paragraphe VI, où pour un court instant la Jeune Parque a rejoint son propre présent et une sorte de degré zéro de conscience, la thématique des yeux et de l'enfer intérieur, et cela par l'effet de la plus sûre logique poétique, alors le regard a «disparu».
Mais je sais ce que voit mon regard disparu;
Mon œil noir est le seuil d'infernales demeures! 160/1

69. Mon interprétation est redevable à E. Noulet qui écrit: «Le poète prévient donc que la Jeune Parque, s'évadant momentanément de sa nature infirme de femme pour exister à l'extrême d'elle-même, à l'extrême de son essence d'être, retombera de cet absolu dans le relatif heureux de la vie» *(Paul Valéry* 67). Il semble cependant qu'elle ne voie pas l'«existence à l'extrême» (dont le contenu reste vague) thématisée avant le paragraphe XIII.

70. C'est faute de mieux (et parce qu'elle est devenue usuelle) que j'emploie l'expression «Episode du serpent» dans un sens inexact. La démonstration de la cohérence de fond avec les autres paragraphes montrera qu'il s'agit dans l'ensemble de la composition, non d'un épisode, mais d'un élément de construction indispensable.

71. Celan construit donc manifestement: «qui se préfère... attentive», et non: «qui se préfère à...».

72. Comme s'il avait pressenti que trente ans plus tard l'occasion se présenterait de l'envoyer à un homme d'Etat dans son exil anglais et à une critique littéraire dans son exil mexicain... cf. E. Noulet, *Suite valéryenne* 63).

73. Tant l'excès du désir altère pour mieux voir
De mes enfers pensifs les confins sans espoir.
A la place du premier hémistiche on a ensuite: «Par l'excès du désir» ou «Tant mon désir excède», puis le mot «Torsion» et finalement «Par l'excès de l'attente altérant pour mieux voir» (Nadal Facs. I 6). «Désir» est d'ailleurs dans les esquisses un mot-clef du passage: la Jeune Parque se dit «fille de mon désir» (Facs. II 17).
Cf. aussi dans l'essai sur Berthe Morisot: «Le fond de nous-même que nous trouvons en nous, par d'étranges accidents, ou par une attente indéfinie» (II 1305).

74. C'est «pâle et prodigieuse» que la Jeune Parque se reverra au paragraphe XIV (v. 387, 392).

75. «Mon antique corps Insensible» (99/100) reprend «leur étrange étendue» (33).

76. MLR 42, 1940, p. 485 sq. Cf. aussi J. Robinson, *Analyse* 35 et P. Laurette, *L'Arbre* 97.

77. J. Levaillant, *P.V. et la lumière*. Excellent aussi ce qu'en dit O. Nadal, *La Jeune Parque* 85.

78. ibidem 185.

79. Ces expressions sont de Whitehead.

80. M. Bémol parle d'un «moi antérieur ou primitif» qui réapparaîtrait même à la fin du poème, accomplissant un cycle (*La Parque et le serpent* 46 et 57). Le symbole du serpent («le poème de la Parque lui-même est un serpent») me paraît mis ici à trop rude épreuve. — J. Hytier (*Questions* 21) y voit semblablement l'expression d'une innocence intellectuelle non encore perdue. J. Robinson rattache très justement les vers à l'état de l'*être* (*Analyse* 167) qu' interrompra le *connaître*, mais cette détermination est liée chez elle aussi à l'idée d'une vague phase d'innocence ontogénétique dont il me semble difficile de trouver la confirmation dans le texte. — Quant à l'interprétation de J. Duchesne-Guillemin, je voudrais y revenir à la fin de ce paragraphe.

81. Cf., dans *Amphion*, le Songe Amoureux «que figure une danseuse quasi nue sous un long manteau» (I 168).

82. Claudel, *Théâtre*, Ed. de la Pléiade, I 62.

83. Il occupe les pages 4, 491-585 et est daté d'avril-mai-juin 1911 (Cahier 53 d'après Robinson, cf. Cahiers Pl I 1386). C'est un des rares Cahiers exclusivement consacrés à un thème. Dans une des toutes premières mentions qu'il fait d'une possible ordonnance des notes de Cahiers, dans une lettre à André Lebey (LQ 83, cf. aussi une lettre à Madame Valéry I 33), Valéry cite déjà «Rêves» à côté des thèmes «Mémoire», «Attention». En outre dès 1909 Valéry a fait paraître dans la NRF quelques notes sur le rêve (cf. I 931 sq.), seule publication ou presque de ces années. Je n'évoque évidemment ici que ce qui paraît essentiel pour le contexte. Le 5e chapitre dans *Analyse* de J. Robinson renseigne sur l'ensemble avec l'exhaustivité habituelle à l'auteur.

84. Soulignons rétrospectivement l'importance de ces phases de transition au cours desquelles de tels états sont encore vécus tout juste à la limite du conscient: «Dans les phases de *mélange* (sommeil naissant etc.) la réciprocité entre le regard et l'objet, leur équilibre réversible, semble bien s'installer» (5, 12= II 731). — J. Robinson indique que le concept d'équilibre employé ici est emprunté à la thermodynamique. Elle écrit expressément que les idées de Valéry sur la thermodynamique auraient laissé de nombreuses traces dans la *Jeune Parque* (*Analyse* 65). De même encore 6, 646 où est soulignée l'inaccessible irrationalité du rêve: une succession d'égalités. Comme dans l'étude-programme sur l'endormissement, citée à propos du paragraphe III (cf. plus haut p. 207) c'est ici encore le mot «peindre» qui est employé, signe de la volonté de «décrire» poétiquement les résultats de l'analyse, en dépit de toutes les difficultés: «Comment peindre ceci? Cette suite d'égalités qui arrive à éviter tout

phénomène brusque, à émousser les marches de l'escalier, les degrés de la conscience. L'insensible, l'insidieux, continu physique».

85. Cf. 5, 858: «Rêve: Est-ce la conscience sans rôle possible?» Ou 1 934: «En rêve, les opérations ne s'échafaudent pas, ne sont pas perçues comme facteurs indépendants. Il y a séquences, non conséquences». A l'image du levier correspond dans le domaine de la pensée non-figurée le schéma *si - alors* qui n'est possible qu'en état de veille. — Autres définitions: «Le rêve serait-il l'état à connexion constante? La veille serait alors définie par les variations de connexion dont la première est le réveil» (6,71). De même 4, 543. En 5, 691 l'opposition est rendue graphiquement: un certain nombre d'éléments liés les uns aux autres en forme annulaire — le rêve; les mêmes éléments reliés radialement à un centre — la veille. Le dessin se retrouve sous la même forme au milieu d'une page d'esquisses pour la *Jeune Parque* (Nadal 11/20).

86. Ici encore les expressions *momie, légère mort, poudre, barque funèbre*, ne figurent que comme moyens de coloration, non comme porteurs de leur sens lexical. «La mort en littérature», écrit un jour Valéry non sans rudesse, «est un son grave. Il n'y a rien à en dire. Ceux qui en usent sont des faiseurs» (II 872). De même 11 635: «La mort comme moyen littéraire représente une *facilité*. L'emploi de ce motif est marqué d'absence de profondeur». On appréciera dans le passage cité la maîtrise avec laquelle est suggéré le recul effrayé à l'aspect de l'ombre qui glisse (voyelles a et i). Théâtralité de la poésie!

87. *P.V. et la lumière* 180.

88. Cf. 5, 857: «Dans le rêve, craindre de choir = choir (...). Donc loi du rêve: figure et actuel sont même chose». Concevoir serait, dans le rêve, toujours déjà agir.

89. Les études de J. Levaillant sont un remarquable exemple de ce qu'on appelle depuis Gaston Bachelard la critique thématique. Elles montrent en même temps les difficultés que rencontra dès le début ce mode d'approche quand il s'agit de replacer un passage dans le contexte dont on l'avait extrait pour les nécessités de l'examen.

90. *Partage de Midi*, Ed. de la Pléiade, I, p. 989-90.

91. II 409 (Calypso = l'enveloppante, celle qui recèle en soi quelque chose d'obscur). — Des réminiscences de l'allégorèse d'Homère par Porphyrios, texte que nous avons déjà mentionné, ont pu aider à la naissance de cette Calypso (cf. plus haut chap. I note 85): «En tant que matière, le monde est ténébreux et obscur, mais grâce à la forme qui vient s'y adjoindre et grâce à l'organisation qu'il reçoit, il est beau et charmant. On peut donc avec raison dire qu'il est une grotte charmante au premier abord, grâce à la beauté des formes dont il est revêtu, ténébreuse lorsqu'on regarde ses fondements et qu'on y pénètre en esprit. — (Les Perses) ne faisaient pas des grottes le symbole du seul monde sensible (...). Ils en faisaient encore le symbole de toutes les forces invisibles». Cité d'après F. Buffière, *Les Mythes d'Homère et la pensée grecque,* Paris 1956, p. 600.

92. Voir plus haut, chap. I, p. 55.

93. L'«indicible» passage d'un corps «radieux» à l'intemporalité et à l'immobilité est aussi une image déterminante du *Cantique des Colonnes* de Valéry.

94. Claudel encore avec une semblable image spatiale (mais chargée, dans sa symbolique sexuelle, de la force propre à l'auteur): «L'esprit avec un spasme mortel Jette la parole hors de lui comme une source qui ne connaît point Autre chose que sa pression et le poids du ciel» (*Cinq Grandes Odes,* Paris 1936, p. 127). On peut en outre supposer avec beaucoup de vraisemblance que le rapport de dépendance mutuelle qui existe entre la Jeune Parque et l'«altitude» pourrait être un reflet de la philosophie de la volonté de Schopenhauer, telle que Wagner la fait apparaître dans le rapport de Wotan et de Brunhilde: «Qui suis-je, hors ton vouloir vivant?» — «A moi je parle, parlant à toi» (Walkyrie, Acte II, sc. 2. Trad. A. Ernst). Cf. chap. II, note 116.

D'un autre côte l'idée présente aussi des traits fortement traditionnels, archétypiques. Dans l'ésotérisme islamique, écrit René Guénon, il est dit de l'«homme véritable» qu'il soutient l'univers par son seul souffle! (*La Grande Triade* 122).

95. ad + complere. — A propos de la forme creuse, cette très remarquable analogie de la bouche et de l'espace:

Espace buccal.

Comme la bouche est curieusement sensible, donne un mélange de fortes pressions, de tractions contrariées, d'obstacles et de corps durs interposés, de goûts et saveurs, de touchers humides et de glissements, de présences étranges, — de même la sensation d'ensemble de tout le corps et les mouvements de l'attention dans le corps, comme celui de la langue qui tâtonne et travaille dans son antre...

Pour la genèse du passage, cf. Nadal facs. 11/14 où l'on peut lire entre autres choses:

Caresse adoucissant les hauts desseins du ciel. Ou:

Je reposais sur moi la figure du monde

Comme si j'allaitais ...... ronde ou:

Ciel... accomplissait le tour de m/Finissait sur le tour de ma gorge de miel

(probablement par allusion à l'expression «fait au tour»).

La parfaite conformité des deux hémisphères est en outre une imagination typique de la Renaissance! Ronsard (*Amours de Cassandre* XL):

Le Ciel n'est dit parfait pour sa grandeur.

Luy et ce sein le sont pour leur rondeur;

Car le parfait consiste en choses rondes.

96. C'est l'ancien sens du mot *figure:* rendu de la forme extérieure d'une chose, qui est ici pertinent. Je trouve chez V. Hugo un premier stade de ce type de polysémie: «Les arbres pleins de vent ne sont pas oublieux (...). Ils gardent la figure antique de la terre» (*Légendes des Siècles, Le Satyre*). Dans l'évolution générale les arbres conservent la «forme» de l'ancienne terre, son essence. Cf. aussi II 1305: «Pourquoi veut-on que le fond de nous-même (...) soit plus important à observer que la figure de ce monde?»

97. *Nietzsche et Valéry* 226.

98. Comparons par exemple à l'allégorie de la terre dans *La Maison du Berger* de Vigny, qui présente dans sa forme extérieure une grande ressemblance avec notre passage (str. 43):

Avant vous, j'étais belle et toujours parfumée,

J'abandonnais au vent mes cheveux tout entiers...

Davantage encore l'ange féminin Eloa:

Toute parée, aux yeux du Ciel qui la contemple.

Elle marche vers Dieu comme une épouse au Temple.

99. Méditant sur les nombreux éléments matériels du dogme catholique, Valéry a l'idée d'établir une analogie entre le Jugement Dernier dans sa nature et son déroulement, et le rêve: à la vue de l'*absolue réalité* de Dieu, l'âme accusée se connaît elle-même sans pouvoir douter ni user de faux-fuyants. De même le rêveur est livré sans défense à ses désirs, à ses imaginations, à ses impulsions, «et, comme l'homme après la mort, sans pouvoir lutter, escamoter, couper, se rattraper. D'ailleurs le rêve est une espèce d'éternité, ne contenant en lui-même aucune condition d'achèvement, de cessation (...) Le rêve, état eschatologique: état dans lequel il y a connaissance mais sans plus de choix». (5, 787).

100. Voir plus haut, chap. III, p.181 sq.

101. 23, 663; cité d'après J. Robinson, *Analyse* 166.

102. 5, 4.

103. II, 89-90.

104. Certaines composantes partielles des états ici décrits étaient préfigurées pour Valéry dans *La Chambre double* de Baudelaire: dans la chambre spirituelle, «le temps a disparu; c'est l'Eternité qui règne, une éternité de délices!» Ou dans *Igitur* de Mallarmé: dans la «chambre du temps» la pensée prise de frisson s'arrête «en un calme narcotique de *moi* pur longtemps rêvé» (O.C. 435)

Il est intéressant de noter que, de toute la symbolique spatiale de la chambre — si magistralement «dépouillée de toute tangibilité» par Mallarmé (K. Wais; pour l'histoire du thème, cf. du même auteur: *Mallarmé,* 1ʳᵉ édition, 407, 512) — n'est demeurée que l'indication d'une vague «couche». La chambre nue de la rue Gay-Lussac, meublée seulement d'un tableau noir et d'un squelette, le vrai «cabinet» faustien que Valéry habita de 1894 à 1899, se profile tout au plus encore dans *Agathe*. Le retour de Robinson ne fut jamais un retour à des demeures humaines: à l'exception du poème *Intérieur* (cf. Digression II) et plus tard du 3ᵉ acte de *Mon Faust,* toutes les œuvres de Valéry sont localisées dans un dehors arcadien ou mythique. L'explication n'en est peut-être pas à chercher seulement dans le caractère méditerranéen peu soucieux d'intérieurs. On peut penser qu'avec un instinct sûr Valéry se refuse à redistiller le fantastique nocturne de la tradition romanesque du XIXᵉ siècle, la symbolique spatiale de la spirale, du corridor, de la voûte, après la sublimation opérée par Mallarmé. Il évita le danger d'une répétition affadie en déplaçant le lieu spirituel qui n'est plus la chambre mais la mer, ainsi que le moment spirituel qui, de minuit, passe à l'aube.

105. O.C. 1213. Souligné dans le texte.

106. I 1193.

107. Un œil critique voit souvent ces choses avec plus de pénétration que celui qui n'est qu'admiratif. L'essai d'Yves Bonnefoy appartient à ce petit nombre de déclarations contre Valéry qu'on est obligé de prendre au sérieux, ne serait-ce que parce que lui-même — selon ses propres paroles — prend Valéry au sérieux. Pas assez cependant. Pour lui l'image poétique du sommeil en pleine lumière est évidente, sa polémique vise essentiellement la prédilection de Valéry pour ce type de sommeil: «Valéry se complaît dans un monde (...) où l'on peut dormir, certes, s'il est vrai qu'un certain sommeil dans la lumière, dont (...) dans tant de poèmes il a évoqué le bonheur, sommeil qui filtre la sensation et n'en retient qu'un extrait à la fois sensible et universel, semble jouir de quelque chose d'archétypal, comme le font les animaux et les plantes» (*L'improbable,* Paris 1959, p. 140). Le soupçon qu'un tel sommeil a quelque chose d'archétypal est beaucoup plus prudent et plus exact que la simple thèse du paradis perdu. Bonnefoy semble être plus proche de ces choses. Plus proche même qu'il ne l'avoue.

108. E. Kretschmer, *Psychologie médicale,* Paris, Doin 1956.

109. *Nouveaux essais sur l'entendement humain.* Philosophische Schriften, vol. 6, Berlin 1962, p. 161. Cf. dans Locke, *Essay concerning human understanding* le chapitre: «Of the modes of thinking» (II, 19). — Leibniz connaît un état de l'esprit qu'il appelle *mens momentanea.*

110. II 1390.

111. Le passage est cité in extenso dans Walzer, *La poésie de Valéry* 436. Amiel indique très précisément le jour et l'heure. Dans l'édition partielle de B. Bouvier (Paris 1927) il se trouve au vol.1, p.104 sq.

112. Elles correspondent à un axe de la surface de Gauss des nombres complexes.

113. Robinson n'a sauvé du naufrage qu'un compas mais pas de règle! Cf. J. Robinson, *Analyse* 40, Cahier 9, 647 et la lettre au mathématicien Emile Picard, LQ 215.

114. «Oublier insensiblement la chose que l'on regarde — l'oublier en y songeant, par une transformation exacte, juste, immobile, locale, naturelle, imperceptible — comme un morceau de glace échappé à celui qui le serre, corrélativement, contre sa volonté, par sa chaleur. Et l'eau peut redevenir glace».

115. On lisait pourtant aussi dès 1909 et sans équivoque: «L'attention [de même que le rêve] ne manque pas d'engendrer le faux quand elle excède un certain point» (I 932).

116. La tournure maniériste «blonde argile» (138) semble le condensé d'un portrait de femme traditionnel, par exemple chez Victor Hugo: «Eve offrait au ciel bleu la sainte nudité; Eve blonde admirait l'aube, sa sœur vermeille. Chair de femme! argile idéale! ô merveille» (*Légende des Siècles, Le Sacre de la femme*). Mallarmé y a déjà puisé pour *Les Fleurs*

117. *Choses tues,* II 512-514. De 1927?

118. II 414.

119. La connaissance qu'a Valéry de Swedenborg n'est probablement ni très vaste, ni de première main. O. Nadal exagère lorsqu'il prétend que Valéry se serait constamment occupé des Illuminés après la lecture de Huysmans en 1888 jusqu'au grand renversement des idoles en 1892. Dans les années 90 (époque où l'avant-garde, comme on sait, se passionnait pour la mystique), la seule lecture assez approfondie dont on ait la preuve est celle de Ruysbroeck. Y. Clogenson est également d'avis que Valéry fut un grand lecteur de littérature mystique, mais ne cite presque que des écrits qui n'entrent pas dans cette catégorie. En août 1891

Valéry écrit à Gide qu'il a feuilleté Swedenborg sans pouvoir vraiment y entrer. Au début de l'avant-propos à Lamm, Balzac et Nerval sont mentionnés sans hésitation comme les sources uniques, mais remontant déjà à plus de trente ans. En outre c'est en ces termes que Valéry remercie pour sa peine l'exégète de Swedenborg: «Cette œuvre n'est pas, j'imagine [sic!], d'une fréquentation toujours aimable ni aisée...» (I 871).

120. *Analyse* 211, note 6.

121. I 874. Il ressort de notre note précédente sur la chronologie que la note de Cahier de 1914 contient effectivement les idées et observations que Valéry reproduira 22 ans plus tard.

122. Pour plus de détails, cf. M. Lamm (traduction française, Stock 1936; édition suédoise, Upsala 1915).

123. Qu'a bien pu penser Valéry en lisant chez Lamm: «Cette disposition extraordinairement forte aux hallucinations avant et après le sommeil est d'ailleurs considérée comme l'un des signes les plus fréquents d'une maladie mentale à son début»? Ou en apprenant que l'expérience décisive de nature subjective et hallucinatoire qui eut pour conséquence de changer une pensée d'abord toute scientifique et métaphysico-théologique en une «réalité seconde» intuitive (I 880), avait eu lieu précisément à Londres? (C'est un fait reconnu que les voyageurs sont plus fortement exposés à des périls de ce genre que les sédentaires.)

124. *Etudes d'histoire et de psychologie du mysticisme. Les grands chrétiens*, Paris 1908, en part. p.342. — Le livre de Delacroix fait le bilan des longues discussions entre spiritualistes et «neuropathes». On peut supposer que Valéry a eu connaissance de ce livre, mais je n'en ai aucun témoignage.

125. «Cet amour dans un corps mortel, dont j'étais alors rempli, ressemble à la joie qu'éprouve un homme chaste, quand dans l'amour véritable il s'unit in ipso actu à son épouse, — cette amaenitas extrema se répandait sur tout mon corps» (cité par Lamm, op. cit.). Abstraction faite de cette localisation du bonheur suprême dans le mariage chez le célibataire qu'était Swedenborg, ceci correspond — comme on pouvait s'y attendre — à l'«état du plus grand luxe physique et psychologique», dont parle Valéry à propos de la «possession» (5, 285; cf. plus haut p. 235).

126. Cf. J. Scherer, *L'expression littéraire dans l'œuvre de S. Mallarmé*, 126.

127. Vers 12: «Si ce n'est que la gloire ardente du métier..»

128. *Essai sur la Jeune Parque* 20.

129. LQ 106; une partie de cette lettre est copiée en 5, 783.

130. Certes Valéry utilisait souvent le schéma — naturel après tout — de la chute hors de l'éternité dans le temps, comme dans ce passage de *Mélange*: «Un esprit allait voir cesser son état; il devait tomber de l'éternité dans le Temps, s'incarner: «Tu vas vivre!» — C'était *mourir* pour lui. Quel effroi! Descendre dans le Temps!» (I 299. Cf. aussi les notes sur Porphyre, 5, 132, mentionnées p.301). Pris à la lettre, les vers «Poreuse à l'éternel...» y ressemblent aussi.

131. H. Anton, *Raub der Proserpina*, Heidelberg 1967, p.112.

132. Un important complément à la théorie dans la terminologie propre à Valéry de *formel* et *significatif* (cf. plus haut chap. II, p. 120 et chap. III, p. 180): l'état de veille est caractérisé par la séparation du *formel* et du *significatif*. Dans le rêve, ils coïncident: «Le rêve est la signification du formel» (3, 725), ce qui peut être interprété comme une définition de *l'absolu*. Dans la phase d'endormissement (et a fortiori d'éveil, donc *maintenant*) on assiste à un mélange des deux. Il ressort de 4, 182 cité p. 180 que ce même mélange est le postulat d'une œuvre d'art réussie.

La spécification suivante éclaire l'antinomie parallèle d'*être* et *connaître*:

Etre
instantané
ubique
simultané
Connaître
successif
point de vue

partiel   5, 122
Les termes *instantané, ubique, simultané* s'appliquent à la description du rêve, les trois autres
à l'état de veille.

133. Bien qu'y adhérant moins fortement, moins absolument qu'au rocher au début du
poème. La distribution des sons dans le passage, les violents coups de cymbales de «Bois qui
bourdonnerez de bêtes...» etc., annoncent au contraire déjà l'hymne à la mer qui termine le
paragraphe XVI.

134. Extrême éloignement de soi, extrême proximité — de cette coïncidence des contraires il est également question dans le texte suivant, ainsi que de bien d'autres facteurs
d'importance pour la *Jeune Parque:*
«Je sens ma folie à travers ma raison comme la nuit de l'espace se sent bien à travers
l'illumination du jour, plus il est beau. Mais c'est non ma folie, c'est celle des choses — de la
réalité conjointe et telle quelle, une démence objective, consistante, résultant de pures
constatations et qui est celle qui est, qui contient, menace, balance, donne et retire dans sa
toute — puissante inexplicabilité essentielle, le jeu personnel.
Qu'est-ce que je pèse auprès de ce que tu m'as dit hier soir? J'ai froid sur moi. Et je ne
m'appartiens plus. Avoir froid sans qu'il fasse froid, devenir cause inconnue, c'est ne plus
s'appartenir.
Loin que l'halluciné soit maître, il est esclave et pourtant ses créations propres l'entourent et
cachent ce qui n'est pas de lui.
Partons. [!]
Le lendemain, je dis: mélange intime de hasard, de loi, d'éloignement infini de soi-même, ou
proximité infinie...
Ce petit mouvement est plus terrible qu'une trompette de jugement. Il divise l'Un. Il fait
sentir une volonté où la volonté ne peut pas être.
Progression géométrique des ancêtres [qui, au rebours d'*Igitur* ne favorisent pas, mais entra-
vent l'absolutisation]. 6, 19.

135. Le vers quelque peu énigmatique: «N'osa peindre à son front leur souffle ravisseur»
(367) se présente en V 4 sous une forme plus facile: «N'osa solliciter le souffle ravisseur».

136. Rien n'oblige à interpréter «jadis» au vers 371 comme un «autrefois» dans un passé
mythique.
E. Noulet résume ce paragraphe par la formule: «La mort par l'esprit». Pour elle, le vers
central 370 «Je soutenais l'éclat de la mort toute pure», se réfère à la mort, telle qu'elle est
thématisée au paragraphe IX (vers 216). Je ne peux accepter cette interprétation pour des
raisons tenant au contenu autant qu'à la langue. Au paragraphe IX le thème de la mort a,
selon moi, — j'en donnerai les raisons plus tard — une signification beaucoup plus concrète,
liée à l'instant. Par contre E. Noulet ne prend presque pas en considération les si nombreuses
correspondances d'expression entre XIII et V, relevées par J. Hytier par exemple (*Questions*
33; ce dernier n'en tire malheureusement aucune conséquence quant à une possible correspondance des contenus).

137. Rappel du thème de la provision vitale qui s'amenuise, tel qu'il fut indiqué au début
du chapitre I.

138. V 2 présente ce paragraphe très instructif marqué G:
Ma grande âme qui cède à sa seule clarté
Jusqu'au fond d'un sommeil tramé de volonté
Se voulait voir descendre et sourire à l'eau noire
Et ne s'évanouir de sa propre mémoire
Qu'elle n'ait dépouillé de son suprême instinct
Ce cœur qui s'étudie à vouloir son destin
Jusqu'à ne plus tenir que de sa complaisance
Ce frémissement fin de feuille, ma présence.

139. Cf. plus haut chap. I, p. 34 sq. On décèle encore une légère trace du goût décadent.
L'image de ce «long regard» sur lequel la victime rampe à sa perte n'est pas des plus
heureuses.

140. V 6: «Et moi qui me croyais d'elle toujours plus près» est plus clair (mais naturellement beaucoup plus faible en tant que vers). — Certes cette séparation, ce dédoublement est à plusieurs reprises indiqué dans la première partie, par exemple tout au début: «Qui pleure là (...) Si proche de moi-même au moment de pleurer?» Mais on sentira que l'écart là est bien moindre. C'est en cela que consiste le grand art du poème, dans la manière de rendre si clairement par le mot les degrés du retour à la conscience.

141. Pour une interprétation plus détaillée, voir la digression.

142. Cf. plus haut p. 207

143. Il me paraît plus satisfaisant de rapporter «ténébreuse allusion des cieux» (407) à «réminiscences» plutôt qu'à la Jeune Parque elle-même (sous la forme d'une apostrophe à soi-même, parallèlement à «Sombre lys»). — Le vers 408 en V 5 se rapportait encore au lys: «Ta candeur n'a pu vaincre un vaisseau précieux». *Candeur* irait avec «chastes éloignements» (364), *vigueur* dans la version définitive va avec «ferveur» (365) et «brûle» (49), mais c'est toujours la même chose dont il est question. L'évocation de la fleur rappelle le motif de la *fille-fleur* au vers 132, où l'ivresse solaire culminait dans un entrelacement (très Art Nouveau) avec des formes végétales luxuriantes.

144. En fait les vers 415-18 qui évoquent le fil de l'instinct semblent fournir l'explication la plus plausible du titre du poème, choisi par Valéry après bien des recherches. Ils ne sont apparus que très tard, et en V 6 sous la forme suivante:
Souviens-toi de toi-même! Et retire au destin
Ce fil, sur le doigt d'or, flottant vers le matin
Ce fil...
La transformation de «destin» en «instinct» n'en était pas vraiment une dans l'esprit de Valéry, mais elle permettait de gommer quelque peu l'allusion trop directe au mythe des Parques. Une des formes du titre probablement ancienne, a été: *La Seule Parque* (cf. Nadal Facs V, 37) — l'unique Parque qui réunit en elle toutes les attributions de ses sœurs. Il est évident que la modification en *Jeune Parque* qui rappelle la tradition, est poétiquement heureuse, cependant il ne faudrait pas ignorer à l'arrière-plan le sens de la «Moïra novice», «l'apprentie sorcière», «l'apprentie Parque».

145. Cf. le sonnet écrit en 1891 et remis en chantier à partir de 1913 (I 37): *Naissance de Vénus,* étude poétique mise à profit ici dans un ensemble plus vaste, le thème de la naissance de Vénus n'étant plus traité comme tel, comme un bijou parfait en soi, mais inséré comme le prisme indicateur d'un certain état de conscience.

146. «L'or = soleil se rattache au passage Harmonieuse Moi; le rappelle ou réfracte dans le second aspect» (A Pierre Louÿs I 1616). Je ne veux pas me perdre en conjectures sur ce que Valéry peut bien vouloir dire par «second aspect»; le mot «réfracter» et l'indication qu'il y a deux aspects du passage sont déjà suffisamment précieux en eux-mêmes.
A propos de l'aspect langagier du passage (qui, comme toute la fin du poème, a provoqué ce que Mallarmé appelait «mainte indécise flottaison d'idées...»), Valéry écrit dans la lettre citée: «Ah! les *espèces d'or.* Ça, c'est la Banque de France. Mais ici je me défends. Impossibilité de laisser *espèces* sans *or*».
Même si l'on laisse de côté le jeu de mots sur les pièces d'or (il n'est pas rare que cette langue place son sublime tout près du ridicule) la formulation est presque inquiétante par son jeu de nuances. Elle se fonde en partie sur l'expression liturgique: «Communier sous les espèces du pain et du vin». Mais il serait un peu naïf de vouloir trouver dans cet écho une clef sémantique pour l'ensemble du final et de parler, comme on l'a fait, d'une «communion avec Apollon». Le caractère liturgique et mystique n'est qu'une coloration, la même qu'au paragraphe V et dans d'autres passages du poème. Dans *espèces* entre aussi une signification philosophique dont dérive le sens théologique et que Valéry a certainement connue: le terme *species* dans la doctrine péripatético-scolastique de la perception désigne une image matérielle, une connaissance par l'œil (la «question des espèces» était encore un sujet de dispute entre Gassendi et Descartes). «Sous les espèces de...» peut être interprété simplement comme *sub specie.* Il va de soi que les *espèces* désignent concrètement la double rondeur de la poitrine. En ajoutant *d'or* à la formule «sous les espèces de...», ce sur quoi Valéry insistait,

l'expression accède à un haut degré d'artificialité «symboliste» (à propos de l'or comme terme symboliste, cf. chap. III, p.140). Il demeure étonnant que Valéry ait su habiller cet écorché analytique de la chair d'un beau vers.

147. Non l'éveil absolu qui suit le rêve, mais l'interruption du rêve *remémoré.* Supposer que la Jeune Parque s'éveille, se rendort et s'éveille de nouveau me paraît une interprétation inadéquate — comme je l'ai déjà dit — par son «réalisme» (par exemple C. Crow: «... as she wakes from sleep, questions herself, returns to sleep and reawakens», *Consciousness and Nature* 19).

148. Comparer avec l'horreur d'Hérodiade devant les «aromates»!

149. Correspondant au «frisson» du soir, au vers 33.

150. Sans s, 4, 287. Après «ses yeux» est inséré le mot «verts».

151. Les *modulations,* dans ce drame à personnage unique, sont ce qu'étaient les liaisons de scènes dans la tragédie classique.

152. Que l'on compare aussi le langage utilisé dans un texte déjà cité (p. 59) pour décrire l'interlocuteur idéal: «Supposé un dieu qui vous imprègne, pénètre, infiniment domine, infiniment devine...» (4, 479). Il est intéressant de voir ici le topos pagano-poétique de la fureur inspirée par les dieux prendre une vie nouvelle: «Ainsi lorsqu'un mortel, sur qui son dieu s'étale» (V. Hugo, *Mazeppa*); «... tel que d'Apollon le ministre terrible, Impatient du Dieu dont le souffle invincible Agite tous ses sens» (J. B. Rousseau, *Ode au Comte du Luc*). Tout cela suit naturellement le modèle virgilien: At Phoebi nondum patiens immanis in antro/ baccatur vates, magnum si pectore possit / excussisse deum (*Enéide* VI, 77 sq.).
La note suivante encore a trait au thème de la Pythie en liaison avec le symbolisme du seuil: «Des voix secrètes, j'en ai plusieurs; toutes pressantes; toutes contraires; toutes obstinées; nulle pure, nulle transparente. Quoique j'écoute les unes et les autres, quoique j'obéisse à celle-ci, à celle-là, toutes je les méprise. Je ne sais pas d'où elles sourdent. Je connais tout ce qu'elles peuvent dire, ces pythies ou portières bavardes sur le seuil de l'être.»

4, 866.

153. Le passage rappelle de loin le célèbre lever de soleil sur l'Acropole dans l'*Itinéraire* de Chateaubriand (1811): «Les corneilles (...) planaient au-dessus de nous; leurs ailes noires et lustrées étaient glacées de rose par les premiers reflets du jour» (Œuvres complètes IV, Paris 1839, 95/6).

154. Les «purs environs» ont trouvé place au vers 156 de la version définitive: «Loin des purs environs, je suis captive...».

155. H. Soerensen (131 et ailleurs) lit: «Et (je) brûle...», ce qui n'est guère défendable du point de vue de la syntaxe.

156. L'expression «un oiseau qui varie» reste énigmatique. Peut-être l'oiseau entre-t-il avec l'observateur dans une fonction qui exclut le reste du cosmos: l'oiseau varie librement, l'observateur est la variable dépendante.

157. Au vers 444 l'endormissement, l'«abandon de l'esprit» est comparé à l'oiseau qui se pose, au vers 246 le cri de l'oiseau pénètre, perce la peau (cf. plus loin à propos du paragraphe X, et 4, 205; 4, 713; 18, 177; 23, 135).

158. Avec un écho au paragraphe XIV:
Mais qui l'emporterait sur la puissance même,
Avide par tes yeux de contempler le jour
Qui s'est choisi ton front pour lumineuse tour?

159. *Entretiens de Cerisy* 122, 123.

160. Cette situation entre la mort et l'immortalité face à un avenir condamné («rêvant que le futur lui-même Ne fût qu'un diamant fermant le diadème») est inversement comparable à l'horreur de minuit d'Igitur et à l'*ennui* qu'engendre le «supplice d'être éternel» (cf. K. Wais, *Bulwer* II, 313). Igitur sera projeté hors du temps, la Jeune Parque se refuse à y entrer.

161. L'enchaînement des mouvements demanderait il est vrai une telle économie que ce serait trop demander aux possibilités expressives du corps humain. La disproportion des actes gestuels possibles par rapport aux actes «musicaux» dans une unité de temps donnée serait énorme. On peut dire que cette disproportion s'inspire de l'éveil de Brunhilde au 3e

acte de *Siegfried* et veut aller encore au-delà. En outre il est permis de penser que dans le long travail de Valéry il y avait aussi l'intention d'épargner à son œuvre le sort du *Faune* de Mallarmé, en multipliant les obstacles insurmontables pour qui songerait à «ajouter» une musique ou une chorégraphie.

162. Ce qui rappelle extérieurement Baudelaire: «Oh! oui! le Temps a reparu (...) Il a repris sa brutale dictature (...) Vis donc, damné!» (O.C. 235).

163. Cf. par exemple le laurier-rose de Mallarmé dans *Les Fleurs:* «Vermeil comme le pur orteil du séraphin Que rougit la pudeur des aurores foulées».

164. J. Duchesne-Guillemin a fait remarquer que c'est l'aquarelliste qui est ici à l'œuvre, soulignant un rouge par un vert. Autres passages: «Dites qu'une lueur de rose ou d'émeraudes Que des songes du soir votre sceptre reprit» (*Fragments du Narcisse* III). «L'âme sent (...) que cet azur si pur, ce vermeil délicat, ces masses d'émeraude et ces pans d'hyacinthes (...) sont placées et lavées [*Jeune Parque:* «trempé» 189!] sur de la nuit absolue» (II 860). Duchesne-Guillemin cite dans *La Fileuse:* «Tout le ciel vert se meurt» (*Essai* 79).

165. Il est amusant de voir que le traditionnel lambeau de pourpre s'étire à mesure que le temps passe. Victor Hugo: «Et là-haut (...) Où pend et se déchire une pourpre en lambeaux» (*Au bord de la mer*); Mallarmé, dans *Victorieusement fui*, intercale deux vers entre «pourpre» (v. 3) et «lambeau» (v. 5), Valéry quatre vers: 187 à 191.

166. «O nymphes, regonflons des SOUVENIRS divers» et «Crime! bûcher! aurore ancienne! supplice». — J. Duchesne-Guillemin verrait la réminiscence du *Faune* non au vers 190, mais au vers 107:
«Dites! J'étais l'égale et l'épouse du jour»; ce qui ne me convainc pas car c'est justement le souvenir érotique du paragraphe VIII avec le jeu subtil qui confond *cils, pampres* et *fluides fûts* qui est le plus proche du *Faune*, de la mise en doute de la réalité, propre à Mallarmé.

167. La voix obsessionnelle dont nous avons cherché les traces dans le premier chapitre. En V 2 un groupe de vers du futur paragraphe VIII se présentait ainsi: «L'erreur Nue aux conques de l'air, vibrante, sans défense Contre tout le trésor des timbres de l'enfance, Ma voix de chair sonore inouïe à l'aigu Ile vive jaillie à l'azur ambigu M'a surprise...» (voir plus loin p. 265).

168. Gérard Bauer, *Chroniques,* Paris 1965, 169.

169. Au chapitre VI de son livre: *Temps et mémoire dans l'esprit,* J. Robinson a étudié les matériaux rassemblés maintenant dans le premier volume de l'édition de la Pléiade, p. 1211 sq.

170. Faute de transcription — exceptionnelle — chez J. Robinson, qui dénature le sens (Pléiade 1219): la phrase qui suit immédiatement: «C'est l'opposition du fonctionnement à l'adaptation» doit être séparée de la précédente par un point (non pas: «Ce qui est soustrait... c'est l'opposition...», ce qui n'a aucun sens).

171. L'histoire du dandy (du vrai) ne saurait s'écrire sans le texte suivant:
Pudenda. Défense interne. Tabous nerveux. Etc.
Une loi fondamentale du caractère: Telle émotion même à très faible intensité est désagréable, insupportable à tel individu. Pour éviter cette souffrance très intime et intolérable, il sera même insensible et nul ne se doutera que toute sa force est tendue pour ne pas ressentir — ni risquer de ressentir. Telle chose m'est «égale» parce qu'elle serait par trop nocive ou toxique si je l'éprouvais le moindrement. Je t'ignore, car si je te connaissais le moins du monde je ne serais plus moi, je ne me posséderais plus.
La pudeur — signe bien plus profond qu'il ne paraît.
Le caché; le raisonnement de l'autruche; l'instinct du devant être caché. Rougir c'est ne plus s'appartenir. Comédie forcée. (...)
Souffle au masque la pourpre imprégnant le refus
D'être moi-même en flamme une autre que je fus...

172. «Cherchant la chasseresse ailée» (202) — je me range ici à l'avis de M. Tutino, si tant est que ce vers (inchangé depuis V 1) ait vraiment un sens...

173. L'importance fondamentale de la contiguïté pour l'œuvre romanesque de Proust a été démontrée par Gérard Genette dans un remarquable essai: *Métonymie chez Proust, ou la*

naissance du Récit. In: Poétique 2, 1970, 156-173. On trouve chez Valéry non seulement une expérience de mémoire absolument proustienne: coups de marteau qui le ramènent à la Cette de son enfance («Le choc d'aujourd'hui frappe sur le bois de 40 ans» 7, 569), mais encore déjà la connaissance analytique que la «mémoire involontaire» — Valéry parle de «phénomènes inférieurs» — joue selon le principe de la proximité spatiale et matérielle (non de la similitude):
«Entre les phénomènes inférieurs peuvent exister des relations quasi matérielles, telles que la contiguïté» (5, 306).
Le mystère de la mémoire, c'est son excitabilité: «Un ensemble fortuit une fois réalisé — devient tout excitable par un de ses éléments. *Tous* ses éléments *peuvent* dès lors être donnés par un d'entre eux» (3, 587).

174. Je ne lis donc pas, comme le font jusqu'ici les commentaires: «Fut-ce bien moi (…) ou (fut-ce bien) toi, tendre lueur», et je ne rapporte pas non plus «vos menaces» à «grands cils». Mais au contraire: «Fut-ce bien moi (…) qui crus m'ensevelir dans l'arrière-douceur»; et plus loin: «(moi) riant à vos menaces, ô pampres (…) ou toi, tendre lueur». Le participe «riant» se rapporte certainement pour le sens à «moi»; en le rapportant grammaticalement à «arrière-douceur», Valéry n' a pas précisément favorisé l'intelligibilité.
«Grands cils» (204) se rapporte à Maintenant, «cils» (207) à Autrefois.
En ce qui concerne le travail des sonorités, même un lecteur sceptique en la matière (comme l'est l'auteur) devra reconnaître que l'accumulation des i et des u dans ces cinq derniers vers réussit à renforcer la suggestion d'une lumière scintillante d'un violet argenté dans un paysage imaginaire, artificiel et érotique. On pourrait presque dire qu'elle la produit d'avance, comme si s'appliquait là aussi le programme de Valéry qui veut que le souvenir aille du formel au significatif, de la tache à l'image, du son au sens (voir supra la citation 5, 304).

175. Avec une exception au vers 246, cf. note 180.

176. N'oublions pas que le poème dans son ensemble prétend, à juste titre, être très proche du *naturel*.

177. «Je me suis applaudi quand je me suis connu», dit Hippolyte (*Phèdre*, v. 72). Autres échos de *Phèdre*: J.P. 49 - Ph. 134; 2434-1302; 371-1273/4; 384/7-1635/6.

178. Le vers 211: «Criaient de tout mon corps la pierre et la pâleur» — outre une très douteuse catachrèse — semple superflu: résidu de «technique narrative», pièce d'armature qui aurait sans doute disparu lors d'un remaniement ultérieur.

179. Plus précisément: VIII fin/IX début et X début.

180. La voix de l'oiseau à l'aigu perçant garde encore son caractère sensible, elle a manifestement pour Valéry (J. Robinson l'a fait remarquer) une signification toute personnelle et reparaît en divers endroits: cf. le poème *L'oiseau cruel* I 158, que J. Duchesne-Guillemin (*Entretiens de Cerisy* 13) date certainement à raison de 1935, et I 355, II 321. C'est le seul événement qui oblige à restreindre la portée de ce que nous avons constaté, à savoir que la Jeune Parque, dans les paragraphes VIII à X, ne subit aucune influence «extrapsychique».

181. En V 1 la tentative de suicide était encore distinctement placée sous le signe de Racine (Phèdre II 5):
Oui, si d'un fer fortuit j'eusse trouvé la pointe
A la pressante main, ma main se serait jointe,
Forte de la conduire et de substituer
Ma violence au dieu qui ne sait pas tuer.
Il n'est pas douteux qu'il fallait y renoncer: une épée dans *La Jeune Parque* serait aussi saugrenue qu'un pistolet dans *Phèdre*. (Pour l'affaiblissement du thème du suicide voir plus loin à la fin du paragraphe X).

182. I 1521. — Les expressions «non prévus» et «après coup» sont difficilement compatibles avec ce qu'affirme ailleurs Valéry de l'absence de plan dans le travail et de l'interruption forcée de l'œuvre.

183. *La Jeune Parque* 331 sq.

184. 353 sq.

185. 343.

186. «La double allégorie noue de plus en plus intimement ses données respectives — arbre et femme —: «N'entends-tu pas…» etc. (p. 342). H. Soerensen 137 propose la même lecture; par contre J. Hytier 27 lit correctement: «la mort qui n'entend pas».

187. Comme chez Hytier et Duchesne-Guillemin.

188. Eu égard à ce luxe orchestral, il n'est pas douteux que Racine se trouve ici supplanté par Wagner. L' air de la tempête que chante Siegmund dans la *Walkyrie* n'a-t-il pas secrètement inspiré le type d'allégorie qui prévaut ici, si traditionnel par le contenu, si hardiment novateur par la forme, et couvert de son autorité peut-être trop respectueusement accepté ce qui pouvait ici choquer la rigueur latine? Ici aussi le printemps fait une entrée brusque et riante, attiré par l'amour — l' amour de l'effet… Certes «le gel cède à regret» est bien loin pour le goût du massif symbolisme de la porte qui s'ouvre brusquement. Mais l'intention de rivaliser au moins secrètement dans son propre registre avec ce modèle admiré, semble indiscutable.

189. Cf. chap. III, p.150 sq.

190. Strophe 46. Le vers suit immédiatement le vers sur «majesté» et «souffrance» analysé par Valéry et discuté plus haut, chap. III, p. 149.

191. Les partisans de l'ontogénèse devraient en tenir compte: rien de ce qui esquisse le physique dans *La Jeune Parque* n' indique une adolescente, tout de suite la Jeune Parque est une bacchante antique (ou sortie de Corot), elle n'a rien d'une créature de Rossetti ni d'une nymphe moderne.

C'est sans doute cette conception plutôt éthérée et désincarnée, devenue courante dans l'interprétation ontogénétique, qui a déterminé le choix de Marguerite Perrin pour l'enregistrement sur disque des premiers vers (*Paul Valéry*, Encyclopédie Sonore, Hachette 320 E 884, 1968), Cette voix *dit* le texte, le dit même fort bien et avec une grande délicatesse. Mais elle n'*est* pas la voix de la Jeune Parque, de cette figure qui se donne sa loi, qui embrasse et maudit la vie. Son registre est celui de la virginité timide: Mademoiselle Lust. Les frayeurs de la chair semblent lui être étrangères. Elle a la pureté marmoréenne des cariatides du *Cantique des Colonnes* et si son tremblement angoissé émeut en bien des endroits de l'«ouverture», le registre pythique lui fait complètement défaut. Une figure poétique demeure ici, me semble-t-il, encore en puissance, qui attend l'actualisation par une voix assez vaste et assez profonde pour faire entendre dès le «Qui pleure là …?» toutes les dimensions parcourues lors de la marche nocturne aux frontières.

La récitation, à l'Académie française, de notre texte, faite il y a quelque temps par Simone Renant, semble ne pas avoir été enregistrée.

192. Contrairement à ce que l'on a supposé (Soerensen 128), l'expression «bouche infinie» n'a rien à voir avec l'image de la bouche du vers 113 qui exprime la communication avec le tout.

Tutino est convaincant, qui propose d'interpréter «beaux fruits d'amour» (259) non comme les «fruits de l'amour», ce qui serait banal et redondant, mais comme les «roses» de 248, parties du «maternel contour» dont il va être question.

193. Gardons-nous d'une extrapolation directe dans le domaine biographique: Valéry n'était ni malthusien ni inhibitionniste. Cette note des Cahiers aussi étonnante que sympathique par son humanité redressera peut-être plus d'une idée fausse:

«Non rien — ni les triomphes, ni la pourpre éclat mûr, ni le midi de toute sa hauteur, ni l'œuvre, le resplendissant palais des dieux entièrement achevé et qui voit tout autour de lui par tous les sens sculptés et dorés de sa beauté, ni rien — ni les plaisirs, ni les jardins, ni les corps souples — ne vaut ce premier mouvement, ces signes de vie, de commencement dans le ventre maternel. L'inconnu à tous et de lui-même pourtant se démène — une volonté préexiste, quelqu'un sera (…) Embryon, ni toi ni moi, qui grattes si doucement aux portes (…). (Le texte est daté 20/2/16: les rapports biographiques s'expliquent en 6, 225 et 229).

194. L'Ancien Testament (II Samuel 6) s'y mêle curieusement à une réminiscence de l'admirable sonnet de Leconte de Lisle, *Les Montreurs*: «Je ne danserai pas sur ton tréteau banal» (avis gracieusement communiqué par M. Edgar Pich, Lyon).

195. «Musique très belle, tu élèves ma haine et mon envie. Je sais que tu me mens et pourtant je te suis. Tu fais semblant de savoir, de tenir — tu recrées, tu formes et reformes, et je sais que tu ignores et tu émeus comme si tu conduisais au secret» (pour le texte en entier voir 4, 354).

196. Facs. V/30. cf. Nadal 295: «Il ne peut faire de doute: ce texte d' *Hélène* est bien le premier dessein de l'essentiel motif de *La Jeune Parque*». — Le thème d'Hélène encore une fois isolé en II 494.

197. Facs. V/31, cf. Nadal 298.

La première des deux esquisses d'Hélène reproduites par Nadal est accompagnée par Valéry d'un schéma en abréviations d'un très grand intérêt:

Michelangelo
Attitude
      intellect
Reflex
Racine
phrase — rupture
Cop de dad   (Facs V/30)

Nadal interprète de manière convaincante la première partie de ce schéma comme la transposition de la beauté extérieure (Michel-Ange — attitude) dans la beauté intérieure. Mais il n'a manifestement pas reconnu la forme occitane employée par Valéry pour *Coup de Dés*. En tout cas il arrête la transcription au mot «rupture», laisse tomber le trait d'union entre «phrase» et «rupture» et juxtapose ensuite dans l'explication «Racine — reflex — rupture» (le tout 297), ce qui n'a aucun sens. Il me semble que l'allusion au *Coup de Dés* de Mallarmé (la seule que je connaisse en liaison avec *La Jeune Parque)* est de la plus grande importance. Manifestement Valéry a songé, et même de façon très intense, comme modèle de forme pour son œuvre propre à la «phrase-rupture» du *Coup de Dés*, où se trouve selon les termes de la préface un «emploi à nu de la pensée avec retraits, prolongements, fuites, ou son dessin même». Le travail de composition pour le thème du pleur par exemple qui a son point de départ dans les esquisses d'Hélène et se scinde ensuite pour apparaître au début et à la fin du poème (en V 4, très bien exposé par Nadal: cf. ibidem 302 et 238), est sans doute une des traces possibles laissées par ces réflexions. Peut-être pourrait-on trouver *in abstracto* pour *La Jeune Parque* aussi une de ces «phrases-ruptures» qui, en tant que «motif prépondérant» comme dit Mallarmé, court à travers le poème et le résume. En tout cas la Jeune Parque est bien une «princesse amère de l'écueil»...

198. 4, 432 (ainsi isolé sur la page).

199. Surtout par R. Dragonetti, *Les larmes ou l'impuissance du langage.*

200. Il faut corriger ici deux méprises:

— «Dans la nuit noire» 303 ne doit pas être pris au sens d'une indication temporelle réaliste, selon laquelle il ferait maintenant nuit et quelque temps devrait s'écouler jusqu'au crépuscule du matin au paragraphe XI. Le pléonasme de la formule indique justement qu'il s'agit d'un sens figuré. La structure sémantique est ici analogue à celle du célèbre *azur bleu* de Mallarmé ou encore — par antonyme — à la *flamme noire* de Racine.

— «Où traîne-t-il, mon cygne...» 307 n'est pas le cygne-dieu érotique de 428, mais signifie au contraire — comme l'ont bien vu Capasso et Tutino — le corps, la «faiblesse de neige». Pour ma part cet écho de la tradition dans le vers me paraît inutile et gênant.

201. Il pourrait y avoir ici un écho de l'*Alceste* de Gluck, dont les récitatifs avaient une telle importance pour Valéry. Alceste entre au monde souterrain (acte III):

Grands dieux, soutenez mon courage,
Avançons, je frémis, consommons notre ouvrage (...)
Ces arbres desséchés, ces rochers menaçants,
La terre dépouillée, aride et sans verdure,
Le bruit lugubre et sourd de l'onde qui murmure (...)
Tout de mon cœur glacé redouble la terreur.
Dieu que mon entreprise est pénible et cruelle,

La terre se refuse à mes pas chancelants
Et mes genoux tremblants s'affaissent sous le poids
De ma frayeur mortelle.

L'entrée de la Jeune Parque dans le monde serait instrumentée comme une descente aux enfers!

202. Pour compléter la poétique de la marche, encore un rapport établi entre l'état de veille et le contact du sol:

Dans la veille (...), je frappe le sol du pied pour me confirmer dans ce réel, et me répéter physiquement que quelque chose en moi est indépendant du choix des axes.
Je renouvelle ma provision de veille.   4, 508

— Le caractère particulier de l'*élégie analytique* ressortira peut-être plus nettement de la confrontation avec un passage de la Canzone de Leopardi, *Le Dernier Chant de Sapho*, qui traite, dans un décor très semblable, du même thème: la nature ennemie qui se retire, avec le même symbole du pied tâtonnant, mais dans une vue du monde purement métaphysique:

e dove all'ombra
degl'inchinati salici dispiega
candido rivo il puro seno, al mio
lubrico piè le flessuose linfe
disdegnando sottragge,
e preme in fuga l'odorate spiagge.   (V. 31-36)

203. Mais déjà très étrange au pied nu qui la crée
Cette terre si ferme incline au trait fatal
Où l'âme traîne enfin son [sic!] piédestal

En V 4 il était question de «ce manque sous le corps», de «l'évanouissement de la terre», ensuite même au choix:

Evanouissement du corps dans un grand cri tardif
du sol par un cri dévoré

L'interprétation de Tutino qui voit la Jeune Parque fouler d'abord le sable, puis le dur rocher — son piédestal, pense-t-il — est bien embarrassée.

Quant à la version finale: «Cette terre si ferme atteint mon piédestal», on ne saurait prétendre qu' elle soit très heureuse ni totalement claire.

204. Le deuxième et le troisième vers sans doute au choix; le deuxième du reste fort raide et compliqué; le troisième se retrouvant quant au sens aux vers 323-4 de la version définitive.

205. De tous les traducteurs David Paul est le seul à interpréter de la sorte:
The gradual rock, slippery with seaweed, aid
To vanishing (as in one's sole ineffable self)
Begins...

206. Les quatre derniers vers, surtout «ombre de reproche», étaient plus logiquement motivés à cet endroit où ils étaient nés; dans le paragraphe d'ouverture ils ne font que renforcer vaguement l'atmosphère de mystère funeste.

207. p. 196

208. Le thème de l'horizon est traité de manière très précise: L'«unique horizon» ici (332) répond au «trop d'horizons» de l'arbre au vers 231, alors que la forme sphérique de la phase de rêve ne connaissait aucune limite de cette sorte.

APPENDICE

1. Cf. L. J. Austin, MF 599.

2. A-t-on considéré, à propos de ce passage, la lettre à Pierre Louÿs d'avril 1910 qui relate l'incinération de Moréas? En voyant s'élever la fumée, Valéry fut saisi d'une émotion très singulière. Il expose pendant plus d'une page, combien il trouva la cérémonie absurde! (LQ 88-9).

3. D'après Austin, 604. Cf. aussi l'édition fac-similé des manuscrits par J.L. Austin, Cercle des Universitaires bibliophiles, parue chez Roissard, 2 volumes, Grenoble 1964 (épuisée depuis longtemps, accessible au Valéryanum à Paris).

4. Plus encore quatre ou cinq autres strophes. Cf. Austin MF 581 note 12. Il y est question de huit strophes auxquelles Valéry aurait refusé, dans l'exemplaire de la première édition de Julien Monod, la petite croix signifiant «satisfait». A la page 598 Austin parle il est vrai de *neuf* strophes. Outre III, VI-VIII il doit s'agir de IX (X?) XI, XX et XXI.

5. En rétrospective tout paraît, il est vrai, beaucoup plus harmonieux: «Le C.M. fut, d'ailleurs, calculé, quant aux thèmes qui devaient y figurer, pour satisfaire à des conditions de *plénitude* que je pensais alors — (et pense encore) exigées pour l'équilibre intrinsèque d'une œuvre de quelque importance» (29, 600; 1 945).

6. Autrement encore II 809, où *Mare nostrum* fournit spirituellement le titre d'un aphorisme qui compare la périodicité de notre *milieu intérieur* à celle de l'océan. Donc: «Moi — mer». Toute cette strophe VIII est d'ailleurs très proche du sonnet d'Heredia *La Conque:* «Mon âme est devenue une prison sonore...».

7. La cuisinière Charlotte Lecocq — notons-le au passage — n'était du reste point n'importe quelle employée de maison; depuis 1896 dans la maison Gobillard où elle était entrée sur la recommandation de Mallarmé dont la petite propriété à Valvins sur la Seine se trouvait à côté de la ferme de son père, elle resta toute sa vie étroitement liée à la famille Valéry. Madame Agathe Rouart-Valéry l'a longuement évoquée dans les souvenirs encore inédits qu'elle m'a aimablement communiqués.

INDEX DES TEXTES CITÉS DE PAUL VALÉRY

INDEX DES NOMS CITÉS

TABLE DES MATIÈRES

Le complexe thématique: espace creux, graduation, réserve de vie décroissante. Caisse de résonance. A la recherche d'un certain timbre de contralto: chez Rachel, chez Gluck, chez Racine, chez Milosz. Echo dans le *Cimetière marin*. Le moi menacé, la peur de se livrer: autotémoignages. Une époque mythique: le XVIIIe siècle, pays de la forme — pays de la mère.

Combinaison de deux mythèmes: la fuite devant les limites de sa propre image et l'idéal de la fugacité. Particularité et mutabilité universelle. Orgueil et impuissance. Traces du double mythe dans *Fragments du Narcisse*. Commentaires minimisants de Valéry lui-même.

La tyrannie exercée sur soi-même, Caligulisme, décapitation, suicide. L'exemple de la diffusion de Henri Poincaré et le poème *Le vin perdu*. Les trois faces du poème. «Phénoménaliser» les contenus trop puissants de la conscience. *Consciousness*. Conscience et souffrance. Le poème *Le Rameur*. Trois thèmes de la pensée: *Puissance*, Forme, Relativité. La forme

Paraphrase du poème. Hercule en est-il le héros? L'avis général de la critique valéryenne: orgueil inspiré par un acte «herculéen». Interprétation suggérée par les Cahiers: le sujet du poème est l'activité réflexe de l'âme devant les phénomènes de lumière qui accompagnent la fin du jour. L'attribution spontanée d'une signification, transfert d'une forme à l'informe des agrégats stellaires. «Ce grand corps» — le soleil. L'Ode est dite «secrète», parce que son centre lyrique, l'observateur muet, n'est pas désigné, mais placé virtuellement dans le lecteur. Ni gloire ni victoire, plutôt défaite de l'esprit. L'équilibre de la strophe finale. Témoignages à l'appui de cette manière de voir, tirés de textes plus anciens. Le rôle d'Hercule se limite à une réminiscence de l'antiquité et d'une rime de Victor Hugo. L'Ode est le poème le plus important du «drame solaire» de Valéry.
Textes apparentés dans la poésie de Valéry: *Profusion du Soir, La Ceinture, Narcisse.* Poésie *pure* et sensation *pure.* Les racines possibles du thème solaire dans l'inconscient. *Un phénomène* (dans: «Autres Rhumbs»)
En quoi Valéry se distingue de ses prédécesseurs. Hugo. Les grands poèmes solaires de Mallarmé: *M'introduire..., Tout orgueil..., Victorieusement fui..., Cantique de saint Jean, Quand l'ombre menaça...* Orientation, chez les deux poètes, divergente à l'égard de la métaphysique, convergente à l'égard du mythe. Essai d'une revalorisation de la conception valéryenne du mythe. *La Fable.* L'emploi du terme «ode» par Valéry est-il inspiré par Mallarmé?

L'étrange désir d'une assimilation mimétique à l'arbre. Le besoin de singer: une propriété scandaleuse du système nerveux. Gaucherie du poème dans son mouvement interne: explicable comme autodéformation sous la contrainte imitative. L'identification à l'arbre: réminiscences de Baudelaire pour le fond, de l'*Azur* mallarméen pour la langue. Particularité de la *hantise* de Valéry. La strophe XVII de style classique et le *Non* de l'arbre.

La gradation délicate des valeurs lumineuses et l'éveil de la conscience. — Discussion des interprétations antérieures. *Aurore* n'est pas un art poétique de Valéry. Stérilité de ce point de vue.
Statut privilégié du monde des choses au réveil: disponibilité complaisante. Monde extérieur et monde intérieur annulent leurs pressions contraires. Les démons de l'imitation et de l'interprétation en échec pour un instant. Quand les choses se soumettent à la conscience. Fondement inter-

prétatif d'une homogénéité dans la suite des strophes. La permutation des strophes par Valéry. L'*Or du Rhin* de Wagner, comme modèle de composition. Le «rapt du monde»: Idéales rapines chez Mallarmé. Correspondances avec *L'Abeille* et *Air de Sémiramis*. Ici seulement peut se poser la question d'un art poétique immanent: en tant qu'analogie d'un type particulier de rapport sujet-objet. La métaphore, une combinaison neuve des éléments du monde qui en exploite la plurivalence.

Déroulement homogène des trois poèmes examinés: *Charme* et désenchantement. Place de cette antinomie dans la série: Etre et Connaître, Formel et Significatif, Continu et Discontinu, attribution et privation de sens, anthropomorphisation et désanthropomorphisation.

CHAP. III - LA CONNAISSANCE CORROBOREE PAR ELLE-MEME: UNE POETIQUE ANTICIPEE

DEUXIEME PARTIE

CHAP. IV - TRANSPARENCE ET CONSISTANCE: UN COMMENTAIRE DE LA JEUNE PARQUE A LA LUMIERE DES CAHIERS

les Cahiers, correspondances dans le texte poétique. Digression sur Claudel. Description des états d'extase dans *Note et Digression:* concordance avec la représentation poétique. La «figure de ce monde», totalisante. Le «soutien du soleil», archétypique. Définition plus précise de ces états comme résultat d'une attention tendue à l'extrême: «à l'extrême attentive». Rôle de la musique dans l'apparition de ces phases. Les descriptions de l'extase par Valéry, du point de vue psychopathologique: dépersonnalisation. *Agathe.* L'état sphéroïdal. Amiel. Une analogie: la surface de Riemann. Mystique du regard. *London Bridge.* Swedenborg. Valéry et le rêve. Critique de l'interprétation «ontogénétique» de la *Jeune Parque.* Récapitulation. La triade: empirisme, théorie, tradition. Le lien compositionnel des paragraphes V et III.
Les Paragraphes XIII et XIV symétriques: leur fonction de commentaire. Le revécu indirect.
Derniers échos dans le Paragraphe XVI: encore une fois toutes les représentations essentielles sont rapportées au thème principal «Harmonieuse Moi».

Paragraphe VI.
Au point zéro de la conscience. Horreur du monde. Sursaut de révolte pythique. Fascination par l'oiseau.
Paragraphe VII.
Pourquoi renaître? *Colloque dans un être.* Le tourment de l'être au-delà de soi-même.

Paragraphe VIII.
L'irruption du souvenir. L'opprobre du passé. Mécanisme du sentiment de honte. Difficultés insolubles pour l'interprétation «ontogénétique». Essai de solution à l'aide des analyses valéryennes de la mémoire. «La sainte distance» — l'écart mythique du contenu latent de la mémoire. L'ambiguïté du souvenir: conjurer pour exorciser. La *contiguïté* comme principe d'organisation.

Paragraphes IX et X.
La psychomachie de l'amour et de la mort. Le thème du cri: genèse et fonction. Le dithyrambe du printemps: un difficile problème de composition. La parabole de l'abeille. Le thème d'Hélène: «belle pour les autres»; le refus de procréer et le refus de créer. Conjuration de la larme. Le sentiment du sol en défaut. Restriction à la thèse de la tentative de suicide. L'angoisse, véritable sujet du passage. Le statut de réalité du rocher.

(Suite de la page 4)

25.— *Le destin littéraire de Paul Nizan et ses étapes successives (Contribution à l'étude du mouvement littéraire en France de 1920 à 1940)*, par Jacqueline LEINER, 1970, 301 p., 8 pl.

26.— *Paul Valéry linguiste dans les «Cahiers»*, par Jürgen SCHMIDT-RADEFELT, 1970, 203 p.

27.— *Le thème de la mort chez Roger Martin du Gard*, par Melvin GALLANT, 1971, 299 p.

28.— *La poésie des Protestants de langue française, du premier synode national jusqu'à la proclamation de l'Edit de Nantes (1559-1598)*, par Jacques PINEAUX, 1971, 524 p.

29.— *Traditions orphiques et tendances mystiques dans le Romantisme français (1800-1855)*, par Brian JUGEN, 1971, 806 p. (épuisé).

30.— *La réflexion sur l'Art d'André Malraux, origines et évolution*, par Pascal SABOURIN, 1972, 240 p.

31.— *Victor Hugo et les Américains (1825-1885)*, par Monique LEBRETON-SAVIGNY, 1971, 341 p.

32.— *La fantaisie de Victor Hugo, tome II (1825-1885)*, par Jean-Bertrand BARRERE, 1972, 516 p.

33.— *Les «Christophe Colomb» de Paul Claudel*, par Jacqueline de LABRIOLLE, 1972, 247 p.

34.— *La dynamique théâtrale d'Eugène Ionesco*, par Paul VERNOIS, 1972, 319 p. (Epuisé).

35.— *Le thème de l'amour dans l'œuvre romanesque de Gomberville*, par Séro KEVOR-KIAN, 1972, 252 p.

36.— *Le hors-venu ou le personnage poétique de Supervielle*, par Paul VIALLANEIX, 1972, 176 p.

37.— *Le théâtre et le public à Paris, de 1715 à 1750*, par Henri LAGRAVE, 1972, 720 p., 22 pl. h.-t.

38.— *Musique et structure romanesque dans la «Recherche du temps perdu»*, par Georges MATORE et Irène MECZ, 1972, 355 p.

39.— *La spiritualité de Bossuet*, par Jacques LE BRUN, 1972, 817 p.

40.— *Gaston Baty, théoricien du théâtre*, par Arthur SIMON, 1972, 264 p., 15 pl. h.-t.

41.— *L'inscription du corps, pour une sémiotique du portrait balzacien*, par Bernard VANNIER, 1972, 198 p. (Epuisé).

42.— *«L'Avenir» de La Mennais, son rôle dans la presse de son temps*, par Ruth L. WHITE, 1974, 240 p.

43.— *Histoire d'une amitié: Pierre Leroux et George Sand, d'après une correspondance inédite (104 lettres de 1836 à 1866)*, texte établi, présenté et commenté par Jean-Pierre LACASSAGNE, 1974, 368 p.

44.— *La fantaisie de Victor Hugo, tome I (1802-1851)*, par Jean-Bertrand BARRERE, 1974, 447 p.

45.— *La fantaisie de Victor Hugo, tome III (Thèmes et motifs)*, par Jean-Bertrand BARRERE, 1974, 298 p.

46.— *Henri Bosco et la poétique du sacré*, par Jean-Pierre CAUVIN, 1974, 293 p.

47.— *Littérature française et pensée hindoue des origines à 1950*, par Jean BIES, 1974, 683 p.

48.— *Approches des Lumières, mélanges offerts à Jean Fabre*, 1974, 604 p.

49.— *La crise de conscience catholique dans la littérature et la pensée françaises à la fin du XIX siècle*, par Robert BESSEDE, 1975, 639 p.

50.— *Paul Claudel en Italie, avec la correspondance Paul Claudel-Piero Jahier*, publiée par Henri GIORDAN, 1975, 168 p.

51.— *Le Théâtre national en France de 1800 à 1830*, par Michel JONES, 1975, 169 p.

52.— *Grimoires de Saint-Simon*, nouveaux inédits établis, présentés et annotés par Yves COIRAULT, 1975, 320 p.

53.— *Mythes et réalités: enquête sur le roman et les mémoires (1660-1700)*, par Marie-Thérèse HIPP, 1976, 587 p.

54.— *Une lecture de Camus: la valeur des éléments descriptifs dans l'œuvre romanesque*, par Paul A. FORTIER, 1976, 262 p.

55.— *Les thèmes amoureux dans la poésie française (1570-1600)*, par Gisèle MATHIEU-

CASTELLANI, 1975, 524 p.

56.— «*Adolphe*» *et Constant, une étude psychocritique,* par Han VERHOEFF, 1976, 136 p.

57.— *Mythes, merveilleux et Légendes dans la poésie française de 1840 à 1860,* par Anny DETALLE, 1976, 350 p.

58.— *L'Expression métaphorique dans la «Comédie Humaine»,* par Lucienne FRAPPIER-MAZUR, 1976, 380 p.

59.— *L'univers poétique de Max Jacob,* par René PLANTIER, 1976, 432 p.

60.— *L'histoire de l'esprit humain dans la pensée française, de Fontenelle à Condorcet,* par Jean DAGEN, 1977, 720 p.

61.— *La Rochefoucauld, Augustinisme et littérature,* par Jean LAFOND, 1977, 280 p. (2e tirage 1980).

62.— *Henri IV dans ses oraisons funèbres* ou *la naissance d'une légende,* par Jacques HENNEQUIN, 1977, 356 p.

63.— *L'inspiration biblique dans la poésie religieuse d'Agrippa d'Aubigné,* par Marguerite SOULIE, 1977, 548 p.

64.— *Religion et inspiration religieuse: leurs formes et leurs rapports dans l'œuvre d'Ernest Renan,* par Laudyce RETAT, 1977, 544 p.

65.— *Le cardinal de Retz mémorialiste,* par André BERTIERE, 1978.

66.— *Ecriture et pulsion dans le roman Stendhalien,* par Robert ANDRE, 1977, 192 p.

67.— *L'idée de nature en France dans la deuxième moitié du XVIIe siècle,* par Bernard TOCANNE, 1978, 506 p.

68.— *La recherche du Dieu chez Paul Valéry,* par Abraham LIVNI, 1978, 506 p.

69.— *Idées sur le roman de Madame de Lafayette au Marquis de Sade,* par Jean FABRE.

70.— *Diderot, le discours et les choses,* par Jean-Pierre SEGUIN, 1978, 408 p.

71.— *Madame de Staël, Lumières et romantisme,* par Simone BALAYE, 1979, 272 p.

72.— *Morelly le méconnu des Lumières,* par Nicolas WAGNER, 1979, 408 p.

73.— *Valéry et le moi, des Cahiers à l'œuvre,* par Nicole CELEYRETTE-PIETRI, 1979, 406 p.

74.— *Le plus beau de toutes les fêtes. Mme de Staël et Elizabeth Hervey, duchesse de Devonshire,* d'après leur correspondance inédite (1804-1817), par Victor de PANGE.

75.— *Les ensenhamens occitans. Essai de définition et de délimitation du genre,* par Don Alfred MONSON.

76.— *Le personnage du naïf dans le théâtre comique du Moyen Age à Marivaux,* par Charles MAZOUER, 1979, 358 p.

77.— *Amour précieux, amour galant (1654-1675). Essai sur la représentation de l'amour dans la littérature et la société mondaines,* par Jean-Michel PELOUS, 1980, 524 p.

78.— *Nature et valeur dans la philosophie de Montesquieu,* par Charles-Jacques BEYER, 1982, 388 p.

79.— *L'Opéra des Rougon-Macquart. Essai de rythmologie romanesque,* par Auguste DEZALAY, 1983, 354 p.

Achevé d'imprimer en février 1985
sur les presses de l'imprimerie Laballery et Cie
58500 Clamecy
Dépôt légal : février 1985
Numéro d'imprimeur : 501095